Gerald J. Miller

Government Financial Management Theory

정부 재무관리 이론

제럴드 제이 밀러 지음

신무섭 옮김

도서출판 대영문화사

Government Financial Management Theory
by Gerald J. Miller
Translated by Moo-Sup Shin

이 저서는 2010년도 전북대학교 저술장려연구비 지원에 의하여 연구되었음.

옮긴이의 말

이 책은 제럴드 밀러(Gerald J. Miller)의 *Government Finance Management Theory*(1991)를 우리말로 옮긴 것이다. 밀러 교수는 학부에서는 경제학을, 대학원에서는 행정학을 연구했다. 그는 조지아대학(University of Georgia)에서 정치학 박사 학위를 취득했다. 그는 자원 배분, 정부 예산, 조직이론 등을 전공하며 *Handbook of Debt Management*(1996), *Handbook of Research Methods in Public Administration*(1999), *Handbook of Public Administration* (3rd) (2006) 등을 단독 혹은 공동으로 집필했다. 현재 애리조나 주립대학교(Arizona State University) 교수(School of Public Affairs)로 재직 중이며, *Government Budgeting & Financial Management in Practice*(2011 예정)의 출간을 눈앞에 두고 있다.

이 책은 모호성 모형을 재무관리에 적용한 것이다. 재무관리의 중요한 측면인 예산 운영, 채무관리, 현금관리, 정보 체제, 세입예측 등을 이른바 합리모형이나 점증모형이 아닌 모호성 모형과 사회구성 이론으로 설명해 보려고 시도한 것이다. 그의 이론적 주장은 제5장에 설명되어 있으며, 제6장부터 제10장까지는 그의 이론적 시각에 따라 경험적으로 설명을 해본 것이다. 제6장부터 제10장까지 각 장이 하나의 독립적인 논문인 셈이다.

한국 재무행정 학계에서는 재무관리를 점점 중요시하고 있다. 최근 정부예산론에 정부재무관리론을 포함시켜 『재무행정학』 혹은 『공공재무관리』, 『정부 예산과 재무행정』이란 제목으로 교과서가 발간되고 있는 것을 보아도 그것을 알 수 있다. 밀러의 이 책은 제도를 소개하고 원리를 소개하는 교과서의 수준을 넘어선다. 밀러는 하나의 시각으로 재무관리 현상을 설명해 보려고 한다. 이 관점은 재무관리를 여러 시각에서 연구할 수 있음을 보여 주는 것으로 시사하는 바가 많다.

이 책을 번역하는 데 옮긴이는 원저자를 비롯하여 학교 동료, 친구 등 많은 분의 도움을 받았다. 이들 모두에게 감사드린다. 본래 밀러의 이 책은 Marcel Dekker 출판사에서 발간되었는데 현재는 Taylor & Francis Group이 출판에 대한 권한을 가지고 있다. 번역본 출간까지 많은 분의 수고가 있었다. 무엇보다 옮긴이는 사업성이 전혀 없는 번역본의 발간을 맡아 준 대영문화사에 감사드린다.

2011년 5월
素中 신무섭

머리말

정부 재무관리에 대한 지속적인 연구가 부족하다는 것을 지적하고자 할 즈음 필자는 수많은 학문 분야와 학과에서 자신들이 연구한 바를 규정하는 데 애를 먹고 있다는 사실에 놀랐다. 최근 정부 예산 분야의 선임 연구자들이 그 분야의 연구에 대한 개념적 합의가 실제로 존재하는가를 확인하려고 시도했다(Rubin, 1988). 필자는 그 시도를 보고서 그 작업에 대한 어려움을 뼈저리게 느꼈다. 정부 예산을 운영하기 위한 중대한 가정이 어디에서 오는가 하는 질문에 답하면서 선임 연구자들은 다음과 같이 결론을 내렸다. 즉, 여러 분야의 학자들이 누적적 연구가 이루어지고 있는지에 관해 어느 정도 합의를 이루려고 노력했으나 실패했다.

경제학, 행정학 혹은 정치학이 연구자의 연구 방법과 연구 기법의 실제 활용 방법을 지배하는지 혹은 아닌지 그 여부를 결정하는 데 많은 어려움이 있을 것이다. 아마 재무관리도 이런 어려움에 또한 빠져 있다는 생각이 든다. 지금까지 누적적 연구를 명쾌하게 성공적으로 규정한 연구자는 없다. 다만 많은 연구자가 추측만 할 뿐이다. 즉 재무관리는 아직 학제적(interdisciplinary)이 아니라 다학문적(multidisciplinary)이라고 추측할 뿐이다.

하나의 연구 전통에 의존해서 정부 재무관리를 하나의 전문 분과로 정의할 수 있다는 생각은 너무나 고지식한 것이다. 그러나 연구자와 실무자 사이에 어느 정도 합의가 이루어진 것 같다. 그 합의가 이 책의 출발점이다. 필자는 정부 재무관리에 관한 3개의 연구 전통 혹은 정향을 제시하고자 한다.

첫째, 실질적인 연구 전통은 사이먼(Herbert A. Simon)의 『행정행태론(*Administation Behavior*)』(1976)에서 출발했다. 대체적으로 그리고 단순하게 말하면, 사람들은 어떤 방식으로든 상황을 정의하기 때문에 사람들은 행동 경로에 관한 최선의 방법을 손쉽게 선정할 수 있다고 그는 주장했다. 문제는 기본적으로 상황의 정의에, 어느 의미에서 가치 전제에 있다. 따라서 만약 우리가 가치 전제－상황의 정의－를 통제할 수 있다면 우리는 결정을 통제할 수 있다(March and Simon, 1958). 가치 전제를 통제하려고 애쓰는 것은 실무자들이 시간을 들여서 하는 바라는 사실은 실무자들이 지지하는 규범적 접근 방법에서 볼 때 명확하다(Miller, Rabin, and Hildreth, 1987).

둘째, 재무관리의 상당 부분은 과정과 관련된 일차적 관심에서 비롯된다. 한 예로, 웨이크(Karl E. Weick)는 실질적 목적보다 과정이 우선한다고 주장했다(Weick, 1969). 하몬(Michael M. Harmon)과 메이어(Rachard T. Meyer)는 웨이크의 견해에 찬성하면서 다음과 같이 인용했다(Harmon and Mayer, 1986: 351; Weick, 1969: 79). "(조직에서) 상호의존성의 기본 성질은 변수들 간의 문양(pattern)과 관계가 당신들이 다루어야 할 현실이라는 것이다. 실질이란 중요하지 않다."

셋째, 전통적 그리고 그리 전통적이라 할 수 없는 재무관리 연구는 기법이 아니라 우회적인 방법에 의지한다. 즉 조직구성원이 아는 것의 상당 부분은 상징, 은유 그리고 언어를 통해 습득된다는 생각이다. 이 생각의 대부분은 의미의 사후 사건 구성(post-event construction) 혹은 이야기하기(storytelling)를 통해 전달된다.

재무관리에서 진행되고 있는 것을 이해하기 위해, 이들 개념을 함께 연계하는 접착제는 해석이라는 생각이다. 필자는 해석이란 "객관적인 사건을 언어, 그림, 음악 등으로 표현되는 표현적 의미로서 즉각 이해하는 것을 의미한다…"(Berger and Luckerman, 1966: 129). 우리는 해석을 통해 사회구조 속에서 이해의 내면화를 궁극적으로 할 수 있는 방법으로 그리고 그것을 수정하는 방법으로 행동한다. 내면화는 사회적 여건 속에서 발생하고 그리고 "개연성 구조(plausibility structures)"[1]가 내면화의 유지를 위해 그 사회적 여건 속에서 나타난다.

재무관리에서 그리고 재무적 문제에 지대한 관심을 가지고 있는 조직에서 지속되고 있는 전투는 복잡한 사건들의 해석에 관한 전투다. 재무관리자들은 자신들이 해석에 참여하고 있고 종국적으로 중대한 가정을 결정하는 데 우위를 점하고 있다는 것을 알고 있다. 요컨대, 가치의 중요성은 예산과 예산의 일부를 평가하는 데 이용되어

1) [plausibility structure는 버거(Peter L. Berger)가 사용한 용어다. 이것은 한 사회에 살고 있는 개인에게 기초적이고 의심할 여지가 없는 의미 체계, 신념 체계 등의 사회문화적 맥락이다(http://en.wikipedia.org/wiki/Plausibility_structure(2011.2. 28.)). 예를 들면 개인의 종교적 믿음(self, 주관)은 그것이 가능한 사회 여건(society, 객관) 속에서 나오고 개인의 종교적 신념은 또한 사회 여건을 조성한다고 할 때, 종교적 신념을 믿는 개인은 그 신념을 지지하는 언어, 상징, 의식 등을 통해 그 신념을 내면화하게 되는데 이렇게 믿게 된 종교적 신념은 그것에 어울리는 사회 여건 및 사회제도를 만든다는 것이다. 이때 이것을 가능하게 하는 특별한 사회적 과정을 plausibility structure 또는 근거 구조라고 한다(P. L. 버거 · T. 루크만(박충선 옮김, 1989). 『지식형성의 사회학』. 서울: 기린원, 207쪽). - 역자 주].

야 하는 측정 방법을 제공하는 데에 분명히 있다. 도출된 과정은 −예를 들면, 상징과 은유를 통한 해석은− 가치의 중요성에 대한 합의를 결정하고 획득하는 데 필요한 우회적인 수단들이다.

재무관리 측면에서, 정부예산론에 응용한 한 예를 살펴보자(Schick, 1988: 64-65). 재원 요구자와 배정자가 만나는 과정을 통해 특정 분야에서 충분함(adequacy)과 절약(conservation)에 대한 해석이 종합되고, 그 과정에서 주제, 참여자, 담론과 선택의 적합한 모형들에 관한 우회적인 의사 전달이 이루어진다. 궁극적으로 그 과정은 가치 전제에 영향을 미치고, 가치 전제에 의해 수정된다. 즉 그 과정은 능률성, 종종 형평성, 그리고 절약에 영향을 미치고 또 능률성, 형평성, 절약 등에 의해 그 과정은 수정된다.

이 책은 다음과 같은 질문을 탐색한다. 즉, 재무관리를 운영하기 위한 중대한 가정은 어디서 오는가? 이 책은 고유한 관점에서 재무관리의 구조를 정했다. 즉, 예산 운영, 현금관리, 채무관리, 정보 체제, 그리고 세입관리는 고유한 전공 분야로 학문적으로 성장하고 있다. 필자는 이런 전문 분야를 지도하는 중대한 가정이 상이하다고 주장한다.

이 책은 조직이론에 기초하고 있기 때문에 누가 영향력을 행사했는지 알기 쉽다. 첫째, 무엇보다, 밥 골렘비우스키(Bob Golembiewski)는 개인 생활에서 조직의 중요성을, 그리고 사람들이 그들의 숙명을 통제하는 데 조직의 중요성을 이해하는 것이 중요하다는 점을 설득력 있게 증언해 주었다. 둘째, 바트 힐드레스(Bart Hildreth)는 연구에서 꾸준함, 관심, 그리고 생산성을 위한 중요한 힘이 되었다. 그리고 마지막으로, 잭 라빈(Jack Rabin)이 이 책을 탈고하라고 고집을 부리는 데는 여러 이유가 있었고 필자도 그 모든 이유를 함께 이해하고 있었다. 필자는 그들의 도움에 감사드린다.

제럴드 J. 밀러

일러두기

1. 본문의 절과 일련 번호는 각 장에 있는 소제목의 글자체 크기를 기준으로 역자가 나눈 것이다.
2. 저자의 각주는 일련번호로 표시했고, 역자의 주는 [ ]로 씌워 설명문 뒤에 역자 주로 표시했다.
3. 본문에 가끔 보이는 ( ) 안에 기술한 문장은 저자의 것이고, [ ] 안의 문장은 역자가 뜻을 명확히 하기 위해 부연 설명한 것이다.
4. 저자가 이탤릭체로 강조한 용어와 문장은 사체(斜體)로 표시했다.
5. 원서 제8장과 10장의 부록은 각각 [부록 1], [부록 2]로 하여 책 말미에 함께 묶었다.
6. 'pattern'은 문양으로, 'technology'는 과학기술로 번역하여 사용했다. pattern은 유형 등 여러 가지 단어로 표기될 수 있지만 역자는 '문양'이란 단어에 여러 의미를 부여하고자 했다. 본문에서 technology는 목적 달성을 위한 지식과 기술로 보이는데, 여기서는 'technique'과 구분하기 위해 과학기술이라고 번역했다.

차 례

Chapter

01 재무관리: 조직이론의 기능

정부 재무관리자들은 무엇을 하는가? 20세기의 첫 3/4 기간(1975년까지) 동안 정부 재무관리자의 역할은 정부정책에 맞추어 자금을 마련하고 소비하는 데에 초점이 맞추어져 있었다. 마지막 25년 동안 재정 압박으로 인해 재원의 변화 폭이 크게 나타났고, 재무관리자들은 조직의 경계 역할(organization boundary roles)을 하게 되었다. 즉 관리자들은 압박을 완화하기 위해 기회를 이용하고 풍년과 기근이 교차하는 변덕스러운 기간에 조직이 적응을 용이하게 할 수 있도록 *관리하*는 역할을 하게 되었다.

과거와 현재에, 조직이론과 관리이론은 재정에 대한 개인과 집단의 기여를 "합리화하는" 절차를 설계하는 것을 돕는 역할을 해왔다. 그러나 골렘비우스키(Golembiewsky, 1964)를 필두로 재무관리 학도들은 정부에서 재무관리자가 무엇을 하는지 기술하고 평가하는 조직이론과 관리이론에 대해 더욱 중요한 역할을 보기 시작했다. 왜냐하면, 재무관리자들이 하는 활동이 성질상 *관리*이기 때문이다. 가치를 통합해서 골렘비우스키는 재무이론의 근원이 조직 행태에 있음을 이해할 것을 이론가에게 주지시켰다.

재무관리자들은 다른 관리자들과 매우 유사하게 행동한다. 양 관리자들은 모두 재원의 불확실한 원천과 규모에서 비롯되는 모호성을 축소하려 노력한다. 즉 양 관리자들은 모두 외부의 이해관계자들과 상황의 중요한 요구와 조직구성원의 능력과 이해를 "일치시키려" 활동한다. 재무관리자는 다른 모든 관리자와 마찬가지로, 동일한 궁극적인 목적을 달성하기를 희망한다. 즉 "조직마다 진정한 전반적인 목표를 확인할 수 있는 한에서 그 목적은 조직 생존일 것이다(Caplan, 1966: 418).

그러나 모호성을 다룸으로써 재무관리자는 조직에서 항상 그런 것은 아니지만 전략적 중요성을 가진다. 정부기관 모두에게 궁극적 목적이 세입기관을 제외하고는 *재정적인 것*이 아니기는 하지만 목적을 달성하려면 재정적 자원이 있어야 한다. 재원의 획득과 배분이 중요하기 때문에 그것을 담당하는 재무관리자는 조직생활에서 중요한, 즉 중심적 행위자가 된다. 이런 전략적 그리고 중심적 중요성은 항구적이며 다만 재원의 부족이 없거나 혹은 재원의 가용성에 대한 불확실성이 인지되지 못할 때에는 감소하기도 한다. 그 예측불가능성의 인상이 깊으면 깊을수록, 예견하지 못한 의존성이 커지고, 재정 기능의 중요성이 커진다. 궁극적으로 몇몇 경우에는, 미세한 변화에도 쉽게 반응하는 재원의 민감성으로 인해 어떤 목적에 자금 지원이 이루어지고 이런 목적이 결국은 다른 기존의 조직 목적을 대체하기도 한다.

제 1 절 재무관리: 사회적으로 협상된 과정

공공조직에서 재무가 점점 중요해지고 있다고 할 때, 관찰자들은 재무관리자가 과정에서 취하고 있는 절차와 직책의 "의미"를 알아야 정부조직의 미래를 예측할 수 있을 것이다. 그러나 사조직에서 사건의 경로를 관찰자가 예측할 수 없듯이 같은 이유에서 공공조직에서도 그것이 불가능하다. 이런 공사(公私) 조직에서의 예측불가능성은 맥락적이고 협상적이고 사회적으로 구성되는 관리이론에서 도출된다(Astley, 1985). 재무관리는 다른 관리 과정 그 이상도 그 이하도 아니며, 그것은 규범적 제일원리로부터 연역된 질서 있는 과정이 아니다. 그것은 오히려 관련된 인물들에 의해 구성된 협상된 현실이다.

정부의 예산 과정을 생각해 보자. 뉴저지 카운티 의원(*freeholder*)[1] 예산은 선출된 카운티 집행관, 정치적으로 임명된 카운티 행정관, 혹은 직업공무원인 예산실장 등에 그러하듯이 동일한 게임이나 동일한 절차가 아니다.[2] 카운티 의원은 예산 결정 과정

1) *freeholder*는 뉴저지 카운티 의원의 직명이다.

2) 이 주장은 뉴저지 헌장 연구위원회(New Jersey Charter Study Commission)가 에섹스 카운티(Essex County)를 위한 연구에 기초한 것이다(Miller and Klein, 1987). 선정된 카운티 의원 위원회(Board of Chosen Freeholders)가 카운티 의원들이 사실상 운영하는 시 위원회를 닮은 형식으로 변화시키기를 원할 때 뉴저지 헌장 연구위원회는 카운티 정부의 강한 집행부 형식을 옹호했다. 이

을 드라마로 보며 활기찬 그리고 기억할 만한 무대에 설 수 있는 기회로 본다. 카운티 집행관은 정부 안팎의 중요한 선거민을 위해 상징의 전략적 이용으로서 예산을 본다. 카운티 행정관은 수지 대행 변수(surrogate bottom line)로 예산을 본다: 집권 세력인 일단의 지배연합이 지지하는 사업과 활동의 포트폴리오에 어떤 세율을 정해야 할까? 예산실장은 주 예산관의 지나칠 정도로 엄밀한 사정을 받지 않고 주 예산 심의 과정을 종결하고 "통과"할 수 있는 형식의 묶음으로 예산을 본다.

예산은 정치적 투쟁인데 얼마나 배분되느냐 하는 측면에서는 물론 예산 과정이 어떠하냐 하는 측면에서도 그러하다. 에섹스(Essex) 카운티의 경우에, 재선에 직면한 카운티 집행관 바로 앞에서 카운티 의원들이 행한 극적으로 가장된 행동은 카운티 의원들이 법을 위반한 것으로 규정한 것에 대해 주 공직자들에게 경고가 되었다 (Sinding, 1986). 집행관은 주 혹은 카운티 정부가 지방 병원에 재정 보조를 해야 한다는 주의 규정을 반대하기 위해 소송을 이용했다. 카운티가 소송에서 패했더라면 집행관은 우발채무로서라도 예산에 지원 비용을 포함시키지 않았을 것이다. 카운티는 패했고 그 후 카운티 의원들은 예산 불법행위에 집행관의 도움을 요청했다. 주 감사관단(oversight panel)은 조사를 했고 부채를 충당하기 위해 세금 인상을 강요했다. 카운티 집행관은 그가 소송한 것이 병원에 대해 주정부가 지원을 많이 하면 할수록 그것은 세금 경감을 뜻하는 것이라는 신호가 되었기 때문에, 집행관은 카운티 의원의 과장 행동에 의해 어쩔 수 없이 조세 인상을 할 수밖에 없었다. 예산관은 예산의 입장에서 사업과 활동의 포트폴리오가 분리된 것으로 보았다. 왜냐하면, 지배연합이 분리되었기 때문이다. 주 감사관단이 처음에 예산에 부채를 포함시키지 않은 것에 대한 책임을 예산실장이 져야 한다고 주장하자 예산실장은 일면 정치적 분노를 느꼈다.

종합해 보면 모든 참여자의 견해가 전체로 조화를 추구하고 조화를 형성할 때 예산은 엄청난 도구다. 예산은 무엇이어야 하는가는 모든 참여자가 어떤 말을 하는가의 문제다. 예산 편성은 생각이 예산 항목이 되기 전에 생각이 엄밀한 예산사정 과정에서 살아남아야 한다는 점에서 고도로 체계적이다. 새 예산은 사회적으로 협상된 합의의 산물로서 생성된다(Astley, 1985: 499).

현금 투자, 채무구조, 관리정보 체제 그리고 세입 예측도 동일한 방법으로 볼 수 있다. 즉, 관리에 기초를 어떻게 해야 할까에 대한 유일한 최선의 방법이 있는 것도

렇게 현장 연구위원회의 존재를 부각시킨 논쟁은 예산이 무엇이어야 하는가에 대한 견해가 근본적으로 상이한 데서 비롯되었다.

아니고 하나의 객관적인 진리가 있는 것도 아니다. 격렬한 정치적 투쟁을 통해 형성된 사회적으로 구성된 진리가 있을 뿐이다. 재무관리의 이런 사회적으로 형성된 모형들이 그들의 맥락에 독특한 것이고 그 모형들은 개인들의 상호작용을 거쳐 생성된 것이다. 이런 모형들은 재무관리 과학기술을 통해 조직들이, 재무관리 전문가와 함께 앞서거니 뒷서거니 의사결정을 하는 구체적인 방법에 대해 우리에게 말해 준다.

제 2 절 재무관리 연구

정부 재무관리는 모든 조직에 [적용될 수 있는] 공통적인 개념이 없는 연구 분야로서 발전했다. 통제와 같은 몇몇 개념은 입법부의 감사와 같은 복잡한 체제보다 재무감사와 같은 단순 체제에 상당한 응용성이 있다(Brown, 1985). 능률성과 같은 다른 개념은 구매 시 전쟁의 도구가 물리과학이론에만 존재했던 무기 구매의 경우에는 적합하지만, 재무관리에 적용하기에는 부적합하다(Enke, 1967). 아직 극대화와 같은 다른 개념들은 규범적 매력이 부족하다(Margolis, 1975).

그래서 연구를 위한 기본적인 의문을 해소하려면 더 많은 작업이 필요하다. 무엇이 재무관리 체제인가? 즉,

1. 재무관리 체제는 다른 조직 체제와 얼마나 "일치"하는가?
2. 재무관리 체제는 조직의 정당한 관심과 거대한 정치·경제 체제의 현실과 조화를 이루는 결정을 위해 자료를 어떻게 처리하는가?
3. 재무관리 체제가 사용하는 어떤 과학기술은 적합하고 어떤 과학기술은 부적합한가?
4. 재무관리 전문가는 무슨 역할을 하는가?

필자의 주장은 체제, 결정 과정, 과학기술, 역할 등이 권위적인 정치연합(political coalitions)이 명령한 전제로부터 온다는 생각에 기초한다. 좀 더 구체적으로 말하면, 정치연합은 생활 방식에 기여하는 가치 체계를 "옹호하거나" 혹은 구축함으로써 재무관리를 개혁하기 위해 때때로 연합한다(Fischer, 1980; Taylor, 1973). 옹호에 의해 지배적인 가치 체제라는 관점에서 관리 체제의 목적이 정당화된다. 그리고 종국적

으로, 정당화에 의해 관리 체제에 사용된 과정 혹은 과학기술의 경험적 증명이 이루어진다.

재무관리에서는 문화 체제 혹은 가치 체제가 전제를 도입한다. 이 전제에 따라서 원인과 결과의 이론이 추론되고 검증된다. 시험은 이론이 유리시켰던 현상을 중요하거나 혹은 필요한 것으로 증명한다(확인). 또한, 이론은 사람의 문화 혹은 생활 방식에 가치 있는 현상을 유리시킨다.

무엇이 쓸 만한 모형인가? 지식을 확대하는 모형은 규범을 가지고 있어야 하고 재무관리의 의미 있는 측면을 기술하기 위해 규범에 적합한 연구 질문과 방법을 충분히 가지고 있어야 한다. 예를 들면 그 모형은 왜 *기술*(technique)이 작동하는 방식으로 기술이 작동하는지 설명해야 하고 혹은 왜 사람들이 기술에 대해 만족 혹은 불만족하는지를 설명해야 한다.

이런 유리한 위치에서 모형은 정치연합의 선호로부터 도출된다. 이런 선호가 이론을 명령하고 이 이론은 입증을 위한 적합한 연구 방법을 제시하는 데 기여한다.

제 3 절 정부 재무관리 이론

이 책에서 필자의 주요 목적은 우리가 재무관리를 이론적으로 구축할 수 있다고 생각하는 새로운 길을 탐구하는 것이다. 그것을 위해 이 분야에 정통이론, 지배적 이론, 그리고 대안적 이론이라고 필자가 부르는 이 분야의 세 가지 이론을 소개하고 탐구할 것이다. 그리고 필자는 이 책 전체를 통해 세 개의 다른 관점으로 세 가지 이론을 사용할 것이다.

재무관리 이론의 관점들

재무관리 이론의 대부분은 어떻게 모호성이 축소되고 확실성이 성취되는지 그 방법을 설명하기 위해 각각 다른 접근 방법을 이용한다. 필자가 대략 살펴보는 세 개의 관점은 모호성을 축소하고 확실성을 성취하는 방법을 설명하는 데 상이한 방향을 취한다.

1) 정통이론

정통이론(orthodox theory)은 공공 부문에 적용된 민간 재무이론의 일종이다. 일종의 설계과학이다. 이 이론의 지지자들은 조직구조와 절차가 조직 내 행동의 동질성을 촉진해서 확실성을 가져온다는 점을 논증한다. 사실, 이 재무이론은 공공 부문과 민간 부문에 대해 일반화된, 실증화된 이론이다. 이 이론은 모든 교과서에서 그 제목을 볼 수 있을 정도로 매우 발전했다. 기업 재무이론은 정부 재무관리자에게 상당히 많은 것을 말해 주지만 그러나, 아직 기업 재무이론은 정부 재무관리자가 본 것과 행한 것의 전부 심지어 많은 것을 설명해 주지 못한다. 기업 재무이론은 이론 간에 경쟁이 있는 것도 설명하지 못한다.

예를 들면, 선물 계약과 현금 투자를 헤지(hedge)하는 데 대한 의문은 재무이론에 따른 한 방법으로 해답을 얻을 수 있을 것이다. 왜냐하면 그 접근 방법은 헤지의 용도를 위험과 단기 투자를 분리하는 상식적 방법으로 전제하기 때문이다. 그러나 선물을 사용하느냐 아니냐는 정부 재무관리자가 사용하는 다른 방법에서는 해답이 될 수 없다. 공공관리자는 헤지의 개념을 믿을 수 없고, 정치적 혹은 직업적으로 모호하다고 생각하는 공공관리자는 그것이 불법은 아니라고 하더라도 사용하기가 힘들다(Methe, Baesel, and Schulman, 1983; Miller, 1988).

2) 지배적 이론

이 이론은 이해 갈등의 결과로서 나타나는 공공 재무관리에서의 현상을 설명하기 위한 재무이론으로 기업 재무이론과 경쟁을 한다. 이 노력은 조직이론의 폭넓은 분야에서 존재하고, 즉 공공 예산이론, 기업의 행태이론으로서 널리 알려진 정치경제이론(Cyert and March, 1963) 혹은 전략적 상황이론(strategic contingencies theory) 등에서(Hickson et al., 1971) 나타난다.

지배적 이론(prevailing theory)은 정통이론의 가정인 극대화 가정을 공유한다. 지배적 이론은 관리 절차를 창안하는 수단을 통해 조직에 확실성을 달성한다. 이때 관리 절차는 조직이 허용하는 범위에서 개인은 자신의 최대 이익을 달성하도록 행동한다는 생각을 이용하는 것이다. 만족화를 추구하는 개인간 상호 조절에 기초한 분절적 점증적(disjointed, incremental) 변화의 개념(Lindblom, 1965; Simon, 1976)은 여전히 공공 부문의 재무 결정 행태를 연구하는 학도들 사이에 널리 인정되어 왔다. 분절적 점증적 변화의 개념은, 정통적 이론의 시장과 마찬가지로, 다원적 이해 당사자들의 "지성적" 조화를 이해하기 위한 설명만이 아니라 만족스러운 은유가 된다.

지배적 이론을 응용한 예는 연금기금 관리에서 볼 수 있다. 피고용자들이 퇴직한 후 충분한 혜택을 받을 수 있도록 연금기금이 수익을 얻도록 확실히 하기 위해 재무전략가들은 여러 대안적 투자를 평가했다(Hildreth and Miller, 1983). 경제학이, 재무관리자가 기금의 원금 가치(얼마나 투자될 수 있을까?)를 계산하는 규칙을 마련함으로써, 이 결정에 중요한 역할을 했다. 대부분 원금 가치는 다음에 의해 크게 좌우되었다. 즉 정부가 얼마나 부담하는냐에 크게 좌우되었다(이것은 현행 임금에 의해 영향을 받는다.); 연금기금 납부자[투자자]가 얼마나 수익을 얻는가(현행 임금과 인플레이션율)에 크게 좌우되었다; 연금기금이 여러 납부자[투자자]를 모을 수 있느냐 여부(투자자가 많으면 많을수록 이율이 높아진다)에 크게 좌우되었다

정치적 영향력이 역할을 시작할 수도 있을 것이다. 예를 들면, 정치적 우선순위에 따라 재무관리자는 어디(사회적으로 바람직한 사업)에 투자하고 그리고 어디(남아프리카에서 사업을 하는 미국 기업의 주식)에 투자하지 말 것을 지시받는다. 끝으로, 경제적 혹은 정치적 고려가 작동함과 함께, 기술적 계산이 지배할 것이다. 즉, 연금기금 관리자는 여러 투자 대안에 대한 수익률을 계산하고 가장 수익률이 높은 것을 선정할 것이다. 이런 매력에도 불구하고, 정통적 지배적 이론은 정부 부처에서 의미 있는 접근 방법이 되지 못한다. 이들 접근 방법은 "의도 혹은 목적에 의해 방향지어지는 의식적이고 통찰력 있는 행동"을 전제함으로써 발전된 것이다(Pfeffer, 1983: 41; Cummings, 1982). 정통적 접근과 지배적 접근 모두 여러 정치문화 가운데 연방주의적 정부(White, 1989)에 부적합하다(Clark and Ferguson, 1985; Wildavsky, 1975). 더구나, 기본적 헌법 조항이 통일된 단일 행동을 거부하고 "야망에 대적하기 위해 야망으로 맞서게 해야 한다"(*Federalist* 51: 337)는 처방을 내리는 [권력 분립의] 정부 구조를 선호할 때 그러한 접근법은 작용할 수 없다.

3) 대안적 이론

정통적 이론과 지배적 이론의 대안으로서 사람들은 의식적인, 통찰력 있는, 의도된 행동이란 전제 없이 정부 재무생활을 묘사하려고 노력한다. 대안적 이론(alternative theory)은 개인이나 개인으로 이루어진 집단의 검증 가능한 최선의 이익이란 존재하지 않는다고 논증한다. 오히려 보통 상황에서 한 개인에 의한 결정은 상대적으로 무작위적이고 예측 불가능하다. 상대적으로 무작위적이고 예측 불가능한 결정에 어떤 의미를 부여하는 것은 조직의 상관이 문제와 상황을 정의함으로써 한 개인의 전제를

사후적으로 주먹구구식으로 합리화하거나 혹은 선점하는 것이다(Simon, 1976).

(1) **모호성이론**(ambiguity theory)

대안적 모형은 전혀 다른 두 종류의 분야에서 연유했다. 첫째, 모호성이론은 목적과 수단의 비연관성(unconnectedness)에 초점을 두고 결정하려는 노력에 본질적으로 모호성을 가정한다: 마치와 올센(March and Olsen, 1975: 21)은 다음과 같이 설명한다.

> 의도가 엄밀하게 행태를 통제하지 못한다. 참여라는 것이 결정 상황 성질의 안정된 결과도 개인 선호 성질의 안정된 결과(consequence)도 아니다. 결과(outcome)란 과정의 직접적인 결과가 아니다. 환경의 반응은 항상 조직행동에서 유발되는 것도 아니다. 신념은 항상 경험의 결과(result)가 아니다.

개인이 시간에 따라 참여하는 수준이 다를 수 있는 상황에서는 물론 목적과 과학기술이 알려져 있지 않고 모순적인 상황에서도, 마치와 올센에 따르면, 결정은 곤란에 직면한다. 왜냐하면, 행위자는 그들이 결정을 할 때까지 그들의 선호를 거의 깨닫지 못하기 때문이다. 웨이크(Weick, 1980: 19)가 지적했듯이, "내가 말한 것을 알 때까지 내가 생각한 것을 어떻게 알 수 있는가?"

(2) **사회구성이론**(social construct theory)

대안적 모형의 두 번째 근원은 의미의 상대성을 강조하는 사상(思想) 분야와 현실(reality)의 사회적 구성에 초점을 두는 분야에서 연유한 것이다(Berger and Luckman, 1966; Goffman, 1961, 1974). 이 분야는 모든 조직은 일시적인 것과 영구적인 것 사이 어디엔가 존재하는 사회적 조립품이고 이것은 조직구성원이 행한 것에 대해 의미를 부여하는 공통적인 세계관을 체제적으로 나타낸다고 논증한다. 이런 견해 혹은 "현실의 해석들"은 개인들 사이의 상호작용을 통해 정통성을 형성하고 획득한다. 더 나아가, 해석이 존재한다는 것은 모든 조직이 공유하는 객관적 현실이 존재한다는 개념과 상반된다.

단순하게 말하면, 여기서 필자가 소개하는 대안적 이론은 해석이 모호성을 없앤다고 주장한다; 상이한, 구성적 현실의 수가 많으면 많을수록 사업예산, 발생주의 회계, 혹은 입법부의 사후감사 등과 같은 관리적 처방이 현실 적용가능성이 점점 낮아진다. 예산, 회계, 혹은 감사 체제가 무엇을 "의미"하는지 혹은 무엇이어야 하는지에 대해 합의가 없는 경우 재무관리자는 현실의 어떤 한 견해와 "느슨하게 연결된" 절차를 이용한다 (Weick, 1976). 결과적으로, 조직과 정부와 같은, 집단적 이해를 가지고 있는 개인들로 구성되는 하나의 집단에서 견해가 다르면 다를수록, 의미를 형성하는 사건과 사람들이라는 측면에서 무작위성(randomness)의 영향이 그만큼 커지고, 합의된 방법으로 이해하고 행동하기 위해 구성원이 필요로 하는 해석의 양도 그만큼 커진다 (Weick, 1979).

그래서 이 무작위성 안에서 문지기가 되는 역할을 발견하는 것이 재무관리자의 관심에는 있다. 한 조직에서, 예를 들면 재무관은 경쟁하는 주창자 사이에 심판관일 수 있다; 한편, 다른 조직에서 재무관은 상당한 압력이 따르는 공금의 수호자일 수도 있다. 또 다른 조직에서 재무관은 과거에 이루어진 결정을 보관하는 가장 좋은 제도적 기억창고일 수도 있다. 더 나아가서, 상이한 조직의 구성원들은 예산과 같은 재무관리의 도구에 부여할 상이한 의미를 개발한다. 재무관리의 도구에는 분석적 활동, 의미 없는 의례, 혹은 어딘가 규정된 규정의 충족 등이 있다. 모든 경우에, 일련의 역할과 공유된 의미는 맥락적이고 독특한데 그 이유는 역할과 의미는 그것을 협상했고 구성했던 특정인의 소유물이기 때문이다.

정부 재무관리를 보는 대안적 방법이 연구 도구로서 중요한 것은 사람들에게 생각하는 시각을 제공하기 때문이다. 모호성 혹은 사회적 구성과 같은 떠오르는 패러다임(paradigms)은 정통적 접근 방법이나 지배적 접근 방법과 대조를 이루는 방법으로 현실을 설명하고 행태를 예측할 수 있을 것이다.

설명력에서, 정통적 이론과 지배적 이론은 조직 목적이나 과학기술에 대한 비교적 상당한 양의 *합의*(consensus)에 의존한다. 이러한 조건은 많은 조직에서 존재하지 않는다. 특히 공공조직에서는 존재하지 않는다. 반면에, 대안적 접근 방법은 이유와 방법에 대한 해답을 추구한다. 대안적 이론은 또한 집단적 행동을 가능하게 하는 기초적이고 간주간적으로(intersubjectively) 결정된 전제를 추구한다.

정통적, 지배적 이론과 대안적 이론과의 두 번째 차이는 각각 의도에 대해 취한 가정에 있다. 정부 재무관리의 정통적 연구는 매우 단순한 경로를 따른다; 재정학, 정치경제론, 예산집행론 등은 합리적 행위자의 개념을 따랐다.

지배적 이론, 이것은 사이먼(Simon, 1976)의 제한적 합리성에 기초한 것인데, 이것은 불확실성이 널리 퍼져 있고 완전히 합리적인 행위자가 불가능하다는 것을 시사한다; 개인은 어떤 주어진 행동 경로의 결과를 확실하게 알 수 없다. 대신, 사람들은 이성적인 허용 범위 내에서 결과를 예측하는 데 충분한 정보를 이용할 수 있을 때 사람들은 행동경로를 선택한다. 관리 의사결정의 합리성은 만족할 만한 대안을 탐색하는 데 필요한 비용과 편익에 의해 제한을 받는다. 그럼에도 불구하고, 그런 의사결정은 *의식적인 의도*가 있는 것같이 종종 합리적인 결과를 가져온다.

대안적 이론은 정부 재무관리가 마치 모든 관리자가 합리적으로 의도적으로 행동하는 것처럼 관리하지만 목적과 수단이 이상한 방법으로 관련되어 사람들이 행동할 때까지 무엇이 의도인지 알 수 없다고 주장한다. 돌이켜보면, 사람들은 사고 과정에 질서를 부여할 수 있지만 그러나 예측은 이렇다 할 성과가 없을 수 있다.

더 나아가, 관리의 기초로서 "사람을 합리적으로 만드는 것"은 이념이고 그렇게 주장하는 사람들이 있다(Pfeffer, 1981). 어떤 사람들은 이념이 사람들을 잘못 인도한다고 말한다. 의도된 합리성의 결과는 조직구성원 사이에 행동의 중요한 방법에 대한 합의를 의미하는 것이다. 합의를 획득하는 것이 도구적으로 중요하더라도 행동이 합의에 의존해야 한다고 가정하는 것은 조직생활에 대한 기초를 무의미하게 만드는 일이다. 그것은 조직의 개념을 개인 사이의 조직화된 관계로 간단히 연결시키는 것이고 결과적으로 개인을 추상적인 개념에 예속시키는 것이다(McSwain, 1987: 37).

조직은 관계와 무의식적 의미 그리고 관계와 무의식적 의미로부터 발전한 해석으로 이루어진 구성 요소들에 의존한다고 주장되었다(Weick, 1979; White and McSwain, 1983). 관계는 선의로(Barnard, 1968: 168-169) 혹은 악의적인 방법으로(Milgram, 1964) 관리될 수도 있다. 조직생활의 모든 국면이 조직의 실질적인 구성 요소들[관계, 무의식적 의미, 해석]을 엄폐하는 것이 아니다. 사실, "느슨하게 연결된 체제(loosely coupled systems)"(Weick, 1979)와 같은 어떤 체제는 관계를 유지할 뿐만 아니라 촉진하는 경향이 있다.

대안적 이론은 확실성을 가정하지 않는다. 오히려, 대안적 이론은 확실성에서부터 모호성까지 조건의 범위를 가정한다. 이 접근법은 특히 무작위성을 향한 절차를 위한 혹은 합의적 운동을 위한 안내판으로서 모호한 상황에서 발생한 것을 기술하고 설명하려고 애를 쓴다. 그러한 정보는 알아야 할 가치가 매우 있고 재미있고 유익하다. 특히 정보가 집단적 노력에서 인간관계에 영향을 미치기 때문에 그러하다. 모호성은 종종 목표에 대한 불일치의 결과이기 때문에, 이러한 조건에서의 실제로 존재하는 것들의 형태 혹은 문양을 연구하려면 정부 재무관리에서 가치 선호를 무시하기보다는 가치 선호를 도입해야 할 것이다.

제4절 이 책의 구성

이 책은 재무관리에 대한 대안적 방법을 따른다. 이 책은 필자에게 카터와 레이건 대통령의 반정부적 시대로 보였던, 진보적 개혁 시대의 기본 전제들이 의심을 받았던 때 시작되었다. 현재까지의 재무개혁 이론의 발전은 제2장에서 기술할 것이다.

재무관리 연구와 지적 노력은 공공조직에서 직면하는 문제로부터 연유하고 방향지어진 것이 전부는 아니지만 그러나 대부분이 그러한 것이다. 그리고 문제 정의도 공공조직론이 바라보는 "관점"에 의존한다. 필자는 제2장에서 기술한 이해관계자들의 연합(coalitions of interests)을 재무관리에서, 선정된 주제, 이용된 방법, 작성된 설명, 문제에 대해 발견된 해결책 등에 부단하게 영향을 미친 것으로 간주한다. 필자가 조직론의 역사를 재무관리 연구의 역사로 보는 것은 전혀 놀랄 일이 아니다. 재무관리 연구의 역사는 제3장에서 제5장까지 제시된다.

앞에서 기술한 대안적 이론은 필자가 재무관리의 중요한 국면을 설명하는 도구가 된다. 결과적으로 필자는 제5장에서 대안적 이론을 좀 더 자세히 다룬다. 필자는 이 이론을 공공조직에서의 사건들로부터 그리고 경쟁하고 있는 정치 행위자들의 이념적 성향에서 연유한 것으로 보지만 필자는 대안적 이론도 진리에 이르는 방법의 하나라고 주장한다. 필자는 골렘비우스키(Golembiewski, 1977: 218-219)처럼, 연구와 실제에 초점을 두는데 대한 충분한 합의가 존재하지 않는 분야에서, 과학자들은 중복되고 서로 경쟁하는 은유의 중요성을 인정해야 한다고 믿는다. 경쟁은 다양성을 고려하고 그리고 경쟁은 사상 발전 초기 단계에 존재하는 창의성에 의지한다.

필자는 제6장에서 제10장에 걸쳐 대안적 이론을 따른 연구를 설명한다. 제6장은 예산의 기호학적(semiotic) 견해를 설명한다. 제7장에서는 조직 간 네트워크가 공채시장을 사회적으로 구성하는 데 이 조직 간 네트워크의 산물로서 공공사업의 전략적 재원 지원이 묘사된다. 제8장에서는 투자를 공공조직의 언어로 설명한다. 제9장에서는 정부간 재원 지원 과정을 결정에 대한 조직화된 무정부 은유를 사용해서 검토한다. 제10장에서는 사회적 조직으로서 경제적 그리고 세입 예측기관의 연방정부 수준을 설명하는 데 경제적 예측기관 및 세입 예측기관의 주요 목적은 예산을 위한 경제적 현실을 구성하는 것이다. 여기서 필자가 하려는 것은 비교다. 더 단순화해서 말하면, 필자는 필자의 대안적 접근 방법을 통해, 앞으로 연구와 실천에 이용될 수 있을지 모를 분야를 탐구하는 것이다. 그런 분야는 다음과 같다: (1) 행정부 제출 예산제도에서 배분, (2) 전략사업 예산 지원, (3) 가치 지향적 국고 투자(values guiding treasury investment), (4) 관리정보와 통제 그리고 (5) 재원 추계.

필자는 행정가들이 정부 재무관리를 나누는 여러 하위 분야에 이 분석틀을 적용한다. 즉 결정(예산), 국고관리(현금관리), 투자(자본 동원과 지원), 통제(정보 체제), 그리고 재원(세입관리) 등에 적용한다.

Chapter

02 역사적 발전

이 장에서는 현대 정부 재무관리를 방향지은 급진적인 몇몇 이론을 살펴본다.[1] 이 이론들의 차이와 지속적인 변화는 비정부적 경제조직에 대한 이론과 확실히 대조된다.

시장 지향적인 조직은 업무를 통일한다. 이들 조직의 목적은 주주의 가치를 극대화하는 것이고, 이것은 다음과 같은 세 종류의 기본적인 결정과 관련이 있다: (1) *투자* 결정(장래 편익을 제공하는 투자사업에 대한 자본 배정), (2) *자금* 조달(자본구조 결정), (3) *배당* 결정(주주에게 지불되는 현금 수익 양)(Van Horne, 1986).

서로 모순되는 상태는 정부 재무관리의 환경과 과학기술을 특징짓는 요소다. 정부의 재무를 통제하는 사람은 자원의 사용에 관여하기도 하지만 또한 자원의 절약에 관여하기도 한다. 가끔, 전혀 관계가 없어 보이는 이해관계자들이 자원의 사용과 절약에 혹은 그 하나에 영향을 미친다. 풍자적으로, 서로 조화를 이룰 이유를 찾을 수 없는 이해관계자들이 서로 유착하여 정부 재정을 개혁하는 데 공통의 기반을 마련하기도 한다.

왜 이런 일이 발생하는지 그 의문에 대한 해답을 찾기란 쉽지 않다. 공공 분야에서 예산 결정, 현금관리, 채무관리, 세입관리, 회계 등과 같은 상이한 정부 재무관리 활동이 어떻게 발전되어 왔는가를 아는 것은 존재하게 된 규범을 창조함으로써 이러한 이해관계자가 합의를 이룬 *이유*를 이해하는 것보다 쉽다. 질문은 다음과 같다: 규범적으로 무엇이 정부 재무관리 활동을 발전시켰는가?

1) 이 장은 필자가 1989년 10월 5일 미시시피 주 잭슨에서 개최된 미 동남부지역 행정학회(SECOPA) 연차 발표회에서 주장한 것을 보완한 것이다.

필자는 이 장에서 그동안 등장했던 개혁 노력을 추적한다. 특히 모든 재무활동이 추구했을 명백한 방향을 모색하기 위해 연합을 형성했던 시기를 살펴볼 것이다. 제2장 제1절에서 필자는 초기 진보운동(progressive movement) 시기부터 현재 민영화 운동 시기까지 여러 단계에서 개혁 노력을 묘사한다. 제2절에서 필자는 개혁 노력을 능률, 형평, 절약 등이 지배했던 주요 3단계로 구분한다. 끝으로 필자는 연합 형성 경쟁이 재무관리 이론의 형성과 연구 수행에 파행을 초래하기도 했지만 동시에 큰 영향을 미쳤다는 것을 논증하고자 한다.

이 장의 중요성은 규범적 개념을 통합한다고 해도 그것을 정부 재무관리라고 알려진 여러 학문 분야 어디에 위치시켜야 하는지 그것이 어렵다는 사실에 있다. 정부 재무관리 분야는 성장하고 있지만 그러나 (이런 방법으로 하라!는) 처방책을 형성하는 사상은 상이한 관점, 때로는 모순적인 관점에서 비롯되었다. 예를 들면, 국고 운영에는 모순적인 가치들이 유휴 현금 투자정책의 방향을 정하기도 한다. 수탁이라는 가치 때문에 재무관은 손실 위험을 두려워해서 유휴 정부자금을 투자하기 꺼려한다.[2] 이런 가치는 투기적 위험이라는 성격에서 유래하는데, 이 투기적 위험은 많은 시간에 걸쳐 민간 부문과 공공 부문의 상호작용을 상당히 강화했다.

다른 가치에 의하면 정반대가 된다. 예를 들면, 화폐 개념의 시간 가치[3]와 기회비용이라는 생각은 유휴자금을 투자하지 않는 것은 화폐의 가치를 잃는 방법임을 시사한다.

생각의 통합을 추구하는 이유는 무엇인가? 상당히 많은 사람이 정부 재무관리 연구자와 교사의 노력을 강조했다. 개념 통합이 부족하다는 것이, 인정을 위해 투쟁하는 분야에서는 토론의 오랜 주제였다(Rubin, 1988; National Task Force on Curriculum Reform, 1985; MacManus, 1984; Thai, 1985; McCaffery, 1983; Golembiewski, 1980). 그 토론은 다음을 시사한다. 즉, 합의가 부족하면 문제가 인지되고 해결책이 처방될 때 선견지명이 부족하다는 결론에 도달한다. 합의를 이루지 못하면 다음과 같은 대가를 치르게 된다: 재무문제의 개선을 이해하는 데 연구 노력이 분절적이

2) 이런 관행은 "저장 체제(vault system)"(Advisory Commission on Intergovernmental Relations, 1962)에서 비롯된다. 이 체제는 다음을 시사한다. 즉 안전하게 공공자금을 지키기 위해 신중하려면 공공자금을 유통시키지 말아야 한다. 왜냐하면 그 공공자금을 운영하는 은행이 파산할 위험이 있기 때문이다.

3) 화폐의 시간 가치는 어떤 합계의 가치는 현재에 최대이며 현재 이전에 사용하는 것에 대해서는 이자가 계산되어야 한다는 것을 시사한다. 기회비용은 하나의 화폐 용도가 다른 용도와 비교되고, 두 용도 사이의 차이는 선택되지 않은 비용 혹은 기회비용이라고 계산한다.

고 서로 연관이 없고, 선견지명이 부족하고, 과학성이 부족하게 된다. 공공 서비스를 위해 훈련을 받는 학생들은 사업 수행에 필요한 지식을 충분히 갖추지 못하게 된다. 그리고 행정 연구의 오랜 전통이 사라지게 된다.

이 장에서 필자는 규범적 문제가 단순히 문제가 아니라 정치적 투쟁이라고 논증한다. 정부 재무관리 분야는 여러 상이한 규범적 그리고 이념적 연합 사이에 불편하게 겨우 자리를 잡고 있다. 그래서 연구문제에 대한 해결책은, 첫째 이 분야의 발전을 이해하는 데 있고, 둘째는 경쟁하고 있는 관점에 대해 의견을 줄 수 있는 통합적인 틀을 채택하는 데 있다.

제 1 절 정부 재무관리 연구의 역사

먼저, 우리는 초기 "정부 개혁운동"부터 보수적 경제학에 의해 지지되고 있는 현재의 정부개혁까지 사고의 발전을 여섯 가지 기본 단계로 구분하여 그 발전을 기술함으로써 재무활동 연구의 역사를 비판적으로 검토한다.

능률 지향적인 시민운동

전미시정연맹(National Municipal League: NML)과 뉴욕시정연구회를 통해 진보운동은 예산이라는 사고와 재무관리의 모든 측면을 예산과 통합하는 원리라는 사고를 불러일으켰다. 왈도(Waldo, 1948: 32-33)에 의하면 그것은 다음과 같다.

> (진보주의자들[progressives])은 과학의 매력과 약속에 민감했다. 이들은 사실의 발견에 과학적 방법을 신뢰하듯이 인간문제 해결을 위한 모형으로서 과학적 방법을 신뢰했다.
>
> 진보주의자들은 정부에 대한 새로운 실증적 개념을 받아들였고, 바꿔 말하면, 주장했고, 계획된 그리고 관리된 사회라는 생각에 치우쳤다.
>
> (진보주의자들은) 민간조직과 절차에서 행정을 위한 수락할 만한 원형을 찾아볼 수 있다고 했다. 이들은 "능률성 이념"에 대한 열렬한 사도였다.

> 시민 의식, 호전성, 능률성, “유용한” 교육 등은 모두 능률 지향적인 시민운동의 핵심을 이룬다.

진보운동에 관여한 집단은 다음의 세 종류다: 보통 *진보주의자*로 불리는 적극적 정부의 지지자들, 정부연구회의 전문가 즉 *분석가*들, 그리고 공개가 세금 인상을 억제하는 한 방법이 된다는 *기업의 이해*를 공유한 집단. 진보운동[4]은 여러 정보에 접해서 잘 알고 있는 시민(품목별 예산 분류, 경쟁입찰을 통한 구매, 재무제표의 감사 등)은, 알기 쉬운 재무절차를 통해 정보가 제공되기 때문에, “정치꾼(detested politicians)”의 책동을 억제할 수 있다는 원칙을 세웠다. 공개는 정부가 따라야 할 기본적 원칙이 되었다. 능률성은 성과를 측정하는 표준이 됨으로써 정부가 사용하는 과정에 대한 “과학적” 점검 방법으로 위상을 확보했다.

공개(openness)는 지지를 이끌고 개혁을 지지하는 여러 이해관계자들의 연합을 형성한 훌륭한 통일 원칙이 되었다. 능률을 지향하는 시민운동(Efficient Citizenship)을 수행한 개혁연합은 기업의 이해관계자들, 조사연구운동의 원칙주의자들, 그리고 적극적 정부의 지지자들로 구성되었다. 이들 집단의 모든 목적은, 정부를 공개해야 한다는 이슈가 맥락이 될 때 그때에만 서로 도움이 되었다. 정부 공개가 이슈가 되지 않으면 기업가는 세금 삭감을 선호했다. 조사연구자들은 “합당한 제도와 전문 인력”이 “훌륭한” 정부를 만든다는 통속적 주장을 했다 (Waldo, 1948: 23). 적극적 정부 지지자들은 도로와 학교에 대한 수요가 있으면 그것에 따라서 필요한 서비스를 제공할 수 있도록 정부 권위를 사용하려 했다.

본래 이 연합의 구성 집단들의 기본 입장이 경제와 사회 발전에서 세금 억제, 책임 있는 절차, 그리고 정부의 지도성이었지만, 정부 규모가 변하자 연합은 분리되었다. 실제로 재무관리를 통합하는 후기 발전은 절약, 능률, 형평 등 이 세 종류의 목적과는 다른 형태를 띠었다.

능률적인 정부운동은 책임성을 확보하기 위해 행정을 절차화하려고 노력했는데 그 결말은 책임성을 위한 조직의 광범위한 제도화였다. 공개를 지속적으로 강조한 것도 제도화운동에 힘을 실어 주었다. 1921년의 예산회계법(The Budget and Accoun-

---

4) 정치적 연합으로 진보운동 집단을 규정할 때, 애드리언(Adrian, 1987)은 진보주의자를 제외한 다른 모든 집단을 “도시 보수주의자들”이라고 지칭했고, 쉬슬(Schiesl, 1977)과 엘킨(Elkin, 1987)은 연합의 구성을 묘사하는 데 한층 상투적인 정치학적 방법을 취해, 한쪽을 친정치적 집단으로 그리고 다른 한편을 반정치적 집단으로 구분했다.

ting Act)은 절차화 노력의 결과였는데, 이에 따라 예산국과 회계검사원이 설치되었고, 이 두 기관은 통합예산(unified budget)의 발간(發刊)을 통해 정부를 조사할 수 있도록 공개할 수 있었다. 통일(unification)과 공개(openness)에 의해 집행부는 조명을 받게 되었다. 정부의 결정들이 공중에게 공개되었던 까닭에 모든 사람이 정부의 결정을 추적할 수 있게 되었다. 더 나아가, 그 법률 조항의 나머지 반에 의해 정부 결정의 집행도 검토가 가능해졌다. 즉 세출예산 집행을 회계검사할 수 있게 되었다.

본래의 연합을 구성했던 또 다른 집단인 조사연구자들은 어느 면에서는 다소 성공적이었지만 어느 면에서는 다소 실패한 것 같기도 했다. 이들은 예산국과 회계검사원을 분석이 자리를 잡을 공간으로 보았다. 정부활동과 절차가 공개됨으로써 정부결정에 대한 신뢰가 매우 향상되었고 정부 결정에 대한 신뢰 향상으로 인해 활력이 넘치는 정부는 형평성을 추구하게 되었다. 형평성은 적극적인 정부 지지자들이 주장했다.

적극적 정부운동

정부의 부정부패를 지적하고 능률을 지향하는 진보주의자들이 1921년 예산회계법을 위한 운동을 이끌었다면 적극적 정부 지지자들은 뉴딜사업(New Deal)을 위한 운동을 추진할 것을 주장했다. 대공황이라는 경제적 재난으로 인한 피해를 완화하는 방법으로 정부 조치가 촉진되었다. 핵심 단어는 형평이고 이것은 분석으로 장식되었다.

사실, 예산국(Bureau of the Budget)의 비효과성에 대한 브라운로위원회(Brownlow Committee)의 주요 지적 사항은 예산 집행을 지시하고 통제하는 것보다 예산 편성을 강조하는 것이었다(President's Committee on Administrative Management, 1937: 15-24). 서로 갈등이 있더라도 어떤 생각을 발전시키는 데 감각이 뛰어났던 루스벨트(Franklin D. Roosvelts)의 입장에서는 통제는 경제와 거버넌스의 시급한 문제에 대한 해결책을 마련하는 데 부차적인 것이었다.

브라운로위원회의 보고서는 다른 운동과 비교해서 말할 때, 적극적 정부운동의 한 분파로 읽힐 수도 있다. 브라운로위원회는 적극적 정부운동이 분열되고 그에 따라 운동의 효과가 사라지는 것을 보았다고 시사했다. 적극적 정부운동이 포괄적 예산통제와 중앙의 지시라는 이상에 별로 관심을 기울이지 않음으로써 다양성의 이점을 이용하지 못했다. 만약 그 이상, 즉 "계획되고 관리된 사회(planned and managed society)라는 생각에 기초한 새로운 적극적 정부라는 개념"(Waldo, 1948: 32)이 실현되려면, 새로운 정설(orthodoxy)이 개발되어야 한다. 이 정설은 집행부 하의 재무관리를 통일적 권력, 명확한 명령 체계, 그리고 충분한 기획, 지시, 책임 기제를 통합해서 이러한 권력과 명령과 기획과 지시가 실행될 수 있도록 해야 한다. 결론은 다음과 같다: 적극적 정부 유형에서 형평은 규모가 큰 그러나 규율이 있는 계획되고 관리된 사회에 존재한다.

분석적 운동

존슨(Lynden B. Johnson) 대통령이 계획예산제도(PPBS)를 도입한 이후 연방정부에서 예산 체제(계획예산제도), 즉 재무 체제는 여러 문제의 분석에 유용했다.

계획예산제도를 도입하고 이용하는 이런 운동은 이전의 진보 시대 문헌에서 강조했던 능률을 재현한 것이다. 이 운동에 일반적으로 부여할 수 있는 "생각(idea)"은 정부의 공공문제 해결에 과학적 탐구의 규칙을 적용해야 한다는 것이다.

실질적으로, 계획예산제도 개혁은 재원 배분을 뒷받침하는 기본 가정을 형평성 있는 배정에서 최적화로 변경했다. 계획예산제도는 사업 분석, 목적 설정, 목적의 합리적 추구, 그리고 사업 달성 등을 추구했다. 이와 같은 탐구의 조직화가 무엇보다 "생각"의 토대가 되었다: 관리에는 원칙이 있고 그 원칙에 따라 관리의 모든 측면이 운영되어야 한다. 원칙을 발견하는 데에는 훈련된 탐구가 필요할 것이다.

본래의 계획예산제도 개혁은 뒤에 다른 형태로 나타났는데 그것은 바로 카터(Jimmy Carter) 대통령이 지원했던 미국 주택도시개발성(Department of Housing and Urban Development: HUD)의 재무관리 역량 공유사업이다. 이 사업의 중요한 업적 가운데 하나가 분석적 장치였다. 특히, 재무 추세 점검 체제(Financial Trend Monitoring System) (Groves, Godsey, and Shulman, 1981), 중요한 몇몇 생산성 측정 개혁들(Epstein, 1984), 통합재정 체제 사업안(Grossman and Hayes, 1981) 등이 중요한 업적이다.

통합재정 체제(integrated fiscal system)라는 생각은 오하이오 주 클리블랜드 시, 뉴욕 시 등이 재정 위기에 직면했을 때 미국의 주정부와 지방정부가 보여 주었던 관심들에서 비롯되었다. 이자와 원금을 거의 혹은 전부 지불할 수 없는 지불 불능 상태가 되자 재정관리 체제의 한 분야에서 이루어진 결정이 재정관리 체제의 다른 분야에서 즉시 인지되지 않고 또는 사전에 그 결과를 예견하지도 못한다는 우려가 생겼다. 이 우려에 대한 해결책은 예산 운영, 회계, 성과측정, 감사 등에 공통적인 기록을 컴퓨터를 이용해 처리하는 것이다. 그리고 이것은 기록을 컴퓨터를 이용해 처리하는 것이 어떤 결과를 가져오는지 그 집행을 추적하는 많은 연구를 진작시켰다(Kraemer, 1969; Kraemer, Dutton, and Northrop, 1981; King and Kraemer, 1985). 그러나 또 다른 접근이 재무 상태를 좀 더 잘 나타내는 지표를 필요로 하는 투자가들(Price, Waterhouse & Co., 1979; Ernst & Whinney, 1979), 일반 관리자들(Groves et al., 1981), 심지어 노조들(Berne and Schramm, 1986)로부터 나왔다. 끝으로, 통합재정 체제를 운영하려는 운동은 연방 회계검사원 관리들의 지도력을 통해 연방 재무관리 절차를 통합하는 전면적인 노력으로 확대되었다(CAO, 1985; Joint Financial Management Improvement Program, 1988).

역량 강화운동

닉슨 대통령 제1기 행정부에 시작되어 포드 대통령 행정부에도 계속되었다. 지방정부의 역량을 강화하려는 노력은 세 갈래도 이루어졌다. 첫 번째 갈래는 지방 및 주정부와 세입을 공유하는 세입분할(revenue sharing)제도와 관계가 있다. 세입분할제도를 지지하는 사람들은 다음과 같이 주장한다: 연방정부가 세입을 징수하는 능력이 지방정부보다 더 뛰어나다. 반면에 지방정부는 서비스를 전달하고 연방정부 국내 정책을 집행하는 역량이 연방정부보다 더 뛰어나다. 지방의 문제가 국가 전체를 에워싸고 있다. 주 및 지방정부는 지방의 문제에 매우 가까이 있다. 그 때문에 지방정부가 지방의 문제를 더 잘 해결할 수 있다.

닉슨 행정부를 통해 개발된 지방정부의 역량을 강화하려는 두 번째 갈래는 주 및 지방정부 수준에서 기획을 강화하려는 노력이다. 지방과 도시의 토지이용 기획활동을 지원한 주택도시개발성(HUD)사업은 도시와 지방정부의 관리 역량을 향상시키는 새로운 임무를 맡았다. 그리고 이에 더해, 연방보조금에 대한 심사 및 확인 체제도 지방정부의 기획과 개발 역량을 조정하는 데 도움이 되었다.[5]

닉슨 대통령 재임 후기와 포드 대통령 재임기 동안 이루어진 역량 강화의 세 번째

5) 이 체제의 논의를 위해 제9장을 참조하시오.

갈래는 정부간 관계(intergovernemnt) 관리에 관심을 집중시켰다. 역량 강화 세 번째 갈래는 특히 정책관리(지도력), 자원관리(환경적 제약에 따른 조직 유지, 적응, 순응), 그리고 사업관리(생산성과 수혜자 욕구에 대한 대응성 그리고 정책 지도)에 관심을 집중시켰다. 역량 강화의 성격을 가장 명확하게 밝힌 설명서("Executive Summary," 1975)는 역량 강화가 억제에 도움이 된다고 밝혔다; 즉, 연방정부 외 주 및 지방정부 수준에서 역량과 재원을 강화하는 것은 연방 지출과 징세를 억제하는 데 도움이 될 수도 있다는 것이다.

분석가가 우위를 점하고 분석이 강조되는 것은 오늘날에도 시사하는 바가 있다. 특히 민영화에서도 공통적으로 발견되는 역량 강화의 국면을 평가할 때 그러하다. 카터와 레이건 대통령이 선거 유세에서 강력하게 주장한 것은 행정부와 의회 간 조화관계를 이젠 끝낼 필요가 있다는 것이었다. 다시 말해, 역량 강화운동은 능률 지향적인 시민운동을 가능하게 했던 그리고 뉴딜의 사회기반시설을 건설했던 적극적인 정부운동 연합을 무너뜨리는 데 도움이 되었다. 역량을 강조하는 역량 강화운동(capacity building movement)이 적극적 정부를 지향하는 진보운동을 멀리함으로써 역량 강화운동은 부지중에 민영화운동이 되었다.

민영화운동

민간 부문에서 민간재를 생산해야 한다는 주장이 다시 제기되었다.6) 이것이 다섯 번째 운동인데, 재무관리에서 주요 가치로 절약을 다시 강조한 것이다. 민영화는 보수적 정치사상과 경제사상의 전통에 기초한 것인데(Schumpeter, 1942; Hayek, 1944; Buchanan and Tullock, 1962), 그것은 사바스(E. S. Savas)의 저술에 가장 잘 묘사되어 있다(Savas, 1982). 민영화운동이 명백히 나타내는 혐오감은 정부는 "자기 확대를 꾀하는 기회주의자 무리들"(Savas, 1982: 1)이라는 것이다. 이 혐오감은 정부

---

6) 민간재(private goods)는 시장실패와 전유권의 맥락에서 정의된다. 그리고 *민간재*란 용어는 정부 혹은 민간 기업 또는 이들 모두가 생산하고 판매하는 재화들이다. 재화의 공급자가 재화의 구매자로부터 전혀 반대급부를 받지 못한 결과로서 시장실패가 초래되기 때문에, "시장 성공"은 전유권의 예이고 혹은 상품을 구매하지 않은 사람을 그 사용에서 배제할 수 있는 그리고 상품을 구매한 사람과 구매하지 않은 사람이 동시에 상품을 사용하는 것을 금하는 능력의 예다. 실제로 무엇이 민간재이고 누가 민간재를 제공해야 하는가는 더 깊은 연구의 주제다. 가장 균형잡힌 분석으로서 월프(Wolf, 1988)을 참고하시오.

재무관리를 주도하는 지배적 연합에 기업 이해관계자들이 다시 전면적으로 영향을 미치게 된 사실을 반영한다.

정부에 대한 혐오감에서 비롯된 민영화운동이 1970년대 조세 저항의 한 원인이기도 하지만, 민영화는 적극적 정부 옹호자들이 오랫동안 지배했던 용역 생산에 대한 새로운 사고를 보여 주기도 했다. 예를 들면, 요금재(toll goods)를 재검토하라는 많은 제안이 있다: 여타 소비재처럼 사용되고 가격이 정해지는 민간재와 같이 도로와 교량도 이용되고 가격이 정해질 수 있을까? 제조업자들이 생산을 할 때 공해물질을 유발시키는데, 그들이 계속 생산을 하기 위해 높은 요금을 지불할 의사가 있다면 계속 생산할 수 있는 권한을 부여하듯이, 맑은 공기와 같은 공유자원(common pool resources)에 대해서도 그것을 사용하고 기꺼이 높은 요금을 부담하려는 사용자에게 사용권을 배분하는 방식으로 공유자원이 규제될 수 있을까(Hershey, 1989)? 범법자를 교화하는 교정 서비스를 제공하기 위해 계약할 때, 관리자가 그 지출을 검사하는 여러 방법을 상세히 조사하듯이, 공공재는 꼼꼼한 조사를 받게 된다.

끝으로, 증권거래위원회(SEC)와 식약청(FDA)과 같은 정부 규제기관들은 스스로 재정적으로 독립하는 데 도움이 될 수 있도록 요금을 사용하는 방법을 연구하기 시작했다. 제조업체가 한 분야 혹은 여러 분야에 제조 허가를 요구할 때 부담하는 요금이 행정기관이나 규제기관의 서비스 공급 비용과 일치할 수 있도록 하는 방법으로 제조업체에 요금을 징수할 수 있을 것이다.

1) 공급 중시 경제학

서비스 전달의 민영화에 관여한 후, 공급 중시 경제학(supply-side economics)은 진정한 조세구조 개혁과 관련 있는 대폭적 조세 삭감을 설명하는 데 많은 사랑을 받았다(Robert, 1984). 조세 삭감은 다음과 같은 입장에서 정당화되었다: 세율과 세수는 곡선 관계다. 어느 점까지는 세율과 세수가 함께 증가하지만, 그 점을 지나면 세율이 증가해도 세수는 감소한다.

공급 중시 경제학자들은 두 가지 이유 때문에 조세 삭감과 소득세에 대한 고정 세율이 조세수입에 더 좋은 효과를 준다고 주장한다. 첫째, 조세 삭감은 경제 생산에 중립적 효과를 더 준다. 그리고 이윤이 처벌이 아니라 보상으로 간주된다면, 조세 삭감은 더 많은 상품과 서비스를 생산하는 데 기여한다. 둘째, 낮은 세율은 케네디 행정부 시절 조세 삭감이 명확하게 보여 주었듯이 당연히 경제적 생산을 진작시킨다.

그러나 경제적 생산의 증가와 그 부산물인 정부 수입의 증가가 발생하는 시점이 명확하지 않다. 공급 중시 경제학과 민영화를 서로 연계하는 데 결과적으로 상당한 혼란이 있었다. 1981년과 1986년에 조세 삭감을 했는데, 연방정부는 이에 상응하는 지출을 삭감하지 않아 조세 삭감은 오히려 연방정부 수입에 상당한 적자를 초래했다. 이러한 적자는 세출을 더 삭감해야 한다는 혹은 정부의 여타 기능을 여전히 민영화해야 한다는 엄청난 압력이 되었다.

2) 감축관리

조세 저항, 조세 개혁 그리고 예산 적자에 대한 분석가의 대응은 "규모와 사업구조의 축소를 관리한다는 개념"인 "감축관리(cutback management)"다.[7] 감축관리를 보증하는 것은 공공조직의 질서 있는 축소를 결정하는 데 작용하는 계층제의 능력 변수다. 계층제가 존재하지 않는 곳에는 이익집단들의 저항이 질서를 대신하고, 이익집단들이 지배하는 정책 분야에서 배정 비율(distributional patterns)을 유지하기 위해 서로 다툼으로써 이익집단들은 서로 조화를 이룬다고 주장할 수 있다.

제 2 절 연합의 수렴과 발산

정부 재무관리에 대한 사고에 영향을 미쳤던 운동이 지속적으로 있었는데 이런 운동을 주도하던 지도자들은 공통적으로 중요한 하나의 신념을 공유했다. 그것은 정부 재무관리의 공개가 정부의 이익에 기여한다는 것이다. 이때 정부의 이익은 능률, 형평 혹은 절약일 수 있었다. 예를 들면, 진보주의자들은 적극적 정부를 원했고, 기업이익을 옹호하는 자들은 낮은 세금을 선호했다. 또 연구자들은 분석을 원했고 폭로주의자들은 절도에 대한 처벌을 추구했다. 그러나 공개를 추구하고자 형성된 연합은 재무관리의 기본 생각이 관찰 가능하고 평가 가능한 절차와 의례여야 한다고 믿었다.[8] 그러나 *무엇*을 관찰하고 평가할 것인가는 정해지지 않았다.

7) 감축관리에 관한 많은 문헌이 거의 10년 동안 정부 재정관리 분야에서 논의되어 왔다. 감축관리를 명백히 논한 문헌은 사이먼(Simon, 1962)으로부터 시작되었다. 감축관리에 대한 더 많은 참고 문헌을 보고자 한다면 매카퍼리(McCaffery, 1981)와 레빈(Levine, 1980)을 참조하시오.

8) 후에, 이러한 믿음은 본질적으로 그리고 스스로 올바른 것으로 간주되는 엄격히 준수해야 하는 원칙으로 발전한 집행 방법으로 해석되었다.

공개는 개혁연합의 구성원 사이에서 공통된 생각이었다. 공개라는 생각은 개혁 집단을 "정치 세력"이라 칭할 수 있는 집단에 반대하여 하나로 통합시켰다. 여기서 정치 세력이란 지방정부와 종종 주정부를 통제했던 그리고 정치적 수장에 의해 통제되었던 정치집단으로 널리 알려진 집단들이다.

또한 공개는 개혁연합을 구성하는 어떤 구성 집단의 신념이 실현되려면 도달해야 할 높은 언덕이었다. 적극적 정부 지지자들은 형평성 정도를 파악하고 차별과 이상적이지 못한 정치 참여의 결과에 대처하기 위해 우열을 측정할 수 있는 방법과 자료도 가지고 있어야 했다. 그런데 공개만이 그런 측정 방법과 필요한 자료를 제공할 수 있었다. 분석가들은 능률성 정도를 파악하기 위해 공개가 필요했다. 기업집단은 절약을 위협하는 요인과 조세 비형평 요인을 지적하기 위해 공개가 필요했다. 끝으로, 추문을 폭로하는 폭로주의자는 도둑질을 발본색원하기 위해 공개가 필요했다.

공개 그 자체는 책임이 아니고 책임지는 업무 체제를 형성하는 필수적 기반이었다. 책임은 충족되어야 할 신념이고 비전(vision)이었다. 반면에 공개는 그 비전을 달성하기 위해 활용되는 과학기술과 관리의 한 방법이었다.

차이의 원천으로서 책임의 체제

개혁 연합집단은 각각 상이한 신념을 가지고 있었고 상이한 관리 체제를 주창했고 상이한 과학기술을 이용했다. 이런 까닭에 각각은 결국 상이한 책임 체제를 의미했다. 만약 추문 폭로하기를 개혁 연합집단에서 가장 기초적인 위치를 점한다고 간주한다면 우리는 때때로 중복되기는 하지만 중요한 세 종류의 책임 체제 혹은 집단을 설

〈표 2-1〉 정부 재무관리에 대한 개혁 연합집단에 따른 책임 체제의 비교

집단	적극적 정부 지지	분석가	친기업 지지
책임성 전제	형평	능률	절약
과학기술	한계 가치	생산성	화폐로 표시한 효용
조직이론	협상	계층제	민영화
신념 체제	확대되는 영역으로서 정부	고정된 영역으로서 정부	축소되는 영역으로서 정부

출처: Waldo(1948); Schiesl(1977).

정할 수 있다: 적극적 정부 유형은 서비스가 증대하는 데 따라 정부도 확대된다; 분석적 연구적 유형은 무엇보다도 우선적으로 능률적인 정부를 추구한다; 친기업적 유형은 민간 기업에 대해 투자에 대한 더 많은 이윤을 보장하기 위해 세금을 인하한다. <표 2-1>에서 세 가지 체제 유형의 특징을 각각 살펴보았다.

개혁 연합집단 간에 *책임의 전제*에 대해 차이가 있었다. 적극적 정부 지지자집단과 친기업집단은 조직이 한 일에 대해 중요한 통제를 할 때 조직 외부의 필요를 중시하는 경향이 있었다; 이들 집단은 형평성에서 책임성(responsbility)을 찾았다. 수혜자와 납세자에 대한 대응성(responsiveness)이 능률성에 기초한 책임성에 대한 필요보다 더 중요시되는 경향이 있었다. 이때 책임성은 능률성 계산에 기초해서 전제되었고 연구자들이 지지했다. 한편 책임성은 절약 논증에 기초해서 전제되기도 했고, 친기업적 지지자들이 지지했다.

과학기술 역시 서로 달랐다. 적극적 정부 지지집단은 사업을 다른 사업과 비교하고 다른 사업에 대해 한계편익률이 높은 사업을 제일 좋은 사업이라고 정의하는 경향이 있었다. 과학기술로서 능률성은 물질적 투입과 산출을 계산해서 이 둘 사이에 최소의 손실을 보장하도록 노력하는 경향이 있었다. 특히 친기업집단은 화폐 단위로 표현된 그리고 시간의 흐름에 따른 가치 상실이 할인된 인지된 효용에 기초해서 노력의 가치를 정했다; 가장 선호된 노력의 가치는 대안적 노력의 가치보다 더 컸다.

개혁 연합집단들 간에 관리문제에 접근하는 방법과 *조직이론*에서도 차이가 있었다. 적극적 정부 지지자집단은 협상을 통해 도달할 수 있는 협력 문제가 조직의 목적과 방법이 되기를 원했다(Golembiewski, 1977). 브라운로위원회부터 줄곧 분석가집단은 계층제를 강조하는 경향이 있었다(Gulick and Urwick, 1937). 친기업 지지집단은 이전에 정부가 생산했던 대부분의 서비스를 민간 부문이 제공하기를 원했다(Wolf, 1988).

끝으로 개혁 연합집단 간 신념 체제도 상이했다. 정의에 따라서, 적극적 정부 지지집단은 공공 서비스 수요에 직접 비례해서 확대되는 영향력 영역으로서 정부를 믿었다. 이에 비해, 친기업집단은 사업 기회를 확대하고 세금을 축소하기 위해 정부의 영역을 축소하는 데 신념을 두었다. 그러나 분석가집단은 정부 영역이 어떻게 되든 간에 능률성을 강조함으로써 정부 규모에 대해 모호한 입장을 취했다.

차이의 장기적, 지속적 효과

초기 개혁 연합집단들 사이의 유사점과 차이점은 정부 재무관리에 대한 사고에 상당히 지속적인 영향을 미쳤다. 형평, 능률, 절약 등 책임에 관한 초기 세 종류의 입장은 다음의 원천이 되고자 서로 경쟁했다. 즉 현재 재무개혁의 과학기술의 원천이 되고자, 재무관리가 정부조직에서 수행해야 할 역할에 관한 여러 견해의 원천이 되고자, 재무관리자가 요구하는 인지 형태(신념 체제)의 원천이 되고자, 그리고 재무관리 분야가 의존하는 정부조직 이론의 원천이 되고자 적극적 정부 지지집단, 분석가집단, 친기업집단 등은 서로 경쟁을 했다.

어떤 점에서 보면, 재무관리 이론의 언명은 본래 생각들 가운데 어느 것이 현재 생각에도 큰 영향을 미쳤는지 보여 주는 혼합물이며, 더 정확히 말하면 그 점수표다. 따라서 사회에서 정부 재정의 역할이 어떠해야 하는가 하는 정부 재정의 역할에 대한 합의－정부 재무관리 분야에 이론의 토대가 되는 것이 무엇인지에 대한 합의－즉 안정적인 신념구조가 내내 존재하지 않았다. 정치연합이 발전했고 상이한 신념이 서로 영향을 미쳤다.

정부 재무관리 분야에서 사고를 지배하려고 아직도 서로 경쟁하고 있는 세 종류의 기본적인 신념을 생각해 보기로 한다. <표 2-2>에서 그것들을 확인, 비교할 수 있다.

첫 번째 신념 체제는 중앙집권적인 기획 체제와 통제 체제에서 도출된 것이다. 이

〈표 2-2〉 정부 재무관리에 관한 초기 개혁 노력을 거쳐 도출된 이론 비교

이론	사이버네틱스	다원주의	공공선택론
책임 전제	능률성	형평성	절약
유래	분석주의자	실증주의자	친기업가
과학기술	생산성	한계성	금액으로 환산한 효용
조직이론	계층제	협상	민영화
기본 신념	고정된 영역으로서 정부	팽창하는 영역으로서 정부	축소하는 영역으로서 정부
문화	계서적	평등주의적	개인주의적

출처: Waldo(1948); Schiesl(1977); Wildavsky(1988).

것은 또한 사이버네틱스에 기초하고 그리고 회계이론으로 정교화되어 있다(Key, 1940; Simon, 1976; Beer, 1959; Smithies, 1955; Comptroller General of the United States, 1985).

두 번째 접근 방법과 신념 체제는 예산이론에 잘 요약되어 있는데, 이것은 확실하게 다원론적 관리 정향을 띤다. 이 접근 방법은 개방 체제 논리에서 연유했고, 조직의 의사결정 이론에서 고도로 정교화되었다(Churchman, 1968; Johnson, Kast, and Rosenzweig, 1963; Lindblom: 1965; Cyert and March: 1963; Cohen, March, and Olsen, 1972).

경제학에 기초한 세 번째 접근 방법은 공공선택론을 통해 규범적 이론으로서 사고에 영향을 미치고 있다(Buchanan, 1987; Borcherding, 1977). 이 영향력은 특히 실증적 방법론의 연구 방법(Friedman, 1953)으로 그리고 비용편익분석과 같은 분석적 과학기술로 확대되었다(Kaldor, 1939; Hicks, 1940).

이러한 접근 방법들은 서로 경쟁을 하지만 그러나 각각은 분석의 상이한 분야에서 최상의 강점을 가지고 있다. 대다수의 회계학 및 통제이론은 기술적 응용력이 높으며, 특히 자료의 특성을 밝히고 분류하는 데 응용력이 높다. 회계이론은 상의하달 관리구조를 암암리에 시사하며, 더 은밀하게는 집단 사이에 특성(계층 혹은 계급)을 유지하는 데에 기초한 계서적 문화와 신념 체제를 시사하기도 한다.

예산이론은 강한 관리적 취향을 가지고 있고 행정기관과 중앙예산기관 사이의 협상, 다시 말해 새로운 제안과 정보의 하의상달적 흐름을 제시한다. 이때 새로운 제안과 정보의 상의하달적 흐름은 중앙집권적 재량, 통제, 혹은 조정의 정도에 좌우된다. 예산이론은 한계대체율에 기초한 과학기술을 제시하기는 하지만 정교하지는 않다. 요구자 각각의 점증적 요구는 과거의 모든 요구보다는 요구자들의 각각 요구와 비교된다, 예산이론은 평등주의적 신념 체제를 의미하는데, 왜냐하면, 토론—이것은 정치적 참여를 제한하는데—이 여전히 전체적인 평등을 방해하기는 하지만, 새로운 제안들이 각각 동등하게 정당한 것으로 취급되기 때문이다.

경제적 분석은 관리에 대해 거의 언급하지 않지만 그러나 생산성 측정과 그 분석의 계량화를 시사한다. 이 접근 방법에 의한 주요 기여는 정부활동에 대한 한정된 좁은 분야 혹은 계약 분야에서 공공선택론자에 의해 표현된 신념이다. 친기업적 문화는 친시장주의자들이 지지하는 개인주의적 문화와 유사하다. 즉 고도로 분권화된 의사결정은 그 행동이 집단주의적 이기보다 개인주의적이다.

제 3 절 지속적이고 일화적인 경쟁

위의 세 접근 방법은 여전히 상이한 견해로 발전하고 있다. 정부 재무관리가 어떠한 결과를 가져올지를 지배하고 결정하는 경쟁이 지금도 진행되고 있다.

필자는 이 경쟁을 정치적 지배를 향한 노력으로 특징짓고자 한다. 예산결정 문헌에서 이에 대해 많은 관심을 보여 준 학자(Schick, 1966; Hyde, 1978; Rubin, 1988)들은 이 경쟁을 다른 방식으로 보고 있다. 즉 누적적으로 형성되는 분석 방법의 점진적 승계(gentle unfolding succession)를 시사했다. 예를 들면, 쉬크(Allen Schick)는 이 경쟁을 다음과 같이 본다: 예산 운영에서 통제를 강조하는 통제 정향(定向)은 관리 정향을 위한 준비를 한다. 통제 정향은 관리 정향이 필요로 하는 자료 수집을 제공한다. 기획 정향은 통제와 관리 정향을 승계한다. 기획 정향은 예산 결정에 미래 차원을 첨가하지만 통제와 관리에 필요한 도구를 대체하지 않는다.

"점진적 승계"라는 생각에는 치열한 경쟁이 보이지 않는다. 그러나 재무관리와 같은 중요한 관리의 분야에서 경쟁은 불가피하다. 여기 지식 획득에는 서로 경쟁하는 두 가지 설명이 있는 까닭에 더 분석해 볼 가치가 있다.

특정 개혁이 지지를 획득한 방법을 묘사하는 방법으로서 아래 모형을 생각해 보기로 한다. 버첼과 동료들(Burchell et al., 1980) 그리고 더 기초적인 방법으로 톰슨과 투덴(Thompson and Tuden, 1959)은 다음 두 질문에 대한 대답에 기초한 매트릭스로서 합의와 미합의의 여러 경우를 나타낸다. 첫째, 이해 당사자들은 지배적인 과학기술에 힘입어 도움이 될 수 있는 목적이 무엇인지에 합의하는가? 예를 들면, 이해 당사자들은 공개라는 목적이 도움이 되리라는 것에 대해 합의하는가? 둘째, 이해 당사자들은 주어진 목적을 달성하는 데 가장 적합한 방법이 무엇인지에 대해 합의하는가? 구체적으로, 이해 당사자들은 형평성, 능률성, 그리고 절약을 달성하는 데 가장 적합한 방법이 무엇인지에 대해 합의하는가?

이 질문의 각각에 대답함으로써 <표 2-3>과 같은 표를 만들 수 있다.

<표 2-3>의 각각의 칸은 특정 개혁으로 해석되고 예시될 수 있다. 예를 들면, 칸 1은 수단과 목적에 대한 합의를 나타낸다. 완전한 합의는 현대 재무관리를 창안한 초기 개혁연합의 행동을 해석함으로써 가장 잘 예시할 수 있다: 주어진 목적(책임성)을

〈표 2-3〉 사이버네틱스, 다원주의자, 공공선택론자들 사이의 선호와 신념

		목적에 대한 선호	
		합의	미합의
수단에 대한 신념	합의	1	3
	미합의	2	4

출처: Burchell et al.(1980); Thompson and Tuden(1959).

달성하기 위한 수단(재무관리의 공개)에 대한 합의가 존재했다.

칸 2는 목적에 대한 합의는 있으나 수단에 대한 합의가 존재하지 않는 것을 나타낸다. 가장 기억할 만한 예시는 1937년과 1938년에 행정관리에 대한 대통령위원회와 브루킹스연구소(Brookings Institute) 사이에 발생한 갈등이다. U.S. Senate Committee Investigating Executive Agencies(1937)는 활동을 주요 기능으로 나누어 엄격히 분석하고 분류한 것, 즉 타당성을 논증했다. 재조직을 위한 대통령위원회는 예산국을 새롭게 설치되는 대통령실로 전환함으로써 예산 운영에 일정한 방향을 제시하는 것과 같은 대통령의 관리 문제 해결의 중요성을 논증했다(Leiserson and Marx, 1959: 30).

목적에 대한 합의는 존재하나 수단에 대한 합의가 존재하지 않는 동일한 경우가 시정부에 대한 미국 통계국(Bureau of Census) 모형에 대해서도 적용되었다(Fox, 1977; McDonald, 1988). 통계국 국장은 시정부 활동에 공통으로 보이는 기능들을 마련했다. 기능은 지방정부로부터 받은 자료를 비교 가능한 방법으로 보고하는 수단이 되었다. 그러나 최종 산물은 자료 분류를 위한 기초일 뿐만 아니라 지방정부에서 부서를 조직하고 장래 직종을 개발하기 위한 기초이기도 했다.

칸 2의 반대 경우가 칸 3이다. 수단에 대한 합의는 존재하나 목적에 대한 합의가 존재하지 않는 경우다. 아마 가장 좋은 예가 존슨 행정부 시절 계획예산제도의 실행일 것이다(Rabin, 1975; Schick, 1973; Wildavsky, 1966; Novick, 1968). 계획예산제도는 (오랜 기간 상당한 성공을 거두었던 운영연구와 함께) 무기 체제에 대한 선택을 극대화하는 하나의 방법으로 국방성에서는 잘 운영되었다. 존슨 대통령은 계획예산제도를 다른 부처에도 적용하기를 고집했다. 그러나 눈에 띌 만한 결과를 얻지 못했다. 쉬크(Schick, 1973: 416)는 "분석이 변동을 촉진하는 변동 촉진제여야 했다; 계획예산제도는 분석을 사용함으로써 예산 운영을 재편성할 수 있다"고 주장했다. 그러나 계획예산제도는 실제로 수행한 바는 (목적에 반대되는) 근검하게 보이는 수단이

었고 의사결정을 집권화하는 *수단*이었다(Wildavsky, 1966: 306; Golembiewski, 1989).

우연이든 아니면 의식적으로든 수단이 목적을 결정한다. 윌다브스키가 주장했듯이 "체제분석의 탁월한 특성이 많은데, 그 중 하나는 목적이 알려지지 않든가 아니면 변한다는 것이다"(Wildavsky, 1960: 300). 그는 그의 논증을 보강하기 위해 히치(Charles J. Hitch)를 인용했다(Hitch, 1960: 19). "우리는 물론 잠정적인 목적으로 시작한다. 그러나 우리가 연구하는 체제나 혹은 관련 체제에 대해 학습하면서 우리는 목적을 수정하거나 대체할 것을 기대해야 한다."

칸 4는 목적과 수단에 대한 합의가 존재하지 않는 경우다. 칸 4는 미합의를 해결하는 방법을 보여 준다. 예를 들어, 칸 1은 목적에 대한 합의가 존재하지 않거나 혹은 수단에 대한 합의가 존재하지 않을 때 생각의 끝, 다시 말해 생각의 종착이 무엇이어야 하는지에 대해 시사하는 바가 있다. 사람들은 미합의가 무엇이든 간에 미합의를 통한 작업을 통해 합의를 달성할 수 있기를 기대한다. 칸 4는 현상을 전적으로 재정의하거나 혹은 *재해석*함으로써 목적과 수단에 대한 미합의라는 완전한 갈등을 해결할 수 있음을 보이는 것과 같은 전혀 다른 접근 방법을 택한다. 실제로, 칸 4는 생각의 끝 그 자체일 수 있다. 목적이나 수단에 대한 합의가 모호한 상황에서 이루어지기 힘든 때, 결과에서 이익을 취할 수 있는 파당들이 합의를 이루기 위해 종종 사후적으로 사건과 맥락을 해석할 수도 있다(Weick, 1979).

제 4 절 개혁 일화의 성격

지식이 어떻게 획득되는가, 그 방법의 통일체 혹은 사고 방식으로서 모든 개혁 일화를 분류하는 데 <표 2-3>은 또한 도움이 된다. 이전에 지적했듯이 쉬크(Schick, 1966)와 여타 학자(Hyde, 1978; Lyden and Miller, 1978)는 이러한 설명 노력을 이전 개혁의 효과에 기초해서 형성된 "점진적 승계"라고 묘사했다. 필자는 그런 설명 노력을 그 효과면에서 누적적이기보다 오히려 비연속적인 거대한 경쟁으로 묘사했다. 그러나 여전히 다른 견해가 존재할 수 있다. 어떤 견해가 가장 있을 법한가? 그것은 어떤 차이가 있을까?

<표 2-3>의 각 칸을 생각해 보기로 한다. 칸 1은 "변화가 없는" 입장을 나타낸다. 장기간 지속된 개혁에 대한 절차 혹은 정책이 존속하는 것을 내내 안정된 상태가 존

속하는 것으로 보는 사람은 이 입장을 지지한다. 종종 연구들은 단지 미세 조정이 필요한 체제를 철저히 분해·조사함으로써 실패를 자초하는 그런 노력으로 예산 운영과 조세개혁 입법을 해석했다(Wildavsky, 1961; Wildavsky and Hammond, 1966). 이러한 연구들은 재무관리의 상이한 견해가 어떻게 공존할 수 있는지 보여 주기 위해 개혁을 조직과 회계이론에서의 좀 더 일반적인 생각과 관련지어 왔다. 예를 들면, 예산 운영에서 통제, 관리, 기획 등의 강조는 승계가 아니고 조직의 상이한 각각의 수준에 기여하는 기능의 보완이다(Parsons, 1960; Thompson, 1967; Anthony, 1965).

<표 2-3>의 칸 2는 목적에 대한 합의가 존재하나 수단에 대한 합의가 존재하지 않는 경우다. 이 경우는 개혁의 *선형적*(linear) 개념을 나타낸다. 일련의 사건이 발생했듯이, 특히 초기 개혁가들이 예견하지 못했던 사건이 발생했듯이, 초기 개혁은 "기존 제도"가 되었고, 전통적 사고와 그 인기 없는 결과를 공격하는 것이 이롭다고 생각한 새로운 개혁가들의 표적이 되었다.

이 경우에, 재무전문가들 간의 사고를 지배하기 위한 경쟁은 지속적인 문제에 대해 임시적인 해결책을 발생시킨다; 어떻게 약탈과 남용으로부터 국고를 지키는 것은 물론 정부 목적에 재원을 충분히 지원할 수 있을까? 이런 긴장을 풀기 위한 개혁은 지지를 받고 시행되고 예상한 결과를 얻는다. 그런데 더욱 중요한 것으로, 이 해석 방법이 논증하듯이, 이 긴장을 풀기 위한 개혁은 *예상 못한* 결과도 얻는다. 예상 못한 결과는 취약성을 보이고 상대편에게 공격할 기회를 준다.

예를 들면, 예산에 대한 초기 사고는 품목별로 분류하는 것이 공공에게 정보를 제공할 수 있을 것이라고 제시했다. 하지만 품목별로 제시된 정보는 돈이 무엇을 위해 그리고 어떻게 사용되는지에 대해 아무것도 제공해 주지 못했다. 다만 공개는 통제의 기능에 기여했다. 그러나 수많은 품목으로 이루어진 긴 명세서는 자체 무게로 공개라는 그 장점이 퇴색되고 오히려 숨길 많은 장소를 제공한다. 사실 후버위원회(Hoover Commission)는 많은 품목으로 구성된 품목별 예산을 통해 많은 통제보다 오히려 적은 통제가 이루어진다는 생각을 했다(Gross, 1969).

<표 2-3>의 칸 3은 수단에 대해서는 합의가 존재하고 목적에 대해서는 합의가 존재하지 않는 경우다. 정해진 목적에 대해 일련의 수단을 탐색하는 이런 상황은 정부 재무관리에서 적어도 세 차례 발생했다: 예산 운영에서 계획예산제도(PPB) 일화와 영기준예산제도(ZBB) 일화 그리고 채무관리에서 전략적 기획운동(SPM) 일화가 그것들이다. 특히 계획예산에서 분명한데, 그 수단들—분석의 사용, 특히 운영연구(OR)

의 방법—은 제2차 세계대전 때부터 신망을 얻었고 이런 현상은 헌신적인 분석가 집단을 발전시켰으며, 이들은 폭격, 전략적 무기, 무기 비용 분석, 그리고 끝으로 예산운영이라는 다양한 목적에 이런 수단이 적용될 수 있다고 생각했다. 영기준예산 역시 한 맥락—텍사스 인스트루먼트(Texas Instrument)—에서 이루어진 쇄신이 다른 맥락—조지아 주정부 그리고 나중에 미국 연방정부—에 적용된 제도였다. 텍사스 인스트루먼트에서는 쇄신에 관심이 주어졌고, 주정부와 미국 연방정부에서는 절약에 관심이 주어졌다(Pyrr, 1977). 전략적 기획운동에서는, 여러 풋 앤 콜 옵션(put and call option)과 같은 공채관리의 여러 수단이 목적을 최적화하기 위해 사용될 수 있듯이 수단을 적절히 사용함으로써 최적화되는 목적에 대해 일찍 깨달음으로써 이 분야의 지식이 축적되었다.[9] 계획예산제도, 영기준예산제도, 그리고 전략기획 운동 등 세 가지 경우에 모두 수단은 미화되었지만 목적은 후에 붙여진 것이다: 대개 수단이 정해지고 목적이 후에 붙여진다.

개혁에 대한 이런 견해는 인기있는 역사가(Schlesinger, 1986)가 *역사의 순환*(cycles of history)이라고 부른 것을 보여 준다. 즉 이슈 변화와 기회는 그것을 쉽게 이용할 줄 아는 이익집단들에게서 나타난다. 전문가들은 무엇을 얻을 수 있는가에 관심을 두는 것이 아니라 잘 개발되고 잘 정돈된 과학기술을 어디에 적용할 수 있는가에 관심을 두어 왔다. 지배적인 개혁 방법이나 사고틀도 한 이익집단에서 다른 이익집단으로 이동하고, 다시 되돌아오기도 한다,

그러므로, 칸 3은 정부 재무관리에서의 개혁이나 변화에 대한 *비선형적*인(nonlinear) 견해를 나타낸다. 어떤 집단이 사태에 대한 지배를 주장하는데 이점이 있다고 생각할 때 상황은 변하고 기회가 나타난다(Kaufman, 1956, 각주 11; Ferguson and Rogers, 1986).

칸 4는 수단*과* 목적에 대한 이견이 존재하는 전혀 색다른 경우다. 윌다브스키의 문화이론에 충실히 따르면, 칸 4의 경우는 적합한 수단은 "사람들이 원하는 것을 가지도록" 하는 것이므로(Wildavksy, 1987: 5), 선호는 문화로부터 나온다는 것을 지지한

9) 많은 여러 새로운 채무(부채)관리 기법 외에 풋 앤 콜 옵션(put and call option)에 대한 설명은 이 책 제7장과 8장을 참조하시오. [콜 옵션은 특정 자산을 정해진 기간 내에 일정한 행사가격으로 매수할 수 있는 권리다. 풋 옵션은 콜 옵션과는 반대로, 특정 자산을 정해진 기간 내에 매매계약 시 정한 가격(행사가격)으로 매도할 수 있는 권한이다. 미국식 옵션은 옵션 취득일로부터 만료일까지의 기간 내에 언제라고 권리 행사가 가능하다. 유럽식 옵션은 만료일에만 권리 행사가 가능하다(한국증권거래소(1991). 선물 옵션거래제도. 서울: 신신문화인쇄주식회사, 151-152쪽 이에 대해 알고 싶으면『재무관리』,『파생상품관리론』등을 참고하시오. -역자 주].

다. 윌다브스키는 두 가지 방법으로 문화 사이의 변화를 생각했다. 사람들이 일체감을 느끼는 집단이나 혹은 사람들이 "*소속되는*" 집단은 어느 정도 강한 경계(境界)를 가지고 있다. 이런 집단은 구성원의 행동을 위한 강한 처방을 제공한다. 그래서 목적과 수단에 대한 이견은 관여한 사람들에 의해 "제도 반대와 제도 지지를 통해 형성된 내생적인" 선호 그리고 가장 기초적인 선호로 규정된다(Wildavksy, 1987: 5).

칸 4 속성에 동의하는 분석가들 중 가장 잘 알려진 클라크와 퍼거슨(Clark and Ferguson, 1983)은 시가 재정 압박을 다루는 방법은 오로지 문화이론에 의해서만 설명될 수 있다는 것을 보이는 데 생애를 바쳤다. 그들은 정체를 민주적, 공화적, 인종정치적, 그리고 신재정 인기 영합적으로 나눈다. 그들은 이런 정체(政體)를 정의하고, 이런 정체와 재정 압박을 다루는 정책과의 연계를 분석하여 문화이론 가설에 대한 매우 인상적인 지지를 한다. 물론 모든 개혁이 모든 문화에서 "작동하는" 것이 아니다. 그러나 여러 문화에 걸친 개혁(Miller, 1980)에 대한 필자 자신의 연구는 이런 발견에 대해 지지를 보여 준다.

목적이 수단을 찾는 칸 2와 수단이 목적을 찾는 칸 3, 이 두 중요한 칸 사이의 차이는 상이한 변화이론과 상이한 정치이론까지를 암시한다. (수단을 찾는) 칸 2는 쿤(Thomas S. Kuhn)의 변화 개념을 시사한다(Kuhn, 1979): 새로운 생각(수단)은 더 좋은 생각이 나올 때까지 작동할 것이다. 목적을 찾는 칸 3은 행정 강령을 강조하는 세력 간의 카프만의 불화(Kaufman's battle)와 비슷하다(Kaufman, 1956). 중립적 능력, 행정적 지도력, 대의(代議) 등 어느 관점이 되건 각각의 관점에서 정치적 세계를 통제한다. 그럼에도 불구하고, 통제를 어떻게 발전시킬 것인가에 대해서는 불화가 존재한다.

칸 2에서는 정치이론 또한 변한다. 수단을 찾는 칸 2에서, 전문가들로 이루어진 협의회는 (과학적 방법과 같은) 반박이 적합한 방법을 결정하는 주요 결정 요인이라는 엘리트 정치를 필요로 한다. 목적을 찾는 칸 3의 경우에는 다원적 정치가 지배적인 집단이 통제를 달성하는 타협을 필요로 한다.

칸 2와 칸 3의 유사성도 상당히 눈여겨 볼 만하다. 첫째, 두 이론은 결정론적이고 외생적이다. 칸 2에서 사건이 발생하는데 이 사건은 현재 진행 중인 개혁이 이해할 수 없고 해결할 수 없는 변칙적 사태를 초래한다. 칸 3에서는 역기능을 초래하는 사건이 발생한다. 두 칸 모두에서 개혁의 통제를 넘어서는 사건이 심각한 효과를 가져온다. 둘째, 두 이론은 모두 해석의 여지가 있다. 즉 칸 2와 칸 3에 모호성이 있다. 무엇이 개혁의 명확한 필요의 원인인지에 대해 그리고 그 이유인지에 대해 모호성이 존재한다. 그 결과 초래된 비정상 혹은 역기능은 설명들 사이의 경쟁을 부추긴다.

"점진적 승계" 가설의 개연성이 함축하는 바는 그다지 크다고 볼 수 없다. 비록 쉬크(Schick, 1966)가 가치 정향이 천천히 그리고 누적적으로 발전한다고 했지만 실제로는 그렇지 않은 것 같다. 재무관리 개혁을 둘러싼 논리에서나 혹은 증거 자체로서나 그렇지 않은 것 같다. 개혁은 지식의 점진적 누적을 거의 반영하지 않는다. 왜냐하면 개혁은 종종 비정상적인 변칙적 사건에 의해 촉발되기 때문이다. 적어도, 기득이해 당사자들이 이용할 수 있는 기회를 사건이 제공할 수 있을 때 개혁이 발생할 수 있다(칸 3).

과거를 합리화하고 미래를 재해석해서 모든 행위자가 직면하고 있는 전체 상을 변경시킬 수 있는 기회를 개혁은 또한 제공할 수도 있다(칸 4). 사실, 기존 이해 당사자들이 세상을 동일한 방법으로 보지 않도록, 변칙적 사건이 이상하다거나 혹은 그렇지 않다거나 회자되지 않도록 그리고 정상적(定常的, steady-state)인 정치가 더 이상 존재하지 않도록 하기 위해 전체 준거틀이 변경된다. "거대한 경쟁(titanic struggle)"의 가능성, 개인들이 영향을 받는 전제 전체를 변경시키기 위한 투쟁까지 포함하는 거대한 경쟁의 가능성을 초래하는 것은 바로 개혁의 마지막 유형 즉 칸 4이다. 여기서 투쟁은 테일러(Taylor, 1961: 129)가 "가치 체제를 구성하는 기준"이나 "변명"이라고 했던 바에 대한 것이다.

가치 체제 사이의 경쟁은 알려진 만큼 그렇게 심각한 것은 아니다. 오히려 우리가 "안다"고 하는 것이 무엇인가에 대한 논쟁이 더 심각하다. 사건의 논리는 생각할 여러 가지 가능성을 제공하는데 그 여러 생각에 대해 전문가들은 천천히 그리고 평화롭게 서로 양보하기보다 서로 경쟁을 한다. 전문가들의 기준과 규범은 그 존재의 전체 이유가 의심을 받을 정도로 서로 차이가 난다. 그 차이의 정도가 직업, 생계, 그리고 자아의 개념에까지 위협이 될 정도로 잠재해 있다.

변화는 갈등과 함께 나타난다고 사건은 스스로 암시한다. 이런 견해는 새로운 것이 아니다. 모르슈타인 마르크스(Fritz Morstein-Marx)는 1937년 브라운로위원회(Brownlow Commission)까지 멀리 돌아가서, 정통 브루킹스연구소 구성원과 시정연구회의 뉴욕시 집단과의 격렬한 경쟁을 묘사했다(Morstein-Marx, 1957). 카프만은 두 번째 후버위원회(Hoover Commission)에서 이와 유사한 이념적 경쟁을 묘사했다(Kaufman, 1956). 미국의 회계검사원(GAO)과 관리예산처(OMB)의 발전을 비교한 모셔(Mosher, 1984)와 회계검사원을 연구한 워커(Walker, 1986)의 주장에 따르면, 이런 기관의 부서들이 발전할 때 나타나는 관점의 승계는 점잖게 존경받을 만한 방법으로 일어나는 것이 아니라 힘이 부족한 상황에서 일어난다는 사실을 믿게 만든다.

사건의 논리와 사건 스스로는 정부 재무관리 배후의 전제를 서로 지배하려는 거대한 경쟁이라는 생각을 뒷받침하고 있다. 그리고 사건의 논리와 사건 스스로는 이런 용어로 현재의 사고를 분석할 수 있음을 보여 준다. 그러나 누가 지배하는가?

카터와 레이건 대통령이 일깨운 반정부운동 이래로 적극적 정부가 "해결보다 문제의 일부분"이라는 전제가 힘을 얻었다. 그 전제는 이미 필자가 민영화, 공급 중시 경제학, 그리고 감축관리를 설명하면서 논했듯이 정부 재무관리에 실질적인 영향을 미쳤다. 재무관리에서 직면하는 이슈들은 전제의 기본적 변화를 반영해 왔다. 4개 이슈만 선정해서, 어떻게 전제가 상의하달적 예산 운영과 시장 배분에서 새로운 준거틀을 강요하도록 변했는지 살펴보기로 한다.

상의하달적 예산 운영

민영화운동은 [행정을 정치와 구분하고 전문적 지식으로 무장한 능력 있는 공무원 등이 문제를 객관적으로 처리할 수 있다고 믿는] 중립적 세력(neutral competents)과 재정적 보수주의자들이 새로운 연합을 구성함으로써 발생한 것이다. 중립적 세력은 상의하달적 예산 운영(top-down budgeting)을 추구하려는 의도가 있고, 이것은 쉬크(Schick, 1986)가 말했듯이, 종전의 "하의상달적" 행정기관이 지배하는 이익집단 자유주의(Wildavsky, 1964)와 1980년대의 좀 더 이념적이고 반항적인 정치(Ferguson and Rogers, 1986)와의 균형을 깨는 길이었다. 재정적 보수주의자들은 행정부의 지도력을 굳게 믿었다; 그들은 대통령을 부추겨서 누가 통치할 것인가에 대한 논쟁에 불을 지폈다; 이 논쟁에서는 재정적 이슈가 의지를 시험하는 시험이 되고, 상대편으로 하여금 난국을 걱정하게 하고, 정부 재정 기구의 작동을 멈추게 한다. 좌우간, 행정부 예산 운영은 행정기관, 의회 세출위 소위원회, 이익집단 연합 등의 하의상달적 예산 체제에 중요한 기초(base)와 공정한 몫(fair-share)에 더 이상 의존하지 않는다. 상의하달적 예산 운영으로 인해 대통령은 의회 지도자들과 지속적으로 충돌하게 된다.

민간재의 시장에 의한 배분

점점 심해지는 갈등 속에서 적극적 정부 지지자들이 잃은 것은 규제정책 형성 수단으로서, [소득 및 자원] 재배분의 기여자로서뿐만 아니라 [자원] 배분의 수단으로서 다원주의에 대한 신뢰를 상실한 것이다. 적극적 정부 지지자에게 민영화는 그동안 정부사업에 의해 제공되던 사익이 시장에 의해 배분되는 실질적 권리, 개인적 권리 그리고 개별적 권리가 되는 수단이라는 것이다.

리노웨즈(Linowes, 1988: 248-249)로부터 한 예를 들어 본다. 보잘것없는 농부가 정부 보조사업을 통해 제공되는 관개용 물을 사용하는 허가를 받았다. 이 농부는 이 사용 허가권의 가치가 이웃 시정부의 그것보다 더 높아도 이 허가권을 팔거나 양도할 수 없다. 농부에게 양도 및 판매권을 허용함으로써 이 허가권을 민영화하는 것은 물을 가장 높은 가치로 가장 훌륭하게 사용하는 것에 대한 결정을 시장에 맡기는 셈이다.

정부가 아니라 시장에 의한 공공재 배분

재무관리에 관한 새로운 견해가 등장함에 따라 정부 재정이 어떤 역할을 가지는가 아니면 시장이 공공재를 배분하는가? 재정적 보수주의자와 중립적 세력의 새로운 연합이 허용하는 것은 기업식 정부 재무관리를 열렬히 지지하는 것은 물론 산업 및 채권시장 규제와 같은 공공재를 배분하는 결정에 전제된 기초로서 개인주의를 직접적으로 적용하는 것이다.

예를 들면, 미국 관리예산처(OMB)와 관련 있는 문제로서, "규제 예산"(Stockman, 1986: 103)이 제안되는 시점에 행정기관에서 규제 관련 법규의 유형과 기한을 심의하고 검토할 때 비용편익분석이 일반적으로 사용되었다. 민간 사업에 대해서만 비용편익분석을 적용해야 한다는 편협한 생각에서 비용편익분석을 적용하면(Meier, 1986) 규제 법규 제정의 공공재적 측면을 놓치게 된다. 또 그런 방식으로 비용편익을 적용하면, 민영화와 더불어 규제는 사적 이익과 시장이 배분한 이익으로 해석된다.

초점의 변화는 시정부 공채시장에도 영향을 미쳤다. 연방정부가 주정부와 시정부가 경제 개발 목적으로 사용하는 조세공제 시장을 축소했을 때, 경쟁적 시장은 징세 가능한 부채 도구를 통해 주정부와 지방정부의 자본 투자와 사회기반시설 개발에 대한 지도 원리로서 이용되었다.

끝으로, 현금관리는 규제와 채무를 합할 것을 추구해 왔다. 몇몇 사람은 현금관리자에게 전문가 능력을 수탁적 책임 관점에서 덜 정의하고 위험과 이윤이 모든 결정의 안내자가 되는 기업 원칙 관점에서 더 많이 정의하도록 권했다(Miller, 1987).

권리에 기초한 예산 운영에서 퇴행

끝으로, 하나의 반동으로서, 법원이 개인과 관련이 있는 재정적 법률에 대해 개인이 권리를 가지고 있다고 주장하기 시작했다. 이러한 권리는 종종 교도소, 정신병원, 그리고 학교에서 기준을 정하는 문제이지만 개인과 관련된 일로 간주되어서 법원은 이러한 권리를 적절하게 다룰 수 있도록 필요한 자금의 지출을 명령하는 조치를 취하기도 했다(Harriman and Straussman, 1983).

법원은 이익집단 자유주의라 불리어 왔던 것을 시행하고 반면에 재정적 보수주의자들은 여러 민영화 사업을 이용해서 사익을 시장을 통해 배분하려고 추진하는데 이것이 갈등을 일으켰다(Linowes, 1988; Reich, 1964, 1985, 1966). 명목적으로 법원은 정치적으로 힘없고 대변되지 않는 편의 사람들을 위해 일한다. 그러나 냉혹하게도, 법원의 결정을 따르면, 재정정책과 재무관리는 공공재와 소득재분배로 폭넓게 정의된 항목들을 제공하는 것과 동떨어진 조치를 시행하는 운명에 처해진 듯 보인다. 의견은 정부가 문제의 일부이지 해결책이 되지 못한다는 전제를 수행하는 데 기울어 있고 그 방향으로 나가는 데 도움이 되고 있다.

제 5 절 요 약

상이한 관점이 미국 연방, 주, 그리고 지방 정치행정 체제 각각에 존재한다. 영속적인 관료제를 통제한 내각책임제 정부와 달리, 미국 체제는 선거와 입법부의 불신임 결의를 통해 쉽게 그리고 종합적으로 조정되지 않는다. 영향력의 분포 혹은 목적-수단 연계의 결정은 매우 무작위적이다. 결과적으로 문제 해결은 점증적이다. 문제 정의 방법과 그 문제를 해결하기 위한 과학기술(조직과 관리기술을 포함해서)과의 연계는 개별 문제, 문제별로 다루어지기 때문에 상당히 맥락적이다.

큰 틀 속에서, 문제와 해결책은 서로서로 무작위적으로 연계되어 있다(Cohen and March, 1986). 조각조각 분리된 체제로부터 어떻게 의미를 이해하고 의미를 획득할 수 있는가? 모호성 이론가들에 따르면 우리는 의미를 구성한다. 우리는 사실을 연구해서 사실을 의미있게 만들도록 정보를 합리화한다. 우리는 문제를 정의하고 해결책을 선택하기 전에 상황을 해석한다. 그러나 문제 해결 자체가 조각조각 분리된 성질을 가지고 있기 때문에 우리는 종종 과거에 연속성을 부여하는 방법들로 사실을 연구해서 문제 해결 방법을 이해한다. 우리는 관계에 존재하는 무작위적 성질을 개의치 않는다.

그래서, 모호한 상황에서 재무관리의 역할은 해석하는 것이고 이 해석에 기초해서 행동하는 것이다. 재무관리는 언어의 보고(寶庫)다; 재무관리는 서로 조화를 이루는 예산 운영과 세입 추정의 과정이다; 재무관리는 정통성을 확립하는 네트워크다; 재무관리는 분류하는 장치다; 언어, 조화를 이루는 장치, 정통성을 부여하는 구조, 그리고 분류표는 의미 구성의 도구들이다. 재무관리 이론가들이 해야 할 일은 어떤 방법이 사용되어야 하는지 이해하는 것이고, 그 방법, 그 맥락 그리고 방법과 맥락이 작용하는 사람에 대한 표상을 해석하는 것이다.

형평과 능률보다 절약이 더 중요하다는 생각이 근자에 등장하고 있다. 또 재무관리가 중요한 연구 주제가 된 이래로 통제가 형평, 능률, 절약 등의 가치보다 더 중요하게 다루어질 것 같은 경쟁이 있다. 이렇게 형평, 능률, 절약 등이 서로 경쟁하고 어느 하나에 대해 어느 하나가 더 중요하다는 생각은 의미를 재구성한 것이다. 의미의 재구성은, "정부가 해결 방법의 하나가 아니라 문제의 일부"라는 전제가 생각을 분명히 지배하듯이, 생각을 방향짓는 전제의 통제를 통해 이루어진다.

다시 말해서, 이론 형성의 함의는 경제학과 시장 지지자들에 의해 재무관리가 연구되어야 한다는 것이 *아니다*. 오히려, 재무관리 이론이 의미 구성의 토대에 기초하는 것이 필요하다.

뉴욕시정연구회에서 과학적 분석을 시도했는데 그들의 후계자들은 여전히 이론의 문제를 대부분 해결하지 못한 채 방치했다. 진보 시대 동안 분석가들은 브라운로위원회에서 관리 분야에서 선도적 사고라고 생각되었던 이론을 이용함으로써 적응할 수 있었다. 세력이 정점에 있던 정통이론은 여전히 엄격한 연역적 논리에 입각했다. 정부 성장의 기간에 정통이론의 다음 이론은 점증주의였다. 점증주의는 불가피하게 다원주의적 정치이론과 연계되었기 때문에 그것은 계서적 권력과 행정부 지도력과 같은 개념을 거부하고 이해 당사자들 사이의 주고받기 식에 기초한 정책결정의 "보이지 않는 손(invisible hand)"과 같은 개념을 받아들였다. 그러나 시장 행태에 관한 개인주의적 이론을 닮은 점증주의도 반대에 직면했다. 그 반대는 시장 세력에 의한 것이었는데 이들은 정부 성장이 공익으로 위장한 사익 추구라고 보아 정부 성장의 비용에 반대했다.

현재, 대안적 견해가 정통이론과 점증주의적 접근 방법에 도전해서 두 방향으로 발전하고 있다. 첫째, 모호성이론이다(Cohen, March, and Olsen, 1972). 이것은 기획/통제이론과 점증주의가 누릴 수 없었던 생각을 반영한다. 즉 모호성이론은 기술, 관리이론 그리고 제도적 가치구조, 이 세 가지 필수 요건을 충족시키는 충분한 분석적 접근법의 자격을 가졌다(Selznick, 1957; Parsons, 1960). 이 문제는 심대해서 필자가 제3장부터 제5장까지에서 더 설명하고자 한다.

둘째, 사회구성이론(social construction theory)은 그것이 작은 과제는 아니지만 제도적 수준의 접근 방법을 개발하는 것이 가능하다고 주장한다(Berger and Luckmann, 1966). 분석의 제도적 수준에 기초해서 하나의 개념적 구조를 구축하는 것, 분석의 제도적 수준으로부터 구체적인 재무관리 체제에 적용할 수 있는 기법을 추론하는 것, 이것을 분석의 제도적 수준을 정교화하는 것, 혹은 신념구조와 가치의 수준을 정교화하는 것이라고 말할 수 있다. 필자는 이 책의 나머지 부분에서 분석의 제도적 수준을 정교화하는 과제를 수행할 것이다.

Chapter

03 정통이론

이 장과 다음 3개 장에서는 정통이론, 점증주의, 그리고 해석적 이론 등 정부 재무관리 연구에 경쟁적으로 영향을 미친 이론들을 살펴본다. 재무관리 역사(제2장)에 의존하는 몇몇 장과 함께, 이 장에서는 그런 접근 방법들을 간단히 개관하고 요약한다. 그리고 이 장에서는 세력을 얻은 정치연합이 재무관리 연구, 즉 주제 선택, 사용될 연구 방법, 설명 방식, 해결되어야 할 문제 등을 변화시킴으로써 지식의 추구에 기본적으로 영향을 준다는 것을 보인다.

각각의 이론을 발전시킨 재무관리의 4차원이 그 역사적 중요성 때문에 선정되었다. 이 4차원이 3개 이론들의 차이를 만든 것이고, 정부 재무관리에 포함된 활동 범위에 대한 생각을 제공한다. 결과적으로 정통이론, 지배적 이론, 대안적 이론 등은 다음과 관련이 있다. (1) 재무관리자의 기본 성향과 함께 (기업 재무이론, 전략적 관리 이론, 혹은 해석이론 등으로 다양하게 불리는) 재무관리의 과학기술. (2) 각각의 이론은 관리자가 해야만 하는 그리고 하고 있는 역할과 관련이 있다. 관리자의 수탁자 역할의 기초가 되는 법률적 선택에 의해 명확해지는 역할, 관리자가 수문장 혹은 소비자로 역할하는 갈등 축소 역할, 혹은 관리자들에게 해석적 역할을 제공하는 생성적 규칙 등과 관련이 있다. (3) 각각의 이론은 재무관리자의 행동에, 특히 행정에서 재무관리자의 산출 정향, 작업조직을 향한 재무관리자들의 정치경제적 정향, 인지적 혹은 의사결정 이론을 개발하는 재무관리자의 능력 등에 초점을 둔다. (4) 끝으로, 각각의 이론은, 내부적 조직 현상과 외부적 조직 현상에 대응하려는 재무관리자의 노력 뒤에 있는, 즉 한마디로 *불확실성*에 대응하는 조직이론 혹은 지도 원리에 초점을 둔다. 필자는 정통이론, 지배적 이론, 대안적 이론, 이 3개 이론이 관리자로 하여금 관리의 4

차원을 다루면서 그 방법을 달리할 수 있다는 것을 살펴볼 것이다. 그리고 정통이론, 지배적 이론, 대안적 이론 등의 상이한 견해에서 창안된 관리자의 결정이 이론에 누적적 효과를 가진다는 것을 살펴볼 것이다.

제 1 절 개 관

<표 3-1>은 정통이론, 지배적 이론, 대안적 이론 등 세 가지 이론과 과학기술, 재무 관련 부서의 역할, 조직이론, 의사결정 모형 등 네 가지를 서로 관련시켜 3×4 관계로서 전개된 3개 이론을 묘사하고 있다. 정부 재무관리 연구와 실제를 안내하고 있는 서로 경쟁적인 3개 이론은 재무관리에서 재무 관련 부서의 역할, 사용되는 과학기술, 각 경쟁 이론이 폭넓은 조직이론 및 조직 간 역동성에 가지고 있는 공통적 요소, 그리고 경쟁 이론의 의사결정 모형을 자세히 설명하고 있다.

정통이론(총체주의)

정통이론(총체주의, synopticism)은 효용 극대화를 위한 규범적 접근 방법이다. 즉, 그 과학기술은 주식 소유자의 재산을 극대화한다는 현대 재무이론의 과학기술을 정부와 비영리 틀에 적용하는 것이다. 현대 재무이론의 과학기술은 편익과 부담의 "파레토 최적(Pareto optimal)"[1] 분포를 얻을 수 있도록 설계된 기술에 의존한다. 재무관리자의 역할은 부처로 하여금 조직 목적과 조직 성취의 주요 수단인 재무관리 이론에 따라 극대화를 하도록 안내하는 것이다. 관리분석은 조직의 내부구조를 넘지 아니한다; 구조는 피라미드 형태다; 끝으로, 기술은 합리적 의사결정 모형과 관계가 있다. 합리적 의사결정 모형은 선호가 순서가 있고 선호를 만족시킬 가장 능률적인 방법을 직접 찾도록 안내를 한다고 본다.

1) 어떤 배분의 결과로서, 어떤 사람의 효용이 향상되지 않는 한 어느 누구의 효용이 더 나빠지지 않는다.

〈표 3-1〉 세 결정 이론의 비교

이론	과학기술	역할이론	조직과정 모형	결정
정통이론	기업재무이론	기업모형	폐쇄 체제	합리적
지배적 이론	전략관리	이익집단 모형	불확실성에 대처	분절된 점증주의
대안적 이론	과정 설계 규칙 설계	상징 신화 언어	느슨하게 연결된 체제	쓰레기통 회고적 합리성

지배적 이론(점증주의)

거의 모든 면에서 지배적 이론(점증주의, incrementalism)은 사고를 지배하는 관리자의 의도된 합리성에 의존한다. 예를 들면, 행위자가 파레토 최적 분포를 발견할 능력이 있다는 것을 부정하지만 이 이론은 행위자가 파레토 최적 분포를 의도적으로 찾아야 한다고 요구한다. 이 과학기술은 수정된 기업 재무모형인 전략적 관리모형에 기초한다. 이 모형의 목적은 기껏해야 부분적으로 합리적인 방법으로 비최대화(nonmaximization) 행동을 추구하도록 안내하는 것이다. 이때 모형은 교시적 방법(heuristics)이나 보조 수단을 의사결정에 기술로 사용할 것을 요구한다.[2] 잘 알려진 문구로 윌다브스키(Wildavsky, 1986: 10)는 그 현상을 아래와 같이 기술했다.

> 결정을 다루는 데 엄청난 부담을 가진 사람은 결정에 교시적 보조 방법을 사용함으로써 결정을 다루기 위해 단순화한다. 그들은 소규모 조치를 취하고 경험을 축적하고 결과를 얻기 위해 그들의 결정으로부터 반응을 얻어(feedback) 사용한다. 그들은 복잡한 규범에 지표를 이용하듯이 (그들이 이해할 수 있는) 다소 다루기 쉬운 조치를 취한다.

또한 역할이 중요한 기술로서 작용한다. 사실 이익집단으로서 재무관리에 관여하는 여러 참여자는 다를 것으로 기대되고 그리고 이해 당사자 사이에 초래된 충돌은 정보를 제공한다. 이해 당사자들의 운명이 변하면 공동의 행동을 가능하게 하는 폭넓

2) [교시적 방법(heuristic method)이란 직관, 상식, 주먹구구식 방법 등을 이용하여 경험에 기초해서 문제를 해결하려는 방법이다. 학습, 발견, 결정 등에도 적용할 수 있다. 즉 교시적 방법은 쉽게 접근이 가능한 정보를 이용하는 전략을 말한다(http://en.wikipedia.org/wiki/Heuristic(2011. 2. 23)-역자 주].

은 합의 속에서 지속적인 변동이 가능하다. 이런 것은 많은 이에게 "학습"으로 보이는 것을 제공한다(Moscovici, 1976; Braybrooke and Lindblom, 1963). 조직이론은 "만약 뭐뭐라면 무엇인가"라는 질문으로 재무관리자의 세상을 지배하기 위한 전략적 요소를 허용함으로써 알 수 없는 것을 어느 정도 이해할 수 있는 완충구조를 규정한다. 끝으로, 의사결정 도식(scheme)은 분절된 점증주의(disjointed incrementalism)라 한다(Hyneman, 1950). 또 그것은 의사결정자가 결코 완전히 이해할 수 없는 요소를 이해하기 위해 순차적으로 꾸준히 변하는 "목적과 수단의 상호 조정"으로 묘사되기도 한다(Braybrooke and Lindblom, 1963: 98).

대안적 이론(모호성)

대안적 이론(모호성, ambiguity)은 여타 합리성 기초를 포기한다. 재무관리자는 보잘것없는 존재임에 틀림없다. 코헨과 마치(Cohen and March, 1986: 203)는 교육기관 지도력 연구에서 다음과 같이 관찰했다.

> 대학 총장이 그들이 재임 시절 한 바가 대학의 장기적 위상이나 혹은 총장으로서 그들의 명성에 심대한 영향을 줄 것이라고 생각하는 것은 잘못이다.…… 그 직을 떠난 20년 후에 조그마한 관심이라도 끈 업적을 달성한 총장은 몇 안 된다.

대부분의 관리자는 기억될 것이 없을 것이고 관리자가 달성한 것은 우연히 얻은 것이고 일반적으로 좋을 때나 나쁠 때나 얻을 수 있는 결과다.

그러므로 사람들은 기술이 견고하고 엄격하며 그리고 그 기법으로부터 많은 것을 얻도록 약속되어 있다고 해도 그 기술로부터 몇 개를 얻을 수 있다는 현실적인 희망을 가지는 경향이 있다. 궁극적으로 이것은 "현명한 바보(sensible foolishness)"라 할 수 있다. 그것은 다음과 같은 개념이다. 즉, 목적은 결정에 불필요하다. 그러나 관리자가 지지하는 공통의 가치, 마감 기한과 계약과 같은 방법을 통한 강제의 사용, 새로운 상황에 맞추기 위한 사건의 합리화 등과 유사한 것들은 결정에 도움이 된다(Cohen and March, 1986: 223).

모호성 속에서 일하는 재무관리자의 역할은 의미를 정하는 것보다 목적을 정하는 것과 훨씬 더 관련이 적다. 관리자는 지배적인 이론에서 "만약 뭐뭐라면 무엇인가?"라는 질문을 설정하는 것과 상당히 달리, 관리자는 감정을 불러일으키는 언어, 상징,

신화, 심지어는 관행을 만들고 이를 통해 모든 사람에게 의미 있는 특별한 현실을 구성한다. 필자가 뒤에서 설명하겠지만, 회계 언어, 신용평가기관의 상징, 예산사정의 신화, 현금 보고의 관행 등 모두는 조직구성원에게는 현실이다. 이런 현실과 의미 있는 견해를 창조하는 것이 재무관리자의 주요 역할이다.

인습에 얽매이지 않는 필요에 적합한 조직이론은 조직의 구성 단위들이 느슨하게 연결되어 있다는 생각에 기초한 것이다. 지배적 이론에서 이익집단 해석과 달리, 정통이론에서의 피라미드와는 더더욱 달리, 전체로서의 조직은 이해 당사자들의 지배연합에 의해서도 영향을 받지 않는다. 오히려 조직의 구성 단위들은 서로 연계도 없고 다른 구성 단위에 대해 취약점을 가지고 있지 않다. 조직 구성 단위들이 설혹 연계를 가지고 있다고 해도 점점 약해지는 경향이 있다. 그러나 이렇게 서로 연계가 없고 연결이 안 되어 있다는 사실로 인해 선호와 대안을 만드는 데 독립적이다. 이 때문에 문제, 해결책, 참여자, 선택 기회가 무작위적으로 일치되도록 조직의 구성 단위들은 무작위적 모임에 함께 참여한다.

느슨하게 연결된 체제는 결정의 요소들(문제, 해결책, 참여자, 결정 기회)이 우연히 만나는 "쓰레기통"을 만든다. 다른 이론과 달리, 결정의 4 요소는 서로 연결되어 있지 않고 요소 간의 관계도 매우 무작위적이다. 결정 요소의 흐름을 관리하거나 결정 요소의 관계를 결정하는 것은 객관적인 분석보다 의사결정에 상당히 많은 권력을 가지게 될 것이다. 사실, 조잡한 결정은 상식적 의미에서 실패한 결정보다 종종 중요한 몇몇 의사결정자를 제외하거나 혹은 무시한 결정이다(Boss, 1976: 108).

제 2 절 정부 재무관리와 정통이론

정통이론은 그 생명이 참으로 길다. 그 까닭은 정통이론의 지지자들이 그 문제점을 적지 않은 부분에서 의도적으로 간과했기 때문이다. 사실, 지배적 이론은 정통이론의 발전을 장기간 따르기는 했지만, 그러나 그것은 정통이론의 경직된 가정을 완화하여 정통이론의 문제들을 해결하려 노력한 계승자라고 볼 수도 있다. 그래서 정통이론은 그 핵심 부분의 전부는 아니라고 해도 상당 부분이 오늘날 널리 퍼져 있는 이론에 여전히 남아 있기 때문에 중요하다.

여기에서 필자는 이전에 개괄한 접근 방법을 통해 이 고전적 모형을 먼저 설명한다. 즉, 재무 담당기관의 역할, 재무 과학기술, 이용된 의사결정 모형, 정통이론이 시사하는 조직 및 관리이론 등을 묘사하는 데 정통이론이 취한 방법과 강조점을 설명한다. 그 다음 절에서 필자는 정통이론에서 연유하는 두 가지 기본 문제, 즉 권위의 위임과 불확실성을 논증한다.

조직이론: 폐쇄체제 모형

정부 재무관리자는 내부와 외부 환경을 다룬다. 그들이 한 결정은 바깥 세상의 소용돌이를 결정하는 요인과 그 반응 요인에 의존하고, 조직구성원 사이의 복잡한 내부관계에도 의존한다.

따라서, 정부 재무관리자의 운영 방법은 조직 행태의 이해에 표현되어 있는 바와 같은 일반적인 관리론에 토대를 둔다. 그러나 카플란(Caplan, 1966)이 제시한 접근 방법은 다른 근거를 제시한다.

> 정부 재무관리자가 재무관리 체제를 운영하려면 그들은 복잡한 실제 세상으로부터 정보의 흐름을 선택해서 그것을 계속적으로 추상화해야 한다. 그리고 그들은 조직의 "모형"에 있는 변수로서 그 자료를 계속 사용해야 한다. 예를 들어, 회계관은 회계 체제 설계에서 결정을 해야 하고 회계 체제로 투입할 자료를 선택해야 하는 것은 명확한 듯하다. 그리고 전체 관리회계 과정이 다른 사람들의 행태에 영향을 미칠 수 있도록 그런 입장에서 검토되는 것이 또한 명확한 듯하다. 따라서, 관리자들은 그들이 수행한 바에 대한 타인의 반응에 관해 일정 기대를 가지고 이런 기능을 수행해야 한다는 것도 명확한 듯하다. 다시 말해, 조직에 관한 그들의 모형은 조직과 관련이 있는 인간 행태에 대한 명시적 묵시적 가정을 고려해야 한다.

만약 정부 재무관리자들이 그들의 상관에 대한 행태적 가정을 해야 한다면 그 가정은 무엇일까? 그 가정에 대한 간단한 안내를 원한다면 <표 3-2>를 보기 바란다.

재무관리에 대한 정통적 접근 방법에 의해 받아들여진 조직이론은 3개의 서로 관련된 개념적 근원으로부터 나온 가정에 의존한다. 즉 그 조직이론은 산업공학적 과학기술, 고전적 조직이론, 경제적 "기업이론" 등에 의존한다(Caplan, 1966: 496-497). 따라서 정통이론은 이론을 개발하기보다는 차용하는 경향이 있다. 정통이론은 본래 기업조직 연구를 위해 개발된 것의 많은 부분을 차용한 것이다. 우리 목적을 위해 3개의 개념적 기초, 이것은 기업조직 문헌에서도 매우 유사한 개념인데, 3개의 개념은

〈표 3-2〉 고전적 조직이론의 행태 가정

A. 조직 목적에 관한 가정
1. 조직의 주된 목적은 생산성 극대화다.
2. 조직의 주된 목적은 조직 전체에 분포될 수 있는 작은 하위 목적으로 나뉠 수 있다.
3. 목적은 합산이 가능하다. 조직의 부분에게 좋은 것은 조직 전체에도 좋다.

B. 참여자의 행태에 관한 가정
1. 조직의 참여자들은 경제적 유인에서 의해 주로 동기부여된다.
2. 작업(work)이란 사람들이 가능한 회피하려고 하는 본질적으로 불유쾌한 것이다.
3. 인간이란 보통 비능률적이고 낭비적이다.

C. 관리 행태에 관한 가정
1. 관리자의 역할은 조직 생산과 결합되는 요소의 생산적 사용을 극대화하는 것이다.
2. 이 역할을 수행하기 위해, 관리는 게으르고, 낭비적이고, 비능률적이 되려는 근로자의 성향을 통제해야 한다.
3. 관리통제의 핵심은 권위다. 궁극적 권위는 경제적 보상구조에 영향을 미치는 능력으로부터 나온다.
4. 그런 권위를 가진 사람과 업무 수행의 책임이 있는 사람 간에 균형이 존재해야 한다.

D. 관리회계 역할에 관한 가정
1. 관리회계의 주요 기능은 생산성 극대화의 과정을 관리하는 데 도움을 주는 것이다.
2. 회계 체제는 "목적 배분" 장치다. 이것을 통해 관리자는 운영 목적을 선정하고 그것을 회사 전체에 나누어 배분한다. 즉, 업무 수행을 위한 책임을 배정한다. 이것을 일반적으로 기획이라고 한다.
3. 회계 체제는 통제 장치다. 이것을 통해 관리자는 바람직하지 않은 업무 성과(performance)를 확인하고 수정한다.
4. 성과에 대한 책임과 성과의 궁극적인 비용편익을 정확히 비교할 수 있는 충분한 확실성, 합리성, 그리고 지식이 체제 내에 존재한다.
5. 회계 체제는 평가에서 "중립적"이다. 즉 체제의 객관성에 의해 정의적 편의(情宜的 偏倚)는 제거된다.

출처: Caplan(1966: 49)에서 인용.

서로서로 밀접한 관계가 있다고 말할 수 있다. 이들 개념들은 본질적으로 동일한 견해를 공유한다.

무엇보다 먼저, 산업공학의 기여는 요소 원가에 대한 자세한 연구를 통해 초기 조직이론의 구성에 도움이 되었다. 그리고 원가에 대한 연구는 관리와 원가회계 발전을 촉진했다. 1911년에 작업 현장 상담사 중 이에 관심을 가진 사람은 테일러(Frederick W. Taylor)가 맨 처음이었다. 정부조직이 기업조직과 같이 생산성 극대화를 조직의 실질 목적으로 공유할 수 있기 때문에, 과학기술과 조직과의 관계가 생산성 극대화가 정부 관리(management)의 실질 목적이라는 생각을 정부 부서장 사이에 이해시키는 데 도움이 된다고 생각했다. 사실, 정부조직과 기업조직은 모두 능률 증대와 원가 절감의 목적을 공유할 수 있을 것이다.

고전적 조직이론은 베버(Max Weber)에 의해 여러 분야가 개발되었는데, 이것은 테일러와 여러 산업공학자가 직면한 작업 현장의 문제에 대한 실용적인 해결을 위한 이론적 틀을 제공했다. 개별 부하 직원에 대해 권위를 행사하는 것이 책임감을 유발시키고 생산성을 극대화하는 통제의 실질적 방법이 되었다. 이 권위의 힘은 경제적 보상구조에 영향을 미칠 수 있는 능력에 존재했다. 조직의 목적은 중요한 작업 노력(계선 노력), 그리고 기획, 평가, 재무 등 이런 것은 대부분 권위 있는 기관장을 보좌하는 보좌관에게 떨어졌는데(참모 노력) 이런 노력을 조정함으로써 달성되었다. 기획과 평가의 실무는 후에 회계관(accountants)이 된 통제기관에 의해 수행되었다.

이 조직이론의 주요 공헌은 내부 구조와 관리회계 과정이다.[3] 명령 통일과 좁은 통솔 범위를 포함한 계서적 구조를 통해 조직의 일부분의 업무가 조직 전체에 이익이 될 수 있었다. 그 조직구조를 통해 권위와 책임이 공평하고 균형있게 배분되었다. 그리고 끝으로 조직구조는 개별 "게으른" 근로자의 이익보다 조직 전체의 이익이 더 중요하다는 것을 보장했다.

재무관리 과학기술의 초기 형태라는 점에서 관리회계 체제는 생산성 극대화를 위한 기본적인 방법을 제공했다. 기획활동은 하위 단위들에 목적을 배분했다. 평가활동은 조직이 얼마나 잘하는지 그리고 조직이 기대한 바를 하지 못했다면 무엇이 필요한지에 관한 정보를 제공함으로써, 목적과 하위 단위의 성과를 비교했다.

의사결정 모형: 회사의 경제적 이론

카플란은 18세기 새로운 기업가 계급이 나타나기 전에는 조직에서 인간 행동을 결정하는 전통적인 결정 요인은 그것이 습관이든 아니면 물리력이든 만족스러운 것이었다고 주장했다. 그러나 이 새로운 계급은 조직행동을 합리화할 사회철학이 필요했을 뿐만 아니라 조직구성원들을 동기부여하고 조정하고 통제하는 직접적인 문제의 실질적인 해결책을 추구했다(Caplan, 1966: 497). 실질적인 해결책이 필요하다는 것

3) [관리회계란 경영자의 내부 자원관리에 대한 의사결정과 부서 혹은 개인의 실적평가를 위한 회계정보를 구별, 측정, 분석하는 과정이다(http://google.co.kr. 관리회계(2011. 2. 23.)–역자 주].

이 조직이론의 발전을 가져왔다. 합리화 노력은 요즈음 "회사의 경제적 이론(economic theory of firm)"으로 알려진 것을 조직과 관리 논리에 포함시키도록 촉진했다.

회사의 경제적 이론은 극대화를 이윤(profit)의 극대화라고 불렀다. 극대화를 하려면 관리자는 시장과 과학기술적 한계에 의해 제약받는 일련의 대안들을 다루어야 한다. 그러므로 관리자가 제약 속에서 대안들을 다루는 방법의 성공 여부는 분석이 잘 발전하고 완벽한가에 대한 가정이 성공한 정도에 좌우된다. 결정 방법은 또한 분석에 의해 예측되는 개인 행태는 여가를 포함한 경제적 유인에 의해 동기가 부여된다는 경제적 기초에 의존한다. 따라서 더 많은 경제적 보상을 통해 "게으른" 근로자는 일을 해야 한다는 것을 깨달을 수 있다.

의사결정 모형의 흐름도는 목적에서 결정으로 흐르는데 <표 3-3>에서 볼 수 있다. 목적은 행동을 유발시키는데 이 행동은 목적 달성을 극대화하는 대안들을 찾기 위한 궁극적으로 완벽한 탐색 활동들이다. 관리자가 가장 알맞은 대안을 발견하면 결정이 이루어진다.

조직에서 명백한 행동, 즉 조직구성원이 목적과 수단 모두에 동의할 수 있는 명백한 행동은 *의사결정의 합리적 총체적 모형*으로 일반적으로 알려진 정통이론의 한 분파로부터 유래한다. 의사결정의 합리적 총체적 모형은 5개 부분으로 구성되어 있다.(Boss, 1976: 105-106; <표 3-3> 참조). 의사결정자가 다른 문제들과 구별되는 특정한 문제 혹은 다른 모든 문제와 비교할 때 의미가 크다고 생각되는 특정한 문제에 직면해 있다고 생각해 보자. 이 문제를 해결할 때에는 달성되어야 할 목적 혹은 가치가 선정되고 그 중요성에 따라서 순위가 정해진다. 그러면 의사결정자는 목적이나 가

〈표 3-3〉 의사결정의 합리적 총체적 모형

1. 일반적으로 대안적 정책을 고려하기 전에, 가치 혹은 목적이 분명하게 정해진다.
2. 합의를 본 목적이 있고 이것은 목적 달성을 위한 방법을 찾는 길잡이가 된다. 즉 정책형성은 목적-수단 분석을 통해 접근된다.
3. 그러므로, "훌륭한 정책"이란 바람직한 목적을 달성하기 위한 가장 적합한 방법을 제공하는 것이다.
4. 결정에 모든 중요한 관련 요소를 검토한다.
5. 결정은 종종 이론에 크게 의존한다.

출처: Lindblom(1959); Golembiewski and Rabin(1975).

치 달성을 위한 모든 가능한 접근 방법들을 탐색하고 그리고 각각의 접근 방법들의 결과와 비용을 예측한다. 다음에 의사결정자는 어떤 접근 방법의 결과와 여타 대안의 결과와 비교한다. 끝으로 의사결정자는 결과가 명확히 사전에 정해진 목적에 부합하는 대안을 선택한다.

미시경제학, 그리고 대부분의 재정학, 정치경제학, 정부예산론 이론은 합리적 의사결정 가정에 기초를 두고 있다. 이런 이론은 결정 과정에 대한 규범적 접근 방법을 제공하고 대안적 정책을 실증적으로 분석하기에 앞서 가치 혹은 목적을 분명히 할 것을 요구한다. 따라서 합리적 이론에 따르면, 목적 달성을 위한 노력과 자원으로부터 이익을 극대화하도록 <표 3-3>에 명확히 요약되어 있는 결정의 단계를 따라야 한다.

재무 부서의 역할

정통이론에 의하면 참모의 보좌(관리회계)는 조직을 위한 기획과 평가일 것이라는 점을 예측할 수 있다. 관리회계는 재무 부서(Golembiewsky, 1964)의 역할이다([그림 3-1]).

조직이론에서 [그림 3-1]의 "원리"는 다음과 같은 명제들이었음을 상기해 보자.

1. 업무(work)는 조직의 상위 수준에서는 기능이라는 측면에서 그리고 하위 수준

[그림 3-1] 재무관리를 위한 정통적 조직 원리

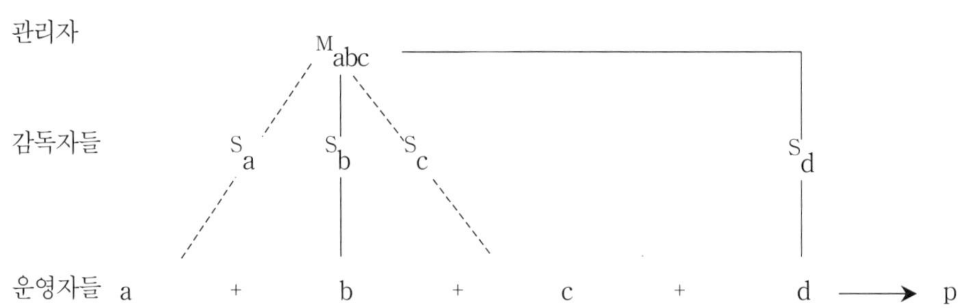

출처: Golembiewsky(1964).

에서는 과정이라는 측면에서 전문화되어야 한다.
2. 권위는 한 명의 상관에 의해 명확히 한정된 수의 부하에게 위임되어야 한다.
3. 감독은 구체적이고 지속적이어야 한다.

골렘비우스키(Golembiewsky, 1964)는 재무 부서의 내부 보고 측면을 강조했으나 그의 논증은 정부 재무관리 전반에 일반화할 수 있을 것이다. 예를 들면, 사이먼과 공동 연구자(Simon et al., 1954)에 따르면 내부 보고의 목적은 다음의 3개 기본적인 질문과 관계가 있다.

1. 점수 카드 질문(강조로서 통제): "나는 잘하고 있나 아니면 못하고 있나?"
2. 관심 지향 질문(강조로서 기업의 관리): "나는 무슨 문제를 찾고 있나?"
3. 문제 해결 질문(기획 혹은 분석적 활동): "업무를 수행하는 몇 가지 방법 중에서 어떤 방법이 가장 좋은가?"

이런 질문은 "계선(系線)" 관리자가 질문할 수 있는 것이고 내부 회계담당자가 답하기 좋은 질문이다.

이런 질문자와 응답자의 관계가 재무관리 역할을 이해하는 데 기초가 된다. 골렘비우스키(Golembiewsky, 1964: 340)는 참모와 계선관리자의 관계에 관한 고전적 모형을 "중립과 하급의 도구(NII)" 개념으로 묘사했다. 그 이유는 다음과 같다.

> 고전적 모형에 따르면, "참모" 담당자는 명령 계통 밖에 있어야 하고 참모 담당자는 단지 중립적인 조언과 전문 지식을 제시해야 한다. 내부 회계관은 통상 그와 같은 수준의 낮은 수준의 "계선" 관리자에게 보고할 "책임"은 없다. 이와 대조적으로 그는 그의 하나 혹은 그 이상 층의 계서상의 상관인 "참모"에게 보고해야 한다. 그리고 그 상관 "참모"는 더 높은 층의 "계선" 상관에게 보고해야 한다. 그리고 최상층의 상관이 직접 관련되는 "계선" 관리자에게 아래로 의사 전달을 해야 한다. 이것은 하나 혹은 그 이상 층의 중간 "계선" 감독자를 통해 전달되어야 한다.

중립과 하급의 도구 개념에 의하면 "계선"은 "집행"을 전문적으로 담당한다. "생각하기" 혹은 기획과 평가는 "참모"가 할 일이다. 이렇게 참모는 중립적이고 전문적인 지식을 조언하는 중립성과 계선이 참모보다 하급이라는 하급성을 주장함으로써 명령 통일을 위반하지 않는다.

정통 모형의 가정 하에서 재무 부서의 역할은 최적화 목적을 가진 모든 조직의 재무 역할과 매우 유사하다. 전통적 이론에 의하면 참모와 계선의 역할은 명확히 구분되어야 한다. 조직들이 공공/비영리조직과 민간 부문 조직으로 보통 구분된다고 해도 재무는 무엇보다 중요하다. 민간조직에서 재산의 극대화는 그것을 추구하는 민간 부문 회사의 중요한 세 종류 정책결정인 투자 결정, 배당 정책, 재원 조달 등에 재무관이 지도력을 요구하는 데 강한 기초를 제공한다.

공공/비영리조직은 재무 문제(어떻게 재원이 충당되는가)와 실질적 문제(조직이 실제로 무엇을 하는가)를 구분하지만 정통이론에 의하면 이 조직 역시 최적화가 요구된다. 공공/비영리조직이 무엇을 할 것인가는 이 조직이 얼마나 돈을 벌어들이느냐에 달려 있다.

정통이론으로 본 몇 가지 예를 살펴보자. 부처들이 주요 전략계획을 작성하는 과정에서 세출 심의 때 부처를 지원해 주는 데 도움이 되는 수혜자를 형성하는 데 노력

〈표 3-4〉 기업 재무이론

A. 효용이론(utility theory)
   1. 인간은 합리적이고 불확실성 하에서 기대 효용을 극대화하려 노력한다. 효용은 욕망과 위험혐오의 가정 위에서 형성된다.

B. 상태선호이론(state preference theory)
   2. 보상을 제공하는 회사들에 의해 있는 그대로의 충실한 계산이 이루어질 때, 인간은 사물의 어떤 상태(위험)와 관련된 보상을 계산하고, 보상을 극대화하는 조합을 선정한다.

C. 평균-분산이론(mean-variance theory)
   3. 선택은 가능한 최고 수준의 이익(return)을 보장하기 위해 위험을 방지하는 능력의 한 척도다.

D. 재정가격이론(arbitrage-pricing theory)과 자산가격이론(capital asset-pricing theory)
   4. 자산의 가격은 모든 자산에 영향을 미치는 위험에 대한 상대적 민감성과 관계가 있다. 이 위험들은 폭넓게 혹은 폭좁게 분석에 포함될 수 있다.

E. 선택가격이론(option-pricing theory)
   5. 가격과 선택은 우발적 요구의 가치와 관련이 있고, 그것들은 미래 가격의 불확실성과 회사를 위한 가격 불확실성을 확정하는 비용과도 관련이 있다.

F. 모딜리아니-밀러 정리(Modigliani-Miller theorems)
   6. 조세가 고려되지 않을 때 그리고 많은 경우에 조세가 고려될 때라도, 회사의 차입자본 이용(leverage)은 그 가치가 변경되지 않는다. 가치는 이익률에 기초한다.

출처: Sharpe(1964, 1963); Lintner(1965); Ross(1976); Black and Scholes(1973); von Neumann and Morgenstern(1955); Williams(1964); Modigliani and Miller(1958; 1961); Markowitz(1952; 1959); Tobin(1956); Fama and Miller(1972); Hirshleifer(1964, 1965, 1966, 1970).

한다. 부처는 부처의 사업을 심의하는 입법부의 힘센 위원장의 욕망에 알맞은 사업에 초점을 둔다. 지방정부 수준에서는 예산 운영이란 곧 세입활동이라고 한다(Wildavsky, 1986; Meltsner, 1971). 수입이 곧 지출이기 때문이다.

연방정부 수준에서, 의회 세출위원회(Appropriation Committee)는 입법 사항의 실질적 내용에 돈을 배정하기 때문에 수권위원회(Authorization Committees)는 세출위원회보다 중요하지 않다. 합리적 투표자에 관한 많은 문헌은 합리적 투표자는 자신의 재정적 이익을 극대화시켜 줄 후보자를 선택하는 사람이라고 말한다(Pomper, 1968 참조); 선거에서 승리하려는 후보자는 선거구 주민의 이익을 극대화하도록 투표를 할 것이다; 입법부 위원회 위원장은 위원회 구성원의 이익이 극대화되도록 위원회를 운영한다; 행정 부서의 장들은 (자신의 부처 이익뿐만 아니라) 세출위 구성원의 이익을 극대화하는 사업을 지지한다.

끝으로, 합리적 예산운동(Lewis, 1952; Novick, 1968), 정부 서비스 비용 절감운동(Kelly, 1984; Eghtedari and Sherwood, 1960) 그리고 민영화운동(Savas, 1982; Murin and Pryor, 1988: 37-70)은 매우 솔직한 방법으로 최적화에 대한 관심이 있다는 증거가 된다.

과학기술: 기업 재무이론

정부와 비영리조직의 모든 수준에 있는 재무 부서 성과에 대한 과학기술적 기초는 이론에 있는데, 이 이론은 극대화에 의지하는, 특히 재산의 극대화에 의지하는 조직을 움직인다(<표 3-4> 참조).

첫째, 이 접근 방법의 원칙들 가운데 가장 중요한 것은 최적화를 위해 *효용이론*에 의존한다는 것이다. 이 개념은 *개인*의 의사결정을 설명하는 데 사용된다. 이 개념은 또한 "이윤을 추구하는" 재산의 극대화를 추구하는 조직의 집단활동을 설명하기 위해 가정되기도 한다.

둘째, 이 접근 방법은 마감일을 가정한다. 한 결정의 결과를 한없이 기다린다는 것은 불가능하다. 결정의 결과를 평가할 시점을 임의로 정해 놓음으로써 평가될 현행 재무정책을 계속할지, 아니면 그만하고 변경할지에 대한 관심을 가질 수 있다.

셋째, 이 접근 방법은 대안 혹은 "전략"의 선택을 포함한다. 유한 개 혹은 무한 개의 명확한 전략이 존재할 수 있다. 실제 고려되는 전략의 수는 접근 방법에 따라 다르다. 즉 전략의 수는 전략을 검토하는 사람, 그리고 사람이 축적한 지식과 경험에 달려 있다.

넷째, 각 전략에 따라 손익(payoff)이 다르다. 지식이 상당히 부족하면 예측력이 결여되기 마련이다. 자원은 충분한가? 바람직한 결과를 얻기 위해 지식과 자원을 결합할 수 있는가? 그 결과를 사고팔 수 있는 시장이 있는가?

다섯째, 상황에 따라서 개별 의사결정자의 지식과 경험이 다르다. 이런 상황은 세 가지가 있다. 확실성(확실한 상황)은 마감일에 어떤 전략으로부터 얻을 수 있는 손익에 대한 지식을 제공한다. 위험 상황은 손익에 영향을 미치는 수많은 알려진 변수가 있다는 것을 알려 준다; 변수들의 장기적 상대적 발생 빈도가 알려져 있다고 가정한다. 불확실성(불확실한 상황)은 변수들의 발생에 대한 장기적 빈도에 대한 아무런 지식도 제공하지 않는다(비교를 위해 [그림 3-2] 참조). 가장 자주 발생하는 경우는 위험 상황과 불확실성 상황이다. 위험 상황 속에서 관리자는 각 전략의 기대치를 계산한다. 기대치는 각각의 확률과 각각의 손익을 곱한 것을 합한 것이다. 각 전략은 기대치를 가진다. *상태선호이론*이 주장하듯이 최적화에 의하면 가장 높은 기대치를 갖는 전략을 선택해야 한다.

대안적 방법의 하나는 *평균-분산이론*이다. 만약 손익(기대치)과 가변성(variability)이 함께 곧바로 증가하면 결정자는 자신의 효용을 극대화한다고 생각되는 전략의 기대치를 선택하면 된다. 전략의 포트폴리오 수준에서는 관리자가 손익을 적정화하기 위해 가변성을 방지하기를 원한다. 그런 경우에 관리자는 서로 반대되는 가변성을 가지는 두 개의 전략을 "균형"을 잡든가 아니면 *재정가격이론*과 자산 가격 방법을 따르면 된다.

끝으로, 결정은 확률 정보에 의해 영향을 받는다. 위험 상황에서는 표본 추출에 의

[그림 3-2] 확실성, 위험, 불확실성 비교

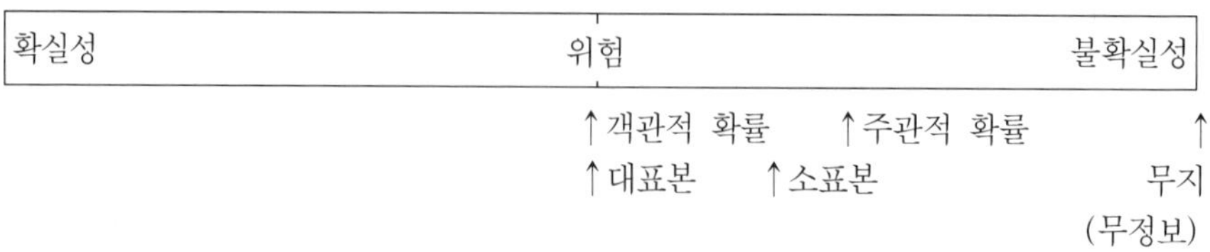

출처: Archer(1964).

해 발생하는 사건의 확률을 이해해야 한다. 즉, 모집단으로부터 표본추출을 하면, 표본추출에서 기인하는 오차의 합리적인 추정치가 부여되는 순익 확률의 실제 추정치를 얻을 수 있다. *선택가격이론*에 따르면, 불확실성 하의 비용(cost)은 확실성을 확보하는 데 필요한 정보의 가치와 관계가 있다; 그러므로, 선택의 가격은 표본의 오차 추정치와 직접적으로 관계가 있다.

표본은 모집단에 비해 작은 경향이 있기 때문에 불확실성의 크기가 증가한다. 어떤 점에서는 관리자가 가변성의 신뢰할 만한 객관적인 측정 방법을 얻을 수 없어서 관리자는 어느 정도 확실하다는 확실성 개념[4]을 얻기 위해 판단이나 혹은 주관적으로 확률을 정하는 여타 다른 방법을 사용하기도 한다. 끝으로, 어떤 점에서는 정보가 전혀 없다; 가변성 자체에 대해 알지 못한다.

제 3 절 정통이론의 문제: 미합의와 불확실성

오직 상식만이 의사결정에 대한 합리적 접근 방법에 이의를 제기하기 위해 사용되어야 한다. 예를 들면, 린드블롬(Lindblom, 1959)은 합리모형이 모형의 다음과 같은 요건을 포함한 수많은 중요한 원리를 은폐하고 있다고 주장했다. 모형의 요건은 다음과 같은 것이다: (1) 결정과 관련된 요소들에 대한 총체적 검토; (2) 사회적 목적의 명백한 정의; (3) 정책결정에 수단-목적 분석; (4) 사려 깊고 명시적인 정책결정; (5) 비용(cost)의 계산과 최소화; (6) 자의(恣意), 강제 그리고 갈등보다 이성과 협력; (7) 매우 독립적으로 존재하는 결정에 대한 통일적인 의사결정 과정.

합리적 모형이 요구하는 바는 다양하다. 합리모형은 집권화를 강요하고 그 사용자는 타협을 인정하지 않는다.

그러나 정통이론이 실패할 만한 상황, 즉 인과관계에 대해 행위자들 간 불일치(disagreement)가 존재하지만 그러나 단일 선호가 지배하는 그런 상황을 생각해 보자. 이해 당사자 간 서로 이익 경쟁이 있는 경우 이런 경우의 문제는 무엇을 해야 하는가가 문제가 아니다. 문제는 오히려 이 목적이 달성되려면 어떻게 해야 하는가? 그 방법에 대한 미합의(disagreement)가 문제다. 한 예로, 지방 도시정부의 경제 개발

4) 제10장과 라이트와 에이턴(Wright and Ayton, 1987)의 참고 문헌을 보시오.

노력을 보자. 지방 도시에서 지역의 부(富)를 일으키자는 데 대해서는 언제나 폭넓은 합의가 존재한다. 그러나 재무관리 집단(finance management community)에서는 어떻게 부를 일으키느냐 하는 그 방법에 대해 합의가 존재하지 않는다. 전통적이고 일반적인 채권, 공채 조달을 선호하는 집단과 수익공채, 리스(leases), 민간 부문 활용 등을 지지하는 집단 사이에 갈등이 심하다(Sbragia, 1983; Sharpe, 1986). 불일치는 재무집단과 여타 다른 집단 간에 폭넓게 존재하는데, 이를테면 사회기반시설 재건 대 입주자 능력을 감안한 주택 건설(Adams, 1988) 결정의 문제와 같이 실질 목적에 대해서도 물론 불일치가 존재하고, 발전을 촉진하기 위해 시가 사회기반시설을 마련해야 한다는 사람들과 개발된 후 수요가 확실할 때 서비스를 제공하자는 기다려 보자는 태도를 가진 다른 사람들 사이에 시간에 대해서도 불일치가 존재하듯이 시간에 대해서도 재무집단과 여타 다른 집단 간에 불일치가 존재한다(Pagano and Moore, 1985).

그러나 어느 시 의회도 수단의 탐구를 연구 및 해결을 위한 전문가 혹은 경쟁하는 이해관계자들에게 위임하지 않고는 경제 개발을 추구할 수 없다. 그러므로, 의사결정은 위임의 문제다. 결정이 아무리 간단하더라도, 결정자가 아무리 선견지명이 있다고 하더라도 결정은 전문지식을 가진 하위 관리자의 전문적 지식에 기초해야 한다. 골렘비우스키(Golembiewsky, 1965)는 위임이 매우 중요해서 그것이 없으면 조직이 없을 정도라고 주장했다. 그럼에도 불구하고, 정통이론가들은 위임 때문에 이론이 신경을 써야만 하는 여러 복잡한 사건이 발생한다고 주장한다.

일련의 위임의 결과 중 첫째는 대개 조직 역동성에 긍정적 요인을 들 것이다. 셀즈닉(Selznick, 1949), 마치와 사이먼(March and Simon, 1958)은 위임으로 인해 근로자의 관심이 상대적으로 제한된 수의 문제에 집중하게 됨으로써 한정된 분야에서 경험이 증가하고 문제를 다루는 능력이 증진되기 때문에 위임이 전문적 능력의 양을 증대시킨다고 주장했다. 기량이 증가하면 성취가 증가되기 때문에 목표 달성도 증가된다. 이와 마찬가지로, 위임이 증가하면 조직 목적과 그 목적 달성 사이의 거리가 축소되기 때문에 더욱더 위임이 촉진된다.

관심의 분산

권한의 위임은 종종 조직의 효과성을 위협하는 최소 두 종류의 예상하지 못한 결과를 초래한다. 첫째, 위임은 전문화를 촉진하고 이것으로 인해 많은 조직 하위 단위에 관심이 분산된다. 관심의 분산(bifurcation of interest)은 위임이 제시하는 하위 단위 목적에 관여하는 사람들이 증가함으로써 발생하고 그리고 위임된 작업을 수행하는 데 필요한 전문화된 훈련 때문에 발생한다. 전문화된 훈련은 직원을 변화시키는 데 필요한 비용을 증대시킴으로써 관심의 분산을 유지하는 데 도움이 된다.

둘째, 관심의 분산은 또한 조직 내 갈등을 초래할 수 있다. 분화된 조직 하위 단위들로부터 나온 결정 내용은 조직 목적 최적화보다는 조직 하위 단위 목적을 반영한다. 특히 조직구성원이 조직 목적을 내면화하지 않으면 그러하다. 보스(Boss, 1976: 115)는 이런 유의 변동을 다음과 같이 묘사했다: "조직의 목적과 개별 하위 단위 조직의 목적이 점점 일치하지 않으면 조직 하위 단위에 위임이 점점 증가되고, 이 순환은 반복되고 강화된다."

더구나 조직의 목적을 희생시키고 조직 하위 목적의 내면화가 발생할 수 있다. 조직 하위 단위는 전체 조직의 공식적 정책에 자신들의 단편적인 정책을 때때로 잘 어울리게 끼워맞춘다(종종 공식적인 정책을 대체하기도 한다). 조직 하위 단위에 기초한 일상적인 결정 혹은 일상적인 관행은 선례 체제가 되고, 전체 조직의 목적을 파괴하기도 한다.

마치와 사이먼(March and Simon, 1958)은 위임의 역기능적 효과를 축소하는 정통이론의 접근 방법을 주장했다. 그들은 그 해결 방법이 조직 목적을 좀 더 엄밀히 조작화하는 데 있으며, 조작화함으로써 조직 하위 단위가 전체 조직의 목적을 어느 정도 달성하는가를 관찰하고 검증하는 것이 가능해지는데, 바로 그 정도가 조직 하위 단위의 목적에 대립되는 전체 조직의 목적의 내면화 정도에 영향을 미친다고 주장했다. 또한 조직의 유인책(incenetives)은 결정 전체에 영향을 미침으로써 그리고 관찰된 성과를 강화함으로써 조직 목적 달성에 대한 관심을 강화할 것이다.

의도적인 행동이든 아니든, 권위의 위임은 관리자와 전문가 사이 관점의 분산을 초래하며 이것은 약이 될 수도 혹은 독이 될 수도 있다. 어떤 행동이 생산성에 해가 된다면 이것은 목적의 대치(displacement)라고 비난을 받는다. 반면에 어떤 행동이 예상하지 못했던 편익을 가져오면 이것은 쇄신이라고 칭찬을 받는다(Maynard-Moody and McClintock, 1987: 132). 중요한 사실은 생산성의 정의(定義)이고 정의는 이념의 문제, 신념의 문제다. 이것은 바로 의미 구성 혹은 해석의 문제다.

불확실성

현실에서 특정 결정 전제에 영향을 미칠 수 있는 관리자의 능력은 종종 제약이 있다.[5] 관리자가 영향을 미치는 데 무력하면 관리자가 다루어야만 하는 많은 불확실성이 생긴다. 경제 개발 예를 계속 살펴보면, 어떤 대안들은 전혀 예측할 수 없다: (1) 세법이 바뀌면 재원 조달 방법에 영향을 줄 수 있다; (2) 이자율이나 인플레이션은 주택 수요가 낮아지고 그리고(혹은) 사회기반시설에 대한 재료 비용이 증가하는 변화를 초래할 수 있다; (3) 어떤 산업은 이미 존재하는 개량사업으로 끌려들어갈 수 있다. 반면에 다른 산업은 나중에 필요한 개량사업을 명하여 미리 고안된 개량사업을 이미 뒤처진 것으로 만들기도 한다. 무엇이 지방의 부를 빨리 조성할 수 있을까와 같이 인과관계에 대한 입장이 확실하면, 인과관계에 대한 불확실성에도 불구하고 문제를 해결하는 시작이 될 수 있다.

일반적으로, 관리자는 관심의 분산의 경우에도 합의를 이룰 수 있다. 그러나 불확실성에 의해 그것이 방해받을 수 있다. 왜? 첫째, 관리자가 의사결정에 사용되는 원인/결과 신념을 명확히 할 수 없는 가장 명확한 이유는 기존 지식의 불완전성이다. 지식이 전혀 없으면 복잡한 조직은 설치되지 않지만, 그러나 복잡한 조직은 불완전한 지식으로 자주 운영된다. 예를 들면, 이것은 새로운 수술 분야, 우주 개발사업의 새 단계, 혹은 기초 연구 등 같은 기존 지식의 언저리에서 활동하는 조직에도 적용된다. 관계가 있다고 알려진 모든 변수가 일방적인 통제 하에 있고, 관리자가 일일이 명기할 수 있을지라도 지식의 불완전성 혹은 격차 때문에 그 부족을 극복할 다른 관리전략이 필요하다.

둘째, 작업하고 있는 대상 자체가 역동성이 있을 때 관리에 더 많은 제약이 발생할 수 있다. 왜냐하면 관계 있는 많은 변수가 조직의 일방적인 통제 하에 있지 않기 때문이다. 예를 들면, 교육사업의 결과는 학생의 학습 의욕에 많이 달려 있다. 그리고 기본적인 성격을 수정하기 위해 설계된 건강 유지 사업은 대상인의 협조 혹은 반감에 따라 크게 영향을 받는다.

관리자가 의사결정에 사용되는 원인/결과 관계를 명확히 하는 데 제약이 되는 세

5) 이 내용은 밀러(Miller, 1983)에 기초한다.

번째 유형은 조직과 조직 간의 경쟁에서 발생한다. 결정 단위가 자신의 선호 계층(preference hierarchy)을 가지고 일방적인 통제를 할 수 있지만 경쟁자와 유력자의 행동에 대한 기대 때문에 예비 고객, 공급자 혹은 "감시자"를 향해 호의적으로 대해야 한다. 결과가 다른 사람의 행동에 의해 일부 결정될 때, 원인/결과 관계는 불확실하고 이런 요소들에 의해 우리는 다른 유형의 전략을 사용할 것을 기대하게 된다.

우리는 어떻게 불확실성의 정도를 구별할 수 있을까? 불확실성의 주요 원천은 여러 가지 방법으로 변하는 경향이 있다. 정보는 부족하고 그 정확성과 명료성은 종종 의심스럽다. 불분명한 원인-결과 관계, 이것은 언제나 알아보기 힘들기 때문에, 그것으로 인해 선호가 모호해진다. 명확한 환류는 천천히 혹은 예측할 수 없게 이루어진다. 그리고 끝으로 대안과 있을 법한 결과를 연결하는 확률표, 더 좋은 것인지 아닌지 알 수 없지만 그런 확률표가 존재하지 않는다.

불확실성 원인의 예

관리자가 불확실성을 어떻게 인지하나 생각해 보자. 불확실성 인지를 명확히 묘사하는 한 접근 방법은 예산 편성자들과 재무관리자들이 사용하는 방법인데, 이것은 정치경제학에서 연유한다. 윌다브스키(Wildavsky, 1975)는 부와 예측 능력에 기초해서 불확실성을 결정하는 요인 행렬을 만들었다.

부(wealth)란 충분한 재원을 동원하거나 혹은 지출을 통제할 수 있는 정부의 능력을 말한다. 이 변수와 관계가 있는 것이 케이든의 징세할 수 있는 정치적 능력 개념이다(Caiden, 1978: 540):

> 징세할 수 있는 정치적 능력 개념은 조작화하기 힘들다. 그러나 이것은 정부의 재정정책과 예산 운영의 문양(pattern)에 지대한 영향을 미치는 요소인 듯하다. 우리가 친숙한 예산 운영 문양은 경제적 그리고 정치적 징세 능력이 높은 수준, 즉 재원이 존재하고 정부가 그것에 직접 접근할 수 있는 높은 수준의 정치경제적 징세 능력을 상정한다. 그러나 모든 정부가 이런 높은 수준의 능력을 누리는 행운을 가지고 있는 것은 아니다.

예측 능력(predictability)은 확실성을 인지하는 능력의 차이와 관계가 있으며 이것은 이전에 세운 우리의 변덕(volatility) 변수와 유사하다. 이 개념은 가까운 과거와 현재의 세출 흐름, 세입 흐름, 그 양자의 흐름을 계산하고 이것들을 미래로 추계하는 재무관리자의 능력이다.

결과는 행렬의 4종류 칸(cell)이다. 그것들은 (1) 가난하고 불확실한, (2) 가난하고 확실한, (3) 부유하고 불확실한, (4) 부유하고 확실한 칸들이다. 윌다브스키에 따르면 각 칸 혹은 상태에 따라 예산을 편성하고 재무를 관리하는 사람들이 어쩔 수 없이 각각 다른 방법으로 일을 처리하고 대응한다고 한다. 정통이론은 한 종류의 상태, 아마 부유하고 확실한 상태 한 경우 이상을 명확히 기술할 수 없다. 윌다브스키는 전부는 아니지만 세상의 많은 부분이 다른 세 종류 칸에서 운영됨을 보여 주었고, 확실성은 이런 변수들의 행태와 관계가 없다는 결론에 이르렀다.

요약하면, 재무관리에 대한 정통 접근 방법은 의사결정의 합리적 모형을 논리적으로 따르는 절차를 강조한다. 이 모형은 단순하고 그 연역적 우아함을 뽐낸다는 매력이 있다. 이 모형의 문제는 관리의 실제에 있다. 즉, 만성적인 불확실성의 영향만 아니라 관심의 분산이 문제다.

이런 약점에 유념하면서 필자는 정통적 접근 방법에 대한 대응으로 발전한 사고를 살펴보고자 한다. 필자는 이 대응을 "지배적 이론(prevailing theory)"이라고 부른다. 왜냐하면, 필자는 현재 재무관리 사고의 상당 부분을 설명하는 접근 방법이 바로 이것이라 생각하기 때문이다.

Chapter 04

지배적 이론

정통이론과 달리 정부 재무관리에 대한 지배적인 사고는 폐쇄적 체제의 가정을 완화한다. 조직은 내부적 문제만 아니라 조직 간 문제도 관리한다. 그런 개방 체제는 상이한 조직이론과 수정된 의사결정 모형, 재무 부서의 새로운 역할을 암시하고, 단순히 효용 극대화를 추구하는 효용 극대화 조직의 과학기술, 즉 정통이론과 관련이 있는 조직 목적 최적화 방법과 다른 과학기술을 암시한다.

주요 차이에도 불구하고, 정통이론과 지배적 이론은 공유하는 것이 있다. 즉, 두 이론이 선호 순위에 대한 가정과 개인의 동기 혹은 집합적 노력과 결부시키는 의도를 공유한다. 따라서 개인들과 그리고 개인들이 모인 집단은 그들 업무의 결과에 대한 선호를 가지고 있다. 개인과 집단은 그들의 행동으로부터 직접 초래되는 결과로서 사전에 예상한 어떤 것을 산출하기 위해 노력을 *꾀*한다.

제 1 절 조직이론

멀리 볼 수 있는 능력은 재무담당관들이 그들의 업무를 수행하는 데 중요한 개인적 특성이라고 아마도 믿고 싶어하는 대처 기제다(Coe, 1982). 그러나 지배적 이론은 조직의 각각 상이한 두 수준에서 불확실성을 다루는 방법을 제시한다. 한 수준은 예를 들면 정부의 재무 기능과 같은 조직 하위 단위 수준이고 다른 수준은 조직 간 수준이다. 조직 간 수준에서는 조직 전체에 대한 광범위한 불확실성을 다루는 재무담당관의 관계가 관찰 가능할 것이다.

조직 하위 단위 수준에서 이른바 회사의 행태이론이라고 부르는 것에서 연유한 지배적 이론의 작동 원리(moving principle)는 개인 행위자는 여유(slack)를 만들면서 일을 한다고 주장한다(March and Simon, 1958). 그래서 예산 몫(budget share), 헤지(hedges), 차익거래(arbitrage), 보험 등 그 방법이 무엇이든 이미 존재하는 재원의 상실에 대해 여유 재원 혹은 방비책을 둔다.

어느 정도까지는 불확실성을 인지하면 걱정이 되고 그렇기 때문에 불확실성이 축소되어야 한다. 조직의 용어로, 불확실성의 축소는 의사결정자가 불확실성을 예방, 예측, 그리고 흡수하려는 행동이다.

조직 하위 단위 간에, 어떤 하위 단위들은 불확실성에 대응하기 위해 정보를 얻으려 시도할 때 더 탁월함을 보이고 이들 조직의 구조가 대처 능력과 성공을 가져왔다는 것을 생각해 보자(Perrow, 1970). 조직이 불확실성을 축소하기 위해 정보와 후속 행동을 필요로 한다는 것은 좋은 논점이 된다. 적실성 있는 정보를 생산하는 것은 동일한 정보원(情報源, information sources)을 가지고 있는 모든 조직 하위 단위 간에는 중요한 경쟁활동이 된다.

조직 하위 단위들은 불확실성을 다루는 데 그들의 독특한 견해를 적용하고 주도권을 잡으려 노력하기 때문에 적실성 있는 자극을 해석하는 데 대해 영향력을 행사하려고 경쟁한다. 이런 활동에 대한 유인은 이들 활동에 성공한 조직 하위 단위가 받는 조직 자원과 성공에 따른 보상에 달려 있다. 따라서 "불확실성에 대한 대책"은 정보를 얻고 전문지식을 적용하는 능력 혹은 대처(cope) 능력이다. 따라서 대처하려는 동기는 조직 자원이 많고 보상이 많은 것에 달려 있다.

어떤 의미에서 조직이 불확실성에 대처한다는 것은 조직이 충격을 흡수한다는 것이다. 충격 흡수 활동에는 세 종류가 있다(Hickson et al., 1971).

1. 예방에 의한 대처: 투입과 산출 변이의 확률을 축소하기 위한 목적으로 한 활동들. 예산 시기 경에 입법부에 설치되는 연락사무실이 이런 활동을 한다.[1]
2. 정보에 의한 대처: 투입과 산출 변이에 대해 사전 경보를 제공하는 활동들. 지역사무소와 부처 간 위원회의 대표자들이 이런 활동을 한다. 정보에 의한 불확

1) [변이는 variation을 번역한 것이다. 동일한 종류의 유기체로부터 기능과 구조가 다른 종류가 나오면 이것을 변이라 한다. 돌연변이를 생각하면 쉽게 이해될 것이다. 변화하는 상태 및 행위를 말하기도 한다. 이변과 같은 뜻으로 쓰이기도 한다. —역자 주].

실성 대처 방법은 굉장히 강력한 기제다. 왜냐하면, 이 방법은 상황을 정의하고 의제를 정하고 이렇게 함으로써 조직 하위 단위가 흡수에 의한 불확실성 대처 방안에 주도권을 잡을 수 있기 때문이다.

3. 흡수에 의한 대처: 투입과 산출 변이의 효과를 상쇄하는 활동. 대안적 수입을 찾거나 불리한 경우(liability case)에 역소송을 제기하는 것이 이런 활동이다.

조직 하위 단위가 일정한 문양(pattern)을 갖는 불확실성을 성공적으로 창안할 때 궁극적으로 일상화가 이루어진다. 역설적으로 불확실성에 성공적으로 대처하는 것이 실패의 길이 될 수도 있다. 문양을 식별하고 대처하고 일상화하는 절차들이 오히려 보상과 하위 단위의 대처 동기를 감소시킬 수 있기 때문이다. 불확실성이 축소될 때는 예방을 통한 불확실성 대처 노력을 일상화하는 것이 힘을 급속히 감소시킨다. 예를 들면, 변덕스러운 보험시장에서 주 행정기관이 근로자의 산재보험 판매와 서비스를 제공하는 것은 영향력이 클 수 있다. 그러나 장기 계약은 그 영향력을 감소시킨다. 보통, 불확실성을 예측하거나 흡수하기 위해 조직 하위 단위가 노력해서 설치한 일상적인 업무 처리 방법은 표준운영절차(SOP)로 되어 있다. 그리고 그 표준운영절차가 어떤 경우든 조직 하위 단위는 불확실성에 대처하는 방법을 교체 혹은 대체하는 자신의 능력을 증대시킨다.

구조, 전술, 그리고 전략은 조직이 인지한 환경의 불확실성에 대한 반응이다. 구조는 환경을 분해하기 위한 의도적인 간여로서 등장할 수 있고 혹은 서로 경쟁하는 하나 혹은 2, 3개 하위 단위들이 지배한 결과일 수도 있다. 전술은 조직이 변덕스러운 환경과 상호작용하는 유일한 기능으로부터 생산 기능을 분화시킬 때 유용하다(Thompson, 1987). 끝으로 전략은 조직의 본래 목적인 환경을 통제하고 변화시켜서 안정적 확실성을 높이고 도전을 하는 데 효과적이다. 따라서 구조는 일정한 문양이 있는 변동성을 식별하고, 대처 전략의 기초가 되는 범주로 정보를 변환시키고, 그리고 여유를 극대화하기 위해 이런 대처 전략을 불확실한 상황에 적용하는 능력에 영향을 미치기 때문에 가장 중요하다.

중복(duplication: 주의를 환기시키는 질문이 던져지는 전략)은 두 가지 목적에 기여한다(Simon et al., 1954). 정보의 질과 양이 어떠하든 정보를 처리할 수 있는 능력이 있다고 가정할 때 중복은 처리할 수 있는 정보를 증대시킨다. 그리고 중복은 성과에 대해 판단하고, 관리자로 하여금 환경에 대한 대처를 잘못한 하위 단위를 분리하고, 불필요한 곤란 없이 하위 단위를 대체하도록 한다.

이런 조치가 능률적일까? 점프(Jump, 1968)가 주장했듯이, 극대화를 추구하는 관리자는 그들이 여유를 얻을 수 있는 모든 요소를 감당할 수 있는 한 능률적일 것이다. 그래서 최적화될 수 있는 것보다 더 많은 사업이 존재할 수 있다.

정보 처리 관점에서 보면, 조직에 어떤 이슈가 돌출하게 되면(불확실성을 발생시킬 가능성 그 정도가 높아지면) 그 이슈를 다룰 방법을 찾기 위해 조직 하위 단위 간 경쟁이 발생한다. 보상은 그 문제를 해결하거나 혹은 불확실성을 축소한 하위 단위에 주어진다. 재무적 관점에서 보면, 조직에 의해 이슈에 돌출성이나 위험이 붙여지면 그 돌출성이나 위험은 하위 단위들에게 높은 수익이 되도록 변환된다. 왜냐하면 하위 단위들은 돌출한 이슈에 의해 초래되는 위험을 극소화해야 하기 때문이다. 고전적 위험-이익 상쇄표(tradeoff)가 재무이론에서는 많이 만들어져 있다.

위험과 수익으로 인해 보호자(guardian)는 조직 하위 단위 간 비교를 통해 주의를 환기시키는 질문(attention-getting questions)을 보통 하지 않을 수 없다. 주창자(advocates)는 이슈를 자신의 패러다임 관점으로 전환시키면서 그러면 "나는 어떻게 하나?"란 질문을 할 수 있고, 동일한 일을 하는 다른 하위 단위와 성과를 비교하는 것은 물론 기준을 만든다.

의사결정 모형[2)]

의사결정 일반모형은 재무행정 문헌에서 결정이 이루어지는 방법을 설명하는 데 폭넓은 호응을 얻고 있다. 점증적/다원적 모형은 그 한계에도 불구하고 이 하위 분야에서 지배적 이론이다. 그러나 이 책에서 이미 언급했듯이, 점증주의는 한층 발전된 합리적 의사결정 일반모형의 잘 정의된 특별한 경우다.

린드블롬(Lindblom, 1959)은 점증적 모형(개인적 주도성에 의존하는 합리성의 한 유형)을 총체적인 것과 거리가 먼 기타 모형과도 구분했다. 그는 문제를 식별하고 분리하는 것이 곤란하다고 비판했다. 왜냐하면 합리적 접근 방법이 결정에서 고려해야 할 잡다한 것을 처리하는 방법을 기술하지 않은 채 과정을 이상화하기 때문이다. 린드블롬은 종종 어떤 과제는 하나의 독립된 문제로 분리되지 않는다고 주장한다. 실로 문제의 원인과 그 근원을 꼭 집어내기가 더더욱 힘들다. 또한 합리적 과정은 시간,

2) 이에 대한 자세한 설명은 밀러(Miller, 1984a, b)를 참고하시오.

방법, 그리고 정보를 필요로 한다. 반어적으로, 결정자는 이 방법에서 요구되는 시간도 능력도 정보도 가지고 있지 않다. 끝으로, 합리적 접근 방법은 명백히 수단과 목적을 관련시킨다.

린드블롬은 궁극적 가치에 대해 합의가 이루어지는 경우에만 목적-수단 관계가 명확하다고 논증했다. 보통의 상황은 한 사람의 목적이 전혀 다른 목적을 달성하기 위한 다른 사람의 수단이 되는 경우다.

린드블롬은 합리적 방법에 대한 대안으로서 점증적 접근 방법을 제안했다. 요약하면, 점증주의는 결정의 업무를 상당히 단순화한다. 정책결정자는 폭넓은 정책집합 가운데서, 단지 한계적으로 차이가 나는 점증적 추가 혹은 점증적 수정인 한정된 정책대안들만 고려할 수 있다고 점증주의 모형은 주장한다. 기본 정책은 정해져 있고 몇 개의 변수가 결정을 좌우한다(Basic policy is a given; narrow parameters confine the choice).

점증주의가 시사하는 모형은 다음과 같은 구체적인 한계를 제시한다. 즉, 지력의 한계, 추론력의 한계, 시간의 한계, 정보의 한계 등을 제시한다. 따라서 사이먼(Simon, 1947)의 만족모형은 이렇게 추론된다: 만족모형은 (1) 결정할 때 최선의 대안을 찾기보다 첫 번째 만족스러운 대안을 일반적으로 포착한다; (2) 대안들이 나쁜 것이 아니면 일을 거의 변화시키지 않으며 그저 이전에 한 바를 그대로 계속한다; (3) 대안 탐색은 몸에 밴 방법과 정보의 전통적인 출처에 한정한다; (4) 관례적인 방법에 우선적으로 의존한다. 관례라는 개념으로 인해 합리성에 인지적 제약이 가해진다. 결과적으로 만족모형은 최적화도 극대화도 추구하지 않고 만족화(satisfice)를 추구한다고 사이먼은 주장한다.

린드블롬의 모형은 윌다브스키에 의해 해석된 바 있는데, 이것은 전략적 결정에 대한 미시경제적 접근 방법보다 심리적 접근 방법이다. 윌다브스키(Wildavsky, 1964: v-vi)는 다음과 같이 주장했다. (1) 목적의 설정과 재원의 확정은 함께 발생한다. (2) 결정들은 최소한 이전의 몇몇 경험을 통해 일해서 알게 된 것에 의존한다. (3) 가용재원과 함께 목적이 달성되도록 하기 위해 조직의 유인이 이용된다. 정파들이 어떤 대안에 대해 합의를 본 정도가 의사결정에서 객관적 상황에서 분석을 한 것보다 훨씬 강력한 영향을 가진다. 사실, 조잡한 결정은 일반적인 의미에서 실패한 결정이라기보다는 오히려 중요한 의사결정자를 배제하거나 무시한 결정인 경우가 많다(Boss, 1976: 108).

린드블롬은 점증적 접근 방법은 가치가 있으며, 그것의 가장 큰 장점은 점증적 접근 방법을 통해 합의를 이룰 수 있다는 것이라고 주장했다. 점증적 방법을 이용하면 가치의 차이로 인해 합의를 이루지 못할 가능성은 매우 적다. 실제 결정 상황에 의사 결정자들이 결정을 할 때 그들은 가치만 아니라 실제적인 제약 속에서 가치를 고려한다. 이와 같은 생각으로 인해 사업에 대한 합의가 촉진된다. 끝으로 개인들은 가치 갈등을 가지고 있지만 정책과 사업에 대해 합의를 쉽게 이룰 수 있다.

의사결정에 관한 많은 논의가 지금까지 있었는데 그것은 그들이 주장하는 모형이 합리적/총체적 결정모형과 차이가 많다는 것을 말해 준다. 그러나 사실, 그 차이는 지엽적이다. 왜냐하면 앞에서 말했듯이 두 이론은 개인들의 동기 혹은 개인들의 집단적 노력과 관계가 있는 선호 순위와 의도에 관한 가정을 공유하기 때문이다. 개인들이 홀로든 혹은 집단으로든, 개인들은 활동의 결과에 대한 선호를 가지고 있다. 그들은 그들의 노력으로 어떤 것을 얻기를 *의도*한다. 그 얻으려는 어떤 것은 그들의 행동으로부터 직접 얻을 수 있다고 예상한 것이다.

제 2 절 재무 부서의 역할

윌다브스키(Wildavsky, 1986)는 정부조직 내부에서, 의사결정의 주제에 대해 명확하지만 다른 입장을 반영하는 역할의 발전을 촉진하는 조건을 다루었다. 윌다브스키는 고전적 소비자-보호자 역할은 정부 지출 결정에 심대한 영향을 준다고 주장했다. 그리고 그 논리는 더 확장되었다. 이런 역할들은 위험, 현금, 채무관리를 포함한 재무관리의 여타 분야에도 존재할 수 있는 것이다. 희소성의 조건이 있다면, 모든 재무관리 분야에 "주창자와 보호자 사이의 수많은 역할이 도처에 발전"할 수 있다(Wildavsky, 1975: 15). 한편으로 정부 예산 운영에서 주창자는 선거민을 만족시키기 위해 사업적 기준을 사용해서 재원에 대한 확대를 요구한다. 보호자는 주창자가 예산안을 마련하는 데 좁은 편견을 가지고 있다고 믿고 국고의 경비견으로 일해야 한다는 개인적 책임을 느낀다(Schick, 1964).

위험, 현금, 채무 등의 관리활동에서 우선순위가 동일하여 충돌하는 증거가 있다. 첫째, 위험관리에 대해 정책결정에 단호함을 희망하는 사람들 사이에 주창자가 있다. 이들은 채무 소송을 당할 위험을 감수하고자 한다(Hildreth and Miller, 1983); 남의 재산에 피해를 줄 수 있는 위험을 감수하는 경찰관처럼 오로지 하나에 집중해서 성과 목적을 추구하는 사람들 사이에 주창자가 있다; 자신의 생명에 대한 위험을 감수하는 소방관처럼 위험한 일을 하는 사람들 사이에 주창자가 있다. 그리고 이들 각각의 경우에 대해 변호사, 위험관리사, 안전관 등과 같은 인물로 보호자가 존재한다.

둘째, 현금관리도 위험 친화와 위험 회피로 그 견해가 나뉜다. 보유 현금과 연금 자금을 좀 더 투기적 투자에 사용하기를 주장하는 사람은 물론 더 많은 서비스를 주창하는 사업담당관은 "소비자(spenders)"가 된다. 투자관은 수호자(guardian)로서 활동한다. 이 투자관은 연금법 하에서는 수탁자로서 활동하고, 현금관리자의 역할에서는 자본의 수호자로서 활동한다.

셋째, 채무관리 역시 예산 역할과 매우 유사하다. 자본 지출이나 예산 과정에서 더 많은 자본 지출을 옹호하는 사람은 공격적이고 지출 지향적 역할을 취하며 위험스러운 재무 기법을 종종 주창한다. 재무관(finance director)은 정부 단위를 위해 재원조달의 책임을 궁극적으로 맡는데, 이들은 종종 비정상적인 재원 조달 계획에 반대함으로써, 채무 원리금 변제액 혹은 운영 예산 사용을 위한 수입 보호를 옹호함으로써 수호자의 역할을 한다.

예산 운영, 현금 투자, 위험관리, 자본재 조달 금융 등 4개 과정에서 역할은 가치가 있다. "아무도 보호자 역을 하지 않으면 정부는 파산한다; 아무도 주창자 역을 하지 않으면 중요한 활동이 없어진다"고 윌다브스키(Wildavsky, 1975: 15)는 주장했다. 정책과 사업을 주장하는 주창자와 재원을 보유하려는 보호자 사이에 긴장이 있는데 이것으로 인해 정부 예산 운영뿐만 아니라 정부 재무관리에서 결정을 위해 서로 밀고 당기며 투쟁하는 힘들을 상쇄하는 "상향적(bottom up)"이라는 개념이 나온다(Mowery, Kamlet, and Crecine, 1980; Bozeman and Strausman, 1982).

제 3 절 과학기술

역할을 희소성에 대한 반응이라는 관점에서 전통적으로 볼 수도 있지만 불확실성에 대처하기 위한 적극적 행동으로 볼 수도 있다. 만약 주창자가 위험 감수자로 그리고 보호자가 위험 회피자로 생각될 수 있다면 불확실성에 대처하는 과정은 위험을 다루는 과정과 관련이 있는 전통적 방식과 과학기술의 일부로서 관찰할 수 있다. 위험을 분석하고 위험을 다루는 과정의 일부로서 재무관리자는 다음 세 가지 중 하나 혹은 그 조합을 사용한다: (1) 회피, (2) 가정, (3) 이전/전가(transfer/shift).

첫째, 공무원은 위험이 유발하는 활동을 단지 미리 함으로써 위험을 피할 수 있다. 둘째, 위험은 가정될 수 있다. 즉 위험으로 인한 손해를 정부기관이 감내할 수 있다. 가정(假定)은 불확실성과 함께 살고 운명을 받아들이는 것을 의미할 수도 있다. 셋째, 정부기관이 위험을 제3자에게 이전시킬 수 있다. 위험관리의 경우에 제3자는 대개 보험회사다. 현금관리의 경우에는 선물이나 옵션 계약이다. 채권관리의 경우에는 발행 인수인이다.

역할 맥락에서 위험 대처에 대한 중요한 질문은 어떤 한 역할이 "승리"하느냐가 아니라 언제 어떤 역할이 우선해야 하는가다. 언제 관리자는 위험을 회피해야, 혹은 가정해야, 혹은 제3자에게 전가해야 하는가?

재무관리의 과학기술을 보는 다른 방법은 지배적 이론 종류인데, 지배적 이론에서 제시하는 여러 환경 대처 전술과 전략을 설명하는 것이다.

전술

모호한 문제에 대한 구조적 접근 방법 외 관리자는 완화하기(buffering), 균형 맞추기(leveling), 예측하기(forecasting) 등 세 종류의 전술을 추구할 수 있다. (Thompson, 1967). 첫째, 관리자는 계속적인 생산을 촉진하기 위해 필요한 재원을 흡수함으로써 조직에 대한 불확실성의 충격을 완화한다. 관리자는 최전방에 원료를 쌓아놓는다. 예를 들면 인사담당관은 업무에 따른 자격 있는 인물들의 목록을 가지고 있다. 또한 조직은 후방 끝에 생산물들을 창고에 보관한다. 창고 보관의 가장 좋은 예는 후버(J. Edgar Hoover) 연방수사국장의 전설적 목록집이다. 그는 영향력 있는 인사들에게 필요할 때 이용할 수 있는 유명 인사와 정치적 인물에 대한 연방수사국(FBI)이 만든 전설적인 불미스러운 추문 목록집을 가지고 있었다 (Lowenthal, 1950).

둘째, 조직은 과다한 생산 용량을 방지하기 위해 투입과 산출의 균형을 맞춘다. 예를 들어, 매년 국세청(Internal Revenue Service: IRS)은 납세자들이 조기에 세금을 납부하면 해당되는 납세자에게 좀 더 신속하게 소득세 환급을 해준다. 또한, 우편공사는 매년 성탄절에 손님이 집중되는 것을 경고해서 손님들이 장기간에 걸쳐 우편 이용을 균형있게 하도록 한다. 종종 균형 맞추기는 조직에서 상호작용의 형식을 띤다 (Perrow, 1970). 그 예를 연방정부 예산활동에서 볼 수 있다. 연방 예산활동에는 불가침의 기초 세출예산(base appropriations)과 부가적인 증분의 공정한 몫(fair-share) 부분이 포함되고, 서로 경쟁하는 행위자 간 의식적 혹은 무의식적 상호작용이 가정된다.

셋째, 조직은 기습을 피하는 데 필요한 것을 예측하려고 시도하며 수요가 최대 혹은 최소가 되는 시기를 예측하려고 한다. 예를 들면, 4월 15일에 세금 납부가 집중되는 것에 대한 경고를 하기는 하지만 국세청은 근로자 수요를 예측하고 자료 투입과 여타 업무를 위해 시간제 근로자 배치를 계획한다

전략

환경의 제약과 우발적 사건의 영향을 통제하기 위해 행정기관이 공통적으로 시도하는 것은 합병, 수혜자 확대, 흡수(co-optation), 다각화(diversification)와 같은 중요한 전략이다(Thompson, 1967). 첫째, 행정기관은 다른 행정기관과 기능을 합해 활동의 수직적 혹은 수평적 결합을 강화한다. 재정보조금 제도(grant-in-aid system)는 주정부와 지방정부, 심지어는 민간조직이 주어진 정책 목적을 추구하기 위해 재정적 거래를 통해 연방 행정기관과 "합병"되는 수직적 합병 혹은 수직적 기능을 잘 보여 주는 예다.

수평적 합병도 또한 있다. 예를 들면, 규정과 규정을 결합하거나 혹은 상위 규정과 하위 규정을 결합하는 방법을 통해 모든 연방정부 사업에 차별을 금지하는 법률을 통과시킴으로써 연방 시민 권리 기능을 다른 행정기관의 재정 지원사업과 합병할 수 있다.

둘째, 조직은 수혜자를 확대할 수 있다. 재향군인청(Veteran Administartion)은 서비스의 편익에 대한 더 많은 관심을 끌기 위해 광고를 하며, 농업성(Department of Agriculture)은 저소득 식대 지원사업(food stamp program)을 통해 식료상, 음식점, 저소득층 등과 같은 새로운 수혜자를 끌어들인다.

셋째, 행정기관은 수혜자를 흡수할 수 있다. 테네시유역개발청(TVA)은 1930년대와 1940년대 기간에 지지와 목적 달성을 확보하기 위해 의사결정 과정에 지역 관리들이 참여하도록 흡수했다(Selznick, 1949).

넷째, 행정기관은 다각화를 할 수 있다. 예를 들면, 주택도시개발성(HUD)은 새로운 주택을 건설할 때 재정 지원을 한다는 목적을 가지고 주택가정재정국(Housing and Home Finance Agency)으로 출발했다. 장관이 각료회의에 참가할 수 있는 권한

을 획득하자 주택도시개발성 장관은 1960년대 여러 일 가운데 도시 개발을 지휘하는 과제와 도시 재정문제를 해결하는 과제를 담당하기 시작했다. 그래서 1970년대에는 주택도시개발성이 개발하도록 촉구했던 공공 부문의 재무관리 분야에서 주정부와 지방정부를 기술적으로 도와 주는 사업들을 다각화하면서 주택도시개발성은 더욱 성장했다.

불확실성은 개념적 측면에서 더욱 정교화될 수 있을 것이다. 위험의 횟수와 강도에 대한 지식이 있으면 적합한 대처 전략을 도출하는 데 도움이 된다. 전략 개발을 정상적으로 이해한다면, 위험의 횟수가 얼마인지와 관계없이 위험의 강도가 세면 셀수록 위험을 회피하거나 혹은 위험을 이전하려는 시도가 더욱더 많아진다(Snider,

[그림 4-1] 불확실성의 개념적 차원

높은 불확실성
↑
문양-추세

문양-범위
|
문양-규칙성
|
사건의 새로움
|
사건의 기간성
|
현상에 대한 인과관계 지식
|
현상에 대한 지식의 구체성
|
현상에 대한 조치 결과의 환류 속도
↓
낮은 불확실성

출처: Hinings et al.(1974).

1964). 위험의 횟수와 강도를 이해할 수 있으면 불확실성의 복잡성을 감당할 수 있다. 조직이론의 입장에서 최소한 불확실성에 효과적으로 대처하는 것은 "문양이 있는 변이(patterned variation)"를 식별할 수 있는 능력에 달려 있다(Hinings et al., 1974).

문양이 있는 변이는 연속체의 한 끝에 있고 이 끝은 상당한 불확실성이 발견될 수 있는 폭넓은 범위를 차지한다. 따라서 불확실성은 적어도 일곱 종류의 변수들이 결합한 연속체로서 특징지을 수 있다([그림 4-1] 참조).

제 4 절 정통이론의 문제와 지배적 이론

윌다브스키(Aaron Wildavsky)와 바버(James David Barber)가 제공한 증거는 정통 접근 방법의 두 가지 문제인 관심의 분산과 불확실성에 대한 해답이다. 투박하게 정의하면, 관심의 분산과 불확실성은 서로 투입과 산출을 되먹임(feedback)하며, 서로가 서로의 모순을 더욱 악화시키는 데 기여하여 (목적에 수단을 적응시키기보다) 수단에 목적을 적응시키고 당면한 문제를 분석을 통해 계속적으로 재규정한다.

관심의 분산이 발생하려면 불확실성이 있어야 한다.[3] 관심의 분절은 인과관계 혹은 과학기술에 대한 합의 결여, 합의 결여의 결과로서 발생한다. 조직은 불확실성을 다루려 하나 그렇게 함으로써 오히려 불확실성은 커진다. 예를 들면, 재무담당관이 여러 가지 이유에서[4] 자본 자산 재원 조달에 대한 권한을 서로 관심이 다른 위원회, 즉 특정 전문성을 가지고 있는 전문가들의 대규모 팀에 위임한다.

관심의 분산은 불확실성을 다루는 방법으로 등장하지만 그 자체가 불확실성을 초래하기 때문에 조정을 필요로 한다. 자본 조달(capital finance)에서 재무담당관은 재원 조달의 비용 혹은 과거 재원 조달활동의 공개 비용의 결과를 확실히 명기할 수

3) 사고의 흐름은 이런 것이다: 고위관리자는 행태의 신뢰성을 증진시키기 위해 더 많은 통제를 하기 원한다(Merton, 1940). 이것은 불확실성이 어떻게 시작되는지를 말해 준다. 통제의 수요가 커지면 권위의 위임이 증대된다. 부하들은 그들이 행동할 권한을 가지고 있는 행동에 대해 책임을 져야 한다. 그리고 이것은 부처화와 관심의 분산을 초래한다(Selznick, 1949). 마치와 사이먼(March and Simon, 1958: 41)에 따르면, "(조직) 하위 단위의 유지 욕구에 의해 조직 하위 단위들은 전체 조직 사업에 대한 기여에 혹은 그 이상 기여하는 목적을 가지는데 이 목적에 헌신할 것을 요구한다."

4) 기본적으로 재원 조달에는 컴퓨터 프로그램보다 더 판단력과 성찰이 필요하기 때문이다.

[그림 4-2] 모호성 정도로서 조직선택이론

과학기술	목적 명확	모호
명확	응답 기계 1. 계산	공격 기계 2. 당파적 상호 조정
모호	학습 기계 3. 판단 탐색-실험	합리화 기계 4. 영감 조직화된 무정부

출처: Thompson and Tuden(1959); Burchell et al.(1980).

없다. 전문가가 필요하다는 것도, 전문가가 확실성을 얻는 데 도움이 된다고 하지만, 이것도 불확실성을 유발한다. 신용평가기관의 수요 측면에서 혹은 일반적으로 인정된 회계 원칙(GAAP)과 관련해서, 공인회계사는 과거 보고 방법을 불충분한 것으로 보고 그것의 변경을 요구할 수도 있다. 그래서 재무담당관은 사업(project)을 재정 지원하기 위해 보고 방식을 변경할 것이다. 그런데 이 경우 시장이 요구하는 이자율은 공개된 정보에 기초하기 때문에, 목적은 보고 방식 개선이라는 수단에 맞추어진다. 모든 이자율은 "조정"된 것이다. 즉 회계관은 보고 기준을 준수해야 하고 재무담당관은 채권 발행을 위한 시장의 지지를 얻어야 한다.

이전 제1장에서 우리가 소개한 톰슨과 투덴(Thompson and Tuden, 1959) 모형을 이용해서 버첼과 그 동료들(Burchell et. al., 1980)은 린드블롬의 "지능" 체제로부터 추론될 수 있는 것을 그래프로 설명했다(그림 4-2 참조).

목적 혹은 인과관계는 관심의 분산에서 기인하는 불확실성이 높기 때문에 린드블롬의 체제는 일련의 연속적 과정을 통해 수단에 알맞게 목적을 조정한다. 목적의 탐색은 당파적 상호조정(partisan mutual adjustment)의 문제다; 수단의 탐색은 시행착오(trial and error)의 문제다. 조직은 "학습"을 하기 때문에 이에 따라 목적들도 조정된다: 목적 달성 방법이 더욱 분명해지면 그 목적의 가치가 다른 목적들보다 상당히 중요하게 증대된다. 구조적인 문제에 구조적인 해답을 제공하는 "응답 기계"와 달리, 공격 기계(ammunition machine)는 주어진 입장에 대한 변론을 제공한다. 그리고 학습 기계(learning machine)[5]는 변론의 입장을 강화하는 데 도움을 준다.

조합을 만들어 생각해 보면 "가능성의 예술"이라고 말할 수 있을 정도로 다양한 가능성을 볼 수 있다. 만약 수단이 이미 알려져 있다면(예를 들어 컴퓨터와 소프트웨어를 이용할 수 있다면) 어떤 몇몇 목적은 더 많이 지지를 받을 것이다(조직 지도자의 목적보다 소프트웨어의 목적을 지원하기 위한 회계 체제를 설계한다).

공격 기계는 당파적 상호 조정을 위한 먹잇감을 제공한다; 상호 조정의 결과는 당파들이 상상했던 바와 사뭇 다르다. 린드블롬(Lindblom, 1965: 30-31)은 다음과 같이 지적했다.

> 당파들은 자신들의 인지한 이익을 추구하는 상호 조정 과정에서 나타나는데, 왜냐하면 한 당파의 이익은 여타 당파의 이익과 같지도 않고 조화를 이룰 수 없다고 생각되기 때문이다. 당파들은 당파적 상호 조정에서 모든 조치를 다 강구하기 때문에 상호 조정의 결과는 다음 중 하나로 나타난다. 즉, 한 당파는 얻고 다른 당파는 잃는다. 모든 당파가 얻는다. 모든 당파가 잃는다. 몇몇 당파는 몇몇 당파보다 더 많이 얻는다. 몇몇 당파는 몇몇 당파보다 더 많이 잃는다. 자주 있는 일이지만, 도달한 "해결 방법"은 모든 참여자에게 이익이 되

---

5) "학습기계"의 좋은 예는 윌다브스키(Wildavsky, 1987: 212-232)에 의해 만들어졌다. 자기평가조직(self-evaluating organization)은 조직정책 평가자들로 이루어지는 경쟁 팀이 전제하는 조직이다:

> 한 분야에서 정책 방향에 대해 평가자 팀이 경쟁하도록 함으로써 경쟁 시장과 대략 비슷한 것을 도입할 수 있다. 경쟁은 가격(특정 목적을 저가로 달성한다), 품질(동일한 비용으로 더 좋은 정책을 수행한다), 수량(동일 비용으로 더 많이 생산한다), 수선 유지(일들이 잘못 될 때 그것을 수정한다), 경험(증명된 기록을 본다), 가치(우리의 정책은 당신의 선호를 구현한다), 재능(정작 실행할 때 당신이 우리의 솜씨를 산다면 우리가 우세하다) 등에서 발생할 수 있을 것이다. 경쟁에서 승리한 팀은 다른 곳으로 갈 때까지 혹은 다른 팀이 도전해서 승리 팀이 될 때까지 책임을 지는 위치에 있을 것이다. 정부는 유능한 팀을 유지하기 위해 가격을 높일 수도 있고 혹은 무능한 팀을 쫓아내기 위해 가격을 내릴 수도 있다. 평가자에 대한 보상은 매우 크다. 그러나 보상은 물론 평가자들이 파산하지 않도록 수행할 수 있는 능력에 의해 혹은 평가자들이 경쟁자들과 경쟁할 수 있도록 하기 위한 능력에 의해 제한을 받는다. [자기평가조직의 지도자들은] 분석적 정당성을 향한 눈을 가지고 있을 뿐만 아니라 필수적인 지원을 받아야 한다는 입장에 서서 조직활동을 선택해야 한다. 따라서 평가자들은 선택적 평가자가 된다. 평가자들은 성공의 가능성이 없다고 생각하는 곳에 다량의 조직 자원 사용을 금한다. 그들은 해결이 쉬운 문제를 찾아야 하며 이루기 쉬운 변화를 찾아야 한다. 왜냐하면, 그들은 과거와 근본적으로 결별하고자 하지 않기 때문이다. 평가자들은 때가 우호적이 아니면 평가 결과를 유보할 준비를 해야 한다; 평가가 충분히 준비되었거나 아니거나 혹은 평가가 전부 정당화되었거나 아니거나 그 여부와 관계없이 변화를 위한 적합한 시기를 잡을 준비를 해야 한다. 조금씩 조금씩, 자기평가 조직 지도자들의 행동(behavior)은 환경에 적응하려 애쓰는 다른 조직 지도자의 행동과 유사해질 것 같다. 자기평가조직은 단일 유형의 수혜자에게 지나치게 의존하지 말라는 조언을 많이 듣는다. 다양화(diversification)가 이들의 전략이다. 서비스가 다양화하면 할수록 그 수혜자도 다양화되고, 그만큼 자기평가조직은 단일 유형의 수혜자에 의존을 하지 않게 되고, 지지 기반을 변화시킬 능력을 그만큼 더 가지게 된다. 다양화가 정치적 신축성을 조성한다.

〈표 4-1〉 당파적 상호 조정의 방법

Ⅰ. 적응적(X는 Y로부터 반응을 찾지 않는다.)	
A. 매개적(parametic)	결정자 X는 Y에 미치는 결과를 고려하지 않은 채 Y의 결정에 적응하는 방법
B. 공경적(deferential)	결정자 X는 Y에 불리한 결과를 피하려 애쓰는 방법
C. 계산적(calculated)	결정자 X는 Y에 불리한 결과를 전부 피하려고 하지는 않지만 그러나 그럼에도 불구하고 Y에 대해 불리한 결과를 고려해 X가 결정을 조정하는 방법
Ⅱ. 조작적(X는 의사결정의 조건으로서, Y로부터 반응을 이끌어낸다.)	
A. 협상(negotiation)	X와 Y가 여러 가지 방법으로 서로 상대로부터 반응을 유도하는 방법
B. 흥정(bargaining) (협상의 한 형식이다)	X와 Y가 조건적 위협이나 약속에 의해 서로 상대로부터 반응을 유도하는 방법
C. 당파적 토론 (partisan discussion) (협상의 한 형식이다)	X와 Y가 여러 행동 경로의 객관적 결과를 평가하는데 이것을 재평가함으로써 서로 상대로부터 반응을 유도하는 방법(흥정은 결과를 변경시키는 반면에, 당파적 토론은 변경되지 않는 결과에 대한 정보를 교환한다).
D. 보상(compensation)	X는 편익을 제공한다는 조건적 약속에 의해 Y로부터 반응을 유도하는 방법. 보상 흥정(흥정의 한 형식이다)은 X와 Y가 서로에 대해 조건적 약속을 한다.
E. 호혜(reciprocity)	X가 일방적으로 혹은 X와 Y가 대칭적으로 협상 혹은 다른 상황에서 기존의 의무를 회상시키거나 혹은 새로운 의무를 주지시킴으로써 반응을 유도하는 방법
F. 권위적 명령 (authoritative prescription)	X가 Y에게 반응을 명령하고 Y는 X의 권위를 인정하는 방법
G. 무조건적 조작 (unconditional manipulation)	여러 반응에 대한 Y의 이익 혹은 불이익을 변경함으로써 X는 Y로부터 반응을 무조건적으로 유도하는 방법
H. 사전 결정(prior decision)	X가 Y로 하여금 X와 조정의 이점을 앞세우기보다 Y로부터 반응을 유도하기 위해 이전 결정을 이용하는 방법
I. 간접적 조작 (indirect manipulation)	X가 Y로 하여금 바람직한 반응을 하도록 제3의 결정자를 끌어들이기 위해 위의 조작 형식 중 어느 하나를 이용하는 방법

출처: Lindblom(1965: 33-34).

어야 하며 그 이익의 분포가 문제 해결에서 야기되는 갈등의 핵심이다. 당파는 적절한 탐욕 기준(adequate greed criterion)이 발견될 수 없다고 생각하는 집단으로 그리고 그것이 발견될 수 없고 적용될 수 없다고 생각하는 집단으로 정의될 수 있지만, 그럼에도 불구하고 때때로 당파적 상호 조정 상황에서 그런 기준이 존재한다; 참여한 의사결정자들의 당파적 상호 조정의 결과로서 때때로 적절한 탐욕적 기준이 발견되고 적용된다.

여러 형식 가운데 린드블롬은 <표 4-1>에서 볼 수 있는 12개 형식을 당파적 상호 조정으로 정의했다. 지금까지 지배적 이론은 정통이론의 문제를 말끔히 해결했다. 관심의 분산은 불확실성을 축소하려는 노력에서 비롯되었다. 이 불확실성은 학습의 시행착오를 통해 다른 목적들보다 어떤 목적을 달성할 가능성이 높아질 때 완화된다. 결국, 당파적 목적 추구자들의 상호 조정은 목적과 수단의 연속적인 조정에서 비롯된다.

제 5 절 지배적 이론의 문제

지배적 이론의 여러 국면에 대해 이견이 상당히 많다. 이러한 이견 혹은 논점은 적어도 세 분야가 있다. 즉, 목적, 목표 혹은 선호의 성질, 점증주의의 한정된 타당성, 결과적으로 보수적 편의가 된 지배적 이론에 의해 설명되지 않는 개념 등이 그것이다.

목적, 목표 혹은 선호의 성질

정통이론은 의사결정을 할 때 목적, 그리고 수단 순서(the ends-then-means sequence)를 설정하지만 지배적 이론은 종종 그 순서가 역으로 작용하고 “지적인 민주주의(intelligent democracy)”를 이룩하는 데 기여한다고 종종 경고했다. 그럼에도 불구하고 정통이론과 지배적 이론은 모두 목적, 목표 혹은 선호가 명시적으로 알려지거나 또는 알 수 있고 목적과 수단 간 관계가 존재한다고 제시한다.

그러나 반대 의견도 많다: 선호가 존재하지 않는다는 주장과 목적과 수단 간의 관계가 존재하지 않는다는 주장이 그것이다. 첫째, 선호가 없다는 논증은 다음과 같은 일련의 높은 평가를 받는 개념들에 기초하고 있다. 가장 두드러진 것으로서 버나드(Bernard, 1968)의 권위이론, 버렐슨, 라자스펠트, 맥피(Berelson, Lazasfeld, and

McPhee, 1954)의 여론에 대한 연구, 정치적 권위와 관료적 통제에 관한 이론의 연속적 발전(Downs, 1957, 1967), 명시적 그리고 묵시적 단합에 대한 공공선택론 학파의 설명(Buchanan and Tullock, 1962: 134-135) 등이 있다. 이들은 각각 "목적은 알려지고 명확하고 일관성이 있다는 가정이 모든 경험과 불일치한다"고 주장한다(Wildavsky, 1987: 215).

윌다브스키는 정책 목적과 예산 사이의 연계를 깨고 그 깬 상태를 유지하는 것의 가치를 지적했다; 계획예산과 같은 예산개혁의 공통적인 면은 정책 목적에 순위를 정하고 그 순위에 따라 예산을 배정하는 데에 관심을 둔다는 것이다(Wildavsky, 1964: 220-221). 이런 노력은 목적을 정하는 행동과 목적을 달성하기 위한 가장 훌륭한 방법을 찾는 행동과 매우 유사하다. 윌다브스키는 이런 접근 방법은 예산 결정에 적용하기에는 그 범위가 좁기 때문에 예산에는 선호가 없다는 전략을 사용하는 것이 더 적합하다고 주장했다.

> 그러나, 목적에 대해 생각하는 것과 목적을 생각해서 예산 범주를 정하는 것은 별개다. 물론, 만약 사람들이 오늘의 목적이 내일의 목적이 되기를 원하면, 만약 사람들이 목적이 변하지 않기를 원하면 목적과 관련해서 예산을 정하는 것은 탁월한 생각이다. 그러나 만약 사람들이 목적에 신축성(때때로 경험으로부터 학습한다고 알려진)을 원한다면 조직을 파괴시키지 않고도 목적을 변화시키는 것이 가능해야 한다. 전통적 예산결정은 정책에 대해 중립이기 때문에 갖가지 정책과 공존할 수 있다. 전통적 예산결정의 모든 것은 (조직의 용어로) 전환될 수 있기 때문이다.

정책 목적이 첨부되지 않은 예산은 선호가 없는 입장(no-preference position)이고 이것은 본질적으로 유동 상황에 더 신축적이다.

관계가 없는 입장(no-relationships position)은 다소 더 복잡하다. 두 접근 방법을 검토해 보자. 하나는 합리적 행동 개념에 의존하는 것이고, 다른 하나는 상황에 의존하는 것이다. 첫째, 여러 이익과 문제에 대해 관심을 합리적으로 배분하는 것은 대안적 선택의 기회 비용에 달려 있다. 다운스(Downs, 1967: 86)가 말하는 목적의 층은 개개 관리(官吏)의 목적 구조가 관심을 위해 경쟁하는 초점들을 어떻게 고려하는지 예를 잘 보여 준다([그림 4-3] 참조). 관청의 여러 범주의 관리들의 경우에, 이들 관리는 각각 동일한 결정의 문제를 가지고 있는데, 특정 관청 정책 목적에 대해 *최고의* 결정을 내리고자 하는 관리들 개개인은

> 너무나 잘해서 더 이상 더 잘할 것이 없는 사람들일 것이다. 결정에 마지막으로 부여되는 문제는 갈 곳까지 가서 더 이상 갈 곳이 없는 문제다. 문제에 대해 마지막으로 적합한 해결 방법은 해결하는 데 여타 더 좋은 해결 방법이 없는 비교 대상이 없을 정도의 해결 방법이다(March and Olsen, 1986: 47).

해결 방법은 정통이론이 제시하는 필요한 구조를 보충하는 것이 아니다. 우리는 누가 무엇을 위한 당파인가 하는 생각을 거의 하지 않는다; 따라서 해결 방법은 당파적 상호 조정 과정에서 발견되지 않을 것이다. 왜냐하면 지배적 이론은 위 해결 방법 중 어느 하나를 제시할 수 있기 때문이다.

둘째, 만약 시간이나 관심과 같은 희소 자원을 사용하는 데 대해 아주 조그만 가정을 만들 수 있다고 하더라도 관리들 전체인 모집단에 대해 목적과 수단 간 관계가 보

[그림 4-3] 개별 관리의 목적 구조에서 목적의 층; 밑에는 깊은 층, 위에는 낮은 층

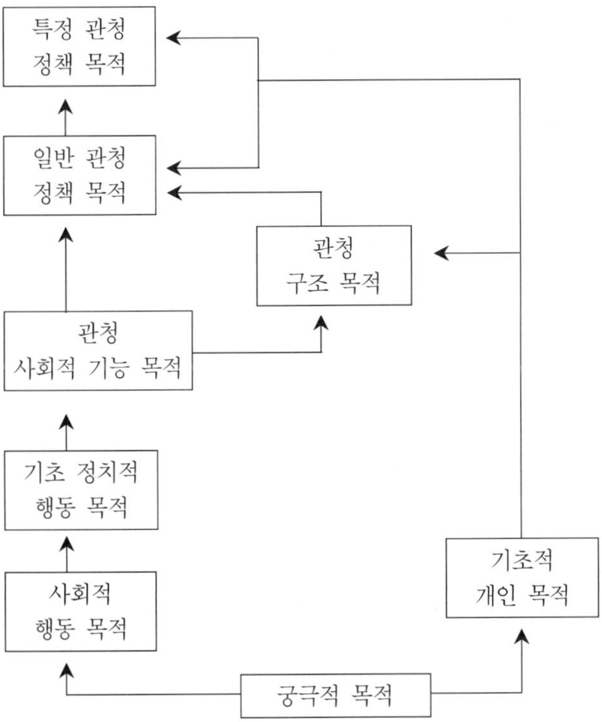

자료: Downs(1967: 86).

이지 않는다. 롱(Long, 1958)과 게임모형의 생태학은 일이 어떻게 될지 그 기미를 잘 보여 주었다.

> 특정한 고속도로 노선은 아마도 관료적인 부처들이 한 공공사업 게임의 결과들일 것이다. 이 공공사업 게임에는 서로 별개인 것 같지만 다음과 같은 게임이 결합된다. 즉 고속도로 건설 목적을 가지고 있고, 중요한 지도층 구경꾼을 모시고 있는 직업적인 고속도로 전문기사들 게임; 부처 관료제; 정치적 자본, 후원자 등등을 위해 고속도로를 이용하기 원하는 서로 경쟁하는 정치가들; 채권, 세금 그리고 부동산에 미치는 고속도로의 영향 등과 관계되는 은행 게임; 머릿기사와 특종과 고속도로가 신문 발행 부수에 미치는 영향에 관심이 있는 신문기자들; 도로를 건설함으로써 돈을 벌기를 열망하는 도급업자들; 고속도로가 교구와 교회의 욕망을 지원하는 도급업자의 재산에 미치는 영향에 관심이 있는 성직자들; 노조 계약에 관심이 있고 자문받을 권리가 인정되는 지역사회 유지로서 지위에 관심이 있는 노조 지도자들; 사회활동에 대한 시정연구회 혹은 상공회의소의 공헌을 정당화해야 하는 시민단체의 지도자들.

각각의 게임은 각각의 결정을 포함하며 이 결정의 합이 고속도로 노선이다. 정통 이론이 주장하는 것처럼 목적과 수단 사이의 관계로 전가하는 것은 결정을 매우 단순화한 것이다. 그렇지만 고속도로 도로망을 당파적 상호 조정의 좋은 예로서 이해하려는 것도 또한 도로망의 복잡성을 과소 평가한 것이다. 왜냐하면 모든 당파가 그들의 목적을 수단들에 조정할 수 있는 단일 결정은 없기 때문이다.

지배적 이론의 타당성

점증주의의 중요한 문제는 그 타당성에 있다. 시행착오 과정이 어느 곳에서나 발생하고 있는 소규모 점증적 변화를 발생시키는가? 대체로 드로(Dror, 1964)가 반대 의견을 주도했다. 드로는 지배적 이론이 정부에서 이루어진 결정에 설명력을 가지는 경우는 기존 정책에 대한 일반적인 만족, 문제 성질의 계속성, 그리고 이용 가능한 수단 사이의 계속성이 있을 때*만*이라고 했다. 그는 다음과 같이 주장했다.

> 간신히 엉성하게 헤쳐나가는(muddling through, 점증) 모형의 타당성에 필수적인 세 가지 조건은 고도의 사회적 안정성이 있는 곳에서 나타날 가능성이 높은 것이다. 안정성 조건 하에서 관행(routine)이 종종 가장 훌륭한 정책이고 변화는 매우 느리며 점증적 정책 변화가 종종 최적이다. 그러나 가장 안정적인 사회라고 할지라도 오늘날 질적으로 매우 중요

> 한 문제의 대다수는 열망 수준, 이슈의 성질, 이용 가능한 행동 수단 등에서 변화의 속도가 빠른데 이 변화와 관계가 깊고 그래서 오늘날 질적으로 매우 중요한 문제들의 대다수는 "간신히 엉성하게 헤쳐나가는" 것과는 다른 정책결정 방법을 필요로 한다(Dror, 1964: 154).

그리고, 드로는 특히 정통이론과 대비할 때 지배적 이론에 본래 내재된 관성을 비판했다; 정통이론은 기존의 관행에서 벗어나도록 예산편성자(budgeteers)를 자극하지만 지배적 이론은 전혀 그 노력을 하지 않는 것을 정당화한다.

좀 더 구체적으로, 사회적 안정을 대신하는 증분(increment)이 있느냐 없느냐 그 여부가 다른 사람들의 관심을 끈다. 이 논쟁은 데이비스, 뎀스터와 윌다브스키(Davis, Dempster, & Wildavsky, 1966)의 발견, 크레사인(Crecine, 1967, 1969), 페노(Fenno, 1966), 샤칸스키(Sharkansky, 1968)의 관련된 발견과 이들로부터 얻은 추론 등을 다루었다. 예를 들면, 워넛(Wanat, 1974)이 매우 유명한데, 높은 통계적 상관 관계가 "지배적 이론이라는 제약을 충족시키도록 생산된 자료 그러나 그 제약 안에서 무작위로 변하는 자료로부터 얻을 수 있음을 보여 주었다(Wanat, 1974: 1222). 점증적 변화가 실제 세출과 예산 요구 자료에서 규칙성을 가지고 나타나는데 규칙성은 반드시 준수되는 것이 아니다. 워넛은 데이비스, 뎀스터와 윌다브스키 모형으로부터 추론될 수 있는 여타 비전략적 변수들[6]로 설명이 된다는 것을 발견했다. 명확하

6) 워넛은 제약을 완화하면 세출의 변화는 거의 무작위적이라고 제시하였다. 그리고 그는 부처의 예산 요구와 의회의 결정에 전략적 점증적 성질이 있다는 것을 의심했다(Wanat, 1974: 1221-1228).

> 예산 가운데 의무적 경비의 증가(mandated increases)만으로도 예산 현상의 상당 부분을 특징짓는 점증주의를 설명한다.……정형적으로 일어나는 것은 부처의 요구는 지난 해보다 다소 더 많다. 왜냐하면 임금 인상, 인플레이션, 보장적 지출(entitlements)의 증가 등과 같은 힘에 의해 예산 증가가 요구되기 때문에, 그리고 또한 부처가 사업을 확대하고 풍부하게 하려고 하기 때문이다. 그래서 어떤 한 해에 대한 부처의 요구가 이전 해의 세출을 초과하는 이유는 명확하다. 입법부는 부처 예산 요구의 의무적 성질을 인지하고 그리고 만약에 부처의 수혜자들과 신뢰가 유지되고 있다면 이런 예산 증가는 존중되어야 한다는 것을 안다. 동시에, 입법부는 새로운 사업을 위한 예산 요구를 삭감할 수 있다는 것을 알고 입법부는 일반적으로 어느 정도 삭감한다. 결국, 의무적 경비에 대한 요구는 삭감되지 않은 채로 그대로 실질적으로 통과되기 때문에 매년 세출은 일반적으로 전 해 세출을 초과한다. 그러나 증가분의 사업 부분은 일반적으로 삭감이 되는 까닭에 그 세출은 요구액보다 적다. 끝으로, 인구 변동, 혹은 경제적 변동이 의무적 경비의 증가 원인이 되며 인구 변동과 경제적 변동은 일반적으로 한 해에서 다음해로 한계적으로 변한다. 그리고 세입 변화가 한 해에서 다음해로 급진적이지 않기 때문에 모든 불균형은 작은 혹은 점증적인 변화를 보인다(Wanat, 1979: 125). [의무적 경비(mandatory expenditure)는 법정 경비, 비재량적 경비로도 번역되며 경직성이 높은 경비다 —역자 주].

게, 세출의 변화는 훨씬 독립적인 결정요인들로부터 초래하는 것이고 전략적 변수들로부터는 덜 초래하는 것이다. 비전략적 변수들은 예를 들면 인구, 경제활동, 사회적 환경 등의 변화다.

점증주의자 전략은 반드시 점증적 결과의 증거로부터 연유한 것인가? 대안적 설명을 살펴보자. 첫째, 점증주의(또는 문제에 대한 어떤 의사결정 모형이든지)는 예산 참여자들이 예산에 대해 통제를 가한다고 사실상 가정한다는 것을 기억하자. 만약 예산 참여자들이 예산을 통제하기를 원한다면 그들은 급진적으로 상이한 방법으로 지출을 할 수 있고, 전통적인 결정과 결별을 할 수도 있다. 그러나 예산 참여자들은 더 넓은 영역에서[7] 예산 권한, 혹은 지출, 혹은 결정 대안에 대해 단지 한정된 통제만 한다.

지배적 이론의 불완전성

결론적으로, 지배적 이론은 재무관리의 기초를 이루고 있는 현상을 설명하지 못한다. 예를 들면, 지배적 이론은 목적들에 대한 이견과 목적을 달성하기 위한 방법들에 대한 이견을 어떻게 이해하는가? 우리가 보아왔듯이, 사회에서 정부의 역할에 대해 실질적인 차이가 있다; 많은 재무이론이 적극적 정부 접근 방법에 따른다; 많은 재무이론은 민영화 접근 방법을 따른다. 재무이론들이 그렇게 근본적으로 다르기 때문에, 그런 근본적으로 상이한 접근 방법이 안정성을 위협할 때, 우리는 지배적 이론의 지적 상호 조정이 지배적 이론이 기대하는 바대로 작동하기를 기대할 수 없다. 또한 지배적 이론은 실질적으로 전략적 결정의 성질을 감소시키는 인구의 변화, 경제적, 그리고 사회적 여건의 변화와 같은 것들의 결정적 효과를 이해하지 못하게 된다. 지배적 이론은 이익 표명에 대한 이론의 힘에 의존하기 때문에 먼저 이익에 대한 기초로서 이런 결정 요인을 이해하고 있다고 가정한다. 그러나 이런 결정 요인들은 예측할 수 없고 지배적 이론이 놀랍게도 간과한 문제다. 사람들이 자신의 이익에 대한 기초가 불확실하고 고도로 불안정할 때 어떻게 자기 자신의 이익을 알 수 있을까?

지배적 이론의 가치는 조직생활의 관리적 혹은 전술적 수준에 있다. 관리자들은 상대적으로 안정적인 결정 요인들에 아마도 의존할지도 모를 이익을 한정적으로 기

---

7) 이 점에 대한 논의에 대해서는 제6장을 참고하시오.

술할 수 있다. 재무문제에서 관리자의 범위는 충분히 제한되어 있어 확실성이 예측에 제일 중요한 요건이 아니다. 그래서 지배적 이론은 관리자들이 생각하고 행동하는 방법을 묘사할 수 있을지도 모른다. 그러나 지배적 이론은 재무관리 체제(조직생활의 제도적 수준)가 전체로서 어떻게 기능하는지 묘사하지 못한다.

정통이론과 지배적 이론 양자는 체제와 기능을 설명하는 이론의 능력이 상당히 부족하다는 한계가 있다. 정통이론을 통해 재무관리자들은 높은 수준의 기술을 개발할 수 있다. 관리적 수준에서, 지배적 이론은 전술적 고려점에 대해 자세한 것을 알 수 있도록 한다. 그러나 전략적, 제도적 혹은 체제 수준은 가치, 행태, 그리고 변화 사이의 관계를 설명하는 데 필요한 기초가 부족하다. 재무관리의 기술적, 관리적 그리고 제도적 수준을 연계시킬 방법을 위해서는 물론 가치, 행태, 그리고 변화 사이의 관계를 설명하는 데 필요한 기초를 위해 이론의 대안적 체제를 다음 장에서 다룰 것이다.

Chapter

05 대안적 이론

재무개혁이 개혁자들이 기대했던 결과를 가져오지 못한 반복된 사례가 많음에도 불구하고, 현재 변화를 시도하는 대부분의 노력은 실패가 주는 지혜를 반영하지 않는다. 재무전략 면에서 추진된 개혁을 포함한 새로운 개혁들(Hildreth, 1989; Wetzler and Petersen, 1985)은 개혁을 추진했던 연합 구성원의 모순적인 신념들을 고려하지 않았거나 혹은 개혁들이 뿌리를 두고 있었던 조직의 신념 체제의 성질을 고려하지 않았다.[1)] 이것이 이 장의 주제다.

정통이론과 지배적 이론 모두는 합리성을 약간 독특하게 달리 다룬다. 필자는 이 개념을 상이한 합리성들의 범위로서 신념 체제들을 보는 관점으로 확대하고자 한다. 또한 필자는 신념 체제 각각을 선택하기 위한 규범을 묘사하고 설정하고자 한다. 이 논증은 재무관리 이론을 위한 새로운 방향을 제공하기 위해 조직구조와 결정모형, 재무담당관 역할, 그리고 과학기술을 묘사하고 있는 다른 연구자들의 최근 연구 노력과도 행동을 같이하는 것이다. 잘 알려진, 그리고 흥미를 같이하는 집단인 현재의 연구자들은 갈등으로부터 조직의 복잡성이 연유한다는 지배적인 개념에 대해서는 더 이상 만족할 수 없지만, 그러나 정통이론과 지배적 이론만이 아니라 다른 변종도 설명

---

1) 이 생각을 이전의 논의와 관련시켜 보면, 재무전략은 다음을 뜻하는 개념들이다. 즉 재무전략은 관리자로 하여금 문양과 추세를 파악하기 위해 거대한 조직환경을 분석하고, 현금을 관리하며, 채무를 현명하게 사용하고, 그리고 부족한 세수 및 수입 재원을 좀 더 생산적으로 사용하는 데 발생할 수 있는 위기를 축소하기 위한 기회를 예측할 수 있도록 관리자에게 도움을 줄 수 있는 통찰력을 획득하도록 하는 것을 의미한다. 재무전략은 모든 조직과 시기에 거쳐 발생하는 불확실성에 대처하는 노력으로 일반화될 수 있다. 전략의 중요한 요소는 환경을 이해하고 그것을 적절히 분류함으로써 관리자로 하여금 어려움과 기회를 사전에 파악할 수 있는 통찰력을 주는 것을 의미한다.

하기에 충분한 사상 체제를 개발하고 있다.

정통이론이나 지배적 이론보다 좀 더 거대한 견해로서, 대안적 이론은 모호성에 내재한 문제에 대한 완전한 해답을 제공한다. 이런 문제들은 일관성 있는 공유 목적(share goals)이 없는 조건 하의 결정과 관계가 있는 것들이다; 업무를 어떻게 해야 되는지 분명한 과학기술이 없는 조건 하의 결정; 참여가 매우 유동적이어서 지도자가 매우 힘든 조건 하의 결정과 관계가 있다.

그런 조건을 정의하는데, 코헨과 마치(Cohen and March, 1986; 1974)는 그것에 "조직화된 무정부 상태(organized anarchy)"라는 이름을 붙였고 미국 대학을 원형으로 사용했는데, 왜냐하면 이들 연구자는 "미국 대학이 무엇을 하는지 모르고 있다고 주장했기 때문이다. 미국 대학의 목적은 모호하거나 혹은 논쟁 중이다. 대학의 과학기술은 잘 알려진 것 같지만 이해하기 힘들다. 대학의 주요 참여자들은 조직을 수시로 들락날락한다"(Cohen and March, 1974: 3). 이들은 이러한 요인들에 의해 미국 대학이 나쁜 조직 혹은 조직이 아닌 조직이 되는 것은 아니라고 지적하는 데까지 밀고나갔지만 그러나 그들은 그것을 "해결해야 할 문제"로 보았다.

이 새로운 견해는 조직에 내재하는 모호성 정도를 범주화하고 그리고 방향과 의미를 제공해야 하는 지도자의 능력에 직접적으로 영향을 미치는 조직구성원들 사이에 있는 조그만 차이들을 범주화한다. 새로운 견해는, 맥락이 다르면 조직에 대해 무엇이 난점이고 무엇이 기회인지에 대한 판단이 매우 가변적이 되기 때문에 환경 자료의 해석도 또한 달라진다고 주장한다. 더 나아가, 모호성은 구조에 대해 특별한 역할을 부여한다(필요로 하기까지 한다). 왜냐하면 구조가 관심을 모아 주기 때문이다. 또한 모호성은 신화, 상징, 그리고 의례에 대해서도 특별한 역할을 부여한다(필요로 하기까지 한다). 왜냐하면 이런 것들이 조직구성원이 무엇을 해야 하는가에 대해 그리고 조직구성원이 그것을 함으로써 조직에 대해, 그리고 조직원과 조직에 대해 의미심장한 애착을 가꿀 수 있기 때문이다.

그 결과로서, 재무관리자들은 결정을 관리하는 데 특별한 책임을 가진다. 그 책임은 조직의 재무문제들과 조직 밖의 재무 여건과 같은 재무 자료를 해석하는 일이며, 그리고 조직이 운영되고 있는 맥락에서 합리적이고 예측 가능한 행동 경로는 물론 은유적 용어들로 정당한 행동 경로를 정당화하는 일이다.

이런 모든 것의 결말은 정통이론 혹은 지배적 이론의 조직이론들, 결정 전략들, 역할들, 과학기술 등과 다른 것이 있음을 시사하는 대안적 합리성이 있다는 것이다. 대안적 합리성에 둘러싸인 사고의 증거를 보이기 위해 정통이론과 지배적 이론으로 제시된 전통적 합리성에 대한 세 종류의 주요 대안적 합리성을 살펴보자(March, 1978).

무엇보다 먼저, *맥락적 합리성*(contextual rationality)이다. 이것은 사람, 문제, 해결 방법 그리고 결정이 서로서로 적실성에 의해서보다는 오히려 상대적으로 임의적인 기회가 발생함으로써 결합되는 경향을 말한다(Long, 1958).

다른 대안적 합리성은 *과정적 합리성*(process rationality)이다. 이것은 명시적 결과는 부차적임을 시사한다. 의사결정이란 오케스트라처럼 조화를 이루는 지적 방법을 통해서만 실제 의미를 가진다(Edelman, 1988; Cohen and March, 1974).

셋째, *사후적 합리성*(posterior rationality)이다. 이것은 행동과 선호를 동일선상에 있는 것으로 본다. 행동이 유발시킨 경험이 의미를 형성하고, 이런 일이 벌어진 후에 경험이 실제적 의미에서 선호를 형성한다(Hirschman, 1967; Weick, 1969).

이 세 종류의 "다른" 합리성은 정통이론과 지배적 이론 양자에 대한 대안적 합리성들이며 이들이 합해져 "모호성이론"을 형성한다.[2)]

이 장에서 필자는 정통이론과 지배적 이론을 묘사하기 위해 사용했던 동일한 틀을 이용해서 모호성이론을 탐구하고자 한다. 다시 한 번 모형은 조직이론, 결정모형, 재무 부서의 역할, 그리고 과학기술을 포함한다. 다음으로 필자는 정통이론과 지배적 이론이 직면한 기초적인 문제들을 해결할 모호성이론의 장점을 살펴볼 것이다. 끝으로 필자는 장의 끝부분에서 연구설계를 제시한다.

제 1 절 개 념

여기에서 필자는 모호성이론이 제시하는 조직이론, 모호성이론에 내재하는 의사결

2) 세 종류의 대안적 합리성은 다섯 종류의 다른 합리성을 합한 것이다(March, 1978). 정통이론의 두 변종은 *계산적 합리성*(calculated rationality)(직접적 목적은 계산을 의미한다)과 *선택적 합리성*(selected rationality)(행동의 규칙은 현행 역할 담당자가 의식적으로 계산한 덕이 아니라 그 규칙과 그 역할이 수행된 사회제도의 생존과 성장 덕으로 이해된다)이다(March, 1978: 593). 그리고 지배적 이론의 두 변종은 *게임 합리성*(game rationality), 혹은 개인들의 당파적 상호 조정과 *적응적 합리성*(adaptive rationality) 혹은 조직 학습이다.

마치의 정통이론의 두 유형인 계산적 합리성과 선택적 합리성은 다음의 두 종류와 관계가 있을 수 있다: 즉 조직구성원이 경험하는 자극-반응에 기초한 합리성과 운명적 문화라는 윌다브스키의 생각에 기초한 합리성이 그것이다.

정모형, 재무담당관의 역할, 그리고 수행될 업무에 적합한 것으로 모호성이론이 처방을 내린 과학기술을 기술한다.[3]

조직이론

모호성이론은 조직을 중첩구조(superimposed structure)로 본다(Weick, 1979: 11). 이런 입장은 개인이 그들 사이에서 일어난 일을 모호한 것으로 인지하고 이런 모호한 일들의 관계을 구조화함으로써 질서를 확립하는 행동을 한다는 사실에서 발전한 것이다(Daft and Weick, 1984). 그 결과는 조직생활이라는 것이 정해진 목적을 달성하기 위해 조성된 일련의 미리 정해진 관계들에 기초한 것이 아니라는 것이다; 이렇게 관계를 정하는 것은 사실을 좇아 발견된 현실에 기초한 것이다. 요약하면, 모호성 조건 하 조직이론이라는 것은 *사후적 합리성*(posterior rationality)이다.

이런 조건 아래 현실의 생성적 성격은 상향적(bottom-up) 현상이다. 조직에서 일어나는 질서 정하기는 개인들 사이의 상호작용 순환에서 비롯된다. 상황 조건적인 반응 문양(pattern)이나 이중 상호작용 순환은 다음과 같은 때 일어난다. 즉 행위자 A가 취한 행동은 행위 B라고 하는 하나의 반응을 불러일으키는데 이 반응은 행위자 A에 의해 대답이 주어진다(Weick, 1979: 89-118).

안정적인 조직은 수많은 이중 상호작용으로 구성되는 연계를 통해 존재하게 된다. 복잡성의 구조(Simon, 1962)는 다음과 같은 상향적 개념으로부터 구성된다. 반조립 부품들(이중 상호작용 순환)이 안정적일 때, 그리고 반조립 부품들 간의 연계가 신축적이거나 혹은 약하고 변경할 수 있게 연계된 때, 조직들은 불확실성에 신축적으로 반응할 가능성이 매우 크다는 개념으로부터 구성된다. 사실, 사이먼의 "텅빈 세상(empty world)" 가설은 소규모의 하위 조직 체제들 안과 그들 사이에서 이루어지는 빈번한 상호작용이 대규모 하위 조직 체제들 혹은 대규모 체제들 사이에서 이루어지는 상호작용보다 더 보편적임을 지적한다.

느슨하게 연결된 체제(loosely coupled systems)라는 용어는 반조립 부품들과 그것들과 다른 반조립 부품들과의 상호작용 빈도 수를 지칭한다. 문헌에서 이 용어를 이전에 사용한 것을 따르면(Glassman, 1973), 웨이크(Weick, 1976: 3-9)는 이런 심

3) 이 절의 자료는 밀러, 라빈과 힐드레스(Miller, Rabin, and Hildreth, 1987)를 수정한 것이다.

상(image)을 전달하기 위해 이 용어를 사용했다. 즉 연결된 조직들이나 혹은 조직의 하위 단위들은 서로서로 반응하지만, 각각은 또한 자신들의 정체성과 그 물리적 혹은 논리적 독립성(separatedness)을 유지한다는 심상을 전달하기 위해 느슨하게 연결된 체제란 용어를 사용했다. 그는 한 교육조직에서 상담실이 교장실과 느슨하게 연결되어 있다는 것을 논증함으로써 이것을 예증했다.

> 그 심상은 이런 것이다. 그 학교의 교장과 상담사는 어느 정도 연결되어 있으나 각각은 정체성과 독립성을 가지고 있다. 각각의 상호 연결은 제한적이고 빈도가 적고 상호 효과면에서도 약하고 별로 중요하지 않고 반응도 느리다(Weick, 1976: 3).

예를 더 들자면, 개혁 지향적인 시정부 조직이 좋은 예다(Petersen, Watt, and Zorn, 1986). 실권을 가진 시 관리인이 있는 이런 유형의 시 조직은 보통 시 관리인실에 예산담당관실이 설치되어 있고, 여기서 해마다 전반적인 운영 예산 정책을 작성하기 위한 설명을 한다. 최고재무담당관(CFO)은 시 관리인실의 예산담당관과 법률적으로 지위가 동일하지만 예산담당관에 반해 순수한 참모 직위다. 이와 마찬가지로, 회계감사 기능은 별개의 참모 부서를 설치함으로써 국고(treasury) 기능과 별개일 수 있으나 규정들과 절차들이 요구하는 재무적 견제와 균형의 정도에 따라 서로 의존적이기도 하다. 어느 경우이든지, 회계감사 기관과 국고 기능 기관은 서로 연결되어 있지만 역할과 과학기술이 상당히 다르다.

느슨하게 연결된 것에 대한 묘사는 우리의 이전 논의, 관심의 분산에 대한 논의와 부분적으로 유사하다. 느슨히 연결되어 있다는 개념은 관심의 분산보다 더 큰 개념이다. 그래서 조직들에서 분산 혹은 관심은 그 개념의 일부일 정도다. 큰 틀(scheme)에서, 느슨하게 연결된 것을 재무관리의 다섯 개 측면에 존재하는 관계에 관한 묘사로서 살펴보자. 첫째, 세입 행정에서 의도는 행동과 느슨하게 연결되어 있다. 예를 들면, 의회가 카터 행정부 때 원유 횡재세(原油橫財稅, oil windfall tax)를 통과시켰는데 이것은 원유가격 관리 해제로부터 원유 회사들이 급상승한 횡재 이익을 보지 못하도록 하는 뜻이었다. 그러나 결과는 소비세였다. 이것이 원유 상품의 소비를 억눌렀다.

둘째, 현금관리에서, 노력과 수익은 느슨하게 연결되어 있다. 시장에 따르면 투자의 위험과 그 수익 간에는 직접적인 관계가 있는 것이 보통이다. 그러나 공공 분야 조직에서는 위험은 어느 경우든지, 설령 수익이 있다고 해도 피해야 한다.

셋째, 채무관리는 지식과 행동을 느슨하게 결부시킨다. 예를 들어, 경쟁 입찰로 시 공채를 발행하면 공개적인 재무제표로 제공되는 기초적인 개별 회계(categorical accounting) 자료에 대한 혹은 그 이상에 대한 지식의 양을 최소화한다. 구매자가 판매자에 대해 알면 알수록 그만큼 더 공채 발행 가격이 정확하다는 생각에 기초하기 때문에, 협상에 의해 시 공채를 발행하면 그것은 방종이라고 생각한다.

넷째, 예산은 정보를 가진 사람들과 결정을 하는 사람들을 매우 느슨하게 연결시킨다. 상향적 예산 요구 과정은 보통 적기에 정확한 예산 요구 추정액을 제공한다. 그러나 고위 결정자들은 거시적 예산 결정을 하는 데 이런 정보들을 무시하는 결정을 할 수도 있다.

끝으로, 회계의 범주화는 통제와 느슨하게 연결되어 있다. 계정을 만들고 그것들을 자세히 돌보는 것은 회계 체제에서 일반적으로 요구하는 집중적인 관심과 주의깊은 조사의 필요와 일치한다. 그러나 계정을 만드는 바로 그 행동에 의해 범주화는 통제를 위험하게 만든 후에 일어나는 사건들을 예측할 수 없을 수도 있다.

재무관리에서 느슨하게 연결된 경우 각각에서 느슨한 연결의 이점을 이용하기 위한 방법이 추구되어야 한다. 당연히, 느슨하게 연결되어 있다는 개념들은, 만약 그것들이 강하게 연결되었다면, 전개되고 있는 사건들에 대해 경직적인 반응들을 틀림없이 했을 것이다.

웨이크(Karl E. Weick)는 느슨함의 엄청난 이점을 다음과 같이 논했다. 첫째, 느슨한 연결로 인해 조직의 여러 부분이 계속 생존할 수 있다. 둘째, 느슨한 연결은 민감한 감지 기제가 될 수도 있다. 셋째, 느슨한 연결은 부분적 적응을 위한 훌륭한 체제일 것이다. 넷째, 요소들의 정체성, 독특성, 독립성이 유지될 수 있는 느슨하게 연결된 체제는 강하게 연결된 체제보다 변화 가능성과 참신한 해결책을 제시할 가능성이 더 클 수 있다. 다섯째, 만약 느슨하게 연결된 체제의 일부분에서 어떤 장애가 있다면 이 장애가 조직의 다른 부분에 미치는 영향을 완화시키고 제거하기 위해 장애를 봉인할 수 있다. 여섯째, 느슨하게 연결된 체제에서는 행위자들이 스스로 결정할 수 있는 여지가 더 많다. 일곱째, 느슨하게 연결된 체제는 사람들을 조정하는 데 시간과 돈이 덜 들기 때문에 운영에 상대적으로 비용이 덜 들 것이다.

느슨한 연결과 독립적인 흐름들

느슨한 연결을 통해 조직관리에서 자유 의지라는 생각을 다룰 수 있지만(필자는 느슨한 연결을 통해 어떤 목적을 달성하기 위해 다른 사람과 상호작용을 한다) 이런 반조립 부품들[이중 상호작용 순환]의 집합체는 무작위의 성질을 많이 가지고 있다.

상호작용 혹은 연결이 발생하느냐 아니냐 그 여부는 전적으로 제약들 혹은 우연들(contingencies)의 가능성을 인지하느냐의 문제이고, "추구되는 해결책의 성질, 환경의 특성, 질문자들의 이전의 경험, 그리고 해결책을 얻기 위해 사용된 방법"의 측면에서 본 해석의 문제다(Daft and Weick, 1984: 284).

해석은 하나의 가장 훌륭한 방법을 발견하는 총체적 접근 방법보다 훨씬 맥락적이다. 모호성이론은 하나의 올바른 해답 같은 것은 없다고 주장한다. 오히려 해답은 결정 기회들과 결정을 하기 원하는 사람들과의 무작위적 상호작용(Cohen, March, and Olsen, 1972)은 물론 해석을 구성하는 여러 변수가 무작위적 상호작용을 통해 얻어진다(Daft and Weick, 1984).

무작위로 인해 구조와 직원이 중요하고 이것들보다 훨씬 덜 중요하지만 시기가 중요하다(Padgett, 1980). 사람, 해결 방법, 결정, 문제 등은 지속적인 흐름 속에서 서로 독립적으로 흐르기 때문에 맥락이 어떤 것이 어떤 것과 상호작용해서—인지된 이슈는 무엇이고, 대체적으로 말하면 정보는 어떤 영향을 미칠 것인가—결정이 이루어지도록 정하게 된다.

느슨하게 연결된 체제들 혹은 조직화된 무정부 상태의 관리(March and Olsen, 1976)는 무엇보다 구조와 사람의 문제다. 미국 주택 및 도시개발성 예산 시뮬레이션을 이용해 파젯(Padgett, 1980)은 행태에 대한 지시가 적고 구조화의 정도가 낮을 때 오랜 역사를 가진 오래된 사업들로부터 역사가 전혀 없는 매우 돌출적이고 새로운 사업들로 관심이 이동하는 결과를 얻을 수 있는데, 이는 분석가가 아는 것이 많을수록 그만큼 정보가 해석에 영향을 적게 미치기 때문이라고 주장했다. 이것에 덧붙여, 새로운 사업에는 전혀 경험이 없는 분석가를 그리고 오래된 사업에는 경험이 있는 분석가를 배정하는 정책을 시행한다면 효과는 더 커질 것이다.

낮은 구조와 무경험은 여러 차이 혹은 갈등을 유발시키는 효과가 또한 있다. 이슈 혹은 해석 모드(modes)가 덜 안정적일수록 그만큼 이견이 많이 생길 것이다. 반면에 이러한 이견과 갈등으로 인해 오로지 한 우두머리가 표준운영절차(SOP)와 정책들을 가지고 조정을 할 필요성이 생기기 때문에, 해결을 위해 이슈는 계층제 위로 이전되어야 한다.

요약하면, 모호성이론으로 조직을 보면 총체주의와 점증주의가 단점이 많다는 관점은 공정한 것이다. 느슨한 연결은 조정을 필요로 하게 되는데, 이 조정은 규정으로 가득 찬 관료제의 중앙통제와 표준화에 의해 결코 달성될 수 없을 것이다. 관리(managing)와 창조(creating)는 총체주의와 점증주의와는 반대인 방향으로 현상을 보아야 한다는 명령을 가진 비선형적인 사고의 예다. 이 명령은 우리가 개체들에게 어울리지 않는다고 보통 생각하는 맥락에 개체들을 위치시킴으로써 개체들의 본래 경향들을 창조적으로 사용하는 데 성공하고 있다.

의사결정 모형

조직화된 무정부 상태에서 결정이란 한 조직 내에 몇 개의 상대적으로 독립적인 "흐름들"의 결과(혹은 해석)다(Cohen and March, 1986: 81). 그래서 결정은 *맥락적 합리성*의 산물이거나 또는 서로에 대한 적합성에 의해서보다는 상대적으로 임의적인 우연한 사건들에 의한 기회(timing)에 의해 사람, 문제, 해결 방법, 결정 등이 결합되는 경향이 있다.

기회의 우발성은 "해석"으로 새로운 사물이나 성질로 나타난다. 올바른 해답 같은 것은 없다. 이미 언급했듯이, 결정 기회와 결정하기를 원하는 사람의 무작위적 상호작용을 통해서는 물론(Cohen et al., 1972), 해석을 형성하는 변수들의 무작위적 상호작용을 통해서도 해답이 이루어진다(Daft and Weick, 1984).

해석은 지도자들의 마음에 떠도는 은유(隱喩)들로부터 생긴다. 코헨과 마치(Cohen and March, 1986)는 대학 거버넌스(governance)를 연구하여 대학 총장의 업무로 대학에 부여될 수 있는 일곱 종류의 가능한 은유들을 발견했다. 이 은유들은 정부조직에도 적용할 수 있다. 그 은유들은 <표 5-1>에 제시되어 있다.

각각의 은유는 의사결정을 위한 관리와 재원 배분의 합리적이고 독립적인 방법을 의미한다. 예를 들면, 무정부 은유는 지도자는 결정 상황에서 우수한 정보를 이용하지만 지엽적인 관심만을 가지고 있는 파당들의 각각의 흐름을 조화시키는 촉매여야 한다는 것을 의미한다. 대학 총장은 "서로 갈등하는 대안들 가운데 결정을 하기보다는 오히려 체제 운영을 이해함으로써 …… 그리고 목적을 달성하는 실행할 수 있는 해결 방법을 창안함으로써 영향력을 획득한다"(Cohen and March, 1974: 39).

시간을 더 주거나, 지위를 재산으로 교환하거나, 반대편의 참여를 촉진하거나, 체제에 관한 부담을 주거나, 문제와 참여자와 해결 방법과 선택 상황이 함께 나타나도록 많은 기회를 마련해 주거나 하는 등의 신중한 관리 형식으로서 섬세한 조정은 의사결정에서 촉매와 같은 중요한 역할을 한다(Cohen and March, 1974: 209-211).

코헨과 마치(Cohen and March, 1986)에 따르면, 조직들은 다양한 은유적 요건이

〈표 5-1〉 거버넌스의 은유들

경쟁 시장 은유 (competitive market metaphor)	정부조직들은 자유시장에 일단의 용역을 공급한다. 용역을 필요로 하는 모든 이는 여러 대안적 공급자 사이에서 선택을 하며 인지된 필요를 가장 잘 충족시키는 공급자를 선정한다.
단체협상 은유 (collective bargaining metaphor)	조직 내 갈등하는 이해집단들을 기본적으로 가정하며, 시민들, 관리자들, 정치가들, 그리고 여러 다른 이해 정파들이 집행을 위한 공식적인 "계약"과 사회적 압력을 사용함으로써, 종종 대표를 통해 협상에 의존함으로써 갈등을 해결한다.
민주적 은유 (democratic metaphor)	조직은 그 구성원과 수혜자들을 선거민으로 생각하는 지역공동체로 볼 수도 있다. 주요 결정은 투표에 의존해서 내려지고 투표는 이런저런 약속에 의해 영향을 받는다.
합의 은유 (consensus metaphor)	합의를 이루기 위해 조직구성원들은 대화나 회의를 포함한 여러 절차에 의존한다. 특히 간여와 참여에 높은 관심과 많은 시간을 가진 사람들이 대화와 회의에 참여한다. 조직구성원들은 시간과 관심 모두 상대적으로 적기 때문에 만장일치가 가능하다.
독립적인 사법부 은유 (independent judiciary metaphor)	권한이 태생, 호선, 계시 등의 상대적으로 자의적인 과정에 의해 현행 지도자들 집단에 수여된다. 이 방법은 "현행 선거민의 단기적 자기 이익과 미래 선거민의 장기적 이익 사이에 실질적 갈등이 있다"는 것을 가정한다(Cohen and March, 1974: 84). 장기적인 이익을 이해하도록 이런 방향으로 만들어진 판결을 선거민이 수락할 것을 확신시키도록 법관을 훈련시키는 것이 가능하다.
국민투표로 이루어진 독재정부 은유 (plebiscitary autocarcy metaphor)	독재자는 그의 성과를 인준하기 위해 국민투표가 소집될 때까지 조직을 위해 모든 결정을 내린다. 독재자는 유권자의 전폭적인 인정 속에서 일을 하고 그렇지 않으면 사임한다. 이루어진 결정은 조직구성원이 이용할 수 있는 시간과 지식에 비해 기술적으로 복잡하고 참여자들 사이에 목적에 대한 이해 편차가 아주 적어서 적은 양의 시간과 상호작용이 그 편차를 줄이는 데 사용된다.
무정부 은유 (anarchy metaphor)	조직구성원들은 자율적인 결정을 한다. 재원은 어떤 과정이 있으면 그것에 따라서 명시적 조정 과정 없이 그러면서도 상위 목적을 명시적으로 참고하여 배분된다. 조직에서 이루어진 결정들은 결과적으로 체제에 의해 이루어진 것이다. 그것은 한 개인의 의도에 의해 이루어지지 않고 한 개인에 의해 결정적으로 통제되지 않는다. 다수의 이런 자율적 결정들은 서로서로 연대해서 만족스러운 상태를 확실히 초래한다는 그런 통계적 성질을 가진다.

출처: Cohen and March(1986: 81-84).

가지고 있다. 대부분의 경우, 그 다양한 차이들(variance)은 조직구성원들이 문제와 해결 방법들의 흐름만이 아니라 결정 상황에 줄 수 있는 관심의 양의 문제다. 어떤 은유를 얼마나 잘 적용하는가 그 적용의 기초가 되는 문양들은 문제, 해결 방법, 참가자, 결정 기회 등의 흐름들이 얼마나 독립적이고, 외생적이고, 빠른가 하는 문제일 것이다.

재무관리의 독특한 문제들에 은유를 적용하려면 이런 전제들을 따라야 한다. 예산들은 다양한 결정구조들을 통한 정보의 동시적인 흐름들을 나타낸다. 예산은 관련된 여러 다양한 해석을 나타내는 적절한 방법으로서 게임의 생태학을 보여 준다(Long, 1958). 예를 들면, 내 문제는 다른 이의 해결 방법일 수도 있다. 어떤 날에 참여자들의 수와 유형으로 표시되는 많은 해결 방법은 문제들을 망칠 수 있다. 더구나, 공식적인 결정이 이루어져야 하는 그 시간, 즉 결정 기회들은 때때로 변할 수 있다.

> 특정한 고속도로 노선은 아마도 관료적인 부처들이 한 공공사업 게임의 결과들일 것이다. 이 공공사업 게임에는 서로 별개인 것 같지만 다음과 같은 게임이 결합된다. 즉 고속도로 건설 목적을 가지고 있고 그리고 중요한 지도층 구경꾼을 가지고 있는 직업적인 고속도로 전문기사들 게임; 부처 관료제; 정치적 자본, 후원자 등등을 위해 고속도로를 이용하기 원하는 서로 경쟁하는 정치가들; 채권, 세금 그리고 부동산에 미치는 고속도로의 영향 등과 관계되는 은행 게임; 머리 기사와 특종과 고속도로가 신문 발행 부수에 미치는 영향에 관심이 있는 신문기자들; 도로를 건설함으로써 돈을 벌기를 열망하는 도급업자들; 고속도로가 교구와 교회의 욕망을 지원하는 도급업자의 재산에 미치는 영향에 관심이 있는 성직자들; 노조 계약에 관심이 있고 자문받을 권리가 인정되는 지역사회 유지로서의 지위에 관심이 있는 노조 지도자들; 사회활동에 대한 시정연구회 혹은 상공회의소의 공헌을 정당화해야 하는 시민단체의 지도자들(Long, 1958: 58).

마치와 올슨(March and Olsen)의 모형은 대안적 이론을 논할 때 꼭 유념해야 하는 두 가지 점을 보여 준다. 첫 번째 유념해야 할 점은 결정의 맥락적 성격과 특히 결정 결과들에서 적시성의 역할이다. 결정은 관념적으로 이루어지는 것이 아니다. 결정은 실제 사람들의 맥락에서 이루어진다. 이 사람들은 정해진 날의 사건들을 해석하고 그때에 얻은 정보를 가지고 그리고 문제를 정의하고 문제 해결 방법을 구조화하기 위해 사용된 은유를 가지고 결과를 결정하는 데 이런 실제 사람들의 맥락에서 결정이 이루어진다.

두 번째 유념해야 할 것은 제도들의 역할과 관계가 있다(Kaufman, 1960; Selznick, 1957). 영속적인 절차와 조직들로 인해 맥락적 의사결정과 연관된 무작위성을 좀 더 쉽게 이해할 수 있다. 제도는 그것이 없었더라면 존재하지 않았을 안전성을 제공한다. 제도는 그 구성원들이 결정을 할 때 되살리는 지속적인 가치와 애착을 또한 집약하고 있다. 가치와 그것과 조화를 이루는 절차를 갖춘 제도는 균형잡힌 영향력을 발휘하며 그 결과 그렇지 않았으면 단편적인 애착과 작업 체제로 남았을 체제에 대한 순응을 얻는 데 도움을 준다.

재무 부서의 역할

재무관리자들이 받아들인 역할은 조직문화가 무엇인가 하는 문제에 기초한다. 그 역할은 필자가 *연속적 논리 전략*(serial logic strategy)이라 부른 *계산적 합리성*(calculated rationality)의 형식이다(Miller, 1989). 모호성이론에 따르면, 지배적인 하위문화가 다르면, 재무담당관과 같은 행정 행위자들에 의해 수행되는 역할도 다르다(Maynard-Moody, Stull, and Mitchell, 1986). 단지 아주 일반성이 높은 수준에서만, 조직들이 공통적으로 공유하는 공공조직의 재무담당관실에 관한 업무 설명서가 있다.

문화는 가치에 의존하고 그리고 가치는 공공조직의 목적을 달성하는 데 무엇이 중요하게 고려되어야 하고 무슨 규범이 지켜져야 하는지를 규정한다. 그러나 가치는 장소가 다르면 다르다. 법률은 관심의 성격은 물론 공공재무 관리자가 어디에 관심을 주어야 하는지를 결정한다. 제도의 구성원들의 배경, 사회화, 그리고 공유한 경험을 통해 발전된 제도적 가치, 즉 맥락 그 자체가 중요한 근원이다(Golembiewski, 1989; Berger and Luckman, 1966).

여기에서는 이러한 가치들의 원천이 탐구된다, 필자는 대안적 이론에서의 맥락적 접근 방법과 정통적 이론 및 지배적 이론이 제시하는 재무담당관의 역할을 대조하는 방법으로서 가치들 사이에 상수들과 변수들을 설정하려 노력한다.

정통이론모형과 지배적 이론 모형은 공공 분야 관리자들이 따라야 할 윤리적 법칙, 특히 책임 법칙을 잘 다룰 수 없다. 사실, 책임 법칙은 공공관리자들에 대한 수탁자 역할을 규정한다. 즉 책임 법칙은 공공관리자들에게, 수탁자 역할에 반대가 되기 때문에, 기회주의를 이용하는 경향이 있는 계획의 사용을 금하는 역할을 규정한다.

그리고 기존 모형들은 전략들에 대한 관리자들의 선호와 조화를 이룰 수 없다. 관리자들이 수행하는 업무 역할에 이용 가능한 수단에 대해 보수적인 견해, 수단들의 적합한 사용에 대해 좁은 견해, 그리고 관리자들의 정책 선택 전반에 영향을 미치는 결정 요인들에 대한 정교한 그러나 현실적인 견해를 가지고 있기 때문에, 전형적으로 관리자들은 엄격한 구성적 해석을 따른다(Miller et al., 1987).

끝으로, 기존 모형들의 견해는 공공관리자들이 가지고 있는 견해와 다르다. 기존 모형들은 위험과 투자에 대한 이익을 동일하다고 보는 경향이 있다. 기존 모형들은 위험과 투자를 서로 직접 관련이 있는 두 전략으로 본다. 위험을 잘 이용하면 위험은 기회가 되어 이익을 가져온다고 본다. 행정이론은 위험의 의미에 대해 위험 감수는 수탁자의 역할에 위배된다는 윤리적 어감을 가지고 있다(Lovrich, 1981).

부처 수준과 개인 수준 연구는 연속적 논리 명제와 일반적으로 일치한다. 즉 선형적 형태든 아니면 비선형적 형태든 신중하게 실현된 전략은 행동계획을 위한 기본적인 출발점이다. 그러나 전략들은 이 출발점에서 나온다. 출발점은 때때로 희미하지만 종종 집단적 노력 구조에 깊이 새겨져 있는 생태적 요인과 문화적 요인들에 의해 결정된다.

총체적(혹은 계층적) 문화는 물론 다원주의적 문화의 기초가 되는 보이는 가치는 모든 문화의 기초가 꼭 되는 것은 아니다(Fischer, 1980). 사실, 문화에 대한 견해는 각각 상당히 다르다. 즉 “기업의 관리자와 직원이 가지고 있는 비공식적 가치, 전통 그리고 행동 규범으로부터 비합리적인(nonrational) 개념이 나온다”(Greiner, 1983: 13).

그라이너(L. E. Greiner)는 버겔만(R. A. Burgelman)과 다음의 의견에 같이할 것이다. 즉, (예를 들어) 구체적인 재무계획은 재무담당관실이 분석을 통해 개발한 조치와 달성할 업적을 위한 선견적인 명쾌한 설명서가 아니다. 그것은 “지나간 조직의 구체적인 업적에 관한 이론을 다소 명확히 표명한 것이다”(Burgelman, 1983: 66). 만약에 계획이 가야 할 장소이거나 준수해야 할 방향이든지, 다시 말해 계획이 행동을 위해 만들어진 설명서가 아니라면, 재무담당관의 역할은 분석가, 정찰대(偵察隊) 혹은 선동가의 그것이 아니다.

더 유용한 하나의 견해는 기획을 내부 의사전달 장치로 보는 것이다(Waterman, 1987). 계획이란 기획 과정을 통해 나타난 정보 이외에 중요한 것이 거의 없다. 기획 과정을 통해 개인들이 이야기를 하고 협상하고, 새로운 조망을 열며, 조직이나 그 구성원들에게 다가오는 잠재적 위기들과 기회들이 나타난다. 재무담당관실의 역할은 기획 과정을 통해 의사 전달이 잘 되게 하고 권한과 내용과 적합성이 잘 정돈되게 하는 데 주의깊은 관심을 기울이는 것이다.

재무담당관의 가장 중요한 역할은 아마 시기를 잘 택하는 것이라 할 수 있다. 즉 조직에 중요한 사건들을 해석하는 힘을 얻기 위해 정말 올바른 시간에 진실로 적합성 있는 이슈에 관심을 모으는 것이다.

다른 방향으로 보면, 재무계획과 그것들을 형성하고 집행하는 데 재무관리자의 역할은 작업 조직구성원들 사이에서 기초적인 합의들－이전에는 이런 합의들이 인정되지 않았을지도 모를 그런 합의들－을 부각해서 선언하는 것이다. 이런 합의들은 대화 혹은 회의들과 같은 단순한 상호작용을 통해 이루어진다. 조직구성원들 각각은 업무관계를 적절히 유지하기 위해 각각 대상과 과정에 부여한 의미들이 다른 조직원들이 부여한 의미와 동일한지 여부를 대화를 통해 혹은 회의에서 확인하기 때문이다 (Gregory, 1983: 364).

기초적인 합의의 선언은 여러 상징적인 방법으로 나타난다. 재무 절차, 재정사업, 예산 등이 그것이다. 이 모든 것은 함께 일하면서 공유한 경험들로서 관례화되고 범주화되어 있다. 다시 말하면, 그런 것들은 조직생활에 깊이 내재해 있는 듯 보이고 문화의 선언처럼 기능한다. 그러므로, 웨이크(Weick, 1985: 383)에 따르면, "계획이 문화를 대신할 수 있는 것보다 문화가 더 효과적으로 계획을 대신할 수 있다."

과학기술

지금까지 필자는 정부 재무관리를 재무관리의 다른 요인들과 느슨하게 연결된 것으로는 물론 조직의 다른 요인들과 느슨하게 연결된 것으로 설명했다. 필자는 또한 의사결정을 재무담당관실의 역할로 기술했고, 재무담당관실의 산출(output)을 무작위적으로 연결된 목적과 수단의 해석으로 설명했다. 필자는 해석의 원천을 재무관리자들에 대한 수탁자적 역할을 창조하는 일련의 가치로 설명했다.

그 결과, 다음과 같이 논증했다. 즉, 조직과 의사결정은 양자 모두 모호성과 싸운다. 재무담당관은 이런 모호성 속에서 그 자신의 업무와 거대한 조직 이슈에 수탁자적 가치를 적용한다. 이것들을 통상 전략적 과학기술이라고 한다. 여기에서는 이런 과학기술들을 확인하고 시험적으로 설명했다.[4)]

4) 권력이라는 맥락에서, 페퍼(Jerry Pfeffer)는 이런 연구 노선이 특별히 유용함을 알았다. "생산적인 연구 과제는 일반적인 (과학기술의) 이용과 그것의 구체적인 예의 묘사와 관계가 있다. 그래서 가설이 개발되고 검증되는 데는 특별한 조건과 상황이 요구된다. 과학기술의 이용과 관계가 있는 조건과 각 과학기술이 결정에 대한 지지를 동원하는 데 그리고 반대를 침묵시키는 데 효과적일 가능성

정부조직 현상이 모호하게 보이기 때문에 목적과 수단에 대한 합의를 얻기 위해 이러한 정부조직 현상을 재해석하게 되는데 재무관리를 하려면 이 경쟁에 관여해야 한다. 즉, 과학기술은 *과정적 합리성*(process rationality)을 반영한다. 필자가 이전에 설명했듯이, 과정적 합리성은 "우리가 결정을 하는 동안 개념의 상징적 내용 속에서 그리고 결정의 절차 속에서 일어나는 우리의 행동 양식"을 말한다(March, 1978: 592). 카터(Carter, 1985)가 과정-합리성 접근 방법이라는 용어를 헌법 제정 맥락에서 사용하듯이 이 접근 방법을 위한 요소들과 틀은 해석주의(interpretivism) 업적에 기초한다.

기본적인 은유는 보통의 수탁자 가치와 관련된 은유로부터 도출된다. 지출 유형을 계정과 거래로 나누는 *범주화*는 회계관리 정보 체제 업무에서의 은유다. 은유란 관심 있는 모든 사람이 기술적(記述的) 단어들과 정의(定義)들에 대해 사용하도록 합의를 본 언어를 말한다. 은유와 언어는 여러 관심 있는 행위자들이 새로운 맥락으로 언어를 확대하고 적절히 응용하는 일련의 의례들(rituals)을 통해 생명이 부여된다. 그리고 이런 의례들은 일상적인 해석 과정을 통해 보완된다. 그것은 마치 관리정보 체제처럼 *사이버네틱 과정*(cybernetic)을 매우 닮은 자기수정 체제임이 틀림없다. 자기수정의 두 가지 방법이 비교와 정보의 근원을 형성하는 *네트워크*(networks: 규칙의 해석 범위)와 *예측*(forecasting: 규칙에 의해 예측한 조건으로부터 벗어난 정도) 과정에 있다. 따라서 모호성이론이 시사하듯이, 재무관리의 과학기술은 의미 창조에서 비롯된 방법들을 필요로 한다. 사실, 은유가 있고, 네트워크에 의해 개발되고 지도되는 언어가 그 은유 주위에 나타난다. 의례들을 통해 언어들이 퍼지고, 그리고 언어가 성공적으로 퍼질 때 언어는 사이버네틱 체제인 해석 체제가 된다. 왜냐하면 언어는 내부적으로 그리고 논리적으로 일관성이 있고 그래서 자기수정적이기 때문이다.

대안적 이론과 정통 및 지배적 이론 문제의 해결

위의 세 가지 종류의 이론을 비교하는 것은 관심의 분산과 불확실성이란 두 가지

이 높은 상황과 관련해서 가설이 개발되고 검증될 수 있다. 현재로는, 상징적 행동과 정치적 언어 형식의 경험적 비교 연구는 없다. 그러나 이런 비교 연구는 조직의 정치에서 정치적 언어가 사용되는 것을 좀 더 잘 이해하기 위해 틀림없이 실현 가능하고 필요하다"(Pfeffer, 1981: 211).

종류의 문제가 어떻게 다루어지는지 비교해서 검토하는 데 있다. 첫째, 관심의 분산 문제는 정통이론으로서는 예상하지 못한 문제로, 규칙이나 권력에도 불구하고 한 조직에 한 개 이상의 선호가 존재하는 것이다. 조직에서 분화는 직접적으로 규모와 관계가 있고 그리고 정통이론이 분화를 다루기는 하는데, 정통이론은 분화를 조직 성장[5]의 결과로서 예측하지 않는다.

지배적 이론은 *게임 합리성*(game rationality)을 통해 관심의 분산 문제를 해결한다. 게임 합리성은 여러 이해 당사자 가운데 어느 하나의 변화도 *없이*, 파당적 상호조정 혹은 연합 형성, 목적에 대한 순차적 관심, 혹은 상호 이익의 개발 등을 통해 조정이 이루어진 다중 이익(multiple interests)을 말한다.

그러나 알려진 선호가 조직에서 행동을 촉진시킨다는 생각이 여전히 있다. 선호는 개인의 성질이고 조직 성장을 통해 발생한 관심의 분산은 지배적 이론이 주장하듯이 조정될 수 있고 혹은 융합될 수 있다.

알려진 선호 조건 외에, 모호성이론은 알려지지 않은 선호 조건을 가정한다. 따라서 모호성이론은 정통이론 및 지배적 이론에 의해 예견된 조건만 아니라 변화의 모든 범위를 묘사하는 데 필요한 조건까지 예견할 수 있다.

정통이론에서 예견하지 못한 두 번째 문제는 확실성 가정이다. 확실성은 조직환경과 과학기술의 특별한 경우이고 위험와 불확실성이 [보편적이고] 지배적인 경우다. 규모가 조직 내부의 다양성을 통제하는 힘이기는 하지만 환경의 다양한 요소와 다양한 과학기술 역시 불확실성을 조장하는 힘이다. 정통이론에서는 여러 다른 조직과 같은 다양하고 상이한 힘과 억제하는 힘이 조직에 영향을 미치지 않으며, 그리고 과학기술 발전의 한 형태로의 시간도 조직에 영향을 미치지 않는다.

지배적 이론에서는 불확실성의 문제가 제한된 합리성을 통해 해결된다. 지배적 이론에 따르면, 단순한 탐색 규칙, 점증주의, 조직의 여유(slack)와 같은 방법을 통해 불확실성은 통제될 수 있다.

이와 대조적으로, 모호성이론은 불확실성에 주의를 집중한다. 이 이론은, 특별한 경우가 아니라 흔하디 흔한 경우 혹은 아주 희소한 경우 등 불확실성의 여러 경우에 기초해서 형성되었다.

정통이론, 지배적 이론 그리고 대안적 이론을 비교할 때 이론에 의해 묘사되는 현

---

5) 메이어(Meyer, 1971)가 보여 주었듯이, 조직 규모를 증대시키고 통제의 범위를 일정하게 유지하면 수평적 분화와 수직적 분화가 논리적으로 더 증대한다.

상의 범위가 포괄적이어야 한다는 기준을 세우는 경향이 있다. 이 기준에 따르면, 정통이론은 가장 좁게 포괄적이고, 그리고 대안적 이론은 가장 넓게 포괄적이고 지배적 이론은 그 중간 어디에 위치한다.

이론 비교의 또 다른 방법은—특히 포괄성이 높은 대안 이론과 지배적 이론을 비교하는 방법은—각 이론이 동일 현상을 설명하는 데 이용되는 간결성(parsimony)과 개연성(plausibility)이다. 첫 번째 경쟁은 쇄신이 어떻게 일어나는가를 설명하기 위해 존재한다. 지배적 이론은 선호의 불일치를 일으키는 경향이 있는데 이 불일치 속에서 경쟁은 가장 적합한 생존자(선택된 합리성), 가장 강력한 생존자(게임 합리성), 현재 경로에 가장 만족스러운 대안(제한된 합리성), 혹은 가장 경험을 많이 한 행동경로(적응적 합리성) 등을 낳는다. 쇄신을 이해하기 위한 열쇠는 경쟁의 규모다. 즉 경쟁자가 많은수록, 경쟁이 클수록, 경쟁은 더 좋다. 쇄신을 맞이하는 데서 비롯되는 위험은 경쟁자 조건의 하나다.

선호가 없다(no-preference)는 가정을 전제하면, "모호성이론은 쇄신을 사람들, 문제들, 해결 방법들, 결정들에 대한 명백한 경향에 의해 설명한다. 이때 경향은 인간들, 문제들, 해결 방법들, 결정들이 서로에 대해 *자명할 정도*로 적실성이 있어서라기보다 상대적인 무작위성에 의해 나타남으로써 서로 결합된다"(March, 1978: 592). 목적 수단들이 독립적인 흐름에서 작용하기 때문에, 우리가 욕망하는 어떤 것만 볼 수 있다는, 그리고 동시에 그 욕망을 충족시킬 어떤 것만 볼 수 있다는 사실은 소용돌이 모양으로 엉킨다(맥락적 실제: contextual reality). 전자[목적]가 후자[수단]를 초래하지 않는다; 사실, 후자를 보면 전자가 초점에 들어온다(사후적 합리성). 더 나아가, 선호가 존재하지 않기 때문에, 의사결정 과정이 지속적이고 집약적이고 목적 지향적이라면, 의사결정 과정 자체가 아마도 하나의 목적일 수 있다(과정적 합리성).

모호성이론에서는 쇄신을 의외의 방법으로 연결된 생각으로 설명하는 것이 가능하다. 의외성은 사람들이 회고할 때 문양이 발전하는 것을 "상상하는" 예술적 수완뿐만 아니라 수많은 것을 흐름 속에서 포착하는 데에도 의존한다.

지배적 이론과의 주요 차이는 모호성이론이 간결하다는 것이다. 결과적으로, 어떠한 관념도 지배적인 이론이 그러했듯이 논쟁이 그치지 않는다. 모든 관념은 흐름의 한가운데 있는 의외의 방법으로 관념을 짝짓는 무작위 과정을 통해 다시 이용된다.

제 2 절 모호성이론 연구: 이 책의 연구설계

이전에 우리가 말했듯이 과정적 합리성은 "우리가 결정을 하는 동안 개념의 상징적 내용 속에서 그리고 결정의 절차 속에서 일어나는 우리의 행동 양식"을 말한다. (March, 1978: 592). 과정적 합리성 접근 방법을 위한 요소들과 분석틀은 해석주의자 카터(Carter, 1985)의 업적에 기초해서 구축되고 우리가 이 책의 나머지에서 탐구하는 모형을 형성한다.

카터의 모형은 *범주화*(categorization)를 통한 보통의 수탁적 가치를 가진 사람들에 의해 도출된 기본적 은유를 포함한다는 것을 회상하자. 은유는 모든 관계자들이 사용에 동의한 *언어*(language: 단어들과 정의들)를 나타낸다. 은유나 언어는 의례(rituals)를 통해, 특히 수여 의례를 통해 생명을 부여받는다. 행위자들은 의례를 통해 기존의 맥락에서 낡은 단어들과 절차에 새로운 용도를 부여하기 때문이다. 또한 이런 의례들은 해석의 자기수정 체제를 형성하는 데 도움이 된다. 자기수정에 다른 두 개의 방법이 있다. 한 방법은 비교와 정보의 근원을 형성하는 *네트워크*(networks: 규칙의 해석의 범위)에 있다. 또 다른 한 방법은 *예측*(forecasting: 규칙으로 예견한 조건에서 벗어난 정도)의 과정에 있다.

따라서 모호성이론은 의미의 창조를 포함하고 있다. 사실, 은유가 있어서 이 은유로부터 네트워크에 의해 개발되고 지도되는 언어가 생성된다. 언어는 의례를 통해 드러나며, 논리적이고 자기수정적인 해석 체제를 창조하고 발전시키는 데 도움을 준다.

범주화

조직구성원들의 마음에 "조직의 일하는 방법"을 깊숙이 내면화시키는 공유된 의미와 이해는 기초적이고 민감한 방법으로 사고를 지배하는 은유에서 나온다. 재무담당관들에게 이 기초적인 은유는 모든 재정적 거래가 정의에 의해 서로 일치하는 범주들의 집합이다. 이들 범주는 우선순위(자금은 다른 일이 아니라 이 일을 위해 사용할 수 있다), 시기(이 세출은 이번 회계연도 것이고 다른 회계연도 것이 아니다), 그리고 부처(이 지출은 다른 계정이 아니라 이 계정에서 부담을 한다) 등에 대한 정의를 나타낸다.

조직이 변화된 후에도 은유는 오랫동안 이들 정의에 대해 기초가 된다. 연구가 아니 된 가설이 묘사하듯이 한 조직구조가 변경된 후에도 오랫동안 회계 규정집은 기능적으로 계속 존속된다. 재무에 대한 의미를 기초적으로 안내하는 안내자로서 은유는 회계 용어들에 대한 시각이 다르면 지속적으로 재해석되고, 감사 때마다 범람하는 의미에 따라 지속적으로 재해석된다.

언어

은유로부터 언어는 공유한 의미에 대한 조직의 이해를 전달하도록 발전한다. 사용된 단어와 사용되지 않은 단어들의 선정에서, 이들 단어의 정의에서, 그리고 단어들과 정의들을 연결하는 맥락에서 이 언어는 은유가 실제적으로 그린 것을 중요한 것으로 표현한다.

만약 언어가 기초적 가치들을 표현하면 언어에 의해 그 가치들은 정당하게 된다. 어떤 의미를 강조하는 것은 그 의미에 가치를 부여하는 것이다. 어떤 중요한 행위와 기초적 가치를 연결하는 것은 행동을 정당화하는 것이고, 그 가치에 대한 책무(commitment)를 나타내는 것이다.

재무관리에서 수탁자적 역할에 대해 이해하게 되면 어떤 한 언어를 창조하게 되는데, 그 언어는 특히 현금관리에서 보호자 역할 담당자(conservatorship)에게 매우 중요하고(Wildavsky, 1964), 위험 회피에 매우 중요하다(ACIR, 1961).

의례

의례(ritual)들은 확실성을 보여 주는 데 도움이 된다. 그리고 의미있는 행사로서 의례들을 반복하면 조직에 대한 애착이 생긴다. 예를 들면, 매년 의회에서 개최되는 예산 청문회는 조직생활에 항상 활동하는 것과 같은 영업 중인 분위기를 만든다. 또한 청문회는 나중에 포함된 사업들을 변호하도록 하는 경향이 있으며, 그 사업 예산에 대한 애착을 조성하는 경향이 있다.

의례들은 또한 변화를 위한 계속적인 예식이기도 하다. 예산개혁은 과거의 행정과 특히 과거의 예산 체제는 더 이상 의사결정을 하기 위한 정당한 것으로 볼 수 없다는 "수여 의례(investiture ritual)"의 지위를 얻는다. 그래서 예산개혁은 의사결정을 새로운 방법으로 해도 좋다는 것을 인정하는 수여 의례이고, 종종 간접적으로 중요한 기술을 가지고 있는 사람을 인정하는 수여 의례다(Schick, 1966; Walker, 1986; Mosher, 1984, 1979).

네트워크

의미의 창조는 세계관을 지배하는 사람들의 영역이다. 이들 혹은 이들 집단을 *지배연합*(ruling coalition)이라고 종종 부른다. 정치적 용어로, 이 연합은 다음을 통해 권력을 유지한다. 지배연합은 부수적인 보수를 제공하는 여러 시도를 통해(Cyert and March, 1963), 중요한 구성원들과 서로의 연락을 취하거나 혹은 중요한 구성원을 대표하는 역할을 통해(Bachrach and Lawler, 1980: 105-140), 그리고 권위적인 지식을 통해 권력을 유지한다(Cartwright, 1959; French and Raven, 1959). 권위적 지식은 업무를 처리하는 과정에 중심적 위치를 차지하고 전문성에 입각한 것이기 때문에(Hinings et al., 1974) 그것을 통해 권력을 유지할 수 있다.

네트워크는 해석을 지배한다. 네트워크가 재원에 대한 접근을 허용하는 재량성을 가지고 있기 때문이다. 네트워크는 재원을 지배하기 때문에 그 구성원들이 부수적인 보수를 얻을 수 있도록 하거나, 혹은 이것이 더 가능성이 높은데, 네트워크 구성원들이 지식과 중심성을 획득하고 지배할 수 있도록 한다. 이렇게 해서 네트워크 구성원들이 외부 사건들을 해석하는 데 조직에서 필수적이 되도록 한다. 조직 간 힘들로 이루어지는 네트워크는 모호한 환경에 대해 좀 더 편안한 해석을 제공해 주며 네트워크 구성원이 그들이 환경을 지배하고 있다고 느끼도록 돕는다.

네트워크는 현실의 사회적 구성(social construction of reality)을 가정한다. 네트워크를 구성하는 구성원은 그들을 그렇게 기능하도록 돕는 공통의 세계관을 조성하는 경향이 있다. 예를 들면, 장기 재정계획을 위해 조성된 네트워크는 특정 재원 조달 시장을 해석하는, 계획(project)과 재원 조달에 사용되는 절차에 적합한 법률을 해석하는, 그리고 계획을 지원하기에 충분한 조직 자원을 해석하는 독특한 방법을 고안하는 경향이 있다.

사이버네틱스

네트워크의 기능이 해석을 제공하는 것이기 때문에, 사용된 체제는 해석 과정이 자기수정적인 것처럼 만들어진 체제다. 그래서 다음과 같은 기능 때문에 여러 사이버 체제가 알려져 있다. 그 기능에는 조기경보(연방 수준에서 재무성, 관리예산처 등의 트로이카(Troika)와 같은 예측 체제), 조정활동(정부간 체제에서 활용되었던 이전의 “A-95” 체제의 역할), 오류 적발(재무관리 정보 체제) 등이 있다.

1) 수여 의례와 예산개혁

첫째, 필자는 예산이란 정부조직 안으로 사회적 체제를 결합시키는 접착제의 일부라는 생각을 가지고 있다. 예산개혁(이 장에서 사례연구로 캔자스 주 균형 기준 예산을 사용한 것 같은 예산개혁)은 필자가 살펴보았듯이, 연속성은 물론 변화를 알리는 고도로 의례화된 기술이다. 민족지학적(ethnographic) 방법을 사용해서, 필자는 개혁을 통해 예산 운영에서 새로운 강조를 얻기 위한 중요한 노력을 살펴보겠다.

2) 언어와 현금관리

대부분의 관찰자들은 공공 부문의 관리자들이 금융시장(financial market)에서 보상이 아주 많을 것 같을 때에도 왜 위험에 대해 호/불호 관계를 가지는 데에 대해 의아해한다. 필자는 다음 장에서 전체 재무관리 체제를 대신해 현금관리에서 위험 감수 여지를 검토한다. 필자는 위험관(危險觀)이 널리 퍼져 있다는 생각을 검증하고 그리고 또한 관리자들에 의해 지지된 투자의 여러 목적을 설정하려고 노력해서 이들 투자의 목적이 서로 독립적인지 여부를 결정하고자 한다.

3) 네트워크와 장기적 재원 조달

다음 장에서 필자는 공공 부문이나 민간 부문에서 보이는 가장 혁신적인 재무 거래에 보수적인 공무원들이 참여하는 이유를 고찰한다. 필자는 채권시장의 불확실성을 다루는 데 자본자산 재원 조달에 관계하는 당사자들이 유인과 존경의 정치경제 체제를 조성하고 결국 그 거래에 관여하는 모든 당사자가 안온함을 느끼는 현실을 사회적으로 구성한다고 결론을 내린다. 경제학의 “거미집 정리”를 사용해서 필자는 경쟁이 위험 회피에 성공을 보장하지 못하는 이유를 논리적으로 설명하고자 한다. 필자는 재원 조달 팀의 구성원이 아니라 재원 조달 기법이 좀 더 훌륭한 대처 방법이 된다는 것을 보이려고 시도한다.

4) 사이버네틱스와 관리정보 체제

제6장에서 필자는 본래적으로 통제 지향적인 체제가 아니라 현실의 사회적 구성의 수단으로서 존재하는 재무정보 체제를 고찰한다. 재무정보 체제를 고안한 사람은 속으로 하나의 모형을 가지고 있다. A-95의 경우에 그 모형은 미국 관리예산처(OMB)의 것이다. 필자는 모호성의 조건 하에서 좀 더 훌륭한 혁신은 좀 더 덜 집권화된 지시의 결과라는 파젯(Padgett, 1980)의 주장을 재검증한다.

5) 예측과 세입

마지막 장에서 필자는 경제 자료와 세입 자료를 예측하는 데 역할하는 현실의 여러 견해를 고찰한다. 필자는 트로이카가 만든, 즉 미국 관리예산처, 경제자문위원회(CEA) 그리고 재무성이 작성한 연방 예측 노력을 고찰한다. 이 세 기관 사이의 투쟁은 필자가 발견한 사회적 구성의 미완성과 실패가 참여자들의 순차적 관심을 통해 구성된다는 것을 보여 준다. 즉 사회적 구성 과정의 구조가 결과에 영향을 미친다.

Chapter

06 집행부 예산 운영은 기호, 상징, 그리고 의례를 통해 정당성을 입증한다

이 장에서 필자는 예산이론을 기술하고, 단지 하나만이 필자가 이론에 필수적인 것으로 채택한 요건을 만족한다는 것을 논증한다. 그런 이론으로 필자는 세 가지 질문을 할 것이다. 즉 정부예산은 경제와 관련해서 무슨 역할을 하는가? 정부 조치는 무슨 원칙에 책임을 져야 하는가? 그리고 예산행위자들은 어떻게 결정을 하는가?

과거에, 이들 질문에 대한 대답들은 그 시대에 존재했던 지배적인 정치연합이 취했던 재정문제에 대한 입장을 반영하는 것이었다. 그 때문에 예산이론은 규범적이었고 실제의 행동을 기술하기보다는 정치연합의 입장을 전통적으로 정교화하는 경향이 있었다.

필자는 문헌을 조사하고 그것을 규범적, 기술적/실증적, 그리고 해석적 차원으로 구분한다. 경제적 문제와 책임성 문제에 대해, 제2장에 기술한 관심이 구체적인 견해이므로 여기서는 약술한다. 의사결정 문제에 대해, 분석가들이 사용하는 방법이 실제적인가 혹은 적합한가에 따라서 분석가들은 구분된다. 필자는 다음 절들에서 3개 분야 전부에 대해 의견을 검토한다.

제 1 절 경제적 질문들

예산의 경제적 역할에 대한 논증의 경우에, 시장 지지자들과 적극적 정부 지지자들 모두 각각의 입장을 가지고 있다. (1) 시장 지지자들의 입장이다. 정부 예산 과정은 *자유시장*(free market)의 특별한 경우처럼 행동할 것이다. 자유시장이 투표 규칙과 분석적 절차를 통해 부담의 형평성 있는 배정은 물론 공공재의 적정 양과 배분까지 해준다고 본다. (2) 적극적 정부 지지자들의 견해다. 정부 관리들이 거시경제를 촉진 혹은 안정시키는 재정정책을 합리적으로 사용함으로써 전체로서 경제를 관리할 것이다. 이런 견해 차이를 해소하는 방법은 경제에서 정부의 적정한 역할을 어떻게 정의하느냐에 달려 있다.

제 2 절 책임성 질문들

책임성 이슈가 신념의 문제로 제기되고 있다. 즉 정부 조치는 어떤 원칙에 책임을 져야 하는가? 정부 조치는 시장 지지자와 정부 지지자들이 주장하듯이 외부 고객들에게 책임을 져야 하는가? 아니면 분석가들이 주장하듯이 내부 통제와 능률의 원칙에 책임을 져야 하는가? 책임성 이슈는 마치 도구, 절차, 기술 등이 그 자체를 목적으로 보는 것과 동일한 방법으로 사실의 문제보다 신념의 문제로 제기되고 있다. 예산의 목적에 대한 분석적 견해로서 제기된 자유시장 대 정부 관리와는 대조적으로, 책임성 토론은 모르슈타인 마르크스(Morstein-Marx, 1957: Ch 3)가 말했듯이 순수하고 단순한 수단에 대해 이루어졌다.

〈표 6-1〉 예산이론들의 예산에 대한 견해

예산에 대한 견해		쉬크	왈도
수단	-외부 이해 당사자에게 책임을 지기 위한 장치로서 예산	통제	폭로 기사 쓰는 사람
	-성과와 능률과 같은 책임 원칙에 책임을 지는 장치로서 예산	관리	관청운동(bureau movement)
목적	-거시경제적 목적과 사회적 목적을 기획하고 달성하는 수단으로서 예산	기획	적극적 정부운동
	-공공재의 배분과 부담을 위한 시장의 규칙으로서 예산	-	기업 이해 당사자

출처: Schick(1966); Waldo(1948).

예산이론이 책임성에 대한 매혹에 빠졌다고 기술하기 위해 목적보다 수단에 관심을 잘못 두었다고 급하게 토론을 그만둘 수 없다. 예산개혁에 대한 연구를 통해 볼 때, 예산이론의 발전은 학습곡선과 비슷하다. 예산이론의 발전에 대한 쉬크(Schick, 1966)의 견해를 따른다면, 우리는 목적-수단 논쟁이 어떻게 진행되어 왔나를 보기 위해 <표 6-1>을 참고할 수 있다.

제 3 절 의사결정 질문

행정학에서 예산이론을 형성하려고 노력하는 사람들은 최근에 예산을 의사결정이론에 짜맞추는 데 많은 시간을 투자했다. 정통이론의 입장에서 많은 원칙적 논증이 처음에는 목적에 다음에는 수단 입장에 대해 이루어졌고 이것들은 합리성에 대한 개인 수준의 분석에 기초했다. 다른 것 가운데 지배적 이론에 입각한 논증은 목적이 수단에 적응하는 합리성에 대한 다원적 이해관계자 모형(plural interests model)에 대해 이루어졌다.

목적-수단 논쟁에는 목적과 수단이 서로 관계되는 방법에 대해 무작위성을 논증하는 당파들이 있다(Cohen and March, 1986).

목적 → 수단 혹은 목적 ← 수단

인과관계의 화살 방향이 논증을 예증하기 위해 어느 이야기가 선택되어야 하는가의 문제 이상이다. 그 화살 방향의 문제는 영화가 어떠한가 하는 객관적 현실이라 불리는 어떤 것에 의존하기보다는 오히려 어떤 관점을 예증하기 위해 영화 비평가가 영화를 정지시키기 위해 선정한 어떤 틀에 있을 가능성이 더 크다. 즉 방향의 선택은 사건 그 자체보다 사건의 구성에 더 의존한다.

이런 관점은 일반적으로 사회과학에 관한 해석이론가들 사이에 논의되고 있는 생성적 논증을 따른 것이다. 무엇보다, 사건들은 정말로 모호하다; 현실은 주관적으로 관찰되고 우리가 말하는 대로다. 둘째, 현실을 바라보는 데 명확성을 제공하려고 만들어졌다고 생각되는 조직은 조직구성원과 조직의 생존 가능성에 도움이 되어야 한다는 이유에서 느슨하게 연결된 부분들로 구성되는 경향이 있다. 셋째, 사회과학은 현상 기술의 진실은 현상 자체에 있듯이 과학자의 마음에도 있다는 생각에 근거한다. 넷째, 모호성은 자주 사후에 해소된다. 모호성은 사건이나 현상의 사후적 견해를 따라서, 조직의 느슨하게 연결된 요소들의 상호작용을 통해 사후에 해소된다. 이때 상호작용은 이미 정해진 결정 기회 속에서 이루어지지만 결정 기회에서 참여는 무작위적인 상황이다.

다음의 3개 절에서 필자는 공공 재무관리 이론에서 예산 운영(budgeting)을 설명하기 위해 서로 경쟁하는 세 가지 접근 방법을 고찰한다. 첫째, 선견지명이 있고 의도적으로 합리적이라고 가정하는 접근 방법에 의해 규범적 예산이론(normative budget theory)이라는 행동이 만들어졌다. 둘째, 다른 접근 방법은 행동이 외재적으로 제한을 받거나 혹은 상황에 따라 통제를 받는다는 생각에 기초했다(기술적 예산이론). 셋째, 마지막 접근 방법은 예산 결정을 대부분 무작위적이고 생성 과정으로 보는 견해다. 이것은 해석적 예산이론이 된다.

제 4 절 규범적 예산이론

개혁 초기부터 현재까지 예산 운영 문헌들은 정부 부처 내는 물론이고 정부 부처들 사이에 그리고 입법부, 행정부 등 통치기관 사이에까지 발생해야 하는 것에 대한 규범적 모형을 정교화했다. 여기에서, 필자는 이 모형을 간단히 검토한다. 이 모형이 시정 개혁운동, 주정부 조직개편운동, 그리고 연방정부의 집행부 제출 예산제도운동에서 취했던 형식들로 살펴본다.

시정 개혁운동

1890년부터 1920년까지 개혁 시기에 대한 전통적인 역사는 일반적으로 반동의 그림을 그렸다고 말해도 좋을 것이다. 분절된 구조에서 직책을 맡아 유권자의 요구를 처리해 주고, 자신과 친구들의 주머니를 부정한 방법으로 불리며 중산층과 조상 대대로 돈이 있는 귀족층이 손해 본 것에 세금과 세출을 쏟아붓는 정치집단의 후보자(machine candidates) 집단을 위한 긴 투표용지에 이주자들이 투표를 하는 상황에 개혁가들은 반발했다(예를 들면, Hofstader, 1955; Schiesl, 1977; Adrian, 1987).[1)]

반발에서 촉발된 반응은 다른 종류의 정치구조에서 찾아볼 수 있는 대의를 요구한 것이다. 정당 투쟁의 양 당사자에 터한 단순한 정치적 연합이 아닌 순수한 정치공동체가 이룩되었다(MacDonald, 1988: 707). 특히 라이베리와 샤칸스키(Lineberry and Sharkansky, 1971: 73)에 따르면, 개혁은 다음과 같았다:

1. 개혁은 공공 정책결정에, 특히 정당과 조직화된 이익집단들에 도달하는 수단으로서 "정치"에 대해 혐오했다.
2. 개혁은 전체로서 "공동체"의 단일한 이익이 존재하고 "특수한 이익"은 확실히 이에 복종해야 한다는 믿음인 공동체에 대한 전체적인(holistic) 개념을 가지고 있었다.
3. 개혁은 공동체의 일을 전문적으로 관리하는 전문적 관리에 대해 강한 선호를 가지고 있었다. 이것은 시 관리인과 같은 기술적 전문가에 의해 공공 정책결정이 이루어져야 한다는 선호를 나타낸다.
4. 개혁은 구조적 개혁의 능률성에 대해 강한 신뢰를 가지고 있었다.

정파성 문제의 뿌리에 그 당시 시정부 행정구역 선거 체제가 있었다. 지역의 구분을 통해, 정치집단의 후보들은 대개 동일 국가에서 온 동질적인 이주자들로 이루어진 새로운 이주자 거주지역을 직접 개발하고 이용할 수 있었다. 그래서 정치집단의 정치꾼들(machine politicians)은 행정구역에 일괄해서 후보자들을 낼 수 있었고 후보자로서 경쟁해야 할 두려움 없이 후보들을 입후보시켰다(Adrian, 1987).

개혁가들은 문제를 정면으로 다루었다. 그들은 비정파적인 선거를 통해 충원되는 무임소 정치직을 제안했다. 개혁은 바람직한 결과, 즉 참여의 극적인 감소를 가져왔다(Lineberry and Fowler, 1967).

개혁은 또한 집행 권한이 막강한 시장 형식으로 권력의 중앙집권화를 제안했다. 이런 권한에는 시의 부서를 운영하는 데 가장 자격이 있는 숙련가와 전문가를 정치적 임명과 실적 체제를 통해 임명하는 권능도 포함되었다. 각 부서에 배정된 전문가는 정통 관리, 좁은 통솔 범위, 명령 통일 등의 원리를 통해 조정되곤 했다. 시정부의

1) ['machine'을 정치집단이라고 번역했다. 본래 machine은 우두머리 1인 혹은 소수가 지배하는 고도로 조직화된 정치집단을 말한다.—역자 주].

업무는 예산에 의해 재원이 지원되곤 했는데 이 예산에는 전문가들이 결정한 대로 부서의 여러 필요가 제시되었고, 부서의 필요가 시장과 무임소로 선출된 시의원들로 구성된 시의회에 의해 검토되었다. 이러한 결과로 구성된 책임이 무거운 집행부는 절약과 능률에 기초한 책임을 유권자들에게 지게 되었다(Schiesl, 1977; Adrian, 1987).

요약하면, 시정 개혁모형은 오늘날 가장 명확한 규범적 모형이다. 이 모형은 전체로서 공동체의 이익을 대표하기 위해 선출된 무임소 지도자들과 더불어 집행 권한을 가진 강력한 시장이 전문가들로 충원된 행정을 이끌고, 시의 업무에 예산 과정을 통해 경제적이고 능률적으로 재원을 지원하는 예산을 가진 행정을 순수한 정치공동체로 본 것이다.

주정부 개편운동

주정부 수준에서 개혁은 일반적으로 입법부의 우위 및 그에 관한 문제에 대한 반응이었다. 화이트(White, 1933: 207-208)가 지적했듯이, 개혁 전에는 "전형적인 주 관청 혹은 기관은 자신의 예산안을 편성해서 그것들을 직접 입법부 세출위원회에 제출했고 종국에는 별도의 세출예산으로 승인받아 감사관에 의한 감독 이외의 감독 없이 자금을 사용했다." 이런 체제는 20년에 걸쳐 거의 650%나 주정부의 총지출 증가와 공적 부적절과 부패를 보여 주는 추문 폭로와 과학적 관리운동의 지지자들에 의해 확대된 "새로운 복음"에 대한 지지자 증대를 초래했다(Schick, 1971: 15).

새로운 복음의 대책에는 시정 개혁운동 예산을 닮은 집행부 제출 예산제도와 함께 세 가지 시각이 포함되었다. 첫째는 기획 시각인데, 이것에 의해 주지사는 주의 모든 주민을 유일하게 대표하는 지위를 이용해 정책과 사업에 대한 권위 있는 성명서를 낼 수 있었다(Cleveland, 1915; Schick, 1971). 두 번째 관리 시각은 주지사가 조정의 최고책임자라는 것이다. 집행부는 "부처의 예산안을 표준화하고 통합하고 …… 예산은 공공사업의 능률적인 수행을 촉진하도록" 확고히 했다(Schick, 1971: 16). 관리 시각은 예산을 주정부 개편운동(State Reorganization Movement) 그 자체와 연결시켰다. 그 개편운동의 주요 목적은 분절되어 있는 부처들을 통합하고 주지사의 임명권과 해임권을 강화하는 것이었다.

세 번째 시각은 통제 시각인데 이것은 낭비 및 사기의 방지였다. 주지사는 주정부의 최고 감독관이었고, 부패한 혹은 부적절한 공무원으로부터 보호하기 위해 중앙집권화된 구매, 회계, 인사, 그리고 내부 회계 통제를 설치했다.

그러나 집행부 제출 예산제도로서 발전한 전통에 의해 예산 과정에서 한정된 집행부의 역할이 정착되었다. 입법부는 세출 통제에 대한 이전의 재정 권한의 일부를 포기함으로써 세출 승인에 대한 헌법적 의무와 권한을 보호했다. 쉬크(Schick, 1971: 18)는 다음과 같이 말했다.

> 사실상, 주지사가 입법부를 위해 일하는 통제 대리기관(the agent of the legislature)이 되었다. 주지사의 업무는 부처 요구에 대한 입법부의 자세한 조사를 촉진하고 입법부가 원할 때 관여할 수 있도록 예산 계정을 제출하는 것이었다. 주지사의 이러한 역할을 위한 잠재력은 여전히 남아 있었지만 활동적인 정책결정자로서 주지사라는 개념은 방치되었다.

쉬크는 사실 주정부의 관서들이 예산안 편성에서 자유롭게 주도권을 행사했던 것은 변하지 않았다고 주장했다. 오히려 방만한 지출 요구를 검토하는 데 집행부가 중앙집권적 통제 역할을 할 수 있도록 집행부 제출 예산제도를 촉진했다. 주정부의 관서들이 예산 편성에서 주도권을 여전히 행사하고, 그런 관서들에 대한 중앙집권적 감독이 행해져 이것이 정책과 기획 역할을 대신했다.

연방 집행부 제출 예산제도운동

연방정부 집행부 제출 예산제도도 시정부 개혁과 주정부 재편운동의 그것과 유사한 경로를 따랐다. 연방 수준에서 개혁은 일곱 가지 요소의 종합적 결과로서 나타났다. 첫째, 진보주의자들(progressives)은 농민 급진주의자들과 정부 지출 수준을 증대시키려는 그들의 제안을 거부하기 원했다(Savas, 1988: 145). 둘째, 공화당은 페인-올드리치 관세법(Payne-Aldrich Tariff)을 필요로 했으나 통과시키기 위한 충분한 지지를 얻지 못했다. 셋째, 진보주의자들은 소득세법을 필요로 했으나 통과시키기 위한 충분한 지지를 얻지 못했다. 넷째, 공화당은 지출에 대한 1907년의 공황과 1908년, 1909년 그리고 1910년의 적자에 대해 비난했다. 다섯째, 농민들의 인기영합주의에 의해 학교, 도로 그리고 기타 정부 서비스에 대한 수요가 증대되었다. 여섯째, 능률성과 책임성을 증진하는 데 중앙집권화된 행정이 불가결하다는 생각이 관청운동(bureau movement) 구성원의 노력 결과로 인기를 얻었다(Waldo, 1948: 32). 끝으로, 제1차 세계대전 동안 지출에 대한 경고가 제기되었다.

〈표 6-2〉 이상적인 예산 체제

단계	통치기관	1921년 예산회계법
예산 편성	집행부	예산국(BoB)
세출 승인	입법부	세출위원회를 통한 의회
집행과 통제	집행부와 입법부	부처, 예산국(BoB), 회계검사원(GAO)
사후 회계검사	입법부	회계검사원

출처: Mosher(1984).

1907년부터 1921년에 걸쳐 반동으로, 4개 주요 재무관리 사건이 차례로 발생했다. 첫째, 세출과 세입 조치들에 대한 자료 수집, 보고, 그리고 검토에서 재무성과 의회 세출 승인 과정에 집권화가 발전했다. 둘째, 의회가 5천 달러 이상의 법인 소득세에 1%의 세를 부과하는 페인-올드리치 관세법의 일부를 통과시켰다. 셋째, 의회가 개인 소득세를 통과시켰다. 넷째, 의회가 예산회계법을 1921년에 통과시켰다.

예산 운영을 위해, 1921년 예산회계법은 전체로서 재무관리를 추구하고자 입법부와 집행부 사이 균형이 있도록 혹은 균형을 창조하도록 집권화된 관리를 도입했다. 스토름(Stourm, 1917)을 따라 모셔(Mosher, 1984: 33)는 이상적인 예산 과정을 4단계로 나누고 이 체제의 책임을 각각의 통치기관에 부여했다(<표 6-2> 참조). 따라서 이상적인 체제는 통치기관들 간 균형을 유지했고 한 기관이 다른 기관에 대한 감시를 하도록 했다. 소득세를 창안한 것은 후에 퇴색되고 꾸물꾸물 집행되기는 했지만(Savage, 1988: 147-150) 예산회계법을 보완했고 균형 예산 상징을 유지하는 데 도움이 되었다. 이상적인 예산 체제는 행정수반이 경제의 방향을 제시해야 한다는 규정의 경제적 현안에 대한 대답이었다. 또 이 이상적인 체제는 계서성이 강한 책임성 있는 관리를 허용하는 데 제기되는 책임성 문제에 대한 대답이었다. 끝으로, 합리적 의사결정 접근 방법은 책임에 감독을 결합하는 기술적으로 우아한 방법을 제공했다.

제 5 절 기술적 예산이론

점증주의(Lindblom, 1959)는 예산 운영에 대한 기술적 접근 방법의 가장 훌륭한 전형이다. 모든 수준의 정부에서 이루어지는 대다수 정책에 대한 예산 과정 혹은 의사결정 과정을 *기술*할 수 있다는 점증주의의 능력에 대해 상대적으로 적은 이견이 있지만, 점증주의가 실제로 얼마만큼 *설명*할 수 있는가에 대해서는 상당한 이견이 있다. 그러나 문제는 점증주의에 대한 상이한 견해에 있는 것 같다. 점증주의를 상이한 여러 견해로 볼 때, 점증주의에 대한 한 견해는 개인이나 집단이 불확실성과 소용돌이 환경을 다루는 데 사용하는 일련의 적응 기술과 규칙들이라고 보는 것이다. 점증주의의 다른 견해는 경험적 현상들이라는 주장이다. 그래서 점증주의는 특정한 전략을 적용 혹은 사용에 의해 초래된 혹은 야기된 뜻밖의 일, 사건, 일련의 의사결정의 결과다.

따라서 우리는 점증주의를 현실(reality)의 기술 혹은 현실의 설명으로 생각할 수 있다. 점증주의는, 그 자체로서, 순진한 사람에게는 의사결정에서 영향력이 있는 요소로 *보인다*. 그러나 기술과 설명의 차이를 좀 더 자세히 살펴보자. 첫째, 기술적 점증주의는 정부 의사결정과 재원 배분에 관한 사례연구에서 상당히 광범위한 기초를 가지고 있다. 정부의 모든 수준에서 행위자들이 상호작용하고, 정부의 각 통치기관이 상호작용하는데 이 상호작용에 대한 증거가 많고 이는 과거의 결정에서 단지 한계적 변화만 있는 결정을 한다는 견해를 강화해 준다.

점증주의 결정 과정은 단순하고 우아하다. 연방정부의 예산 과정에서는 어떤 한 해의 부처 예산요구액은 그 전년도 부처 세출예산액보다 한계적으로 더 많다는 기술적 점증주의가 나타난다. 어떤 한 해의 세출예산액은 전년도 세출예산액을 초과하는데 그 초과 규모는 전년도 세출예산 규모에 비해 상대적으로 적다. 끝으로, 한 부처에 대한 세출예산액은 부처가 요구한 것보다 다소 적다.

기술적 점증주의가 잘 정립되었지만(Wanat, 1974) 점증의 추정에 대해서만 아니라 점증적 결과가 존재하는지 여부에 대해서도 이견에 급속히 제기되었다. 더 나아가, 점증주의에 대한 이유 혹은 점증적 변화가 있다고 한다면 그것이 왜 지배적으로 나타나는지에 대한 중요한 이견이 활발히 제기되고 있다.

그러면 설명적 점증주의는 무엇인가? 그것은 매년 부처 예산액의 한계적 변화는 인간 행태의 역동성에 의해 설명될 수 있다는 몇몇 개인이 주장한 생각이다. 따라서 재원이 부족하고 합의가 필요하기 때문에 제안될 수 있는 변화와 승인될 수 있는 변화는 제한을 받는다.

코네티컷 주 지방재정위원회(local boards of finance)에 대한 바버(James D. Barber)의 연구를 살펴보자. 바버는 코네티컷 주 지방 재정위원회의 구성원을 소집단 실험실로 소집해 그들에게 예산 삭감 과제를 주었다. 각 집단은 "만약 삭감이 필요하다면 어느 곳을, 얼마나 삭감할 수 있는지 결정하기 위해" 그들 집단의 최근 예산 금액을 검토했다(Barber, 1966: 35). 바버는 집단의 논의를 녹음했고, 활자화된 원고를 읽었고, 그리고 자료의 내용을 분석했다. 바버는 이런 절차를 통해 "구성원들이 삭감을 승인하고 거절할 때 실제로 어떤 기준을 적용했는지" 결정했다(Barber, 1966: 35- 36). 5개 기준이 나타났다(<표 6-3> 참조). 첫째, 지방재정위원회의 구성원들은 경직성 경비(controllable cost)와 비경직성 경비를 구분했다. 바버에 따르면,

> 어떤 지출은 이전의 장기적 결정에 의해 정해져 있거나 아니면 기초적인 법률적 요건과 깊이 연계되어 있거나 아니면 퇴직금이나 임금 수준과 같은 여타 기본적 비용인 의무적(mandatory) 지출이다. 이런 지출들을 논의에서 제외함으로써 각 집단은 단기적으로 재량을 가진 문제에 삭감 노력을 할 수 있게 된다(Barber, 1966: 37).

이것이 의사결정을 위해 가장 자주 언급되는 기준이었다.

둘째, 지방재정위원회 구성원들은 일괄 삭감을 거부했고 대신 이전의 요구 금액이나 (의회가 승인한) 세출예산 금액보다 증가한 예산과 요구 금액에서 규모가 큰 항목에 초점을 두었다. 비교는 수직적이기[A부처와 B부처]보다 수평적으로[전년도와 금년도] 이루어진다.[2] 바버는 "안정적인 지출 수준은 *명백히* 타당하고 자세히 검토할 필요가 없다는 것이 유효한 가정인 듯하다고 언급했다. 증가는 "의심스럽고" 그리고 자세한 조사"가 필요하다. "단순화 방법으로서 바버에게 이 기법은 "사람들은 고정되어 있는 물체들 가운데서 움직이는 물체를 쉽게 알 수 있다는 매우 일반적인 경향"으로 보였다(Barber, 1966: 39).

셋째, 위원회 구성원은 대개 기업인이었는데 이들은 자세한 예산 항목의 실재적 의미를 빨리 알아차리는 경향이 있고 눈에 잘 안 띄지만 적실성 있는 문제를 검토했다. 오락 예산에 대한 바버의 예를 살펴보자. 지방재정위원회 구성원은 이용 가능한 펜싱 종류, 가장 훌륭한 운동장, 공놀이장 비용 산정 등과 같은 문제를 다루는 데 문제가 없었다. 사업적 용어로 언급되거나 검토되는 것은 없었다. 즉, 어떤 십대 운동사업이 젊은이의 건강과 복지에 도움이 되는가? 사업 간 혹은 집단 간 어느 정도에서 균형이 이루어져야 하는가? 따라서 위원회 구성원은 추상적인 질문보다 구체적이고

2) [예산서에 위에서 아래로는 부처별 예산이 그리고 첫째 칸과 둘째 칸에는 예를 들어서 2010년 예산과 2011년 예산이 각각 표시되어 있다고 상상해 보자. 그러면 수직적으로 비교하면 부처들이 비교되고 수평적으로 비교하면 전년도와 금년도가 비교될 것이다.-역자 주].

〈표 6-3〉 실험실 실험에서 사용된 의사결정 기준

삭감 이유	
세출의 규모와 변화	입법부가 승인한 세출예산이 바로 전의 예산에서 증가되었다. 새로운 예산 항목, 규모가 큰 예산 항목 회계가 흑자를 보여 준다; 현재 지출 증가율
운영에 대한 영향	삭감이 서비스 제공을 방해하지 않는다. 지출이 연기될 수 있다.
불확실성	본래의 세출예산이 조잡하게 추정되었는데, 지방재정위원회가 신중하게 검토하지 않았다. 자금이 필요하지 않을 수도 있다; 후에 조정될 수도 있다.
기타	세율에 대한 영향, 다른 부처와 비교, 삭감에 대한 있을지 모를 일반 공중의 반발, 다른 지역과 비교, 예산요구자의 능력과 성실성
삭감에 반대하는 이유	
경직성 경비	"손댈 수 없다", 주정부의 요구 사항
이미 최소의 세출예산	재정위원회가 바로 전의 예산 요구 금액을 삭감했다. 재정위원회가 바로 전의 예산 요구 금액을 신중하게 검토했다. 입법부가 승인한 세출예산이 감소했다. 요구 금액이 최소였다. 엄격하게 빡빡하게 편성했다.
운영에 대한 영향	삭감은 서비스에 해를 끼칠 것이다. 효과는 불확실하지만 아마 해로울 것이다. 시급하다. 연기될 수 없다.
기타	삭감에 대해 일반 공중이 반발할 것이다. 세율에 대한 영향, 요구자의 능력 혹은 성실성, 부처들의 반발이 있을 수 있다. 다른 부처와 비교, 다른 지역과 비교

출처: Barber(1966). 표의 범주와 범주 안의 기준들은 자주 관찰되는 것에서 관찰되지 않는 순서로 제시되었다.

수단적인 질문에 집중하는 경향이 있었다.

넷째, 시간의 압력 때문에 위원들의 관심은 지금 현재에 집중되는 경향이 있다. 장기적 안목과 과거 일의 반추는 경시되는 경향이 있다: "위원들은 부적합성을 지적하는 것이 긴급회의를 방해하는 것 같은 느낌을 가지게 된다"(Barber, 1966: 41). 어떤 위원도 예산 삭감 문제를 결정하기 위해 이웃 지역(town)에서의 경험을 활용하지 않았다.

구체성은 의사결정에서 위원들에게 종종 도움이 되었고 과거의 결정은 위원들의 의사결정에 대한 신뢰를 일깨웠다. 바버에 따르면,

> 결정이 잠정적으로 이루어지고 부정적 효과가 다음에 수정될 수 있다면 그런 결정에 대해 재정위 위원들은 (1) 과거에 확신했던 결정에 대해 재검토하지 않으며, (2) 새 결정에 대해서도 확신을 느끼지 않은 채 새 결정을 한다. 위원들은 이전의 논의를 돌이켜보고, 몇몇 경우에 결정이 상당한 확신을 가지고, 그리고 여타의 결정은 상당한 의구심을 가지고 이루어졌다고 회상한다. 위원들이 확신하지 못할수록 그들은 검토하려는 의향이 더 많다.

따라서, 위원들은 결정에 대한 불확실성을 축소하기 위해 결정 규칙을 사용했으나 불확실성은 그 자체가 예산 삭감의 중요한 기준으로 종종 작용한다.

샤칸스키의 연구(Sharkansky, 1968; Thompson, 1987)는 바버의 연구에 기초하여 유사한 결론을 얻었다. 샤칸스키는 단기적 성공과 주정부 예산 확대를 다음과 같이 측정했다.

> 즉, 그것들은 주정부 부처의 현행 요구액 및 부처의 현재 세출예산액과 비교된 주지사가 권고하는 금액 및 입법부가 승인한 금액으로 결정되었다.

샤칸스키는 주지사는 요구액을 삭감하나 주지사의 권고액은 현재 세출예산보다 여전히 더 많다는 것을 발견했다. 입법부에 관해, 그는 의원들은 시간, 직원, 전문지식의 부족으로 주지사를 따르는 경향이 있고 주지사의 권고안을 수정 없이 그대로 놓아둔다는 것을 발견했다. 예산 결정의 역동성은 동일한 여러 시간 절약을 위한 교시적 방법(heuristics)을 강조하고 있다는 것을 바버는 발견했다. 또 매년 예산 논의의 결과는 오로지 점증적으로 달랐다.

바버와 샤칸스키 외에, 데이비스, 뎀스터와 윌다브스키(Davis, Dempster, and Wildavsky, 1966) 등으로 구성되는 연구팀은 부처의 예산이 예산 결과를 연구한 다른 연구에서 발견되는 점증적 변화를 닮았다는 것을 검토했다. 이 팀은 연방의회의 부처 요구액에 대한 행동은 대개 아래 방정식을 따름을 보여 주었다.

$$\text{의회가 승인한 세출예산액} = b \times (\text{부처 요구액}) + \text{약간의 편차}$$

이때 b는 0.96처럼 1에 가까우나 1보다 적은 수이다. 우리는 이것을 의회가 보통

부처의 요구액의 96%를 허용하는 것을 의미하는 것으로 해석할 수 있다. 이 연구는 중요한 통계적 근거를 제공했다. 왜냐하면 데이비스, 뎀스터, 윌다브스키 팀의 발견은 예산 분산의 대부분을 즉, 약 90%를 설명했기 때문이다. 이 연구의 저자들은 회귀계수 *b*를 다음과 같이 추론함으로써 전략과 결과의 연계를 설명했다. 즉, 회귀계수 *b*는 의회의 전략적 고려에서 나온 것인데, 의회는 부처의 요구액이 부처가 필요로 하는 바의 좋은 추정치이지만 그 요구액이 다소 부풀려져 있고 그래서 어느 정도 삭감할 수 있다고 느낀다.

데이비스, 뎀스터, 윌다브스키 팀의 발견과 추론에 대한 상당한 이견이 있다. 예를 들면, 제4장에서 이전에 다루었듯이, 워넛(Wanat, 1974)은 부처의 요구액과 의회가 승인한 세출예산액 사이의 높은 통계적 상관 관계는 어느 정도 약한 제한 속에서 상대적으로 무작위 변이(random variation)에 의해 설명될 수 있음을 보여 주었다.

경험적 검증을 위한 연구문제가 명확해졌다. 점증적 결과는 필수적으로 점증주의적 전략에서 초래되는가?

대안적 설명이 등장했다. 암묵적으로 점증주의는 다음을 가정한다. 예산 결정에 참여하는 참여자들은 예산에 대해 통제를 하고, 만약에 원한다면 참여자들은 전통적 결정과 차이나는 급진적으로 다른 방법으로 지출을 할 수 있다고 가정한다. 그러나 보통, 참여자들은 예산 권한 혹은 지출에 대해 혹은 더 일반화해서 말하면 결정 대안들에 대해 제한적인 통제를 할 뿐이다.

만약에 우리가 분석에 경직성 경비를 포함시키면 우리는 전통적인 설명에서 나타나 것과 상당히 다른 정경을 볼 수 있을 것이다(Wildavsky, 1964). 즉, 점증적 결과는 경직성 경비의 안정성으로부터 생긴다. 재난 안정 혹은 학생 등록금과 관련된 경비는 재난의 횟수나 학생의 증가가 없이도, 그리고 부처 예산담당관의 노력 등이 없어도 증가할 것이다.

경직성 경비와 점증주의는 경험적 예산이론에서 떼려야 뗄 수 없이 관련되어 있다. 사실, 부처의 전략은 아마 매우 경쟁적인 예산 분야를 경쟁이 적은 분야로 바꾸어 요구하는 것일 것이다. 이런 방법은 예산 제약과 세입 축소가 있었던 1980년대에 예산 성공을 위한 보통의 방법이었다. 경쟁이 다소 적은 분야는 예산통제가 가능한 분야 밖, 즉 채무 권한, 계약 권한, 보장적 지출 등이다(Ippolito, 1984; Bennett and Di-Lorenzo, 1983).[3]

---

3) [일반적으로 예산 권한(budget authority)은 정부기관이 공금을 지출할 수 있는 권한을 말한다. 정

점증주의 접근 방법은 기술(記述)의 목적에 잘 맞는다. 점증주의는 행위자들 간 예산 동기에 대한 심리 상태를 설명함으로써, 재원이 풍부한 조건과 부족한 조건 하에서 조직 행태를 설명하는 데 도움이 되는 관리이론을 위한 길을 열어놓았다. 행위자들이 서로 적응하고 타협한다는 것은 이 장 처음에서 제기한 책임성 문제에 대한 경쟁력 있는 해답이 되기도 한다. 책임성은 참여와 경쟁에 달려 있다; 집단의 이익에 대한 대응성이, 무엇보다도 공동의 목적에 대해 부차적 이익이 되는 경우에도 그 대응성은 결과적으로 성공이 된다.[4]

책임성 문제는 물론 경제적 문제도 이익의 경쟁와 조정에 관한 "보이지 않는 손" 이론에 의해 해결될 수 있다. 그러나 조직 간 수준에서, 점증주의는 조사와 검증을 감당하기 위해 이 접근 방법에 의존한다. 경쟁과 타협에 의해 연역된 결과는—시간에 따른 정책의 소폭 변화는 급속한 경제 성장에 의해 지지를 받을 때는 믿을 만한 소리였지만 그러나 지금은 믿을 만한 소리가 못된다.

그러나 점증주의의 실제적 가치는 경제학자들, 조직이론가들 그리고 정치학자들에 의한 연구를 지속적으로 촉진시킨 데 있다. 점증주의 연구에 의해, 예산 운영은 회계관에 남겨진 지적 부진으로부터 탈피하여 발전했을 뿐만 아니라 경제학, 조직학, 정치학 등 모든 사회과학 학문이 자원 배분이라는 오래된 문제에 대한 예산 운영의 복잡성 및 관계를 다루게 되었다.[5] 점증주의는 학제적(interdisciplinary) 연구를 촉진하고 점증주의에서 벗어난 이변이 나타날 때 그에 대한 설명을 요청받고 있다.

부기관이 공금을 지출하면 이것을 지출(outlay)이라고 한다. 법에 의해 예산 권한이 정부기관에 부여되며, 미국의 예산 심의 절차는 사업을 승인하는 과정(authorization)과 그 사업의 구체적인 예산 규모를 정하는 과정(appropriation)으로 구성된다. 전자는 수권위원회(Authorizing Committees)에서 담당하고 후자는 세출위원회(Appropriation Committee)가 담당한다. 예산 권한은 세출위원회에 의해 허용된다. 이것이 정상적인 절차다. 그런데 이런 정상적인 절차를 벗어난 예산 권한도 있다. 이면지출 권한(backdoor authority)이 대표적이고, 채무 권한, 계약 권한, 그리고 보장적 지출(entitlements)이 여기에 포함된다(Wildavsky, 1992: 10-11). 즉, 예산 권한은 (1) 세출위원회(Appropriation Committee)를 통해 혹은 (2) 이른바 이면지출 과정을 통해 정해진다. 그런데 수권위원회들이 이면지출을 허용해 예산 권한을 정하는 세출위원회의 권한을 침식하는 현상이 벌어지고 이런 경향으로 인해 예산통제의 어려움이 제기되곤 했다. 수권위원회는 substantive committee다. 즉 사업의 실질 내용을 정하는 입법활동을 하는 위원회라는 의미다.—역자 주].

4) [문장을 예를 들어 설명하면 다음과 같다. 지역의 국회의원들이 자기 지역의 대규모 사업에 대해 대응성을 보이는 것은 나라 전체의 이익에는 부차적 이익이 되지만 그러나 그 지역에 대해서는 책임성을 보인 것이라고 볼 수 있다.—역자 주].

5) [이 문장에 대해서는 저자와 이메일을 통해 의견을 나누었다. 원문의 '오래된 문제'가 재원 배분과 관련된다고 보았다.—역자 주.]

제 6 절 예산 운영에 대한 해석적 그리고 생성적 이론

재무 담당관들과 재무관리와 관련이 있는 절차들은 그것들이 자리하고 있는 가치와 문화로부터 그 존재 이유를 찾을 수 있다. 정부 재무관리에 대한 몇몇 흥미있는 연구문제가 다음과 같이 제시될 수 있다. 즉, 이들 절차는 왜 있는가? 이들 조직구조는 왜 있는가? 사람들이 점유하는 장소에는 왜 이 사람들이 있는가? 요약하면, 왜 이 세상은 작동하는가? 호기심 많은 학생은 실제 현상에 대한 새로운 준거틀과 상이한 해석을 하기 위해 재무관리를 사회 과정으로 고찰할 수도 있을 것이다.

일반적으로 재무관리자들의 세계를 두 시각－세계를 조직화하는 장치로 기능하는 두 시각으로 나눌 수 있다. 이 두 가지 기본적인 구분은 *정서*(affect)와 *인지*(cognition)다. 실례로서, 그 뜻을 살펴보자: 만약 재무관리자가 문제를 푼다면 그 사람은 필요로 하는 경험을 끌어낼 불완전하지만 엄청난 양의 지식을 가정해야 한다. 사람들은 어떤 정보를 사용할까? 인지이론은 만족화(satisficing) 혹은 의도된 합리성 형식을 제안한다. 만족화는 대부분 이전 행동, 습관, 그리고 사회적 비교에 의지한다. 정서는 비인지적 측면의 필요성, 특히 사회적 관계로부터 소중하게 생각하는 사상과 절차로부터 노출되고 상징과 의례를 통해 인지로 통합되는 느낌을 설명할 수 있다.

이 장에서 필자는 점증주의적 의사결정 형식에서 예산 운영의 인지적 측면을 탐구했다. 필자는 여기서 정서적 측면을 설명한다. 왜 이렇게 하는가? 왜 이런 접근 방법을 사용하는가? 왜 인지적 측면을 더 탐구하지 않는가? 그 이유는 종종 소위 체제분석의 "어리석은 시도"라는 것에 있다. 스토링(Storing, 1962)에 따르면, 그 어리석은 시도는 다음과 같은 생각에 기초한다. 즉 가치, 취향, 그리고 생활의 정서적인 여타 요소들은 우리가 무엇을 하기 위해 선택을 하는지 그리고 우리가 그것을 하기 위해 어떻게 선택하는지와는 관련이 없다는 생각에 기초한다.

재무관리자들은 "주어진 어떤 목적에 대한 최선의 수단을 발견하기"를 신중하게 주장하지 않는다. 그들은 "대안적 행태와 그 결과를 유리시키는 것"을 검토한다(Simon, 1976). 스토링은 후자[대안적 행태와 그 결과를 유리시키는 것]가 "훌륭한" 결과에 대한 기준을 무시하도록 여전히 영향을 주는 요인으로 본다. 즉, 무엇이 좋은가? 무엇이 나쁜가? 어떤 것이 다른 것보다 더 좋은가? 등의 훌륭한 결과에 대한 기준을 무시하도록 여전히 영향을 주는 요인으로 본다. 미드(Mead, 1934)의 연구를 검토한 에델만(Murray Edelman)은, 사람들은 나쁜 결과로부터 좋은 것을 알 수 없고 그리고 사람들은 적합한 행태를 경험할 때까지 적합한 행태를 알 수 없다고 주장했다. 다른 방식으로 말하면, 사람들이 결과를 경험하면, 사람들은 발생한 것을 합리화하고 그것에 의미를 부여하며 그것을 좋다 혹은 나쁘다 하는데, '좋다 혹은 나쁘다'는 사회적으로 도출된 기준 혹은 정서에 기반한 기준으로 본 것이다.

사회적으로 도출된 기준들 혹은 정서에 기반한 기준들은 보통 "문화"로 생각된다. 조직문화 혹은 조직들이 상호작용하는 어떤 특정 문화일지라도 문화는 공인된 가치를 가지고 있다. 문화는 무슨 일을 해야 하고 그것이 시간에 따라서 어떻게 변해야 하는지를 "규정하는" 이념, 의례, 신화 그리고 지식(Walker, 1986: 7)은 물론 "공유된 의미, 공유된 패러다임, 그리고 공유된 언어"를 뜻한다(Pfeffer, 1981: 7).

예산 운영 연구에 대한 두 종류의 대안적 접근 방법인 의례적 예식적 접근 방법(ritualistic ceremonial approach)과 무작위 선택 접근 방법(random-choice approach)은 서로 관련이 있고 어떻게 문화가 "좋은" 결과의 기준을 변화시키는지 설명한다. 필자는 아래에서 개념으로 각각을 살펴본다. 그리고 필자는 경험적으로 그것을 적용해 본다. 끝으로, 필자는 이것을 재무관리에 대한 좀 더 전통적인 사고 방식에서 비롯한 인지적 접근 방법과 비교함으로써 그 적용가능성에 대해 결론을 낸다.

예산의 상징과 의례

공적 생활을 이해하기 위해 잠깐 정서적 접근 방법을 살펴보자. 우리는 걱정하는 균형예산과 같은 상징에 반응한다. 우리는 일반보증채권의 판매를 재단하고 결정하는 경쟁입찰 과정과 같은 의례를 믿는다. 우리는 경제 예측의 언어를 이해하기 위해 귀를 가만히 기울인다. 왜냐하면 그 언어들이 우리에게 낙관적이 되도록 아니면 아니 되도록 비밀스러운 방법으로 말해 주기 때문이다.

종합하면, 우리는 우리가 본 당당한 격식에 상당한 중요성이 있는 것으로 생각한다. 우리가 느끼는 이런 정서는 필자가 행정적 맥락으로 여기서 검토하고자 하는 적어도 3개의 원천에서 온다고 느낀다. 즉, 상징, 의례, 언어 등이 그것이다.

상징들은 복잡한 내용들의 단순한 표현들이다. 상징들은 "그 의미와 중요성이 사회적으로 만들어지나 그러나 물리적인 형태로부터 추론될 수 없는 자극물(stimulus object)로 정의할 수 있을 것이다(Elder and Cobb, 1983: 142). 상징은 조성된 공유된 주의(注意)를 통해 사람들을 결속시키는 방법으로 주의를 모은다. 상징은 더 큰 목적을 위해 개인적 행태를 제어하는 규율을 조성하는 연상(聯想)을 불러오기도 한다. 상징의 연상 이용은 필자가 여기서 기술하려는 바다. 즉 지도자들이 상징을 이용해서 추종자들을 결속시키고 규율한다.

지도자의 상징 이용 외에, 필자는 정부조직에서 행해지는 의례와 의식을 탐구하기를 또한 원한다. 의례와 의식은 합당한 사람에 의해 극적으로 꾸며진 상징이라고 조직구성원들에 의해 받아들여지고 소망된다. 의례와 의식으로 인해 통상 그것을 시행하는 안에 있는 사람들은 그것들을 시행하지 않는 밖에 있는 사람들과 다르게 느끼게 된다. 이렇게 함으로써, 의례와 의식은 "집단적 행동을 구조화하고 정당화하고 안정시킨다"(Trice, Belasco, and Alutto, 1969: 42). 의식은 새로운 혹은 모호한 정보에 직면한 사람들에게 단서를 제공하며 설명을 제공하기까지 한다, 의식은 조직 결정에 정당성을 부여하기도 한다,

에델만(Edelman, 1964: 16)은 의례를 사람들로 하여금 공동의 노력에 상징적으로 참여하도록 하는 물리적 활동이라고 정의했다; 의례의 능률성은 개인들이 서로 서로에 대해 그리고 공동의 이익에 대해 관계성을 갖도록 강제하는 방법이다. 그 결과는 순응만이 아니라 "순응에 대한 만족화과 즐거움"까지다.

> 사람들은 혼돈되고 모호한 상황에 처하면 의미와 질서를 찾으려 한다. 원시인들이 계절의 변화를 찬미하는 춤과 정렬적인 몸놀림 활동을 할 때, 감각의 "무질서한 혼돈(blooming bussing confusion)"을 뒷받침하고 있는 우주의 기초적인 질서가 재확인되고 개인들은 스스로 기초적인 질서에 따라야 함을 상기한다. 기우제 춤이나 승리의 춤에서 사람들은 공동의 이익을 재확인함으로써, 의혹을 부인함으로써 그리고 그들이 추구하는 바를 무의식적으로 시행함으로써 집단적으로 필요하거나 원하는 어떤 것을 상징적으로 얻을 수 있다. 다른 사람들과 함께 하는 정렬적인 활동은 반대가 없으며 집단활동에 대해 자부심과 만족을 준다는 사실을 모두에게 재확인시켜 준다. 현실의 단순한 모형 혹은 외형이 조성되고 일치하지 않는 사실은 제거된다. 기초적인 질서에 대한 순응과 만족이 골자다; 믿어야 할 것을 은연중에 하는 것은 신념을 주입시키고 미래의 행태의 문양을 고정시키는 심리학적으로 효과적인 방법이다(Edelman, 1964: 16-17).

또한 에델만은 의례는 적어도 다음과 같은 세 가지 목적에 기여한다고 주장한다: 특정 정치적 행동에 대한 반대와 의심을 진정시킨다. 체제의 기본적인 합리성과 민주적인 성격에 대한 신념을 재확인한다. 미래 행태의 순응적 습관을 공고히 한다.

끝으로, 언어는 또한 이해에 대해서도 중요한 역할을 한다. 에델만은 우리는 “자연스럽게 모호한 상황의 일부에 초점을 둠으로써 혹은 그것을 친숙한 것과 비교함으로써 모호한 상황을 정의한다”고 주장한다(Edelman, 1977: 16). 언어는 사물에 대한 친숙한 사고 방법을 불러일으키는 데 유용하다.

우리는 정부가 추구하는 기초적인 재무관리 절차가 목적에 영향을 주는 데 기여한다고 본다. 예산상에 있는 결정과 같은 결정들은 아마 상징 과정의 일부로서 더 잘 이해될 것이다. 상징은 관리자들의 적합성과 그들이 사용한 과정의 적합성(결과를 측정할 수 없다고 하더라도)을 보여 줌으로써 관리자들의 결정의 정당성을 이해 당사자들에게 의사 전달하는 데 도움이 된다. 상징은 또한 소중한 가치가 소중하게 다루어진다는 것을 보여 줌으로써 조직이 훌륭한 결정자라는 사실을 의사 전달한다; 관리자들은 “합당한 사람들로부터 자문을 받고 대안을 검토하고 정보를 수집하고 단호하게 행동한다”(March and Olsen, 1986: 22). 의사결정 과정은 부수된 의례를 통해 인간 생존이란 지적 결정에 혹은 그 근방에 기초한다는 사실을 사회에 보증한다.

상징, 의례, 그리고 언어의 결과에 대한 대통령, 주지사와 같은 행정수반의 관심이 성공한 통치와 실패한 통치의 차이를 말해 준다. 필자가 여기서 보고한 연구에서, 영향을 미치려는 관심이 수십 년간 서서히 이루어진 개혁 이후의 집행 권력의 통합과 집행 권력의 분할 사이의 차이를 가져왔다.

재무 현실 해석에서 재무관리자의 역할

필자는 예산관리자의 주요 기능은 상징을 조작하고, 의례를 창안하고, 예산을 획득하고 집행하기 위한 독특한 언어를 활용하는 것이라고 주장한다. 업무 과정에 근거와 의미를 부여하는 것이 재무관리자의 업무이고 모든 관리자의 업무다. 업무 과정은 행정에 광범위한 의미를 가지고 있다. 왜냐하면 민간 부문의 조직들이 하듯이 “이윤 남기기”와 같은 널리 퍼진 개념이 부족하여 개별 공공조직은 각각 따르는 절차에 의미를 부여하는 독특한 비전을 찾아야 하기 때문이다. 특정 과정은 “악으로부터 약한 것을 보호할” 수 있거나 혹은 “자유 세계를 방어할” 수 있지만 그러나 모든 과정은 공통적으로 “가능한 한 납세자로부터 도움을 받지 않고 모든 것을 할” 수 있다는 개념을 가지고 있다. 이것이 바로 재무관리자의 재무적 비전(fiscal vision)을 간단히 설명한 것이다.

필자는 조직이 가진 중요한 문제, 즉 재원 제약에 상징적, 의례적, 그리고 수사적으로 대처함으로써, 재무 부서는 조직이 직면한 현실을 창조한다고 주장한다. 재원 제약에 잘 대처하면 재무 부서는 특별한 언어를 사용할 수 있는 힘을 얻는다. 그 언어에서 *예산*은 소중한 은유가 된다. 재무관리자는 재원이 의존하는 현실 그리고 재무 부서가 재원을 운영하고 여러 용도에 재원을 현명하게 배분하는 데 중요한 부서라는 현실을 조성할 수 있기 때문에, 재무관리자는 재무관리 절차에서 정서적 요소를 유용하게 활용할 수 있는 여지를 많이 마련할 수 있다.

예산 운영에서 현실 구성

필자는 본질적으로 상징으로서 재무관리를 보고자 하는 사례를 형성하기 위해 현재 이용 가능한 문헌을 조사한다. 대부분의 문헌은 과정과 결과 사이의 관계를 가정하는 행정개혁의 오래된 관념을 설명하고 있다. 한 권위 있는 학자는 "정보가 분류되고 사용되는 형식이 결정자의 행태를 지배하고 그리고 반대로 형식의 변화도 행태의 바람직한 변화를 가져온다"고 주장한다(Schick, 1966: 257).

집행부 제출 예산제도라는 관념과 연계하면 이런 관념은 영향력이 있다. "과정→결과"는 행정조직에 책임을 물을 수 있게 하며, 지방 경제, 주 경제, 연방 경제에 대한 감독을 허용하게 된다. 그러나 이 문제에 대한 증거는 불분명하다(Grizzle, 1986; Jernberg, 1969; Wanat, 1973). 필자는 양면을 설명하기 위해 기존 연구와 경험을 검토한다. 긍정적 측면–과정은 결과를 좌우한다–은 결정이 정보에 의존한다는 주요 이유 때문에 예산 형식이 결과를 결정한다고 확실히 믿는다(Grizzle, 1986). 반대하는 사람들은 과정과 형식은 종종 그 방향이 서로 어긋난다고 지적하는 경향이 있다. 최적 배분 과정이나 목표 지향적인 배분 과정에 의해 가치 배분의 결과나 편익 배분의 결과가 추진될 수 없다. 다른 연구자에 의해서도, 평가가 정치적 결정에 작용하는 일은 매우 드물다(Lauth, 1985; Lauth and Abney, 1986).

그러나 형식이 결과를 지배한다는 주장과 결과가 형식을 지배한다는 주장–이 양자가 진실일 수 있을까? 만약 그렇다면, 우리가 실제로 조화롭게 작용하는 이 두 가지 접근 방법을 발견할 수 있는 조정점이 있을까? 여기서 필자의 목적은 상징과 언어와 의례가 계층적 관계만으로는 더 이상 지속될 수 없는 현실을 창조하고 유지한다는 통합적 견해를 논증하는 것이다.

1) 키와 결정에 대한 은유의 지속적인 가능성

현실(reality)을 구성하는 방법은 무엇인가? 예산 운영과 재정 준거틀을 구성하는 것은 무엇인가? 키(V. O. Key)는 예산 운영에 대한 은유 *결정*(choice)에 대한 첫 번째 은유를 창안한 공로를 가로챈다. 그의 선견지명이 있는 공헌은 예산 운영에 대한 지배적인 패러다임이다. 즉, 무슨 기준에 의해 활동 B가 아니고 활동 A에 x달러를 배정하도록 결정될 수 있을 것인가(Key, 1940: 1138)? 그리고 무슨 기준에 의해 사이먼에 의한 조직 결정(Simon, 1940: 1138)과 다른 학자들에 의한 정책분석적 결정(Quade, 1975)에서 좀 더 기본적인 성격에서 비롯되는 차후 활동을 예측할 수 있을 것인가?

결정은 키가 정부 예산 운영의 연구와 실제의 기초로서 제안한 접근 방법이다. 키가 결정을 선택한 것은 그의 시대에 적합한 것이다. 정부 예산 운영 발전 초기에는 행정적 맥락에서 결정을 다룰 기회가 없었다. 정부 예산 운영이 지출의 사용보다 지출의 통제를 강조했기 때문이다. 그러나 지출 통제와 분석 방법이 등장하고, 돈이 어디에 쓰이는지 추적하는 능력이 생기고, 소득세로 인해 연방정부의 수입이 증가하자, “그 기능이 수행할 만한 가치가 있는지 그 여부, 혹은 사회적 효용성이 높은 활동 아니면 혹은 낮은 활동으로부터 자금의 융통을 통해 그 기능을 규모를 축소 혹은 증대해서 수행해야 하는지 여부”(Key, 1940: 1139)가 키의 중심적 고려 사항이 되었다.

나중에, 결정의 개념은 의회에서 조정 규칙(accomodation rules)의 기준으로서 누가, 무엇을, 언제, 어디서, 어떻게 획득하는가 하는 문제로 발전했다. 덧셈의 정치 아래서 잘 작동하는 “의회는 갈등을 제한하고 예산의 증가율도 억제하는 데 효험이 있는 예산 시장의 ‘보이지 않는 손’을 구성하는” 몇몇 개인 사이의 상호작용과 조정에 의해 지배된다(Caiden, 1983: 106).

세출위원회는 다른 경향이 있었다. 세출위원회는 비록 이전 예산보다 증가를 허용했다고 해도 대통령의 지출 예산안을 삭감했다. 세출위원회는 공금의 수호자(guardian) 역할을 했다. 그리고 예산 삭감은 예산 증대와 예산 증대의 한계에 대한 의원들의 상호 기대로부터 나타났다.

2) 우리는 결정을 하는가?

결정이 오늘날 예산 운영 분야를 지배하는가? 우리는 많은 사람이 말하듯이 현재 예산에서 점점 적은 결정을 한다(Caiden, 1983; Gist, 1989). 앞에서 설명한 조사에 따르면, 연방 예산의 경직성 경비와 예산외(off-budget) 지출은 결정을 방해했다고 한다. 그래서 예산을 삭감하려는 시도를 촉진하며 동시에 예산을 삭감하려는 시도를 억제하는 양 방향으로 중요한 제도적 변화가 있었다. 첫째, 1960년대 후반부터, 과거 의회 체제 하에서 예산 삭감 노력을 방해하는 한 요소인 분권화를 의회 구성원들이 점차 주장하면서 지도력, 선임제, 그리고 위원회 구조가 다소 약화되었다. 둘째, 세출위원회가 예산 삭감자로서 활동할 수 있도록 허용해 준 구성의 안정성, 폐쇄적인 청문회, 대규모 위원회, 민주적인 위원장 선정 절차 등의 안정성을 상실했다. 셋째, 조문(條文, formulas)이 지출을 촉진하기 시작했다. 즉, 보건 수당과 같은 직접적 보상은 누가 받을 자격이 있는가가 수권위위원회(subsantive committees)에 의해 사업의 승인 법규에 명기되어 있다. 이것은 수권위원회가 예산을 삭감 혹은 억제하는 데 관심이 있는 사람들로부터 실제 지출 금액에 대한 재량을 앗아가는 것이다.

따라서 윌다브스키(Wildavsky, 1987) 그리고 코헨과 마치(Cohen and March, 1986)는 예산 운영은 기본적으로 분석적 결정이 아닌 다른 어떤 것을 지향하는 거버넌스(governance) 활동이라고 주장했다. 그 대안적 후보에는 경쟁, 합의, 혹은 자율성이 포함된다. 그래서 우리가 결정을 하는지, 우리가 결정권이 있는지 그 여부에 대한 질문이 매우 중요하다. 만약 우리가 결정권이 없다면 그 이유는 무엇일까? 만약 우리가 결정권이 없다면 무엇 때문일까?

3) 우리가 결정권이 없다면 그 이유는?

케이든(Caiden, 1983)에 따르면, 의회와 대통령이 뺄셈의 정치를 시작했을 때 결정은 더 이상 예산 운영의 주요 과제가 아니었다. 자원 희소 시대에 의사결정의 정치는 덧셈 규칙의 과거 정치를 운영하기 위한 제도적이고 절차적인 시도로 모두 잘 작동했다. 제도적 변화는 상하원 각각에 예산위원회를 설치함으로써뿐만이 아니라 의회에 의회예산처(CBO)를 설치함으로써(뿐만 아니라 주정부에서 입법부의 연구담당관과 예산보좌관이 새로운 활동을 함으로써 그리고 지방정부 수준에서 입법부 참모가 지속적으로 발전함으로써) 비롯되었다. 절차적 변화는 1974년 통과된 법률에 따라 설치된 의회예산처가 수행하는 공식적인 업무에 의해 꾸준히 추진되었다.

삭감을 촉진하기 위해 나타난 이러한 제도적 변화는 의회 예산 및 지출 정지 금지법(Congressional Budget and Impoundment Control Act(1974))이 의회에서 통과됨으로써 본격적으로 시작되었다. 이 법률에 의해 의회가 예산 전모를 볼 수 있도록 하고, 분권화 압력을 통해 강화된 기존의 분절 체제(fragmented system)를 개선하기 위해 각 원에 예산위원회를 설치하게 되었다. 예산위원회는 자체 보좌진(의회예산처: CBO)을 가지고 있었고 이 보좌진의 분석에 의해 모든 의원은 집행부 연맹과 대통령 경제자문위원회, 관리예산처, 재무성으로 구성되는 삼각(triangles)의 "폐쇄적 세계"의 사람들과 경쟁할 수 있게 되었다.

절차적 개혁은 국고의 수호자 역할을 되살리고 그 역할을 예산위원회에 부여하는 것을 목적으로 했다. 법률은 예산위원회로 하여금 예산 총액을 정하고 2개의 일련의 예산 결의(budget resolutuion)를 통해, 그리고 두 번째 예산 결의는 모든 세출위원회 결정을 예산위원회가 한계를 정한 예산액에 맞추도록 했는데 이 두 번째 예산 결의를 통해, 예산위원회가 정한 총액이 관철되도록 규정했다.

쇄신은 처음에는 뺄셈의 정치를 촉진하는 데 실패했다. 계산이 과거 체제의 품질 보증서인 조정으로 왜곡되는 경향이 있었다. 여전히 세출위원회를 존중하고 예산위원회의 수호자 역할을 폄하하는 경향이 있었다. 특히 예산결의 금액 조정치를 이전의 세출예산위원회 결정액에 맞추어 예산 총액을 조정(reconciliation)하는 경향이 있었다. 사실, 법률에 따르면 그 반대여야 하는 것이다. 그럼에도 불구하고, 삭감은 이루어졌고(Schick, 1980), 일반적인 분위기가 그것을 강화시켰다(LeLoup, 1980). 실제적 효과는 하원과 상원에 "재정 양심(fiscal conscience)"이 생성된 것이었다(Sundquist, 1981).

그러나 예산 삭감은 타협의 마술에 걸려 촉진되지 못했다. 자동적 지출 혹은 조문(formular)에 의한 지출을 추진하는 수권위원회들에 의한 수권입법을 변화시키려는 노력이 없었다. 게다가, 몇몇 부서가 설치되었는데 이들 부서는 다른 통합 예산과 종합 예산(comprehensive budget)에 나타나지 않았다. 의회는 하수도 체계를 위해 시정부에 융자를 해 주고 은행에 의한 학자금 융자를 보증해 주는 등 신용활동을 통해 더 많은 예산을 배분했다. 조세지출(tax expenditures), 즉 의회가 조직이나 조직의 집단에게 부여하는 조세 유예가 관대한 예산 운영 도구가 되었다.

이와 같은 방법에 의해 삭감의 추진이 미진하자 기존의 것보다 훨씬 강한 삭감 방법이 필요해졌다. 첫째, 주어진 목표와 총액에 지출과 수권[사업 승인] 모두를 조정하도록 명령이 내려졌다(이때 조정은 제1차 예산 결의를 제2차 예산 결의처럼 운영하는 것이다). 둘째, 예산 적자의 규모를 통제하려고 시도했던 입법이 일시적 효과 혹은 심지어 현재적 효과를 내기 시작했다.

뺄셈의 정치는 불확실성의 정치다; 예를 들어, 케이든이 예산 삭감의 정치를 묘사한 것을 고찰해 보자(Caiden, 1983: 102).

재원이 부족한데도 억누를 수 없는 요구 압력이 지속되자 통합예산이 수많은 독립적인 계정과 용도가 지정된 자금(earmarked funds)으로 분할되고 찢기어서 사라지는 경향이 있다. 불확실성을 완화할 여유 재원이 없을 때, 시간 범위가 축소되어 세입과 세출에 대한 최근의 예측에 부응해서 예산은 일년 내내 작성되고 또 작성된다. 불확실성에 대응해서 그리고 재원을 보유하려는 노력에서, 중앙통제가 관할 업무에 속하는 분야에 대해 강화된다. 그런데 이것은 지출 부서로 하여금 중앙통제에 대응해서 세력을 증대시키고 재정, 정보, 결정 등의 근원에 대한 자율성을 유지하도록 더욱더 노력하는 결과를 초래한다. 공공지출에 대한 종합적인 연차 계획의 정확한 집행으로 정의되는 예산 운영은 행정 책임성(public accountability), 일관성 있는 정책결정, 그리고 편견 없는 정보를 희생하고 현금 흐름을 유지하기 위해 필사적이고 반복적인 투쟁이 되고 만다.

이런 묘사는 곤란한 상황에 빠지기 시작하는 연방정부, 주정부, 지방정부 모두에 적용될 수 있다.

뺄셈의 정치가 요구하는 방법은 덧셈의 정치가 요구하는 방법과 상당히 다르다. 뺄셈의 정치는 통합을 요구하고 단편적인 결정을 요구하지 않는다. 뺄셈의 정치는 자율성이 아니라 계층제를, 배제가 아니라 포용을 요구하며, 이슈를 흐리게 하기보다 이슈를 명백히 하기를 요구하며, 갈등을 회피하기보다 직접적인 대결을 요구한다. 케이든(Caiden, 1983)은 다음과 같이 주장한다: 이런 방법들에 의해 입법부보다 집행부가 일차적인 예산 책임을 지는 적합한 기관이 된다. 왜냐하면 집행부만이 높은 응집력과 엄격한 시간표에 따라 결정을 집행할 수 있는 능력과 지출 요구를 반복적으로 배정할 수 있는 자격을 가지고 있기 때문이다. 의회는 이익의 표출, 지출 요구의 목소리 내기, 경쟁하는 요구의 융합, 갈등을 일으키는 가치의 조정과 타협 등의 다른 책임을 가지고 있다. 뺄셈의 정치에 대해 의회는 선택의 진퇴양난(dilemma)에 직면한다. 예산 삭감을 위해서는 중앙집권화가 필요하고, 대의와 타협과 조정을 위해서는 분권화가 필요한데 이 양자간 선택의 진퇴양난에 의회는 직면한다. 그래서 제도와 절차가 변화에 적응하려는 열기 속에서 시도되고 개편되면, 덧셈의 정치와 뺄셈의 정치는 의회에서 서로 충돌한다.

4) 우리가 결정권이 없다면 무엇 때문에?

이들 새로운 제도와 절차의 결과는 뺄셈의 정치이고, 분석적으로 도입된 결정은 아니지만, 뺄셈의 정치는 공공연한 갈등에 초점을 두는 반면에, 덧셈의 정치는 점진적 변화를 불러왔다. 우리는 점점 분석적 결정을 하지 못하고 점점 더욱더 개인과 소위원회와 이슈 네트워크와 정당과 관료제의 전문가들로 구성되는 느슨하게 결합된 체제를 관리하는 방법과 개념이 필요하다.

이러한 명확한 무정부 상태를 관리하는 것은 정서에 기초한 전략을 이용하는 것을 아마 뜻할 것이다. 다른 어떤 것도 작동하지 않을 수 있을 때, 상징, 의례, 언어 등은 집행부를 안내할 수 있다.

무정부 은유와 집행부 제출 예산제도

우리는 조직이 가지고 있는 은유 요건이 다를 것으로 기대해야 한다. 코헨과 마치(Cohen & March, 1975, 1986)가 지적했듯이 그 차이는 조직구성원들이 직면한 결정에 그들이 줄 수 있는 관심의 양과 관계가 있다. 그래서 문제와 해결 방법의 흐름도 또한 다르다(제5장 참조).

은유의 적용에 기초가 되는 문양들(patterns)은 문제, 해결 방법, 참여자, 그리고 결정 기회의 흐름이 얼마나 독립적이고 외생적이고 급한가의 문제일 수도 있다. 은유 요건은 복잡성과 관계가 있다. 구조가 복잡할수록 은유의 필요성은 더욱더 커진다.

예산을 여러 결정구조를 통한 정보의 동시적 흐름으로 상상해 보자. 종종 이들 흐름은 어떤 이의 문제와 또 다른 이의 문제 해결 유형에 대한 기술(skill)을 포함한다. 그래서 한 사람의 문제는 다른 사람의 해결 방법이다. 물론 정확히 대칭되는 것은 아닐 수 있다. 어떤 날 참여자의 수와 유형으로 표시된 많은 해결 방법은 문제의 수를 압도할 수도 있을 것이다. 결정 기회의 수도 또한 시간마다 변할 것이다.

주지사들은 그들이 어떻든 관리해야 하는 분절된 구조에 직면한다. 무정부적 상황을 관리하는 것은 가능하지만 그 관리는 하나 이상의 결정 양식(styles)을 초래한다는 것을 기억하자. 마치와 코헨은 주요 대학의 최고관리자 사이에 세 가지 양식이 널리 퍼져 있다고 했다.

> 간과(oversight): 문제들이 다른 결정들과 관련될 때 결정이 촉진되면, 그리고 신속히 새로운 결정을 하기 위한 가용 에너지가 있으면, 기존의 문제들에 대한 관심이 없이도 그리고 최소의 시간 및 에너지만 있으면 결정이 이루어질 것이다.
>
> 도피(flight): 몇몇 경우, 문제에 대한 "좀 더 매력적인" 결정이 가능해질 때까지 상당 기간 결정은 문제와 연결되지 않을 수 있다. 문제는 결정을 그대로 놓아둔다. 그래서 문제는 결정하는 것이 가능하다. 결정은 문제를 해결하지 않는다(문제는 새로운 결정과 관련된다).

해결(resolution): 문제에 대해 어느 정도 기간 연구한 후 몇몇 결정은 문제를 해결한다. 시간의 길이는 상당히 다양하다(이것은 문제의 수에 달려 있다). 해결은 조직 내 결정에 대한 대부분의 논의 속에 내재하는 익숙한 사례다(Cohen and March, 1986: 30-35).

몇몇 결정은 간과와 해결 양식 모두와 관계가 있지만(즉, 몇 문제는 그대로 방치되고 나머지는 해결된다.) 해결로 정의가 된다. 이 세 개 결정 양식은 서로에 대해 배타적이지만 망라적이다. 동일한 조직이 다른 결정에 대해 세 개 결정 양식 가운데 하나를 아마 이용할 것이다.

전략적 예산 운영

결정 양식에 대한 전략은 최고집행자가 통제할 수 없는 많은 것에 의존할 것이다.

〈표 4-4〉 조직적 무정부 상태에서 쓰레기통 결정에 대한 개선 방안

시간쓰기(spend time)	시간은 희소한 물자이기 때문에 시간을 쓰도록 작정한 사람은 가치있는 재원을 제공할 것이다.
버티기(persist)	승패는 일면 운이다. 승패는 특별한 때 나타난 관심의 특별한 문양에서 비롯된다.
지위를 버리고 실질을 취하기 (exchange status for substance)	실질적 이슈보다 상징적 이슈가 참여자에게 더 중요할 가능성이 있다. 그래서 반대 방향으로 거래하고 싶어하는 사람은 유리한 거래 입장에 있다.
반대편 참여 촉진하기 (facilitate opposition participation)	쓰레기통 결정 과정의 좌절은 열망을 감소시키는 경향이 있다.
체제 과부하하기 (overload the system)	개개 제안은 쓰레기통에서 쉽게 패배를 맛볼 수 있다. 그러나 많은 수의 사업(projects)을 가지고 있는 사람은 그 사업 중에서 성공할 수 있는 사업을 발견할 수 있을 것이다. 마감일 또한 문제의 흐름을 관리하는 데 사용될 수 있다.
쓰레기통 마련하기 (provide garbage cans)	잠재적으로 부적합한 문제와 해결 방법을 해가 되지 않는 결정 상황으로 돌려놓는다. 예를 들면, 장기 계획과 조직 목적을 논의하는 것이 여기에 속한다.
은밀하게 관리하기 (manage unobrusively)	강력한 힘을 사용하기는 하지만 간섭은 적게 하는 방법을 사용해서, 조직을 몰아붙이기보다 조직의 움직임을 조정한다.
역사 해석하기 (interpret history)	참여의 변화하는 문양을 이용하기 위해 발생하고 있는 것과 발생했던 것의 정의를 통제한다.

출처: Cohen and March(1974, 1986).

그럼에도 불구하고, 마치(James G. March)와 올센(Johan P. Olsen)은 전략 형성에 대한 개선 방안을 처방했다 (<표 4-4> 참조).

균형에 기초한 예산 체제에 대한 사례연구

만약 예산 결정을 무정부 상태라고 생각한다면 예산 행위자들에 의해 사용되는 상당히 다른 관심 규칙들을 볼 수 있다. 과정이 이런 규칙의 적용을 어느 정도 공식화하기 때문에 예산 행위자들로 하여금 합의한 일정표에 따른 특별한 방법으로 예산 결정에 주목하도록 하는 방법으로서 예산개혁이 이루어진다. 이 특별한 방법이 경쟁의 근원이 된다. 예산 행위자들은 자신들을 얽어매는 그러한 규칙들을 준수하지 않고 자신을 얽매지 않는 규칙들을 준수한다. 여기에서 필자는 사례연구 방법을 사용하여 예산개혁의 한 예를 기술한다.

1) 캔자스주 집행부 조직 개편

캔자스 주지사는 1972년까지 제한적인 권력을 가지고 있었다. 주지사의 부처장 임명권은 부처장을 임명하는 이사회(boards)와 위원회(commissions)의 임명으로 대치되었다. 더구나, 예산권은 근본적으로 입법부와 부처들에 속했고 2년 임기의 주지사가 관여할 여지도 안 주고 입법부와 부처가 함께 예산을 결정했다. 입법부는 재정문제를 다루기 위해 격년으로 회합을 했고, 예산문제에 대한 감독 기능은 주지사와 입법부가 공동으로 통제하는 예산담당관실에 맡겼다.

입법부는 1972년에 법률을 통과시켰고 주지사실에 전반적인 관리통제의 통합을 승인했다. 주지사는 집행부 제출 예산을 계획하고 제안하는 책임을 획득했다. 이에 더해서, 이사회와 위원회는 부처장에 대한 임명권을 종종 상실했고, 그것은 주지사에게 되돌려져 주지사의 권한이 강화되었다. 이런 변화에 대해, 입법부는 입법부 연구실(Legislative Research Division)과 세입위원회에 직원을 강화하여 강력한 재정 감시를 했다.

예산에 대한 통제가 집행부와 입법부로 분리됨으로써 주지사실을 통해 정보가 흐르게 되었다. 사실, 1972년 법률에 의하면, 주지사의 예산담당기관이 예산 요구의 형식을 정하고 부처의 예산 요구는 주지사에게 제출됨과 동시에 입법부 위원회에 제출될 수 있도록 규정되었다. 그런 예산 형식은 부처와 입법부 위원회와의 상호작용을 방해했다. 왜냐하면, "부처의 요구와 주지사의 예산안이 서로 일치하지 않을 때, 어떤 각료도 부처 요구와 주지사의 요구 모두를 방어하기 위해 입법부 세입위원회 앞에 서기를 즐거워하지 않기" 때문이다(Rein and Brown, 1982: 33).

2) 균형 기준 예산(BBB) 과정

1972년부터 1982년까지 주지사, 입법부, 그리고 각 부처는 연차 예산 조정을 통해 일을 했다. 입법부는 예산 운영에 대해 많은 통제를 했다. 주지사는 집행부에 대해 완전한 지배력을 가지지 못한 채 예산실장에게 자질구레한 것에 대해 통제를 하도록 했고, 연방보조금을 증대시키고 조세 체제를 개혁하고 개인적으로 충성스러운 각료를 임명하는 등 전반적인 노력을 통해 주정부기관들에 영향력을 행사했다. 예산담당관실은 통상 주지사의 참모기관의 하나였는데, 입법부와 집행부가 참여하는 공동 부서였다(Bibb, 1984).

그러나 칼린(John Carlin) 주지사의 임기 초에, 예산 운영은 일상적이 되어 새 주지사에게 전략적 여지를 전혀 주지 않았다. 입법부 위원회들은 세입공할제도(revenue sharing)와 같은 연방자금을 배정할 것을 고집했고, 광물추출세를 징수함으로써 조세 체제 개혁을 거부했으며, 주지사와 그의 많은 충성스러운 각료와의 사이를 분열시키기 위해 예산을 사용했다(Muchmore and Duncan, 1982).

균형 기준 예산 과정은 예산에 대한 입법부 패권의 상당 부분을 무력화하고자 만들어졌다. 이 예산개혁은 두 가지 목적을 달성하도록 되어 있었다. 즉, 전략적 통제를 할 수 있도록 하고, 이렇게 함으로써 주지사의 집행부에 대한 관리통제를 통합하도록 한다.

균형 기준 예산 개혁을 창안한 머치모어(Lynn Muchmore)와 던컨(Harley Duncan)은 그것을 집행부 관리들의 관심을 얻으려는 노력으로 묘사했다.[6] 이런 관심 변동은 희소 생산을 통해 일어났다. 캔자스 주에 새 예산 체제를 설치하기 전에는 부처 예산이 편성된 이후에야 세입 추계가 이루어졌다. 중앙의 예산 관련 직원이 가용재원에 요구액을 조정하기 위해 주지사와 같이 작업을 할 때 처음으로 세입 추계활동이 시작되었다.

균형 기준 예산 체제가 첫 단계로 재원 한계를 도입했던 까닭에 세입 추계 일정이

6) 이 내용은 기본적으로 머치모어와 던컨(Muchmore and Duncan, 1982)의 연구에 의존했으며,그들의 허락를 받았다.

11월에서 더 앞선 5월로 6개월 정도 앞당겨졌다. 조기 추계가 검토된 후 주지사는 "예산 기준(budget base)"을 만들기 위해 각 부처에 예상되는 주정부 일반 펀드 수입(State General Fund revenues)을 배분했고, 예산 기준은 예산 해석을 발생시키는 모든 것의 중심점이 되었다. 모든 부처는 일반 펀드 지출 총액이 지정된 기준 수준과 일치하는 예산을 편성하도록 지시받았다. 따라서, 계획된 부처 지출 총액은 정확히 예산 수입과 일치했다. 그리고 그 기준은 균형 예산이었다.

균형이라는 성질을 유지하기 위해, 배정된 기준 금액을 초과한 부처의 모든 지출에 대해 주지사 권고가 제시되는데 이 주지사의 권고는 예산 어느 곳의 상응하는 삭감에 의해 상쇄되어야 했다. 주지사의 기준 배정은 부처 수준에 적용되었고 사업 수준에 적용되지 않았다. 부처의 관리자들은 자신의 관할인 사업들에 기준 금액의 배분을 제안하는 자유를 가졌다.

개정된 과정의 중요한 요소는 주지사가 부처에 배분될 기준 예산을 결정하는 데 이용할 수 있는 정보 기반(information base)이었다. 4월에 부처는 주지사가 예상 수입을 부처에게 나눠 주는데 고려해야 한다고 믿는 주요 정책문제에 대한 "이슈 문서(issue papers)"를 마련하도록 지시를 받았다. 이 이슈와 이슈 문서에 제시되어 있는 대안들은－대안들은 예산담당관실 분석가들이 만든 것인데－주지사의 검토를 위한 자료집(data base)이 되었다.

집행 2년째에는 이슈 문서가 부처는 물론 민간 이익집단으로부터의 투입을 포함하도록 확대되었다. 이에 따라 배정이 이루어질 때 주지사가 이용할 수 있는 이슈의 구성과 전문지식의 다양성이 확대되었다.

영기준 예산(ZBB)의 형식이 균형 기준 예산(BBB) 체제의 일부가 되었다. 만약 부처가 기준 배정과 다른 금액을 받는다면 부처 운영과 공공 편익에서 발생할 수 있는 변화에 대한 정보를 주지사 또한 필요할 것이라고 생각되었다. *기준 배정*이 각 부처에 주어졌고 그리고 그 기준 수준에 맞추어 예산을 편성하도록 부처에 지시가 내려가자, 주지사는 또한 더 높은 수준으로 *제2차 배정*을 명령했고, 더 낮은 수준으로 *제3차 배정*을 명령했다. 부처는 각각의 추가적 수준에 맞추어, 삭감된 자금에 부처가 할 수 있는 조정을 반영하기 위해 그리고 자금이 기준 이상으로 증대되었을 때 집행될 수 있을지도 모를 우선순위를 나타내기 위해, 예산제출서를 준비하도록 지시를 받았다. 따라서, 최종 예산 결정을 예상해서 주지사가 제시한 권고는 최적 결정을 위해 요구되는 정보와 비슷한 대안들이었다.

대안들은 지출만이 아니라 산출(output)의 변화에도 초점을 두었다. 만약 제약된 최대화의 원칙(principles of constrained maximization)을 준수해야 한다면, 성과와 서비스 전달의 측정에 동일한 강조가 주어져야 하는 것으로 생각된다. 따라서, 개정된 체제는 각 부처에 각 지출 수준에 대한 성과 지표와 측정 방법을 제시하는 의무를 부여했다. 이런 측정치는 주 사업 목표 달성을 향한 진전을 평가하는 수단이 되었다. 또한 관념적으로 이들 측정치는 가능한 지출에 대한 비용과 편익을 대략 비교할 수 있게 해 주었으며, 그리고 기준 이상으로 조정한 조정의 평가 혹은 기준 이하로 조정한 조정의 평가를 할 수 있게 해 주었다. 실제로, 비용(cost) 자료를 가지고 비용과 편익의 조합으로 강조점을 변화시키는 것은 단기간에 달성하기 힘들었다. 첫째, 어떤 사업에 대해서는 편익과 성과 정보를 얻기 힘들었고 그 정보가 기존의 자료 수집 과정을 반영하지 않는 한 정보의 신뢰성이 문제가 될 수 있었다. 둘째, 성과 자료를 이용할 수 있을 때라도, 해석에 갈등이 있으면 그 자료는 이용에 한계가 있다. 한편, 비용은 얻기가 쉬웠고 문서화가 잘 되어 있었고 광대한 역사적 정보가 뒷받침되었으며 상대적으로 명확했다. 따라서 특히 입법부에서 채택한 최종 재정계획이 예상 성과가 아니라 비용 통제 측면에서 작성된 때에는 예산에 대한 토론이 비용에 집중되었다. 의사결정의 가장 중요한 요소로서 비용 자료를 선호하는 가정은 쉽게 저버릴 수 없었다.

개정된 체제는 또한 부처에 대해 사업구조와 사업계획(program-planning) 조건을 부여했다. 주정부 부처의 운영은 심사되었는데 이것은 예산 단위들이 하나 혹은 그 이상의 공동의 목적과 일관성 있는 관리를 참고해서 정의될 수 있도록 부처의 활동들이 더 논리적으로 서로 집단화될(clustered) 수 있는지를 결정하기 위한 것이었다. 그 결과 주정부는 대략 350개 사업으로 쪼개졌다. 몇몇 경우에는 하위사업이 사업 안에 있는 보충적 그러나 독립적인 활동집단으로 정의되었다. 예산 편성 제안을 위한 기본 단위는 사업이었다.

논리적으로 볼 때, 사업의 창안 다음에 두 번째 단계가 시작된다. 즉, 모든 예산 단위에 대한 목적과 목표를 상세하게 설명한 운영계획(operations plans)을 편성한다. 이것은 (1) 사업의 운영적 특성을 기술하고, (2) 서비스에 대한 필요에 영향을 미치는 장기적 요인들을 확인하며, (3) 성과를 추적·점검하는 데 사용될 수 있는 지표를 마련하기 위한 것이다. 그런 사업계획(program plans)은 주정부의 중앙관리 및 예산체제에 공통적으로 사용되었고, 예산실(Division of Budget) 직원은 이 체제로부터 충원되었다.

3) 균형 기준 예산 연구문제

취임하는 여느 새 공직자들과 마찬가지로, 임명식은 공식적인 부하들과 실제적인 경쟁자들에게 상당한 양의 정보를 제공해 줄 것이다. 그래서 필자는 캔자스 주지사 임명식의 구성 요소가 무엇을 포함했는지 알고 싶었다. 명확하게, 어떤 상징과 어떤 의례가 균형 기준 예산 체제를 통해 중요성을 가졌는가? 그것들은 그럴듯한 해석에 도움이 되었는가? 의례는 그럴듯한 대안적 해석에 개연성을 제공했는가?

4) 균형 기준 예산 연구 방법

균형 기준 예산 체제는 끊임없는 감시를 받았다. 이 감시는 균형 기준 예산 체제를 경험한 두 개의 집행부 기관과 지출 우선순위의 통제에 대해 주지사와 경쟁을 하는 입법부에 의해 이루어졌다. 균형 기준 예산 체제를 경험한 사람들의 견해를 확인하고자 면접과 설문서 서베이를 통해 자료를 모았다.

예산 행위자들과 그들의 반응에 대한 네 종류의 자료를 모았는데 이것들은 예산 체제가 무엇에 유용했고 그리고 어떻게 이 예산 체제가 거대한 주정부 의사결정 체제에 이식되었나에 대해 자세한 것을 제공한다. 자료 중의 한 종류는 예산실에 대해 부처를 위해 책임져야 하는 가장 중요한 담당자인 부처 예산담당관을 조사해서 얻었다(Miller and Olson, 1983). 두 종류의 서베이는 입법부 의원과 그들의 균형 기준 예산 체제에 대한 견해를 조사했다(Tinkum, 1982; Solomon, 1983). 나머지 한 종류의 조사는 각료인 부처 장관(cabinet secretaries)과의 대면적 면접을 한 것인데, 이것은 고위관리자에 의해 이루어진 잠정적 결론(surface conclusions)이 되었다.

연구설계는 종단적 설계였다. 부처 예산담당관들에 대한 설문서와 입법부 의원에 대한 설문서는 균형 기준 예산을 사용하는 첫 번째 예산 편성 주기 마지막 6개월 내에 이루어졌다(Tunkum, 1982). 고위관리자들과의 면접도 동일 기간에 이루어졌다. 두 번째 서베이는 두 번째 예산 편성 주기 후에 실시되었다(Solomon, 1983).

5) 발견과 토론

부처 예산담당관들은 새 예산 체제를 변화의 기호로 보는 경향이 있었다. 규모가 작은 부처의 경우, 서비스 전달 용어로 제기된 문제보다 사업적 용어로 제기된 문제들에 대응하기 위해 벽에 명기를 했다. 사업적 견해에 익숙한 규모가 큰 부처들은 예산 절기가 시작되기 *전*에 문제 분석과 정책 주도권을 포기함으로써 영향력의 원천을 포기했다고 생각했다.

그러나 두 경우 모두에서 주지사는 두 개의 목적을 달성한 것으로 보였다. 첫째, 주지사는 책임있는 행정의 가치와 필요성을 주장함으로써 예산 과정 전반에 대한 집행부의 권력을 강화했다. 그는 캔자스 주에서 집행부 조직개편운동을 아마 시작하지 않았다고 할 수 있다. 그러나 각료인 부처 장관은 그가 균형 기준 예산 체제로 그것을 완료했다고 말한다.

집행부 제출 예산제도가 책임있는 행정에 예산 배분 권한을 부여한 것을 부처들이 느꼈는데 부처들이 그것을 느낄 수 있었던 것은 바로 균형 기준 예산 체제가 있었기 때문이다. 이 경우, 배분은 명목적으로 부처 정책 문서, 문제 연구, 그리고 전략적 환경분석에서 전제된 결정들로부터 나온 것이다.

여하튼, 주지사는 배분 결정을 통해 그의 두 번째 목적을 달성할 수 있었다. 그는 첫 번째 품목별 예산 형식이 채워지기 전에 예산에 대한 총괄적 방향을 발표함으로써 결정에 대한 정치적 볼거리와 결정에 대한 중요한 광경을 만들 수 있었다.

총괄적 예산 배분에 대한 의사 표명은 예산담당관실 관리들이 사회를 보는 정규청문회 과정 없이 발표되었다. 이전에는 "쫓고 쫓기는 경기(cat and mouse games)"가 발생했다. 전 예산실장은 아래와 같이 말한다(Bibb, 1984: 126).

> 캔자스 주 법률에 의하면, 주정부 예산실장은 부처의 예산 요구를 검토해서 주지사에게 예산안을 권고하고 부처는 주지사에게 삭감 부분을 되살리고자 이의를 제기할 수 있게 되어 있다. 본인은 본인의 권고안 명부로부터 주기적으로 사업들을 제외시키는 관행을 정립했다. 이렇게 함으로써 부처의 이의 과정에서 사업들이 평가되고 각각의 사업들이 계속되어야 하는지 그리고 만약 계속되어야 한다면 어느 수준으로 해야 하는지에 관한 결정이 이루어졌다.

예산실장은 보통 예산 검토 과정에서 제시되지 않았던 자료를 제시하도록 부처에 강요할 수 있었다. 그리고 예산실장은 자신이 다루기에는 현명하지 않다고 생각한 정치적으로 민감한 문제를 주지사가 다루도록 건넬 수 있었다. 그러나 이런 각본은 끝났다. 균형 기준 예산 체제에서는 주지사가 주지사의 목적을 확실히 하기 위해 부처가 해야 할 것을 요구할 수 있다. 이것은 여전히 경기(game)였지만 예산 청문회가 부처의 계획이 아니라 주지사의 계획에 의해 공연되는 무대가 되었다. 이렇게 해서 부처들은 *주지사*의 의제에 대해 책임을 지게 되었다. 따라서 행정의 관점에서 상징, 의례, 그리고 언어는 주지사의 권력을 강화하는 것을 지지하는 역할을 했다. 배분 결정은 지도자 본분에 대한 주도성과 단호함을 상징했다. 그렇게 함으로써, 배분은 논쟁이 있을 수 있는 엘더와 콥(Elder & Cobb, 1983)의 상징에 대한 가장 중요한 역할인 더 큰 목적을 위해 개개 부처에 규율을 고취했다.

보통 예산담당관실을 자세한 회계까지 통달한 기관으로 보여 주는 의례인 예산 청문회는 다른 종류의 의례로 교체되었다. 청문회 의례는 주지사에게 부처 예산 요구를 검증하는 연출 기법을 사용할 수 있는 기회를, 또 믿을 만한 부처에는 제공자의 역할을 그리고 부도덕한 부처에는 처벌자의 역할을 할 수 있는 기회를 제공했다. 동시에 주지사는 사업이 제공하는 가치를 지적하면서 아주 개괄적인 용어로 정보를 요청할 수 있었다. 또한 주지사는 그의 시각을 따르지 않는 사람과, 그가 원하지 않는 방향으로 그의 계획을 수행하려고 일을 벌이는 사람을 형식적 의사 표명(gestures), 정경, 놀라운 광경 등에 새로 빠진 관중 앞에서 모두 비난할 수 있었다.

주지사가 균형 기준 예산을 이용함으로써 에델만이 말하는 의례의 세 가지 목적을 충족시킬 수 있었다. 주지사가 원하는 방향으로 자기가 직접 이끌고 "지도력을 발휘함"으로써 그가 재임 초기에 예산 배분한 것이 일으킨 적대 감정을 가라앉힐 수 있었다. 그러나 예산 배분 그 자체는 청문회에서 부처들에 의해 확인되고 방어되었던 까닭에, 민주적 체제에서 집행부의 역할을 재확인하는 장대한 형식적 의사 표명이 되었다. 끝으로, 균형 기준 예산 체제에서 청문회 의례는 적대감을 가라앉히고 주지사의 역할을 재확인함으로써, 주지사에게 각 부처가 기꺼이 따르도록 하게끔 훌륭한 기회를 제공했다.

균형 기준 예산 체제로 인해 행정가들은 다른 언어로 말을 했다. 이 체제는 "비용통제", "우선순위 결정"을 위한 사업 수준 책임, 그리고 문제의 "초기 상황"을 장려했다. 무엇보다도, 균형 기준 예산 체제는 주지사 전략이 지향하는 단일 목적을 위해 새로운 자금으로부터 대폭 예산을 증대시키고자 하는 부처의 요구를 허용하는 대신에 매년 증가하는 예산 권한(budget authority) 가운데 공통적인 "공정한 몫(fair-share)"을 주장하는 부처의 요구를 일시적으로나마 진정시켰다.

입법부의 반응은 더디었으나 완고했다. 틴컴(Tinkum, 1982)과 솔로몬(Solomon, 1983) 모두가 발견했듯이, 입법부 의원들은 이 개혁이 그들에게 어떤 적실성이 있다고 처음에는 믿지 않았다. 다만 의원들이 그 균형 기준 예산 체제가 주지사의 권력을 강화하는 방법이라는 것을 알았을 때 그들은 부처의 이의 제기를 조장하기 시작했다. 이와 같은 부처의 이의 제기는 전통적으로 독립적인 집단인 주립대학에서 처음 나타났고 예산 결정과 같은 입법 과정에서 특히 두드러지게 나타났다. 불만에 찬 대학의 직원은 마침내 균형 기준 예산 과정의 합헌성에 대해 법무부 장관의 의견을 구했다. 법무부 장관의 의견은 부처/기관과 입법부의 위원회 간의 친밀한 관계를 유지할 것을 지지했다. 특히, 이전의 집행부 조직 개편을 통해 주지사가 완전한 통제를 행사할 수 있게 되었는데 이 주지사의 완전한 통제 하에서 이러한 독특한 부처/기관들이 해체되지 않았을 때에는 이들 기관과 입법부 위원회 간의 친밀한 관계를 유지할 것을 지지했다.

이론으로서 균형 기준 예산 체제의 효과는 중요한 하위 문화에 강조점의 변화를 알리고자 할 때 수여 의례의 잠재적 적용가능성을 보여 주는 것이었다. 청문회 의례를 사용함으로써, 주지사는 예산 배분을 집행부 권력의 상징으로 만들었고 그 배분을 통해 주지사는 모든 집행부 기관에 변화의 신호를 보냈다. 이들 집행부 기관은 특별한 입법적 통제를 통해 주지사의 지배를 벗어날 수 없었다. 주지사와 집행부 기관들과의 대결로 볼 때 새로운 균형 기준 예산 체제에서 예산 과정과 그 언어는 역할을 했다. 의례는 권력을 강화해 주었고, 놀라운 광경을 통해 적대 감정을 가라앉혔고, 예산 배분 역할을 재확인했으며, 그리고 순종을 확보했다. 그 결과는 주지사실에 대한 20년 된 중앙집권적 관리 특권을 마침내 강화한 것이다.

Chapter 07

네트워크 정치경제 체제: 공채 대리시장

균형 기준 예산(BBB) 체제 혁신이 극적으로 표현했듯이 예산 운영은 행정관들이 관리하는 사람들을 위해 간접적으로 현실을 조직화할 수 있고 해석할 수 있는 방법을 제공해 준다. 이 장에서 필자는 시정부 공채 조달(debt financing)과 관계자들 특히 공공 재무관리자들에게 모호한 상황을 정의하고 해석하면서 네트워크 정치경제 체제(network political economies)의 역할을 연구하고자 한다.1)

공공 재무관리자들은 현실을 조심스럽게 그리고 위험을 회피하는 방향으로 종종 해석한다. 필자가 그것을 보여 주기 위해 여기서 증거를 정리한다. 채권 판매를 위한 경쟁 입찰은 중개인에게 위험을 전가하는 기초적인 방법으로 종종 쓰인다. 그러나 필자는 경쟁 입찰이 대부분 위험을 증대시킨다는 점을 논증하고자 한다. 또한 필자는 몇몇 도시가 혁신적 재원 조달 방법을 위험하다고 하지만 그러나 많은 도시가 지금도 여전히 진부하게 사용하는 혁신적 재원 조달 방법이 시정부에 전혀 걱정을 끼치지 않는다는 것을 논증하고자 한다.

왜 어떤 이는 위험한 입찰 절차를 조심성 없이 사용하지만 더 많은 이들이 위험 중립적인 재원 조달 전략을 사용하는 것일까? 필자는 공채 조달에서 발생하는 쇄신은 종종 재원 조달에 참여하는 은행가, 변호사, 회계사, 재무관리자 등 참여자들의 상호

1) [공채(公債)는 광의로는, 협의의 공채와 차입금을 포함한다. 차입금에는 정기차입금과 일시차입금이 있다. 협의의 공채에는 국채와 지방채가 있고, 국채에는 내국채와 외채가 있다(김완순(1986). 『재정학원론』. 서울: 다산출판사, 588쪽). 이러한 방법으로 정부가 자금을 마련하고 보관하고 사용하는 방법을 공채 조달이라고 보았다.－역자 주].

작용으로 이루어진다고 논증한다. 이 상호작용은 관여한 사람들에 대한 현실의 사회적 구성이며 초래한 쇄신은 필자가 정부 재무관리자의 가치와 현실 구성으로서 간주한 것과 비교할 때 매우 급진적인 것으로 보인다.

이 장은 3절로 구성되며 각 절은 쇄신에 대한 논증으로 이루어진다. 제1절에서 필자는 공공 재무관리자가 현실을 직면하는 전형적인 방법에 대한 연구를 약술한다. 제2절에서 필자는 개별 재무관리자들보다 네트워크 정치경제 체제가 현실 구성에서 매우 강력하다는 것을 논증한다. 마지막 절에서 필자는 위험 회피 관리자와 상반되는 재원 조달 방법을 분류하고 네트워크 정치경제 체제 논거에 지지를 보낼 것이다.

제1절 가치와 공공 재무관리자[2]

공공 부문 재무관리에 대한 최근의 연구들은 생산성 증진을 위해 고려할 만한 가치가 있는 장치로서 전략적 기획과 관리(다시 말하면, 전략)의 사용을 지지한다. 전략은 재무관리자가 문양과 추세를 찾아내기 위해 더 큰 조직의 환경을 분석할 수 있는 방법을 제공한다. 관리자는 그런 전망을 가진 까닭에 기회를 예측할 수 있고, 재무관리 관심 사항 분야에서 행동계획을 구성할 수 있을 것이다. 즉 현금관리에서 위험을 축소하기 위한 행동계획, 공채를 현명하게 사용하기 위한 행동계획, 희소한 세금과 수입 재원을 좀 더 생산적으로 사용하기 위한 행동계획 등이 그것이다.

전략을 사용하려면 가치를 재검토해야 할 필요성이 있다. 이 장에서 필자는 전략을 뒷받침하고 있는 가치가 현재 정부 재무관리에 널리 퍼져 있는 가치와 여러 면에서 다른 경향이 있다는 것을 논증한다. 전략이 어떤 가치를 가진다면, 그 전략을 지지하는 사람은 그 변화가 얼마나 작든지 간에 가치 체제를 변화시키는 문제와 직면해야 한다. 민간 부문 환경과 반대되는 정부 부문 환경에서 전략을 사용한다면 그 전략의 옹호자는 고유한 생산성 문제에 마찬가지로 직면해야 한다. 첫째, 필자는 이들 옹호자의 전략 위치를 약술한다. 그리고 필자는 그들 입장 뒤에 있을 가치를 제시한다. 그리고 필자는 정부 재무관리를 뒷받침하고 있는 현재 가치를 읽는 방법을 제시하고 증거로서 재무관리자에 대한 서베이를 제공한다. 마지막 절에서 기존의 가치와

2) 이 절의 내용은 밀러, 라빈과 힐드레스(Miller, Rabin, and Hildreth, 1987)에 기초했다.

전략을 뒷받침하는 가치는 상충한다는 필자의 논증을 요약한다.

제 2 절 전략적 접근 방법

전략을 뒷받침하고 있는 가치를 검토하는 일차적인 방법은 정부 재무관리 공동체의 기존 학술지인 『정부재무학회보(*Government Finance Review*)』를 보는 것이다. 웨츨러와 피터슨(Wetzler and Petersen, 1985)은 아래와 같이 해명했다. 이들은 규범적 개혁보다 역사적으로 앞선 그러나 지금도 친숙한 설명을 따라서 해명했고, 그뿐만 아니라 전략에 대해 전향한 사람들의 전형적인 길을 따라서 해명했다.

1. 과거의 관리 노력과 기술은 과거 시대에는 적합했다. 그러나 현재에는 적합하지 않다. 왜냐하면 시대가 다르기 때문이다.
2. 전략은 기획이고 분석이다. 그리고 이 둘은 현시대의 문제를 다루는 데 좋고 적합하다.
3. 이제까지 전략의 궤적 기록은 일반적으로 혼합된 것이다. 그러나 나쁜 흔적은 무능한 혹은 부적합한 응용에서 비롯된 것이다.
4. 심오한 변화는 운영 방법(mode)으로서 전략을 수용함으로써 가능하며, 이 변화는 "정치는 말할 것 없고" 조직과 절차를 변경시킬 수도 있다.

그러나 이런 개혁 전략이 독특한 것인가? 관리 업무를 조망하는 새로운 방법인가? 최근 전략의 발전이 눈부셔서 다른 것을 시사하기도 하지만 여전히 전략의 발전은 역사가 짧지 않다. 결국 전략은 항상 전쟁 수행을 위한 관리 방법이었다.

웨츨러와 피터슨(Wetzler and Petersen, 1985: 8-9)이 설명하는 전략 종류는 다른 학자들의 전략 종류와 대단히 유사하다(<표 7-1> 참조). 왜냐하면 합리적 의사결정 과정을 모형으로 했기 때문이다. 끝으로, 웨츨러와 피터슨은 정부 부문에서 응용 미시경제학과 재무이론(finance theory)의 수용을 소개하고 강조하기 위해 전략을 사용했다. 그들은 전략은 개인으로 하여금 다음의 각각을 선택하는 데 도움을 준다고 주장했다. 즉 (1) 재원 조달로서 자본시장과 내부 조달 재원, (2) 투자에 대한 수익률이 상이한 사업들, (3) 위험 수준이 상이한 투자들, (4) 여러 자산(재원 혹은 과세표준)

〈표 7-1〉 모형의 비교

전략 모형들[a]	합리적 의사결정의 모형들[b]
1. 환경 검토	가치 혹은 목적은 일반적으로 대안적 정책을 고려하기 전에 따로 따로 정해지고 명확해진다.
2. 현재 상황의 평가	정책 형성은 목적-수단 분석을 통해 접근된다. 합의된 목적은 목적-수단 분석을 실시하기 위한 연구의 길을 제공한다.
3. 목적 설정	"훌륭한" 정책은 어떤 바람직한 목적에 대한 가장 적합한 방법을 제공하는 것이다.
4. 대안의 식별	모든 중요한 적합한 요소가 고려된다.
5. 재무적 대안의 분석과 선택	대안의 분석과 선택은 자주 이론에 크게 의존한다.

출처: a는 Wetzler and Petersen(1985); b는 Lindblom(1959); Golembiewski and Rabin(1975).

의 포트폴리오 등의 각각을 선택하는 데 도움을 준다(Wetzler and Petersen, 1985: 8).

재무이론과 응용 미시경제학의 개념의 적용은 이런저런 학자들이 지적한 바와 같은 한계를 가진다(Mathe, Baesel, and Shulman, 1983). 그러나 큰 문제는 합리적 이론으로부터 모형화하는 데 있는 것이 아니라 모든 다른 행동이 비교되는 하나의 기준으로서 하나의 행동 경로(하나의 목적)만을 옹호자들이 외곬수로 고집하는 데 있다.

그래서 웨츨러와 피터슨 그리고 [합리모형을 지지하는] 전략가들은 자신들을 *조직공학*(organization engineering)이라고 알려진 것에 이르는 공공 부문 영역에 한정시켰다. 셀즈닉(Selznick, 1957)은 조직공학과 제도적 지도력(leadership)을 구분했다. 셀즈닉은 전략은 공학과 매우 흡사하게 운영된다고 말했을 것이다. 즉

> 조직의 목적이 명백할 때, 대부분의 결정이 알려진 그리고 객관적인 기술적 기준들에 기초해서 이루어질 때, 지도자보다 공학자들이 더 필요하다(Selznick, 1957: 137).

공학 개념보다 혹은 여기 사례에서와 같은 응용 미시경제학보다 골렘비우스키(Golembiewski, 1969)는 "기술적 구조에 가치를 주입하기 위해" 독특한 사명과 역할에 적응할 필요성을 강조했는데, 그렇게 함으로써 "기술적으로 동일한 조직 단위들조차 사업, 방법 혹은 수혜자에게 독특한 기여를 할 수 있다고 보았다"(Golembiewski, 1969: 218-219).

정부 재무관리자의 가치

재무관리자들이 동의하는 일단의 가치가 있다. 일반적으로 재무이론/응용 미시경제학적 처방과 재무담당자에게 영향을 미치는 폭넓은 가치 사이에 상당한 차이가 있는데 이것은 행동 지침을 위한 공간이다. 재산의 극대화를 궁극적 목적으로서 정한다면 재무이론은 아무것도 빼놓을 수 없는 견고한 기반을 마련해 줄 것이다. 재산을 극대화하는 것이면 어떤 것이든지 생존을 확실히 하는 것이다. 필자는 신탁적 가치는 행동이 어떤 점 이상으로는 갈 수 없는 한계를 만든다고 주장한다.

재무관리자들이 가지고 있는 가치에 대한 좀 더 분명한 준거를 정하기 위해, 경제개발전략의 제1차적인 수단들을 사용하기 위한 관리자들의 지식과 의향에 대해 조사하고자 824명의 재무관리자들을 서베이했다. 즉, 그 수단들은 일반 의무 채권, 수익채권, 리스 계획, 민간 목적 채권(private purpose bonds), 차환 전략(advance re-funding stratagems) 등이다(<표 7-2> 참조).[3] 우리는 재무관리자가 위험한 전략을 수용하는 데 재무관리자가 가지고 있는 수탁자의 가치가 중요한 역할을 할 것으로 기대한다.

이 모든 전략은 대개 투기적이 아니다. 그러나 리스, 민간 목적 채권, 차환 등 세 가지는 적어도 논쟁의 여지는 있다.

<표 7-2>에서 방법의 보수성이 감소함에 따라 적합한 수단 및 사용에 대한 동의 정도가 놀랍게도 감소하는 경향이 있다. 그래서, [보수성이 강한] 일반 의무 채권 차입은 다른 어떤 것도 이 정도의 수락 수준에 접근하지 못한 폭넓은 동의를 받았다. 서베이를 수행하자 민간 목적 재원 조달은 평판이 아주 나빴다. 그런 악명 때문에 지금은 그 사용에 명문화된 제한이 가해졌다. 아직은 민간 목적 채권 사용에 제한을 가한 것이 이 기법에 대한 반응을 해석하는 데 작용하고 있다.

공공 재무관리자의 가치는 투자로 인한 이윤의 극대화와 대개는 상반된다. 이들 관리자는 그들 업무에 대한 법률적 책임과 관리 부실로 인한 법률적 결과에 대한 정

3) [주정부 및 지방정부는 공공 목적의 채권과 민간 목적의 채권을 발행하는데, 민간 목적 채권은 민간 기업이 공항을 건설하는 것과 같은 사업을 할 때 그 사업을 지원하기 위해 발행하며, 특별한 경우를 제외하고는 세금을 부가한다. 차환 전략은 이전에 발행한 채권의 원금과 이자를 갚기 위해 채권을 발행하는 것과 같은 것이다.—역자 주].

〈표 7-2〉 전략적 재무관리의 제1차적 도구를 사용하려는 의향

(응답자에게) " 선생님이 생각하기에 정부가 장기적 재원 조달 방법으로 사용해야 하거나 혹은 하지 말아야 하는 것을 다음에 표기해 주십시오.")

방법	사용해야	사용하지 말아야	잘 모르겠음
수익 채권	701	45	20
일반 의무 채권	701	45	28
리스	556	113	85
차환	469	173	116
민간 목적 재원 조달	436	255	59
총 조사 수: 824명			

교한 감각을 가지고 있다. 공공 재무관리자의 대부분은 자신들이 민간 부문 관리자들보다 훨씬 작은 것까지 조직을 지배하고 있다고 느낀다. 끝으로, 적어도 경제 개발과 사회기반시설 재건 분야에서는 전략 수단들에 대한 이해가 나름의 한계가 있다. 그리고 재무관리자는 낭비한다는 비난으로부터 자신을 변호할 필요성을 다룰 준비가 아직 되어 있지 않다.

제 3 절 네트워크 정치경제 체제: 현실의 중재자4)

만약 재무관리자가 기술(技術)의 유일한 중재자라면 우리는 그들이 단순히 결정을 하는 것이지, 그들의 보고된 수치에 기초해서 전략의 극대화를 꼭 하는 것은 아니라고 생각할 것이다. 그러나 단지 채권 발행자라는 사실로부터 전략의 결정을 추론하는 것은 인식의 범위를 벗어날 정도로 지나치게 재원 조달 과정을 단순화한 것이다.

필자와 다른 학자들(Miller, 1986; Hildreth, 1986, 1987; Sbragia, 1983)이 다른 곳에서 지적했듯이 재원 조달 전략은 채권 발행자와 채권을 판매하는 데 발행자가 함께 일하는 다른 사람들에 의해 형성되고 추구된다. 연구는 채권 발행자 혼자만이 아닌 판매에 관여한 팀(team)에 초점이 맞추어져야 한다. 더 나아가, 필자는 팀 구성원

4) 이 절은 힐드레스(W. Bartley Hildreth)와 함께 쓴 저자의 논문에 기초했다. 이 논문은 1988년 9월 2일 워싱턴 D.C.에서 개최된 미국정치학회 연차 대회에서 발표되었다.

은 서로 다른 목적을 가지고 있고, 팀 노력의 결과는 채권 발행자가 목적을 합리적으로 추구하는 것과는 다른 목적들의 최소 공통 분모가 될 가능성이 높다는 것을 논증한다. 이 논증에서 사용된 기본 가정은 팀을 대표하는 각 조직이 조직의 생존과 성공에 적합한 목적을 추구한다는 것이다. 그러나, 팀이 느슨하게 참여할수록 혹은 팀이 시들해질수록 조직은 실행 가능한 공통 분모를 발견할 가능성이 점점 낮아진다.

이 절에서 필자는 분석을 촉진하리라 생각되는 연구의 틀을 약술한다. 구체적으로 필자는 하나의 정치경제 체제로 행동하는 조직 간 네트워크 모형을 사용한다. 필자가 개발한 몇몇 조건 하에서, 네트워크 구성원의 다른 구성원과의 안정 혹은 경험은 네트워크의 성공에 중요한 요소다. 반대로, 네트워크 구성원의 다른 구성원과의 경험은 네트워크에서 이루어지고 있는 여러 협상에 의존한다. 또한 이런 협상은 네트워크 구성원과 외부 세계 사이에서 발생하는 문양이 더 복잡한 상호작용을 반영한다.

이 절에서 필자는 채권 거래가 협상 전후의 입장 변화가 엄격한 목적-수단 관계에 따라 조정하기 힘든 동료 조직에서 이루어지는 협상 이상이라는 것을 보임으로써 합리적 방법에 대한 대안을 또한 제시한다. 더 나아가, 이 적합한 이론적 틀은 이 네트워크 협상을 놀랄 만한 결과와 결합할 수도 있을 것이다.

왜 채권 거래 혹은 시정부 공채 조달을 연구하는가? 자금을 지방정부에 제공하는데 기관들의 네트워크에 의해 수행되는 역할이 시의 거버넌스, 시의 책임성, 능률성, 효과성 등에 중요한 부분이지만, 시정부의 공채 조달의 정치는 시정부의 "잊혀진 세계"의 일부였다(Herson, 1957). 자본시장의 일반적인 역동성, 과정, 사용 등은 잘 알려져 있다. 따라서 필자의 노력은 재원 조달 분야의 미시적 측면에 대한 개념적 발전을 촉진하기 위해 정치경제 체제(political economy)로서 재원 조달 과정을 자세히 검토하는 것이며, 이것은 더 많은 연구와 전문적 발전에 기여할 것이다.

먼저 스브라지아(Sbragia, 1983)의 입장을 살펴보자. 그녀는 투자공동체, 전문적 재무공동체, 지방 정책결정체 사이에 중요한 연계가 존재한다고 주장했다. 이들 연계는 시정부 의사결정에 대한 문헌들이 보여 주었던 어떤 것보다 상당히 상호의존성이 높으나 정부 주도성은 상당히 낮음을 보여 주었다. 만약 우리가 정책결정을 이해하고자 한다면, 스브라지아는 위의 연계들과 그들 사이의 인과관계에 대해 상당히 많이 알아야 한다고 주장했다.

샤프(Sharp, 1983)는 조세저항운동(tax revolt movement)이 채권 상환을 보장하는 조세의 규모를 제한할 것이라는 사실을 지적했다. 그럼에도 불구하고 특히 비보장 채무, 예산외 기업 부채 등에 시정부가 재량과 주도를 발휘할 수 있는 실질적인 분야가 존재한다. 실제로, (일반 의무 부채와 대조적으로) 이러한 부채는 규모가 크고 증가하고 있다.

게다가, 샤프는 지난 6년간 지방정부 채무에 대한 연방정부의 실질적 통제가 연방 법률과 최고법원 결정으로 명확해졌다고 지적했다. 연방의 통제가 집행되었을 때의 통제의 양은 물론 연방정부가 집행해야 하는 통제의 양은 지방정부가 대처해야 하는 상당한 불확실성을 만들어낸다. 지방정부의 공채관리 의사결정은 실질적으로 위험을 축소하는 방향으로 이루어지며 그 한 방법은 위험을 거대한 전문가 집단과 함께 부담하는 것이다.

끝으로, 파가노(Pagano, 1982)와 파가노와 무어(Pagano and Moore, 1985)에 의한 연구는 공공 투자 결정이 어느 정도 범위에서는 민간 기업의 경제적 결정에 중요한 효과를 가진다는 사실을 주장하는 논리를 지지했다. 이런 경제 개발 결정이 민간 투자를 촉진할 때 상당한 경제적 및 정치적 발전이 일어났고, 이로 인해 거버넌스의 조건과 기대가 변화했다.

제 4 절 채권 판매 팀

시 공채(securities) 판매에 대규모 전문가 집단이 참여하는데 이들은 보증 공채와 비보증 공채 두 종류의 공채 중 하나를 사려고 한다(보증, 비보증 채권 구분에 대해서는 Sharp, 1986 참조). 보증 공채는 정부기관의 전반적인 징세 능력과 관계가 있다. 비보증 공채는 보통 판매세, 물 이용료 등과 같은 수입 흐름의 상환 능력과 관련이 있다. 보증 공채 판매는 주 헌법과 법률로 매우 철저히 규제되고 있다. 그뿐만 아니라 연방 법률은 은행과 투자은행 모두가 이런 공채를 비롯한 유가증권을 인수(입찰과 매입)할 수 있도록 하고 있다. 결과적으로 이러한 공채들은 동질적이고 상품과 비슷한 도구가 됨으로써 공채의 구성에서 조언자들 사이에도 차이가 없다. 차이가 있다면, 조언자들이 평가기관이 해석한 공채 발행자의 신용 가치와 공채가 판매될 때 경기(business cycle)의 시점에 의존한다는 것이다.[5]

5) [이 문단에서는 debt, bond, securities 등의 단어가 나온다. 각각 채무, 채권, 유가증권(주식, 채권) 등으로 번역된다. 그러나 이 책이 정부 재무관리에 관한 것이므로 이들 단어들을 “공채”로 많이 번역했다. –역자 주].

비보증 공채 판매는 조언자들이 그들의 창의적인 소질을 실제로 사용할 수 있는 공간이다. 세입 흐름은 역사성 혹은 예측을 위한 기초가 부족할 수 있기 때문에, "시장"은 세입 흐름의 수입률(earning capacity)을 이해하기 위해 조언자에게 의존해야 한다. 법률적 해석도 또한 필요하다. 게다가, 유가증권 시장과 유통시장(secondary market) 모두에서 있을 수 있는 유가증권 구매를 결정하기 위해 시장 자체가 분석되어야 한다.

세 종류의 기본적인 조언자 집단이 비보증 공채 판매에 팀을 형성한다. 즉, 채권 발행자를 위해 시장을 해석하는 데 노력을 경주하는 집단, 인수자 혹은 투자자를 위해 법률을 해석하는 집단, 인수자 혹은 투자자들을 위해 채권 발행자들을 해석하는 집단이 팀을 형성한다.

재무 조언자는 통상 채권 발행자를 위해 시장을 해석하는 노력을 하고 하나의 시장이 얼마나 많은 수요를 창출할 수 있을지와 시장의 어떤 부분이 유통된 민간 투자를 위해 필요한지를 결정한다. 시장이 결정되면 이것은 유가증권의 여러 국면에 영향을 미침으로써 직접적으로 유가증권의 구조화에 영향을 주게 된다(Hildreth, 1986, 1987; Moak, 1982; Lamb and Rappaport, 1980 참조). 만약 유가증권 판매가 발행자와 인수자 사이에서 양도된다면, 재무 조언자는 또한 인수자(재판매를 위해 발행자로부터 유가증권을 사는 사람)가 될 수도 있다.

공채(bond) 상담역은 적용 가능한 법률적 측면에서 공채의 구조를 해석하는 데 노력을 기울인다. 공채와 관련 있는 많은 개인이 투자자의 대리인으로서 상담을 한다. 왜냐하면 상담역은 투자자들에게 공채 발행자가 공채를 허가하고 혹은 발행하는 데 사용된 절차에 기술적 결점이 있다고 주장함으로써 채무를 불이행하지 않는다는 점을 확신시키기 때문이다. 피터슨(Petersen, 1988: 4)은 "시장 거래와 공시를 준비하는 공채 상담역의 부차적 역할은 포괄적이고 신축적이며 전문적 논쟁의 대상이 될 수 있다"고 했다. 만약 공채의 구조가 복잡해서 상담역의 부차적 역할이 필요하다면, 공채 상담역은 공채 발행자를 포함한 여타 편의 상담역을 위해서뿐만 아니라 양도 판매에서 인수자를 위해서까지도 상담역의 도움을 받을 수 있을 것이다.

끝으로, 감사관과 회계전문가(공인회계사: CPA)는 재정보고서의 전형적인 묘사를 통해 공채의 구조라는 측면에서 투자자에게 발행자의 재정 상태를 해석한다. 만약 공채를 뒷받침하고 있는 세입 흐름이 예측되어야 한다면, 공인회계사는 공채 발행자의 원금과 이자 상환 능력에 영향을 주는 수입 흐름을 확인하기 위해 제시된 가정과 계산을 진실인 것으로 확인해야 할 것이다. 공인회계사와 협력하고 도와서 상담전문가,

관리전문가, 혹은 여타 전문가들이 발행자의 재무 상태 혹은 자금 지원이 되는 사업의 해석에 참여할 것이다.

공개

공식적 보고서(official statement: OS)가 생산됨으로써 해석을 해야 하는 각각의 분야가 최초로 나타난다. 공식적 보고서는 매매(offering)에 관한 정보의 공식적(발행을 위해 팀 구성원에 의해 만들어진 해석에 대한 발행자의 승인)이고 "직접적인 설명"이다(Petersen, 1988: 5).

그러나 매매, 발행자, 시장 등에 귀속되는 의미를 궁극적으로 재단하는 일은 평가기관의 영역으로 남는다. 평가기관은 공채를 비롯한 유가증권의 구조를 검토함으로써 유가증권의 구조에 법률적 해석을 붙이고 적합한 경제적 그리고 관리적 정보는 물론 발행자의 재무적 상황까지 검토함으로써, 발행자가 원금과 이자를 계획대로 상환할 수 있는 가능성을 근본적으로 결정한다.

따라서 공채의 구조, 공채의 공개, 발행자의 법률적 지위와 상환 능력 등은 위험과 보상에 관한 본질적인 자료를 시장에 제공한다. 이론적으로, 이런 자료가 있기 때문에 시정부 공채를 위한 신규 발행 시장은 경쟁하는 용도 사이에 희소자본을 배분함으로써 그리고 특정 상환 능력 수준에 맞춘 공채의 구조에 적합한 가격(발행자에게는 이자 상환 그리고 투자자에게는 공채 가격과 이윤)을 배정함으로써 효율성(efficiency)을 달성할 수 있을 것이다.

공채 판매에 관련된 활동을 이와같이 대략 서술했다. 여기서 필자는 공채 발행자가 효율적인 시장에 참여하기를 시도하는 경우 이 시도와 관련해서 재량의 범위를 신중하게 강조했다. 그런 재량은 공채 발행자가 대항해서 싸우는(그리고 필자가 이 장의 첫 번째 문단에서 힌트를 준) 엄청난 불확실성을 고려해서 존재해야 한다. 그리고 공채 판매 팀은 추측해야 한다. 공채 판매 팀은 공채 발행자를 고취해야 하는데, 이 팀의 유형이 종종 공채 판매를 혼동시키는 엄청난 불확실성을 극복하기 위한 핵심 요소인 듯 보인다. 그리고 결과적으로, 팀을 구성하는 근본적인 요소들을 결정하는 데 지침으로서 이론에 의존한다.

제 5 절 이 론

만약 우리가 합리적인 틀로서 발행자 지배적인 틀(issuer-dominated framework)보다 팀 위주 틀을 고려한다면, 우리는 유용한 개념을 처음에는 찾기 힘들 것이다. 공공과 민간 부문은 판매자와 구매자 관계에서와 같이 종종 서로서로 관계가 있다. 다자 관계에서, 3자 연합 혹은 철의 삼각(Triple Alliance: Freeman, 1965; Cater, 1964)과 같은 대부분의 개념은 단조롭고 혹은 이슈 네트워크(Heclo, 1978)처럼 적실성이 없는 경향이 있다. 최근, 조직 간 네트워크라는 개념이 되살아나고 상당한 관심을 받고 있다(Aldrich, 1979; Tichy, Tushman, and Fombrun, 1979). 여기서 네트워크란 "어떤 관계에 의해 연결된 모든 단위의 전체"라는 의미다(Jay, 1964: 138).

어떤 하나의 네트워크는 조직으로 구성되는 집단의 모든 구성원을 결합해 주는 모든 연계를 발견함으로써 구성될 수 있다(Adlich and Whetten, 1981). 전형적으로 조직 연계는 조직집합(Evans, 1966), 행동집합(Barker and Jansiewicz, 1970), 그리고 이 두 개의 성질을 모두 가진 것으로 분류될 수 있다. 조직집합은 중심 조직이 직접적인 연계를 가지는 조직이다. 그리고 행동집합은 한정된 목적을 위해 일시적 연합을 형성한 조직의 집단이다. 조직집합과 행동집합 사이의 명확한 차이는 네트워크 안정과 그 결과에 있다.

네트워크 안정과 그 결과

안정은 한 네트워크의 상이한 부분들을 포괄적으로 그리고 중복해서 연계시켜 주는 조직의 연결고리(linking pin) 작용을 통해 발전된다. 기능적으로 보면, 연계는 조직 사이의 의사 전달 통로, 네트워크 구성원 사이의 자원 통로, 그리고 전체 관련 조직(population) 사이에서 다른 조직에 의해 모방되는 모형으로서 생각될 수도 있다. 예를 들면, 회계 회사는 평가기관들로부터 공채 발행자들에까지 보고 기준에 대한 정보를 전달할 수 있을 것이다. 회계 회사 직원이 이전 공채 판매 때 눈여겨 보았던 재무 조언자에게 회계 회사는 고객들을 보낼 수도 있다. 또 회계 회사는 이런저런 서비스를 통해 시 재무담당관에게 훌륭한 본보기로 기능할 수도 있다.

네트워크 내 모든 조직은 직접 혹은 간접적으로 연계되고, 네트워크의 안정은 이들 연계의 강도에 달려 있다. 올드리치와 웨튼(Aldrich and Whetten, 1981)은 다음과 같이 가정했다.

> 다른 연계가 연결되지 않았을 때 한 연계가 연결되지 않을 확률이 네트워크 안정을 예측할 수 있는 궁극적인 지표다. 다시 말하면, 네트워크 안정은 두 종류의 네트워크 특성과 한 연계의 연결 실패의 확률의 함수로 예측할 수 있다. 두 종류의 특성은 연계의 중복과 두 조직 사이의 연계의 다면성이다.

위와 같은 가설은 공공관리에 관한 문헌에서 확증된다. 랜다우(Landau, 1969)는 중복이 업무 수행을 보장하는 경향이 있다고 논증한다. 골렘비우스키(Golembiewski, 1964)는 상징적인 상호작용 관계에서 중복은 힘센 하위 단위에 의한 거부권의 행사를 방지하는 작용을 한다는 것을 논증한다. 끝으로 안정의 주요 결과는 적응성이다. 연계가 풍부한 네트워크는 시행착오를 위한 기회와 쇄신의 확대를 위한 기회를 더 많이 제공한다.

단순한 상황으로서 예를 들어 보자. 작은 네트워크를 생각해 보자. 작은 네트워크는 재무 자문회사,[6] 회계 회사, 그리고 법률 회사로 구성된다. 이 3자는 다음과 같이 서로 풍부하게 연계되어 있다:

1. 법률 회사는 다른 2개 조직에 대해 법인 변호사처럼 행동한다.
2. 회계 회사는 다른 2개 조직의 거래를 감사한다.
3. 3개 조직은 여타 다른 조직도 참여할 수 있는 시 공채 신규 발행시장에 적극적이다. 그리고 이들 조직은 A 지방정부의 공채 판매에 서로 팀으로 활동한다.

A 지방정부는 시정부 공채와 관계가 있는 세법에 대해 의회가 행한 변화를 인지함으로써, 평가기관들의 정보에 대한 특정한 필요에 대해 인지함으로써, 그리고 시장의 특정 부분에 관심을 유도할 수 있도록 설계되었을지도 모를 새로운 공채 구조에 대해 인지함으로써 이익을 본다. 궁극적으로 풍부하게 서로 연계된 네트워크는 복잡하고 변화하는 환경에 A 지방정부가 잘 적응할 수 있는 능력을 준다.

그럼 더 복잡한 예를 살펴보자. 다음과 같이 가정하자. 채권 변호사로서 활동하는 법률 회사의 모집단에서, 법률 회사는 법률이 다양한 창의적인 자본 조달구조와 관련

6) [이제까지 조언자라고 번역했던 것을 위에서 자문회사라고 번역했다.-역자 주].

될 때, 각각 이념의 문제로서 법률을 해석하는 데 접근 방법이 상이하다. 어떤 회사는 너그럽게 또 어떤 회사는 엄격하게 해석한다. 또 이렇게 가정한다. 다양한 창의적인 자본 조달구조에 대해 원금과 이자 상환을 발생시키는 세입 흐름을 예측하도록 요구받는 회계 회사들의 모집단에서, 어떤 회계 회사는 너그럽게 또 어떤 회사는 엄격하게 예측한다. 끝으로 이렇게 가정한다. 재무 자문 회사의 모집단에서 공채구조의 응용성과 시장성에 대한 의견에 동일 종류의 변이가 존재한다.

한 공채 발행자가 이러한 회사들의 조합을 무작위로 선정하면 그 회사 조합은 발행자에게 특정 행동 경로를 취하도록 조언할 수 있는 팀이 될 것이고, 이 팀에서는 발행 시장에 대한 다른 조언자들의 해석과 그것이 발행 시장에 미치는 결과에 대해 각각의 조언자가 가지고 있는 기대뿐만 아니라 지식도 역할을 할 것이다. 그 결과 독특한 방법으로 구조화된 공채가 평가되고 판매되는 거래가 이루어진다.

그럼 한 발행자에 의해 무작위로 두 번째 선정이 이루어지고, 두 번째 판매가 이루어진다고 가정해 보자. 두 번째 팀은 첫 번째 공채의 구성(configuration)에 대해 어떤 지식을 가지고 있을까? 어떻게 해서 무엇이 두 번째 팀은 첫 번째 팀이 한 것에 대한 부정확한 해석에 의존하지 않게 되는가? 어떻게 해서 두 번째 판매는 "시장을 상실하지" 않게 되는가?

상황은 경제학자들이 시장 불안정과 판매자의 불완전한 지식을 설명하기 위해 사용한 거미줄과 다소 비슷하다(Heilbroner and Thurow, 1984: 126-127 참조). [그림 7-1]은 농산물량 증가 OA는 일정 시점의 수요와 공급 조건에서 가격 OB에 판매될 수 있음을 보여 준다. 다음 해에는 이전 연도 수요량인 증가된 농산물은 동일한 수요 공급 조건에서 가격 OD가 된다. 그 결과는 나선형처럼 된다. 그러나 [그림 7-2]에서 볼 수 있는 2개 그래프와 같이 조건이 변하면 나선형은 더욱더 강화되고 폭발적이 된다. 우리가 시작한 무작위 선정 개념의 결과는, 경험이 쌓이지 않았다고 하더라도, 무작위로 선정된 팀은 폭발적이고 나선형을 이루지만 균형을 향할 가능성이 매우 높다는 것이다.

한편, 안정적인 네트워크가 있을 수 있다는 것을 안다면, 무작위로 선정된 팀이 아닌 팀은 동일한 시장을 더 잘 이해할 가능성이 있다. 왜냐하면 팀은 서로 기대하는 바를 배우는 데 시간을 덜 써도 되고 서로를 이해하는 데 중복적인 방법을 가지고 있기 때문에 그리고 변화가 있든지 아니면 없든지 시장 조건을 이해하는 데 더 많은 시간을 사용할 수 있기 때문이다.

[그림 7-1] 거미줄

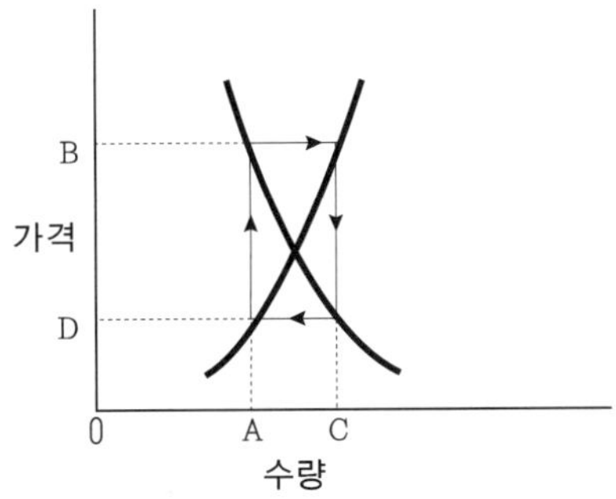

* 설명에 대해서는 본문을 참조. 기대와 정보가 변하지 않고 그대로이면 화살표의 운동은 동일한 모양으로 계속 반복된다.

[그림 7-2] 안정적 거미줄과 폭발적 거미줄

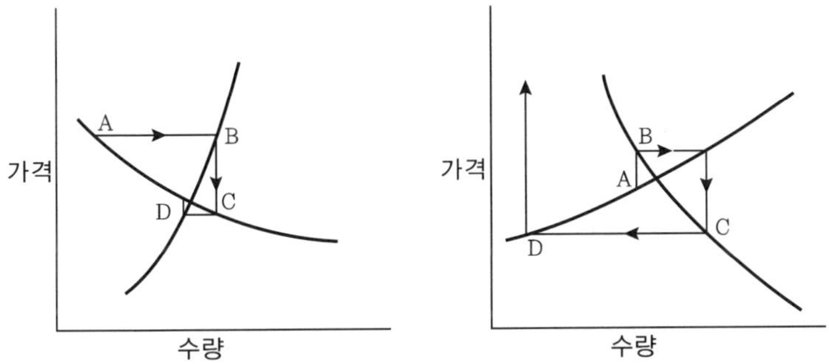

* 왼쪽 거미줄은 안정적이고, 오른쪽 거미줄은 "폭발한다." 두 경우 모두 그 이유가 공급-수요 곡선의 위치와 형태에 있다. 만약 공급과 수요가 순조로우면 거미줄은 안정될 것이다. 만약 공급과 수요가 잘못되면 거미줄은 불안할 것이다.

모형

공채 거래의 요소들을 우리의 가설들과 결합함으로써 모형을 만들 수 있다. 이 모형으로부터, 팀을 형성할 때 시 공채 발행자를 위한 조언의 토대가 될 수 있는 결론을 이끌어낼 수도 있다.

공채 발행의 과정은 4단계라는 것을 기억하자. 판매의 착수는 *시장의 선택*에 의존한다. 어느 투자가들이 공채를 비롯한 유가증권을 사려고 할 것인가/사야 할 것인가? 세법, 경기(景氣), 개인 및 기관의 관습적인 구매행동 등이 정확한 결정을 촉진하기 위해 합리적으로 예측할 수 있는 방법으로 결합한다.

공채 발행 과정의 두 번째 단계는 두 가지 문제를 다루기 위해 공채 발행을 *구조화*하는 것이다. 하나는 시장의 성향이고, 다른 하나는 발행자의 역량이다. 공채의 구조는 직접적으로 시장을 공채 공개와 연계시킨다.

셋째 단계는 *공채 발행과 발행인의 공개*다. 어떤 사실이 공개되어야 할까? 그것보다 더 중요한 것으로, 공식적 보고서 하나만이든 아니면 공식적 보고서와 평가기관에 이러한 사실들에 대해 어떠한 해석이 제시되어야 할까?

마지막 단계는 *판매*로서 이때에 모든 참여자가 공채의 가격을 정한다. 판매는 팀이 공채구조에 대해 그리고 공급되어야 할 양인 수요 수준에 대해 설정한 가정을 확증한다. 다른 방법으로 판매를 본다면, 공채 판매는 거미줄 모습 어디에 판매가 떨어질 것인가에 대한 정보를 확인하는 과정이다. 만약 수요와 공급에 대한 추측이 내부를 향한 나선형이 된다면 우리는 공채 판매에 참가한 팀을 "학습된" 팀이라고 말할 수 있다.

1) 학습과 기대

어떤 요인이 학습을 조장하는지 검토해 보자. 우리의 가설은 팀 구성원 사이의 연계 수가 안정을 가져오고, 안정은 학습과 적응을 가져온다는 것을 시사한다. 공채 팀 맥락에서 풍부하게 연계된 조직을 이해하기 위해 기대 접근 방법(expectancy approach)을 사용한다; 즉 공채 팀의 각 구성원은 다른 구성원의 행동을 예상해서 배정된 업무를 맡아야 한다. 재무 자문관은 시장의 선택을 가장 논리적으로 따를 수 있는 공채구조에 대한 긍정적인 법적 해석을 얻을 수 있다는 기대를 가질 수 있을 때 재무 자문관은 비로소 시장을 선택할 수 있다. 마찬가지로, 공인회계사(CPA)가 다양한 공채 발행자의 능력을 시장이 시사하는 공채구조를 지지하는 방향으로 해석할 것이라는 기대가 있을 때 재무 자문관은 시장을 선택할 수 있다. 끝으로, 팀 구성원의 어느 누구에 의해 이루어진 결정도 다른 구성원이 무엇을 할 것인지에 대한 인식 없이 진공에서 만들어질 수 없다. 그렇지 않으면, 구성원이 한 결정은 끝없는 반복을 계속한다. 즉 시장 선택이 구조를 강제하지만 그러나 공개에 의해 혼돈이 오고, 이것은 새로운 시장을 초래하고, 이전 구조를 고집하는 해석을 통해 새로운 구조를 초래하고, 또 이것은 새로운 시장과 구조를 혼돈시키는 반복 실행을 계속한다.

2) 팀 구성원 사이의 풍부한 연계

기대 문제에 대한 한 해결 방법은 조직 간의 풍부한 네트워크다. 풍부한 연계를 통해 여러 상황에서 있을 수 있는 행동을 이해할 수 있다. 연계된 조직들이 공동으로 참여하는 수많은 활동을 통해 극히 일반적인 수준에서 정해진 가정을 공유할 수 있고 혹은 적어도 서로 알 수는 있다. 풍부한 연계는 폭넓은 다양한 조건 하에서 여러 기대를 검증하는 다양한 통로를 제공한다. 예를 들어, 공채 상담역이 제출한 것으로 보이는 법률적 해석이 기대될 수 있다. 왜냐하면, 이전 예에서 묘사했듯이, 공채 상담역은 전통적으로 법인 상담역의 자격으로 법률적 해석을 하며, 풍부한 연계가 이것에 기초하고 있기 때문이다.

3) 풍부한 연계와 학습

풍부한 연계를 통해 행동에 대한 공유된 기대를 얻을 수 있다면 이런 연계는 학습에 기여할 것이다. 시 재정에 특별한 팀이 필요하다는 논의를 살펴보자. 경쟁적 판매가 아닌 협의 판매가 팀의 잠재적 구성원 사이에 존재하는 풍부한 연계를 안정시키고 또 잘 이용할 수 있다. 협의 판매를 하게 되면 공채 발행자는 시장(市場)의 입장에서 구성원 서로서로를 정확히 선정해야 할 뿐만 아니라 시장에 대해서도 확실히 "잘 아는" 구성원을 정확히 선정해야 한다. 협의 판매는 선정된 공채구조의 유형에 쇄신의 길을 열거나 혹은 쇄신의 필요성(일상적인 기술보다 공예작업)을 창조함으로써 시장을 선택할 기회를 제공한다(판매가 은밀하게 진행될 때는 특히 그렇다). 협의 판매는 관련된 작업에 엄청난 중복과 반복이 허용된다.

협의 판매에 의해 제공된 이러한 풍부한 연계와 기회는 학습을 촉진한다. 스티글러(Stigler, 1961)는 판매자와 구매자가 시장에서 얻은 경험을 통해 정보를 축적하고 그 정보는 계속적인 거래 각각에 이들에게 좀 더 우호적인 조건을 제공한다고 주장했다. 구체적으로, 블랜드(Bland, 1985: 236)는 다단계 협의 판매를 이용한 공채 발행인은 일정 점까지 계속적인 판매를 통해 좀 더 유리한 조건을 얻었음을 밝혔다. 그는 "이전에 공채시장 경험이 있는 지방정부는 경쟁을 통해 공채를 발행해 얻을 수 있는 것에 필적할 만한 이자율을 협상할 수 있는 관리팀을 구성할 수 있다"고 결론지었다.

따라서 네트워크의 안전과 불안전은 팀 구성원 사이 연계의 풍부함 여부에 달려 있다. 안정이 크면 클수록 쇄신과 적응의 기회도 그만큼 커진다.

4) 효율적인 시장

끝으로, 시 공채 판매에서, 효율적인 시장을 이룩하는 것이 모든 참여자의 궁극적 목적이다. 효율적인 시장은 상환 능력의 특정 수준에서 공채를 구조화하기 위해 서로 경쟁을 벌이고 있는 용도 사이에 희소자본을 배분하고 그리고 적합한 가격(공채 발행자에게는 이자 지불을 그리고 투자자에게는 공채 가격과 이윤)을 정한다. 어떤 조건 아래에서 네트워크 안정이 시장 효율성을 가져올까? 그 대답은 필자의 모형에 중요한 하나를 더해 반복하는 데 있다. 네트워크 안정은 네트워크에 존재하는 조직 사이에 있는 중복적 연계를 통해 발전한다. 풍부한 연계를 통해 학습을 위한 기회가 열린다. 학습을 통해 높은 적응력이 생긴다. 물론 적응력이 높으면 그만큼 어떤 조건에서 어떤 시장을 선택할지에 대한 추정을 더 잘할 수 있다. 더구나, 적응력은 참여자들에게 위험과 보상의 수준에 대한 증거를 제공하기 위해 어떤 시장에 어떤 것이 공개되어야 하나 하는 것을 말해 줌으로써 공개 형태 구성에 도움이 된다.

제 6 절 요 약

이 절에서 필자는 시정부 자본 조달 과정을 연구자와 공공정책 결정자들이 우리를 믿게 한 발행자 지배적인 활동 이상인 어떤 것으로서 묘사했다. 필자는 시정부 자본 조달 과정에 참여하고 있는 조직들의 네트워크가 상당한 안정성을 유지할 때 그 과정은 번창하는 네트워크 활동이라고 논증했다. 그런 활동이 지속되면 네트워크가 학습을 하고 구성원들은 서로서로로부터 특정 행동 유형을 기대하게 된다. 더 중요한 것은, 네트워크가 특히 재무담당관에 대한 의존성을 유발한다는 것이다. 왜냐하면, 재무담당관은 네트워크가 제공하는 현실 구성을 요구하기 때문이다. 다음 절에서 현실 구성의 몇몇 결과를 기술한다. 그리고 후에 필자는 의존성의 결과를 논한다.

제 7 절 기타 현실의 중재자들

네트워크 정치경제 체제가 위험 흡수활동의 심상을 통해 사회적 구성에 중요한 역할을 하는 것은 물론 공채관리(debt management)의 의사 전달과 의례도 또한 중요한 역할을 한다. 이 절에서 필자는 정보활동을 고려함으로써 현실 구성의 또 다른 원천을 간단히 기술하고자 한다. 즉 작업의 의제 혹은 관련자들의 역할을 해석하기 위한 활동을 통해 구성원들이 합의할 수 있는 현실 네트워크의 부가적 차원을 구성하고자 한다.

사업 자금 조달(project finance)의 모호성을 다루는 다른 방법이 이슈 의제의 재해석으로서 등장했다(Kingdon, 1984). 정책결정 과정에서 의제설정은 문제를 식별하는 단순한 행동이며 문제 해결을 위해 기관을 움직이도록 하는 것이다. 기관에는 재원을 모으는 활동을 하는 제도적 기관들이 포함된다.

최근의 온전한 국가 이슈-관심 주기(issue-attention cycle)는 필자가 연구하기로 선정했던 1975년부터 1990년까지의 기간의 초기 우울한 시기에 접근했다. 1960년대 후반의 시민 권리와 도시 소요 주기가 기진맥진해지면서 그 주기는 재정 위기(fiscal crisis)로 대치되었다.

실제로, 재정 위기는 두 가지가 결합했다. 즉, 시 재정 위기와 조세 제한이 그것이다. 긴급 재정 위기(financial emergency crisis)는 1975년에 뉴욕 시에서 시작되었고, 그것은 1976년에 통과된 지출제한법(expenditure "cap" law)에 의해 촉발된 조세 제한운동과 함께 시작되었다. 지출제한법은 1978년에 주민제안 13(Proposition 13)이라는 형식으로 캘리포니아 주까지 퍼졌다.[7)]

통속적인 정책의 일종으로 볼 때, 재정 위기는 1990년대의 새로운 이슈-관심 주기, 즉, 사회기반시설 건설, 보수, 그리고 교체를 보여 주었다. 재정 위기 해결 방법은 결국 더 높은 세금 제안이 되는 경우가 많았다. 그러나 세금 제한과 반정부 해결 방안

7) [Propositon 13은 주민발의 13이라고도 하는데, 1978년 미국 캘리포니아 주에서 자비스(Howard Jarvis)가 주도한 조세저항운동이다. 즉 주민투표로써 주 헌법을 수정하여 새로운 징세를 어렵게 했다. 캘리포니아 주는 고속도로 등 사회기반시설, 교육, 사회복지 등에 지출을 증대시켰는데 이런 분위기에서 주민제안 13이 태동했다. 그러나 그후에도 지출을 억제하기 힘들어 캘리포니아 주는 재정 위기에 처하게 되었다.-역자 주].

은 조세 인상을 반대했다. 입법부가 미적대자 의제를 재설정하는 기회가 되었고 제안들을 종합하기 위해 어느 편에도 속하지 않는 사람이나 집단에게 기회가 되었다. 사회기반시설은 종합을 위한 명확한 논의거리가 되었고 공공 재무관리자와 투자 은행가는 명확한 이슈 흥행가(entrepreneurs)가 되었다. 재정문제의 직접적 결과는 각 시들이 직면해야 했던 낙후된 시설이었다. 조세 제한과 반정부운동의 한가운데 부(富)의 재분배 문제가 있었다.

사회기반시설 운동(infrastructure movement)은 양쪽 진영의 가장 큰 두려움인 경제문제는 해결될 수 없다는 두려움을 풀 수 있을 것이다. 시의 경제문제는 사회기반시설을 교체함으로써 해결할 수 없을 것이다. 그러나 사회기반시설에 대한 정부 지출의 승수 효과나 개선 효과는 있을 것이다 (그리고 선거에 임하는 사람들은 나누어 줄 무엇을 가질 수 있다). 개인의 경제문제는 사회기반시설로 해결할 수 없다. 그러나 새로운 강조가 생산성을 증대시키고 경제 확대를 촉진할 수는 있을 것이다(이런 것들은 중산계급에게 다양한 사회사업을 통해 이루어지는 부의 재분배를 둔화시킨다).

마찬가지로, 사회기반시설은 이제까지 논란이 되었던 기관들을 결속시겼다. 사회기반시설의 보수는 연방 부처들을 결속시킬 수도 있었다. 특히 도로, 교량, 대중교통을 책임지는 교통부, 일반 목적 개발과 행정 전문주의를 추구하는 주택 및 도시개발부, 그리고 상하수도 체계를 책임지는 환경부가 그러했다. 사회기반시설이 관련되는 의제를 가지고 있는 이들 부처는 비록 가장 표준적이고 전통적이고 진부한 활동을 하고 단순히 "기존 서비스의 개량"을 다룰지라도 그들이 의도하는 것, 즉 "새롭고" "혁신적이고" 혹은 "선도적인" 것을 하고 있는 것처럼 보였다. 사회기반시설 이슈는 "사회공학"의 곤경으로부터 부처들을 건져내 주고 관리자들로 하여금 점증하는 공직자들의 [사회기반시설이 낙후된] "서리지대 연합(frost belt coalition)"[8]에 책임을 지도록 하기도 했다.

조세제한운동과 연방 예산 축소에 직면하여 사회기반시설을 논하고 운영하는 술책은 재원 조달을 필요로 했다. 누가 그런 거대한 건설사업에 대해 돈을 낼 것인가? 직접적인 연방 보조는 물론 직접적인 징세, 혹은 세출을 증대시킨 만큼 그에 상응하는 세입을 확보하거나 혹은 다른 분야에서 세출을 삭감해야 하는 자체 조정제도(pay as you go)를 제외한다면, 남겨진 대안은 장기 공채(long-term debt)뿐이다. 이런 수요

8) [저자 밀러(Gerald J. Miller)에 따르면, 서리지대(frost belt)는 미국의 동북부와 중서부로 고속도로, 상하수도 시설, 정부시설 등이 오래된 낙후지역이라고 한다.－역자 주].

를 본 뒤, 투자 은행가와 재무관리자는 글자 그대로 단기적 현금관리뿐만 아니라 공공자본 조달도 재형성했다.

"훌륭한 학교" 육성운동뿐만 아니라 "전미 시 재건설" 운동은 순위가 높이 설정된 의제다. 그 작업 추진력에 의해, 조세 제한이 아닌 다른 이슈에 직접 초점을 두었고 그리고 정부 축소에 대한 논쟁을 희석시킴으로써, 정책 의제가 재형성되었다. 그러나 본질적인 진실은 공공 재무관리자들이 정보전략에 의해, 그리고 불확실성을 전통적이고 합의를 본 방법으로 흡수시킬 수 있고 적응시킬 수 있는 그런 방법으로 주도권을 잡고 정책에 대한 의제를 재설정함으로써 불확실성에 대응한다는 개념에 있다. 결과적으로, 만약 위기에 대한 반응이 그 시대의 정신을 포함한다면 *은유*(metaphors)가 그 정신에 색깔을 입히고 은유가 특별한 중요성을 가진다.

행정국가

금세기 초에 행정국가라는 개념은 재무관리자들이 부분적으로 성취한 성공과 그들이 계속해서 추구한 성공을 의미했다. 시범 시(Model City)에서부터 지역개발 포괄보조금(Community Development Block Grants)까지의 광범위한 사회 및 지역 개발 노력에 의해 재무관리자들은 좀 더 광범위한 지배 영역의 감시자가 되었다.

위협당하는 재무관리자들

담당 업무에 대한 위협이 급속히 그리고 격렬하게 분출했다. 뉴욕 시와 클리블랜드 시에서의 재정 참화, 초기 조세저항운동에 의해 초래된 캘리포니아와 매사추세츠 주에서의 위기, 공무원의 개인적 배상(나중에는 정부 책임과 정부활동에 대한 불신)을 점점 허용하는 법원, 끝으로 "에너지 위기" 그 자체를 통해 정부 관리자들이 "무능한 행정가"의 역할을 하고 "괴롭힘을 당하는 노예"의 역할을 하게 되었다. 불굴의 노력에 의해 재무관리자들은 긴축운동 혹은 "감축관리"의 주요 활동가로서 부차적 역할을 담당하기도 했다.

마술 솜씨

그러나 비록 관리자가 조롱받는 놀림감 같은 것이 되었지만 그 혹은 그녀는 재무와 관련된 마술 같은 솜씨(magic touch)를 가졌다. 즉, 세입이 귀하고 조세 증가가 어려울 시기에 관리자는 새로운 소비자 중심 재원 조달(consumer-oriented financing)을 통해 차입 비용을 절감하는 한편 유휴자금 투자로부터 이자 소득으로 한 해 재산세율 증가로 얻을 수 있는 수입을 마련함으로써, 신중하고 성공적인 투자가로 알려졌다. 이런 쇄신은 외국 자본을 끌어들인 연방 예산 적자에 의해 도움을 받기도 했는데, 이 혁신에 의해 새로운 재원을 충분히 조성했다. 이것이 기존의 공공자금에 합해졌을 때, 이 재원은 많은 주와 지방정부에 경기 침체를 종식시켰고 주요 경제적 부흥을 촉발시키는 데 도움이 되었다. 그리고 재무관리자들에게 "마술사"의 이미지를 주었다.

재무적 중재자들

재무관리자들은 업무를 완결하지 않은 채 그대로 놓아두길 원치 않기 때문에 그들은 재원 토대(resource base)를 축소하는 데 힘썼다. 일찍부터 많은 연구가 조세 제한 사용자 요금에 대한 의존 증대, 혹은 고갈될 수 있고 배제될 수 있는 서비스에 기초한 세수 흐름의 신설 등으로부터 조성된 첫 번째 주요 동향을 확인했다. 시장의 힘에 대한 의존은 또한 유휴자금 투자에 대한 장애를 제거하기 위한 자극이 되었다. 또한 새로운 공채 재원 조달 기법은 주와 지방 산업과 경제 기반에 약간의 다양성을 부여하는 수단이 되었다. 결과적으로, 재무관리자는 "금융업자"가 되었다. 즉 재무관리자는 주정부 혹은 지방정부의 "금융 중재자"가 되었다.

위험을 무릅쓴 부정행위

피할 수 없이 부정행위가 일어났고, 자본 조달과 현금관리 모두에 문제가 생겼다. 몇몇 관리자가 공공 재원 조달을 개인 목적으로 과용(몇몇은 이것을 불명예스러운 오용이라고 부른다.)함으로써 충분한 재무적 도구가 부족하여 경제 개발의 몇몇 유형을 중단하게 되었다.

전략적 사색가

그러나 부정행위가 발생한 각각의 경우, 새로운 상품이 나타났고 역할이 변해 재무관리자가 실질적으로 "위기의 전략적 관리자"가 되었다. 이 마지막 역할, 즉 위기의 전략적 관리자 역할을 통해 전문가 집단에 속하는 사람들은 기술 수준을 급진적으로 변경할 것이 기대되며 그리고 재무관리자들은 신탁적 책임을 정교하게 수행하도록 많은 강조가 이루어질 것이다.

제 8 절 불확실성에 대한 반응

이 장에서 필자는 1975년에서 1990년까지 기간에 재무담당관이 수행한 불확실성에 대한 반응을 논의했다. 반응은 "대처"라 불리는 행정적 개념의 형식을 취한다(Hickson et al., 1971). 조직에서 권력이론에 기반할 때 대처는 권력이 있는 곳을 말한다. 조직이 직면하고 있는 중요한 우발적 사건에 대처할 수 있는 사람은, 권력이론이 말하듯이, 권력을 행사할 수 있을 것이다. 이 기간에 재무담당관은 예방과 흡수를 통해 직접적인 방법으로 대처했고, 주도권을 잡기 위해 그리고 정부의 재정 자원을 보호하기 위해 정책 의제를 재설정하는 것을 도움으로써 간접적이고 근본적인 방법으로 대처했다. 그러나 성가신 의문이 남는다. 즉, 재무관리자는 이러한 노력에 도움을 주는 네트워크에 대처했는가 아니면 의존했는가? 만약 이 대답이 의존이라면 그러면 권력에 대한 의문은 정부 밖에서 대처하는 데 중심이 된 관리자에 관심이 맞추어질 것이다. 즉, 재무관리자로 하여금 신탁적 가치를 극복하기 위한 대처 심상(coping imagery)을 구성하는 데 도움이 되는 재무 보좌관과 그들의 능력에 관심이 맞추어질 것이다.

행위자들 스스로가 관심을 받을 만하다. 다음의 목록에서 필자는 그 시기 동안의 변화에 대한 재무관리자들의 반응을 다룬다. 첫째, 목록은 새 상품과 과정에 대해 간단히 언급한다. 그리고 필자는 변화에 영향을 준 그리고 때때로 더욱 변화를 촉진한 법률들을 검토한다. 끝으로, 필자는 자본사업 재원 조달(capital project financing)의 역할에 장차 있을 변화를 예측하는 시도를 한다.

신용시장에서 혁명과 중개기관의 죽음

1980년대 시정부 신용시장에서 발생한 변화는 신용시장의 양상을 상당히 재형성할 정도로 영향을 미쳤다. 이러한 변화는 신용시장의 세 개 부분에 영향을 미쳤다: (1) 조세 감면을 받을 자격이 있는 차입자, 주정부, 시정부 등이 만든 기관 이외에 차입자, 주정부, 시정부 등, (2) 채권자, 상업은행, 화재, 재해, 생명보험회사 같은 기관들, 그리고 가구, (3) 투자은행, 투자은행 동조 기관들, 은행 신탁부, 공채 상담역, 신용분석 회사, 그리고 보험회사와 같은 중개기관들.

1) 차입자들

1982년 이래로, 조세 입법을 통해 조세 면제를 받을 수 있는 시장에서 차입을 받을 수 있는 차입자 집단을 엄밀하게 정의했다. 민간 목적 혹은 산업개발 공채 차입 수요가 많았는데 이것을 많이 없애고 법률은 기존의 그리고 오랫동안 사용되어 온 공공재 재정 지원 방법을 많이 사용하도록 했다. 예를 들면, 공공재를 구매하고 공공재를 지원하기 위해 현금 흐름을 제공하도록 명확히 설계된 비영리 법인은 이전보다 더 넓은 범위에서 운영되었다. 세금 면제 리스 제도는 장기간 차입 대상이었던 것을 단순한 1년 세출 항목으로 전환시켰다. 제3부문과 공동 재원 조달은 공공재의 생산을 민영화로 가장하여 운영하는 것인데, 이것들은 공공재가 정부에 의해 생산되어야 한다는 고집을 완화하기 위해 운영될 수도 있을 것이다.

동시에, 주와 시에서 연방정부에 의해 지원되는 주요 사업이 적어도 부분적으로라도 지방정부에 의해 상환되어야 한다는 연방정부 정책이 지속됨으로써 광범위한 새로운 신용 수요 분야가 창출되었다. 종합하면, 조세개혁은 정부가 장기채 부담을 지기 꺼려하는 시기에 나타났고, 단기 부담은 매년 다시 재정 지원이 되도록 놓아두었다. 따라서 정부가 직접 창출하는 공공재에 대한 장기적 재정 지원의 수요는 감소했고, 동시에 조세개혁은 경제 개발의 도구로서 공적 재원이 사용되는 민간사업의 이용을 축소하도록 명령했다.

2) 채권자들

시정부 공채를 비롯한 유가증권을 구입하는 기관 가운데 관련 금융기관 이외에 개별 가구를 위한 시 공채 펀드(fund)도 급속히 발달했다. 개별 공채를 발행함으로써 위험이 희석되는 것 이외에, 더 크고 상대적이기는 하지만 덜 정교한 투자가 집단에 재판매함으로써 공채 펀드는 자본의 새로운 자금원으로 작용한다.

은행들은 연방 조세개혁 때문에 그리고 보험회사와 은행의 수입이 통상 주기적으로 부침이 있기 때문에 낮은 이자를 준다. 그런데 시 공채 펀드와 같은 자본의 새로운 원천은 은행들이 시 공채에 대해 상대적으로 낮은 이자를 주는 것을 보충한다. 새로운 형태의 공채의 등장은, 그 공채는 개인에게 판매 가능하기 때문에 시 공채를 위한 광대하고 충분한 자본력을 강화하는 데 도움이 되었다.

3) 중개자들

채무자와 채권자에게 영향을 미치는 변화는 중개자와 그들 동료에게 영향을 미치는 변화와 직접적으로 비교할 때 미미하고, 무관심한 채무자와 채권자에게 미치는 변화와 간접적으로 비교할 때도 미미하다. 조세개혁은 최대한 충격을 줄이면서 시작되었지만 그것은 시 공채의 등록을 의무화했다. 이러한 등록으로 인해 은행 신탁 부서에 부차적인 업무가 생기고 채권 보유자나 혹은 지불 책임이 있는 시의 채무자에게 부가적인 수수료가 생긴다. 그러나 예금, 등록기관, 기록 보관의 컴퓨터화, 살림살이 기능 등을 담당하는 중앙기관이 등장함으로써 시정부는 등록과 상환기관 기능을 스스로 담당하는 기회를 얻게 되었다.

이에 더해, 이자 없이 할인되어 유통되는 시 공채(zero-coupon municipal security)를 조성함으로써, 이 공채는 사실상 이자를 낳기보다 오히려 본래 가치를 활인하여 판매하는 것인 까닭에, 지불기관 의무를 제거하고 대신 채무자의 회계 담당에게 증액의 존재를 확인하는 업무를 유발시킨다. 이런 경우에, 은행은 공채 발행 과정에 참여하는 몇몇 기관 중에 하나이지만 상대적으로 점점 그 중요성이 감소하고 결국은 공채 발행 과정에 불필요한 당사자가 될 수 있다.

신용평가기관은 일률적인 공채 매입자에게 분석가와 조력자로서 항상 영향력이 강한 기관이었는데 이제 아마 사라질 것 같다. 손해의 위험에 의해 신용평가기관은 점치는 역할을 해왔는데, 이제 손해 위험은 지불 유예의 위험에 대해 공채 보험이 보상을 해 줌으로써 대부분 전혀 위험하지 않은 상황이 되었다. 지금도 신용평가를 하는 몇몇 평가기관이 남아 있지만 많은 평가기관은 이익이 되는 사업 노선을 지지하여 보험기관 집단을 추종한다고 확신한다. 보험기관은 신용평가기관에 의해 일등 평가를 받고, 보험기관은 수수료 대신에 그리고 발행 기간과 조건에 대한 초보적인 분석과 채무자 재무 상태에 대한 피상적인 분석을 통해 보험 인수기관이 지지하는 공채 발행에 일등 평가를 준다. 따라서 신용분석과 분석가의 역할은 시장 혹은 보험업자의 신용분석으로 대치된다.

끝으로, 변화는 지금까지 중요 행위자인 공채 발행기관과 인수자에게 영향을 미쳤다. 현재 격심한 경쟁과 주 법률은 기업 채권, 일반 보증채권, 전통적인 수익채권의 전통적인 노선을 위해 회사들 간 권력 투쟁을 유발시켰다. 일반 보증채권의 경우, 주 법률은 종종 인수자와 재무 자문기관 혹은 채권 발행기관을 구분할 것을 요구한다. 그런 경우, 재무 자문에 대한 경쟁이 격심해진다.

수많은 회사가 경쟁을 하고, 서비스에 대한 가격이 하락하고, 회사에 대한 이익률이 폭락하고 침체가 발생하는 등의 주기가 점점 위협적이다. 많은 경우에, 일반 보증채권 업무에 대한 재무 자문은 고객에게 제공되는 무료 서비스가 되었다. 그 대신 재무자문기관은 고객이 경쟁입찰을 통하지 않고 줄 수 있는 법률적 권한인 여타 채권을 인수할 수 있는 권한을 가진다. 그러나 여전히 여타 경우에, 주 법률은 투자 은행/재무 자문기관보다 공채 자문역에게 시장에 매매하려고 내놓기 전에 공채 발행 업무를 실질적으로 완료할 것을 요구한다. 만약 침체 주기가 실질적으로 타당하다면 침체의 결과는 채무자에게는 약속과 경고 모두가 된다.

만약 침체가 대규모 자본을 가지고 있거나 아니면 재능있고 사려깊은 직원들이 남아 있는 회사를 남겨놓은 채 끝났다면 아마도 그 주기는 세금면제부 일반 보증채권을 쇄신적으로 대체하는, 즉 공생산과 그리고 궁극적으로 세금이 부과되는 시 공채에 더 많이 의존하는 것과 같은 쇄신적 대체물이 될 것이다. 회사가 세금 면제 부문에서 일하는 직원과 세금 징수 부문에서 일하는 직원, 두 직원을 두고 있고 이들 두 직원이 모두 고정 수익 채권 부서에서 일하고 있으면 회사는 경기를 실감할 것이고 시정부는 사채시장에 등장하고 있는 숨막히는 쇄신으로부터 이익을 볼 것이다.

그러나 침체 주기 이론에 의해 제공되는 경고는 대등한 타당성을 가진다. 즉, 침체로 인해 몇몇 회사만 살아남는데, 이들 회사 모두는 전통적으로 했던 바, 즉 높은 가격을 징수했다. 항상 그러했듯이 이 각본에서 자유롭게 만능으로 사용할 수 있는 패는 아마 연방소득세법에 있을 것이다. 이자 부담을 줄이기 위해 기존의 채권을 상환할 목적으로 채권을 발행하는 차환(advanced refunding)을 규제하려는 현재의 운동,

시정부들이 세금 면제를 받기 위해 따르는 중개매매 규제(arbitrage regulations)를 좀 더 강화하는 것, 그리고 개인에 대한 자본 이득[또는 양도소득]세율(capital gains tax rate)을 인하하는 것들은 세금면제부 공채를 덜 이용하게 하는 결과를 초래할 것이다.

침체로 인해 투자 은행은 수행하는 재무 자문 역할을 넘어 인수 역할까지 확대하게 된다. 투자 은행은 높은 가격을 요구하는 다소 이색적인 재원 조달을 위해 채권 보험을 창안하고 그것에 크게 의존하는데 이것은 인수된 채권에 대해 원가와 매가의 차이인 차익(spread)을 계약한 효과를 가진다.

왜 시정부는 원가와 매가와의 차액과 보험료를 지출해야 하는가? 차액과 보험료를 지출해야 하는 경우에, 시정부는 전문가의 색다른 재원 조달에 따른 가격과 채권 인수에 따른 위험에 대한 가격을 결정해야 한다. 인수자가 전통적으로 직면하는 다른 위험 특성은 이자율의 휘발성과 관련이 있다. 이 채권이 다시 팔릴 때 제값을 정확히 받을 수 있을까? 또한 보험은 적어도 명목적으로 시 공채 주가지수 선물계약에서 위험을 헤지(hedge)하기 위해 존재한다.

합리적인 오차 내에서 채권을 인수하면 사전에 정해진 가격에 구입해도 손해를 축소할 수 있고 이익을 볼 수도 있다. 노골적인 채무자의 채무 불이행에 대해 그리고 가격 변동을 헤지하기 위한 계약에 대한 두 보험의 경우에, 채권 인수는 이전과는 전혀 달리 이익이 적어지기는 하지만, 이전보다 위험이 적다. 원가와 매가의 차이가 축소됨으로써 투자 은행을 위한 이윤과 중개인과 거래인(trader)을 위한 유인이 축소된다. 이런 경향은 이런 업종에 대한 재능있고 식견 있는 인재를 계속 끌어모으기 위한 잠재력을 감소시킨다.

투자 은행가는 운명이 정해졌는가? 아마 아닐 것이다. 단기적으로 그리고 장기적으로 시정부는 공채를 시장에 내다파는 전문성을 획득할 수 없을 것이다. 은행가와 거래인을 제외한 어느 누구도 공채를 설계하는 현재의 도구와 쇄신의 속도에 맞추어 혼란과 복잡성으로부터 이익을 보는 전략을 고안할 전문 지식과 혹은 대담성을 가질 수 없다. 그럼에도 불구하고, 지금 알려지고 평가받는 바와 같은 투자 은행가는 곧 사라질 것이다.

이러한 미래에 대한 탐구에 의할 때, 이전에도 내린 바 있었듯이, 우리는 현재의 중개자들은 언젠가는 사라질 것이라는 결론에 도달한다. 그러나 결론은 두 가지 단순한 이유에서 틀릴 수도 있다. 첫째 이유는 행정가와 관련된 문제다. 즉 정부는 정부의 원가, 적어도 정부 차입의 원가를 축소하는 데 필요한 능력 있는 인재를 충원하고 보유할 수 없다. 물론, 정부 차입이 민영화, 정부 기능의 축소, 혹은 자산 매각 등을 통해 사라진다면 전문가는 더 이상 중요하지 않다. 둘째 이유는 투자 은행 기능은 지속될 것이다. 왜냐하면, 쇄신이 고정 수익 공채를 시장에 내다팔 수 있는 새로운 방법과 관련이 있든지 아니면 정부 기능을 축소하는 새로운 방법과 관련이 있든지 그 여부와 관계없이, 차입 원가를 낮게 유지할 수 있는 쇄신을 이룩할 필요 때문이다.

제 9 절 요 약

이 장 이 절에서 필자는 1975년부터 1990년까지 기간에 재무담당자들이 직면했던 모호성에 대한 반응을 논했다. 그 반응은 *대처*(coping)로 알려진 행정적 개념의 형식을 취했다. 그 기간 동안 재무담당자들은 예방과 흡수를 통해 직접적으로 대처했다.

그러나 성가신 질문이 남는다. 즉, 재무담당자들은 대처했는가 아니면 투자 은행, 변호사, 회계사, 반응에 도움을 준 기타 자문관 등의 네트워크에 의존했는가? 대처는 1975년 전에 존재했던 것보다 더 지적이고 정교한 전문적인 업무(profession)라 생각된다. 또한 대처에는 자본 조달 과정, 그것을 뒷받침하고 있는 정치 과정, 자본 조달 과정을 지지하고 있는 신용시장 등에 대한 깊은 이해가 필요하다. 대처가 자본 조달 과정 이해, 정치 과정 이해 등 어느 것에 의존할지는 알 수 없으나, 대부분의 연구는 재무 보좌관(financial advisors)이 완벽한 지식에는 미치지 못하는 것으로 언급하고 있다.

만약 재무담당자들이 대처한 것이 아니고 의존한 것이라면, 질문은 정부 밖에서 대처하는 중심에 있는, 즉 재무 보좌관들에 집중된다. 재무 보좌관들은 정부 재무관리자들을 모호성이 상당히 높은 세상으로 안내할 수 있다. 이 세상은 마치 도박장과 같아서, 정기 거래와 수시 거래(puts and floaters), 헤지와 선택권이 딸린 거래(hedges and straddles), 차액을 바라는 거래와 투기(arbitrage and speculation), 이 모두가 공채 조성을 위한 공채 조성에 기여한다.

이런 증거는 관리자들은 스스로 무엇이 현실인가를 정의하지 않는다는 이전의 설명에 믿음을 준다. 즉, 만약 관리자들이 정의를 한다면, 그들의 가치가 쇄신성에 제약을 줄 것이다. 그러나 관리자들은 많은 사람이 특별히 유용할 것이라고 생각하는 현실을 만드는 데 다른 사람들과 함께 참여한다. 이 현실은 조직 밖의 모호한 환경에 대처하기 위해 구체적으로 구성된다. 그리고 구성된 쇄신은, 여전히 쇄신을 촉진하지만, 아마도 관리자들의 가치와 일치되는 안정을 조성할 것이다. 관리자들은 쇄신을 쉽게 허용하는 가치관을 가지고 있지 않다는 사실에도 불구하고 쇄신은 발생하고 그것도 총체적인 쇄신이 발생한다.

제10절 자본 조달에서 불확실성과의 대처[9]

이 절에서는 지난 15년간 주정부 및 지방정부 재무관리자들이 자본 조달활동에서 *불확실성*에 반응했던 방법을 분석한다.[10] 반응은 2개 대처 전략이란 관점에서, 즉 예방과 흡수라는 측면에서 기술될 수 있을 것이다(Hickson et al., 1971: 217).

예방에 의한 대처

예방 노력은 불확실성을 미연에 방지하기 위해 시도된다. 일반적으로 관리자들은 충격이 발생하는 확률을 축소해서 조직에 유입되는 자원이 크게 변하지 않도록 하는 데 목적을 두고 노력한다. 주 및 지방정부 재무관리자들은 지나친 가변성을 예방하기

9) 이 글은 밀러(Miller, 1985)에 부분적으로 기초했다.

10) 이 기간은 대체로 미국 정부간 관계위원회 위원인 패튼과 헴펠(Patton and Hempel, 1975)이 책을 발간한 때부터 1975년부터 1990년까지 약 15년을 말한다. 이 기간에 지금 보아도 숨이 막히는 경기 부침이 있었다. 뉴욕 시의 재정 여건을 단순히 설명한다면, 1975년에 거의 지불 불이행 상태가 되었고, 1985년에는 주요 서비스 증가와 시설 개선에 투자를 하고도 잉여가 있었으며, 1990년에는 재정 압박을 경험했다. 이와 같은 뉴욕 시 재정 상태는 파산에서 호경기 그리고 파산으로 묘사할 수 있는데 이런 경향은 이 기간에 전부는 아니어도 많은 주정부 및 지방정부의 특성을 보여 주는 것이었다. 나머지 주정부 및 지방정부도 경기 부침을 경험했다: 예를 들면, 피닉스(Phoenix)는 호경기에서 파산으로, 디트로이트(Detroit)는 여전히 파산 지경이고 댈러스(Dollas)는 파산에서 호경기를 경험했다. 이 기간에 물가, 이자율, 그리고 시장에 상당한 불안정성이 있었다는 것은 더 이상 놀랄 만한 일이 아니다. 예를 들어, 물가는 제2차 세계대전 이후 처음으로 두 자릿수로 인상되었다. 장기 시정부 공채에 대한 이자율은 The Bond Buyer가 기록을 하기 시작한 이래 처음으로 두 자릿수로 인상되었다. 이것들이 원인이 되고 또 결과가 되어서, 신용시장 참여자들 사이의 구별이, 특히 채권 발행자와 중재자들의 구분이 모호해졌다(Petersen, 1981). 이자율이 불안정했던 시기 이래 시장은 불안정했는데, 특히 1987년과 1989년에 불안정했다. 그러나 1980년대에는 눈에 띄게 안정을 누렸다.

위해 다양화, 합병, 외부로부터 자본이나 자금을 들여와 이용하는 레버리징(leveraging), 금융증권화(securitization) 등 네 종류의 기본 전략을 사용했다.

1) 다양화

주정부와 지방정부에서 다양화는 세입원에 많이 적용되었다. 지방정부 수준에서는 재산세에 대한 대안적인 세입이 그리고 주정부 수준에서는 소득세에 대한 대안적인 세입이 탐색된 것이 지난 십 년 동안 가장 명확한 추세였다. 대안 탐색의 결과는 하나의 추세를 낳았다. 즉, 사용자 요금과 여타 편익에 기초한 세입들이 지방정부에서 크게 성장하는 분야가 되었다. 지방정부 수준에서 이들 수입은 1970년 초에 조세 대비 그 수입 비율이 1/4에서 1980년대 후반에 1/3 내지 1/2로 증가했다(US. Bureau of the Census, 1989). 그 성장률에 기초해서 예측할 때, 그 비율은 1/2을 초과할 것으로, 혹은 시정부는 1990년대 초에 사용자 요금으로부터 자체 재원의 1/3 정도를 얻을 것으로 말할 수 있다. 여타 반대도 있다. 실제로 일부에서는 전통적으로 사용자 요금으로 지원되는 서비스에 대한 세출의 증가가 안정되고 있기 때문에 조세 대비 편익에 기초한 세입 비율은 감소할 것이라고 주장한다(Academy for State and Local Government, 1984). 그러나 행정 단위를 세분화하는 운동이나 특구를 설치하는 운동에 의해 편익에 기초한 세입과 그에 필요한 세출이 함께 검토될 것이다. 다시 말하면, 사용료에 의해 지원되는 활동의 수가 증가할 것이고, 이러한 활동에 대한 수요도 동시에 증가할 것이다.

주정부들은 세금을 인상하는 것만이 아니라 다소 그 범위를 다양화했다. 그럼에도 불구하고, 이른바 죄악세(sin taxes)[11]는 주정부 수준 재무관리자들 사이에서 강한 감독과 토론을 유발했다. 특히 담배세는 연방정부의 감세에 직면해서도 인상되었다.

2) 합병

수평적 합병(merger)의 두 가지 주요 유형과 수직적 합병의 한 형식이 재무관리자에게 상당한 예방적 잠재력을 제공한다.

(1) 수평적 합병

미국 통계국은 수평적 합병의 첫 번째 유형인 병합(annexation)이 감소했지만 여

11) [죄악세(sin tax)는 술, 담배, 도박, 경마 등에 부과되는 사회적으로 바람직하지 않은 것들에 부과되는 세금이다.—역자 주].

전히 남부와 서부에서 합병 기법으로 남아 있다고 한다(U.S. Bureau of the Census, 1980). 민간 부문과 합하는 수평적 합병은 오명은 물론 총애도 받았다. 공공기관의 민영화는 견고한 지지층이 있고 이전의 공공기관이 민간 부문 혹은 이윤 추구 집단과 공동으로 처리한 활동들에 적용된다. 민영화를 통한 수평적 합병에는 적어도 일곱 가지 주요 유형이 있다.

① 지분 참여(*Wall Street Journal*, 1982)[12]

몇몇 예에서 정부는 사업을 재정 지원하는 공채로부터 이윤은 물론 사업에서 지분(equity position)도 요구했다. 이런 경우는 특히 시정부가 발행자로서 활동하는 단기적인 산업 개발 공채자금 조달에서 나타난다. 그러나 지분은 시정부가 재개발 목적으로 연방자금을 사용하는 데 민간 부문과 파트너십을 형성할 때 협상 대상이 되었다. 예를 들면, 시카고는 시내 호텔 개발사업에서, 시가 자금 지원하는 개발사업에서 비롯되는 미래 수입을 공유하는 형식으로, 지분을 요구했다. 시카고의 행태를 보이는 다른 시들에는 켄터키 주 루이빌, 샌디에이고, 코넷티컷 주 뉴헤이븐 등이 있다.

루이빌(Louisville) 시는 5천 만 달러 사업에 대해 개발 회사를 재정 지원하고 그 반대 급부로 호텔사업에서(개발업자가 그 지분에 대한 15% 이익을 가진 후) 현금 흐름의 50%와 미래 평가액의 50%를 받으려고 한다.

소매상, 사무실, 호텔 등이 포함되는 1억 달러 규모의 사업에서 샌디에이고(San Diego) 시와 개발업자는 다음과 같이 합의했다. 개발업자는 버려진 토지를 구획정리하는 데 4년 동안 시정부에 4백만 달러를 무이자로 융자해 준다. 개발업자는 그 토지를 1백만 달러에 구매할 수 있다. 그 대신에, 개발업자는 50년간 주차 수입의 31%와 함께 기본 임대세를 초과하는 임대 소득의 10%를 시정부에 지불한다.

뉴헤이븐(New Haven) 시는 낡은 주화 공장을 연구시설로 전환했다. 시는 비영리 법인을 개발 회사로 창립했고 사업 지분을 높이기 위해 제한적인 동업자들을 통해 투자가들에게 사업으로 인한 세금 면제권을 판매했다. 건설자금은 연방 지역개발 포괄보조금에서 지불되는 무이자 대출로 지원되었다. 영구 자금 지원은 건설 노동조합의 연금기금에서 충당되었다. 연금법 요건에 부응하기 위해 시는 제1차 담보를 보증하도록 코네티컷 주를 설득했다. 도시 개발 추진 보조금은 제2차 담보를 인수하는 데

12) 지분 참여(equity “kickers”)는 애리조나 주 피닉스 지역 투자 은행인 Rauscher Pierce Refsnes Inc로부터 얻은 몇몇 미발간 내부 자료다. 이것은 이 장에서 검토되는 자금 조달 수단에 대한 서베이를 이룬다.

도움을 주었다.

② 세수 증대 재정관리구 조성을 통한 재원 조달

판매 증가 혹은 시설 임대에 기인하는 세입 흐름과 달리, 세수 증대 재정관리구 조성은 재산 가치의 상승으로부터 그리고 세수 증대 채권(tax increment securities)에 의해 재원 조달된 개발사업 후 그 재산에 대한 세금으로부터 세입의 흐름을 창출한다.

첫째, 세입 흐름을 창출하는 방법은 구재산 가치와 신재산 가치를 계산하는 데 달려 있다. 증권 발행기관은 기준 연도를 정하고, 기준 연도 혹은 개발 이전 연도의 재산 가치를 정해야 한다. 발행기관은 학교 위원회와 같은 재산세에 의존하고 있는 여타 기관과 기준 연도 가치와 조세의 배분에 대해 결정해야 한다. 그 다음에, 증권 발행기관은 건설 및 재개발 중간과 그후 그리고 아주 가까운 미래까지의 기간에 대해 재산의 가치를 추정해야 한다. 이 추정치를 가지고 증권 발행기관은 개발 후 조세 수입에서 증가된 차액으로부터 세입 흐름을 만든다. 세입 흐름은 재개발 시기 재산 가치와 기준 연도 가치 사이의 차액에 의존한다. 다만 각각의 세율을 곱하고 다른 징세 기관들이 징수한 것을 기준 연도 배분에서 뺀다.

재원 조달 방법은 징세 관할구 사이의 경쟁으로 발생한 상당한 반대에 직면했다. 그 결과, 이러한 관할구들은 상환 기간 동안 과표가 변하지 않는 정적(靜的)인 과표 문제에 직면했다. 이 방법 옹호자들은 세수 증대 재정관리구 조성을 통한 재원 조달이 더 많은 과표 침식의 가능성을 감소시킨다고 주장한다. 더 나아가, 이들은 재개발이 다른 지역에 재산 가치를 증대시키는 직업과 활동을 증가시킨다고 주장한다. 재개발사업에 종사하는 근로자들의 집과 사업체들이 다른 지역에 있고, 이런 것들이 모든 징세 관할구 과표가 의존하는 재산세 과표가 되기 때문이다.

③ 민관 파트너십

세금 면제부 레버리지 리스 재원 조달과 함께, 민관 파트너십(private public partnerships)은 자본재의 생산을 용이하게 한다. 이런 재원 조달 방법을 사용함으로써 징세 대상인 제3자가 시설을 건설하고 소유한다. 임대인으로 활동하는 제3자가 시설을 운영자에게 빌려 준다. 이때 운영자는 임대 기간 동안 유지비, 수선비, 보험료를 부담한다. 반면, 관할기관은 임차인 혹은 운영자와 서비스 계약을 한다. 서비스 계약은 건설자의 부채를 보증한다. 즉 그 부채는 세금 면제부 수입 공채로 충당되지만 건설자는 취득 가격의 20%에서 40%를 부담한다. 세입은 시설의 이용자인 고객들로부터 나오며 이것은 시와의 계약에 기여한다.

④ 발행 대행기관 설치

주법과 지방법이 허용한다면, 공채 발행자는 본래의 공채 발행자인 주정부, 교육위원회(school board), 시정부, 군정부 등을 대신해서 발행자로 행동하는 비영리기관을 설립할 수 있다. 발행 대행기관의 설립 권한은 연방법에 따른다. 일반적으로 정부는 법인으로부터 부동산과 장비를 리스할 목적으로 법인을 설치한다. 법인은 공채 혹은 기타 유가증권을 발행한다. 정부가 법인에 지불한 리스 지출 흐름은 기초 담보로서 작용한다.

⑤ 매각차용(賣却借用, sale and leaseback)

발행 대행기관을 이용함으로써, 관할기관은 회계장부로부터 자산뿐만 아니라 부채도 제외시킬 수 있다. 시설을 전적으로 소유한 시정부는 시정부 지원법인(Municipal Assistance Corporation: MAC)을 설립하도록 결정할 수도 있다. 이 법인은 시설을 구입하여 시설의 내용연수(耐用年數, useful life)와 동일한 기간 동안 시설을 다시 리스할 수도 있다. MAC는 시가 약속한 리스 지불에 기초한 증권을 판매할 수 있다.

⑥ 연금(annuity)과 연금(pension) 계획(Yacik, 1985)[13)]

관할기관이 지금은 연금 부채(pension liability)를 세금면제부 대출을 통해 민간부문에 전가한다. 예를 들면, 뉴저지 주 에섹스(Essex) 카운티는 메트로폴리탄 생명보험회사로부터 연금 계약(annuity contract)을 구매하기 위해 일반 보증채권을 팔았다. 이에 의해 메트로폴리탄 생명보험회사는 투자 후에 연금(pension benefit)으로 1천 만 달러 이상을 지불할 책임을 지게 된다. 이리하여 에섹스 카운티는 총 4천 8백만 달러어치의 채권을 발행했고 채권에 명기된 기간에 걸쳐서 9천 4백 40만 달러의 원금과 이자를 지불하게 된다. 메트로폴리탄 회사는 1억 6백 80만 달러로 연금제도(pension system)를 충분히 재정적으로 감당할 수 있다.

⑦ 세금 면제부 리스(Vogt and Cole, 1983)

이것은 대행기관을 설립하는 기법과 비슷하다. 세금 면제부 리스(tax-exempt leasing) 협정에서, 임차인으로서 정부기관은 임대인으로서 은행, 투자 은행, 혹은 리

13) [연금이란 단어는 같지만 뜻은 다르다. annuity는 일정 기간 동안 동일한 금액의 현금 흐름이다. 어떤 사람이 투자의 결과로 5년 동안 매년 1억 원씩의 현금을 받기로 했다면 이런 현금 흐름을 annuity라 한다. 반면 pension은 근로자가 퇴직 등의 이유로 일을 못하게 된 경우 생활 안정을 위해 근로자 혹은 그의 가족에게 정기적으로 지급되는 금전이다.-역자 주].

스 회사와 협정에 서명한다. 임대인은 리스를 해 줄 수 있는 대상에 비용을 대는 임대인 혹은 투자자를 통해 자금을 조성한다. 반면에, 임대인은 협정에 따른 장비, 권리, 소유권 등에서 담보 이자와 리스 임대 대금(원금과 이자) 흐름을 받는데 이때 임대인이 받는 이자는 면세다. 거래 규모 때문에, 임대인이 한 명 이상 참여한다. 임대인들이 임대 대금의 흐름을 비례적으로 나누어 가질 수 있기 때문에 참가 자격증이 배부될 수 있다.

(2) 수직적 합병

특히 연방보조금이 관련되는 정부간 책임의 공유는 계속해서 감소하지만 주정부의 지방정부에 대한 모든 형태의 보조는 실제로 증가했을 것이다. (1) 시설 융자기금(funds), (2) 채권은행, 그리고 (3) 기타 형태의 주정부 보조금과 같은 새로운 구조가 매우 중요하다.

몇몇 주와 지방정부는 병원 혹은 지방정부 내 여러 비영리기관을 위해 장비 융자 총액계상사업비(pools)를 자금 지원하기 위해 채권을 발행했다(*The Bond Buyer*, 1983). 이 사업 융자는 중기적 기간에 기초해서 자금이 지원되나 그 가치는 장비 이용자들의 수효에 대한 채권금융 비용의 배정에 달려 있다. 신용 증진 기법에 의해 작고 힘없는 신용기관은 강한 신용기관으로 합병된다.

장비 융자기금(fund)의 규모가 크고 제한이 없는 실제 본보기(object version)는 채권 은행이다(Forbes and Petersen, 1983). 공공 재원 조달 공사는 정부기관들에 대한 자본 조달을 하나의 대규모 채권 발행(bond issues)으로 총액계상사업 자금으로 관리하는데 이것은 버몬트 주에서 1970년경 등장했다. 채무를 하나로 총액계상사업 자금으로 관리함으로써 그 채권 발행은 관심을 더 많이 모으고 인수 비용을 분산시킬 수 있고 요금을 인하할 수 있다. 그러나 적어도 피상적으로라도 채권 은행의 비용이 채권 수익 투자(bond proceeds investment)로부터 축소된 이자 비용과 수익보다 많다는 증거가 있어야 한다.

주정부들은 채권을 시장에 내놓으면서 지역사회를 돕는다(Forbes and Petersen, 1983). 캘리포니아 주의 건강시설 건설 융자보험사업은 지방 세입과 일반 보증 채권을 보증한다. 이들 지방 세입과 일반 보증채권은 보건시설의 건설을 재정 지원하고, 주정부 보건계획에 따르도록 하기 위한 것이다. 나아가, 미시간 인정 학교 채권기금(fund)은 원리금 변제액에 충당하고자 학교구에 긴급 지원을 제공하기 위해 회전 융자기금(revolving loan fund)을 운영한다. 텍사스 주는 지방 교육위원회 채권을 보증하기 위해 원유 추출 판매고로부터 특허 사용료를 징수한다. 특허사용료는 텍사스 주 모든 분야에서 발행된 대규모의 채권의 신용 가치를 지지하는 데 충분하고, 이로 인해 채권들은 AAA 등급으로 평가받았다. 미네소타 주의 채권 보증기금(Minnesota's Bond Guarantee Fund)은 주의 모든 지역의 일반보증채권 발행을 보증한다. 만약 채무 불이행 상태가 발생하면 주법에 의해 주정부가 그 지역에서 특별재산세를 징수하도록 되어 있다.

3) 레버지징

소득 흐름에 기초한 더욱 새로운 세입원으로, 이것은 연금(annuity)과 유사한데, 정부는 이러한 흐름을 레버리지 혹은 새로운 세입원을 대충자금으로 이용해서 차입할 수 있다. 그러한 접근 방법은 단순한 수입 채권과 같다. 그러나 다양한 세입 흐름이 *레버리지*(leverage)로서 작동할 수 있는 새로운 방법은 자본 금융자금을 위한 새롭고 더욱 신뢰할 만한 원천이 될 잠재력이 있다.

교차 재원 레버리징(cross-source leveraging)

여러 세입 흐름을 레버리징한 아주 훌륭한 예가 최근 뉴저지 주에서 발생했다 (Bayless, 1985). 뉴저지 유료고속도로 공사(公社)를 통해 뉴저지 주정부의 교통 신탁기금(Trust Fund)은 일 년에 1천 2백만 달러를 벌어서 교통 기반시설을 재건할 수 있을 것이다. 뉴저지 주의 3개 유료도로 공사들은 도로 보수사업을 재정 지원하는 채권을 발행하고 상환하기 위해 교통신탁기금의 수입으로 20년간 연간 2천 5백만 달러 금액을 부담한다. 이러한 기여는 고급의 레버리징이다. 즉 유료도로 공사들에 의해 충당된 1달러는 다른 5달러를 모집하는 데 사용될 수 있다. 그러면 연방정부에 의해 9배에 달하는 자금이 대응 투자된다. 입법부는 자금을 승인하고 그 자금을 주정부의 유료도로 공사들이 납부한 연부금과 그리고 가솔린세의 일부와 합한다. 이러한 세입 흐름은 필요한 작업을 보장하고 채권에 대한 원리금 변제액에 사용된다.

4) 금융증권화

전통적으로 시정부는 어음 지급 약속을 통해 편익이 제한적인 시설 개선에 자금을 지원했다. 예를 들어, 주택가 도로 포장은 종종 도로 포장 비용을 주민들이 매달 상환할 것이란 약속을 할 수 있는지 여부에 달려 있다. 만약 그런 약속이 있으면 지방정부는 그것을 담보로 하는 세입 흐름으로 채권을 발행한다. 민간 부문 차용자는 이 절차를 *자산의 금융증권화*(securization of assets)라고 부른다. 비유동적 대부와 리스 계약과 관련해서 금융증권화 과정은 자산을 유동적 증권으로 전환한다. 실질적으로 지불 흐름 혹은 장기적 지불 실적이 있는 어떤 자산이든지 그것은 사실상 금융증권화의 대상이 될 수 있다. 주 및 지방정부는 계약을 리스할 수 있다. 즉 주 및 지방정부의 리스계약, 즉 서비스에 기초한 요금이 그런 흐름과 내역이 될 수 있다. 그 결과로서 이들 정부의 자본화는 지불 흐름의 금융증권화에 달려 있다.

또한 "독점성"이 가능하거나 단위 편익분석이 가능한 시설 개선은 금융증권화의 대상이 될 수 있다. 도로, 보도, 소방서, 경찰지서(소방 요구과 경찰 요구는 독점적 서비스라고 정의할 수 있다) 등과 같은 "공공재"로 통상 정의되는 자본재는 금융증권화 후보가 될 수 있다.

그 반대도 재무적으로 작동할 것이다. 어떤 기관이 공해 발생 수준에 기초해서 정규적으로 납부하는 공해 억제를 위한 규제 요금(regulatory fees)도 공해를 완화시킬 수 있는 시설을 위한 금융증권화로서 운영할 수 있다. 그뿐만 아니라, 시정부는 민간회사가 가지고 있는 높은 유동성으로 이익을 볼 수도 있다. 채권을 담보로 한 증권을 이용하는 매각자는 보통 거래보다 더 좋은 거래 조건을 제시할 수 있다. 채권은 매각될 수 있기 때문에 유동성에 영향을 미치지 않는다. 시정부는 상환이 금융증권화가 되기 쉬운 일정 기간의 채권 형태를 취하기 때문에 더 좋은 조건을 누릴 수 있다. 시정부는 그것을 통해 현금관리와 투자에 대한 기초를 삼을 수 있기 때문에 현금 흐름을 개선할 수도 있다.

몇몇 소식통에 따르면(Shapiro, 1985; Sloane, 1985), 은행가들은 여타 다른 자산을 증권화하는 것에 눈을 돌리기 시작했다. 지불 흐름 혹은 지불 실적에 따른 자산을 넘어서, 이것들은 충분한 기간 동안 추적이 가능한 자산들인데 이것들을 넘어서 다음 세대 금융증권화는 현금 흐름이 예상되지 않는 자산을 증권화하려는 것이다. 다음 세대 금융증권화는 그것과 관련한 현금 흐름이 없는데도 다만 판매될 때는 증권화가 예외적으로 가능하다. 상품 담보부 계약(commodity backed agreement)은 담보가 될 수 있고 혹은 일단의 자산도 증권을 담보하기 위해 판매될 수 있다. 예를 들면, 천연자원, 단지 조성 장려금, 구획 정리로 인한 비용 절감, 그리고 더 추상적인 자산 형태로 기업의 위치에 영향을 미치는 지역사회의 심미적 가치, 학교의 질적 수준 등이 판매될 수 있다.

5) 요약

자원의 잠재적 총액(pools)을 증대시키는 체제의 설계와 그 자원을 사용하고자 하는 의향을 통해 불확실성을 예방하는 방법은 주정부 및 지방정부 재무관리의 큰 특징이다. 다양화와 합병은 새로운 활력을 얻고 있다. 레버리징과 금융증권화 같은 새로운 기법도 미래 가치를 가진다. 그러나 현재 필요한 것은 불확실성의 대량 흡수다.

흡수에 의한 대처

불확실성 기간 동안 취하는 조치는 종종 흡수 활동으로서 나타난다. 불확실성 흡수는 어떤 재무관리 체제가 새로운 그리고 변화하는 환경에서 작동할 수 있도록 만듦으로써 불확실성에 체제가 적응하는 것을 의미한다. 재원 변화의 영향, 특히 인플레이션과 이자율의 증가 악영향을 완화하기 위해, 주정부 및 지방정부가 사용하는 불확실성 흡수 전술과 전략은 몇 가지 형태를 띤다. 적어도 네 종류의 충격 흡수 방법이 있다: (1) 인플레이션에 대한 안전 조치로 헤징 기법, (2) 인플레이션과 이자율에 민감한 새로운 대출 상품, (3) 기존 공채를 이자율 변동에 적응시키기 위한 새로운 차환(advance refunding routines), (4) 발행자가 새로운 채권 소유자를 찾음으로써 수요 노력을 균등화하기.

1) 불확실성 흡수를 위한 헤징

헤징(hedging)에는 이자율의 변화를 미리 예견해서 대처하는 선물(futures) 혹은 옵션(option) 계약이 포함된다. 선물 계약은 정해진 시점이나 장소에서 현금 혹은 증권을 인도 혹은 인수하기 위한 약속이다.[14] 옵션은 정해진 시간이나 장소에서 선물 계약이나 증권과 같은 것을 매도 혹은 매수할 수 있는, 의무가 아닌 권한(right)을 투자가에게 부여한다. 헤징 전략은 선물과 옵션 시장이 새로운 상품을 내놓음으로써 발전했다. 기초적인 헤징에는 이자율에 안전장치를 달거나 이자율을 "관리(lock in)"하기 위해 선물 계약의 구매 혹은 물리적 계약 혹은 선물 계약에 대한 옵션의 구매가 포함된다.

14) 이 기법에 대한 상세한 설명을 위해서는 이 책 제8장을 참고하시오. 또는 파보치와 자브(Fabozzi and Zarb, 1981)를 참고하시오.

오늘날 불확실성을 흡수하기 위해 가장 많이 사용하고 급속히 확대되는 방법이 "창조적인 자본 조달" 활동으로 등장하고 있다. 이러한 창조적인 기법들의 성질과 유형은 채무자/ 증권 발행자와 채권자/증권 소지자에게 영향을 미치는 변덕스러운 경향이 급격히 변하듯이 그렇게 급격히 변하고 있다. 이 기법들은 자본 조달을 기술하기 위해 존재하는 모든 차원을 포함한다. 즉 단기 조달과 장기 조달, 이자에 민감한 조달과 둔감한 조달, 차입자 권리 위주 조달과 대출자 권리 위주 조달, 일반 사용 목적 조달과 특정 사용 목적 조달, 상대적이지만 세금이 무거운 조달과 세금이 적은 조달 등이 그것들이다.

지난 15년 동안 여섯 종류의 기법이 폭넓게 사용되었다: (1) 다단계 조달(stage financing), (2) 상업 어음(commercial paper), (3) 금리 변동부 사채(floating-rate bonds), (4) 풋 옵션 채권(put option bonds), (5) 제3자 재정 보증(third-party financing guarantees), (6) 단계적 이부채(利附債 stepped coupons).

(1) 다단계 조달

예상되는 인구 성장에 대응하고 성장 지역의 생활 주기인 수요를 충족시키기 위해 다단계 조달을 통해 정부기관들이 일정 기간 동안 유지할 수 있는 채무 원리금 변제액 규모를 고정 금액으로 만들 수 있다. 예를 들면, 행정기관은 채무 원리금 변제를 위해 고정 비율로 징수하는 조세 흐름을 정하도록 결정할 수도 있다. 많은 경우에, 조세 흐름은 평균 세금이 될 것이다. 이것은 성장 초기에는 높게 보이고 성장 후반기에는 낮게 보일 것이다. 채무 원리금 변제에 충당되는 이들 세금에 의해 행정기관은 성장과 서비스 수요를 예상한 초기 단계에서는 충분한 차입을 할 수 있다. 후반기 채무 원리금 변제에 충당되는 이들 세금은 그렇게 무겁지 않아서 세입 기반이 부진 혹은 심지어 하락해도 그렇게 큰 부담이 안 된다.

(2) 상업 어음

세금 면제부 어음, 다시 말해 만기가 1년보다 짧은 무담보 세금 면제부 대부가 급격한 변동에 노출되는 것을 억제할 수 있는 또 다른 기회를 종종 제공한다(Klapper, 1980). 상업 어음의 이자율은 단기채 시장을 따르고 일반적으로 징세 대상인 재무성 증권(Treasury bill) 세율보다 낮다. 상업 어음 계획은 만기에 도달한 기존 채권에 자금을 재조달할 때 필요하다. 어음은 무담보이기 때문에 은행의 신용장이 일반적으로 상업 어음 계획을 보증한다.

(3) 금리 변동부 사채

시 공채시장의 조건이 너무 불확실(chaotic)해서 전통적, 장기적, 고정 이율 채권에 의존하기 어렵기 때문에 금리 변동부 혹은 이율 변동 자금 조달이 등장했다. 1977년 9월부터 1982년 1월까지 5년 동안 채권 이자율이 5.5%와 14.5% 사이에서 부침하는 것을 본 투자가들은 20년, 30년 동안 고정 이자인 채권을 요구하지 않았다. 그러나 대다수의 시 채권 발행자들은 가능한 한 장기 자금 조달을 선호했다.

각각 이자 지불 기간에 대해 이자 변동 채권에 대한 이자율은 채권 발행 시에는 정해지지 않고 그 대신 시장 조건이 변하는 데 따라서 이자율이 “변하”거나 적응한다. 따라서, 그 이자율은 시장 조건에 합리적으로 반응하는 지수 혹은 시장 지표와 결합되어 있다.

가격전략(pricing strategy)은 금리 변동 증권을 구조화하고 시장에 내파는 데 훨씬 중요한 요소다. 그 전략은 위험과 만기일이 동일한 경쟁 관계에 있는 투자들의 경향을 반영한다고 생각되는 몇몇 지표에 의존한다. 이 지표는 기존의 단기와 장기 채권, 상대적으로 장기인 세금 면제와 세금 징수 채권을 비교할 수 있는 시계열을 제공한다. 이자율 지수의 범위는 연방 증권에 대한 리보(LIBO) 금리에서 은행이 자신의 고객에게 정해 주는 지수까지 다양하다.[15] 변동 이자율은 상당한 매력을 가지고 있다. 단기 시장에서 채권 발행자는 전통적이고 장기적인 시장 이율보다 일반적으로 2%에서 4% 낮은 이율에 자금을 융통할 수 있다.

(4) 풋 옵션 채권

풋 옵션이 가능한 채권에 의하면, 채권 소유자가 만기일 전이라도 통보한 날에 [정해진 가격에] 채권을 그 발행자에게 매도할 수 있다. 표면적으로 보면 매도자와 매수자 모두에게 공평한 것 같다. 왜냐하면 매도(put)를 통해 채권 소유자[매도자]에게 채권 발행자[매수자]가 매수(call)로 항상 이익을 볼 수 있는 그 이익을 추구할 방법이 허용되기 때문이다.

풋 옵션에 의해 채권 소유자는 재판매 금융기관에 채권에 기재된 만기일이나 통보에 의해 그 이전 어떤 날에 채권을 제시함으로써 원하는 날에 재판매 금융기관(re-marketing agent)에 의해 채권이 구매되도록 요구할 수 있다. 채권 소유자[매도자]는

15) [LIBO 금리는 London Inter-bank Offered Ratio를 뜻한다. 런던 금융시장 중에서도 신용도가 높은 은행들이 자기들끼리 단기적 자금 거래에 적용하는 금리다. 국제 금융시장의 기준 금리로 사용되고 있으며, 금융기관이 외화자금을 들여올 때 기준으로 삼는 금리다.-역자 주].

매도되는 날에 원금(액면가)과 미지급 이자를 받는다. 재판매 금융기관은 풋 옵션을 행사한 구(舊)매도자에 의해 매도된 채권을 살 새로운 매수자를 찾는다.

만약 재판매 금융기관이 채권을 재판매할 수 없으면 수탁자는 원금 및 미지급 이자를 지불하기 위해, 일반적으로 은행에 의해 발급되는 신용장 혹은 여타 지급의 유동성 보장 증서인 "유동성 편의 제공(liquidity facility)"에 의존한다. 일반적으로, 풋 옵션은 그것을 행사하려면 여러 지급 보증, 일반적으로 신용장이 필요하다.

풋 옵션에 의해 채권 발행자는 장기 채권을 단기 채권에서 볼 수 있는 이익을 보면서 팔 수 있다. 왜냐하면, 채권이 매도되기 전에 요구되는 고지 기간이 채권 만기일과 같은 역할을 하기 때문이다. 풋 옵션은 1980년에 처음 발행되었고 이자율이 급변하면서 인기를 얻었다.

(5) 제3자 재정보증

워싱턴 전력공급공사(Washington Public Power Supply System)가 1983년 채무불이행 사태를 맞이하자 이것은 채권에 대한 원금 및 이자 지급을 "보장하라"는 차용자와 대부자의 욕구를 유발시켰다(Forbes and Petersen, 1983). 본래 차용자는 채무 불이행의 경우에 채권 보유자에게 지급을 보증하기 위해 보험정책을 구매한다. 보험회사의 AAA 신용 등급은 지급 보장과 함께 차용자의 비용을 낮추어 준다.

채권보증은 몇 가지 다른 형식을 취한다. 첫째, 일반 보증채권과 세입 담보채권(revenue bond)[16] 발행과 같은 장기간 고정 이자로 원금과 이자를 감당하는 엄격히 정의된 보증정책들이 있다. 둘째, 보증인이 시 채권 신용 보증을 위한 자격을 가지고 있지 않을 때 혹은 주정부 규제기관이 공채를 공공연하게 발행할 수 없는 등 여타 다른 이유에서 신용 보증을 위한 자격을 가지고 있지 않을 때 공사완성 보증채(surety bond)가 사용된다. 모든 실제적 목적에서 볼 때 공사완성 보증채는 보험과 전혀 다르지 않다. 셋째, 은행이 신용장(letters and lines of credit)을 발행한다. 신용장은 풋 옵션을 수행하는 새로운 형태의 금융에 일반적으로 적합하다. 넷째, 다층 보증(layered guarantees)은 어느 한 은행 혼자만이 보증하는 것이 아닌 복합적 보증을 제공한다. 산업개발채권(IDBs)은 민간 회사를 대신해서 세금 면제기관에 의해 발행되는데, 이것은 소규모이고 지역사회 밖에서는 잘 알려지지 않은 채권이다. 채권 구매자의 입장에서 따라다니는 채권 불이행의 두려움과 익명성이 신용장에 의해 어느

16) [공공기관이 수익이 창출될 수 있는 시설을 건설, 취득, 보수하기 하기 위해 발행하는 채권이다.－역자 주].

정도 완화될 수 있다.

산업채권 발행 규모는 발행이 합동으로 이루어진다면 문제가 없다. 여러 익명의 발행자, 회사, 은행 등에 의해 제공되는 보증의 첫 단계는 보증의 다른 단계에 의해 보강될 수 있다. 예를 들면, 대규모 지역 은행의 신용장이다. 그러나 만약 지역 은행이 개별 투자자가 신용할 수 있는 신용 등급을 받지 못하면, 세 번째 단계의 보증이 필요해진다. 따라서, 미국에서 한 줌만이 존재하는 평가 등급을 훌륭하게 받은 좋은 은행이 다른 신용장을 제공할 수도 있는데 이것은 지역 은행의 재정적 안녕에 달려 있다. 세 번째 신용장을 통해 채권 발행자는 AAA 신용 등급을 받고, 신용장 발행자는 채무 불이행의 위험을 나누어 진다. 마지막으로, 여러 금리 스왑(interest rate swaps), 세분화된 시장 침투, 이자율 한도와 최저 한도, 제2 시장 거래 등이 있다.

(6) 단계적 이부채

단계적 이부채는 채권 만기 기간 동안 이표(利票, coupons)가 이자를 올리기 위해 "단계적"으로 상승되는 그런 만기를 활용한다(Forbes and Petersen, 1983).[17] 이런 채권은 모두 예를 들면 1년에는 7% 이자를 그리고 다음 해에는 10% 이자를 준다. 증권은 단기 채권과 장기 채권 모두 비슷하다. 더 나아가, 투자가는 이자율 변동으로부터 어느 정도 보호를 받는다.

제11절 차환을 통한 불확실성의 흡수

지금까지 필자가 묘사한 이자율에 민감한 차입 방법과 자금 조달 기법은 지난 10년 동안 경험한 변화무쌍한 이자율에 직접 대응해서 발달된 것이다. 그러나 이자율이 하락하여 안정되면 정부는 차환(advanced refunding)을 통해 낮은 이자로 "관리(locked in)"함으로써 상황을 이용했다.

기존의 부채를 다시 자금 조달한다는 개념은 주정부 및 지방정부뿐만 아니라 법인 및 개인도 이자 비용을 축소하기 위해 오랫동안 사용된 행동이다. 상대적으로 이자가

17) [채권은 이부채, 할인채, 복리채 등으로 구분할 수 있다. 이부채는 채권의 권면에 이자액, 지급일, 번호 등이 기재되어 있는 이표(利票)가 붙어 있다. 이자 지급일에 이표에 의해 일정 이자가 지급된다. —역자 주].

저렴한 신(新)채권으로 상대적으로 이자가 높은 구(舊)채권을 교체하는 것이다.

대체로 차환사업은 상환될 채권의 이자율보다 상환하고자 발행하는 채권의 이자율이 더 낮도록 발행하는 대부분 공통적인 차환 과정을 통해 부채 비용을 감소시키는 데 사용된다. 그러나 차환사업은 채권 상환을 재구조화하거나 혹은 지나치게 규제가 심한 채권 증서 계약을 갱신하기 위해 또한 이용된다. 따라서, 차환은 몇 가지 특성이 있다. (1) 미불 채권을 상환 채권과 "명확히" 교환하는 것이다. (2) 미불 채권은 수입이 보장된다는 약속을 즉각 취소한다. (3) 원한다면 연간 채무 원리금 변제액 축소가 즉각 시작될 수 있다. (4) 미불 채권의 소지자는 미불 채권에 대한 담보로서 우량 증권 포트폴리오를 가지려 할 것이다.

차익 거래와 조건부 날인 시(市) 공채

1980년대 초에 발달한 새롭고 잠재적으로 그 유용성이 큰 차환 기법은 주 및 지방 정부가 잠재적으로 이용할 수 있는 저축과 불확실성 흡수 방법을 확대시켰다. 그 방법으로 이미 언급한 변동 금리와 풋 옵션 채권관리가 이용되지만 시 공채에 투자하는 것도 포함된다. 새로운 기법은 두 종류의 혁신을 필요로 한다. 첫째, 상환 채권(refunding bonds)은 매도 시 변동 금리로 판매된다. 그리고 채권 수익은 고정 금리이고 세금 면제인 시 공채에 투자된다. 이 채권 수익은 1970년대 후반 유별나게 높은 수준이었다.

변동 금리 상환 채권에 의해 채무 원리금 변제액이 축소되기는 하지만 고정 금리 시 공채를 제3자에게 보관시키는 조건부 날인에 의해 저축이 증가될 수 있다. 예를 들면, 금리가 8.5%인 상환될 채권이 변동 금리 평균이 6.5%인 상환 채권으로 대체된다고 가정해 보자. 그러면, 미래 채무 원리금 변제액은 이들 금리의 차이만큼 축소될 것이다. 다음으로, 옛것인 상환될 채권은 첫 콜 옵션이 있을 때까지, 예를 들면 지금부터 5년이 될 때까지 매수될 수 없기 때문에, 상환하고자 하는 채권 수익은 투자될 수 있다. 대략 금리가 8.5%인 시 공채에 투자하면 상당한 저축이 생긴다. 채무 원리금 변제액에 2%의 유보액은 시 공채 투자에 2% 수익을 더하는 것이 될 것이다. 따라서, 조건부 날인 시 공채(escrowed municipal bonds)와 풋 옵션이 있는 변동 금리 상환 채권은 금리 변동이 심한 시장에서 상당한 저축을 발생시킬 것이다. 더구나, 채권 발행자가 세금 면제부 변동 금리로 차입을 하고 세금 면제부 고정 금리로 투자하는 것을 금지하는 제약도 없다.

일반 보증채권이나 차환 상황에서 금리에 민감한 증서를 사용하는 것은 정부에 이자율이 유별나게 높은 수준으로 상승하는 불확실성(심지어 충격까지)을 흡수하는 증서를 제공하는 것이다. 그리고 차입 증서에 이자에 대한 민감성을 부여하는 것은 차입 증서를 더 경쟁력 있게 만들고 새로운 채권 구매자들을 끌어들이는 데 도움이 된다. 게다가, 차입 증서에 대한 수요를 증대시키는 것은 수요를 균등하게 하거나 혹은 안정화함으로써 불확실성을 흡수하는 독특한 잠재력을 가지고 있다.

제12절 새로운 채권 구매자들을 통한 수요 균등화

주 및 지방정부가 지난 십 년 간 흡수해야 했던 중요한 변동은 채권 보유자 유형을 변화시키는 데서 당연히 나타난 수요 변화다. 사실, 은행과 보험회사가 세법의 변경과 자신들의 낮은 이윤 때문에 채권 구입을 정지했기 때문에(U.S. General Accounting Office, 1983), 개인과 가계가 채권을 구입하기 시작했다. 단위형 투자신탁(unit trust), 무이표 사채(zero-coupon bond), 신주 인수권부 사채(bonds with warrants), 채권 증서의 대체결제 제도(book-entry of bond certificate) 등과 같은 중요하고도 새로운 증서의 형태가 이러한 증서들을 구매하는 새로운 구매자들에게 편의를 제공하고자 출현했다. 이런 증서들은 소유자는 물론 채권 이자와 원금 금액을 표시한다.

단위형 투자신탁

확정 금리부 장기 시 공채의 다양한 포트폴리오가 개인 및 가계 투자가의 관심을 끌기 위해 시장에 등장했다. 한 채권 판매 담당자는 그들은 " 50대 중반 이상의 수입 중심으로 생각하는 사람들을 대상으로 관심을 끌려고 한다고 설명한다. 이들 50대 중반 이상은 최고 소득 과세 구간의 40% 내지 50%에 속한다. 그들은 소득에 대한 세금 면제 흐름을 원하며 종합적인 상품이 그들의 관심을 끈다"(Vartan, 1985). 단위형 신탁은 몇 가지 형태가 있고 보험이 되기도 한다. 단위형 신탁은 두 자릿수(혹은 세 자릿수까지) 세금 면제가 되기도 한다. 왜냐하면, 단위형 신탁 채권 운영 회사가 동일 주정부 증권을 가지고 있고 그것을 동일 주정부에 팔기 때문이다.

무이표 사채

무이표 사채는 매년 이자 지불도 없이 액면가를 유의미하게 할인해서 판매한 채권 증서다. 사채가 만기가 될 때까지 증식된 가치는 본래 할인이 제안되었던 표시 가격인데 이것은 본래 이자로 일 년에 한두 번 빚을 갚은 것이다.[18] 여기서 "0"은 매우 불확실한 경기에 직면한 개인 투자가를 겨냥한 것이다. 구체적으로 투자가는 무이표 사채를 가지고 원하는 금리로 안정시킬 수 있어서 시장 금리가 떨어진다고 해도 투자가는 궁극적으로 이익을 볼 수 있다. 그럼에도 불구하고, 투자가들은 도박을 하는 것이다. 만약 시중 금리 변화가 0 이윤율 이상으로 인상된다면 무이표 사채는 가격이 떨어진다.

신주 인수권부 사채

신주 인수권부 사채에 의해 추가적인 사채의 구매를 할 수 있다. 추가적인 사채를 구매할 수 있는 권한은 증권에 대한 "역매수 옵션(reverse call option)"에 해당한다. 만약 사채에 대한 시가가 인상되면(금리가 떨어지면) 신주 인수권은 사채 보유자에게 매력적이다.

채권증서의 대체결제 제도

미국 재무성과 여타 부처 증권에 대한 연방준비은행의 전자 대체결제 제도와 같이, 연방 법률은[19] 시정부 공채 발행인이 정성껏 잘 만들어진 공채 증서를 공채 보유자

18) [갑이 액면가 1 천만 원의 무이표 사채를 할인받아서 7백만 원에 구입했다고 하자. 갑은 이자도 받지 않는다. 그러나 만기가 되었을 때 1천만 원을 받는다. 적어도 1년에 몇 번 이자를 받은 셈이다. -역자 주].

19) 1982년의 조세와 재정책무법(The Tax Equity and Fiscal Responsibility Act of 1982) (P.L. 97-248, 96 Sta. 595).

에게 제공하는 아주 힘든 서류작업을 하지 않아도 되도록 현재 도와 주고 있다. 종이가 필요없는 체제가 모든 장기 증권을 등록하고 있고 자금의 전자 이체를 활용하고 있다 (Petersen and Buckley, 1983). 여러 은행 신탁 담당 부서에 의해 제공되고 있는 이러한 대체결제 체제는 소유권을 확실히 하고 새로운 증권이 발행될 때 거래 내용을 기록한다. 이자 전표와 원금 지불의 기록은 물론 세금 목적의 감사 기록도 현재 존재한다.

대체결제 제도에 대한 채권 보유자의 열광과 실제 증권이 아닌 다른 것을 사용하는 것에 대한 저항이 없는 것이 초기 시험을 통과했고 증거가 확실했다. 그것은 1984년 7월에 유타(Utah) 주가 천만 달러어치의 일반보증증권을 성공적으로 판매한 것으로 알 수 있다. 동일한 대체결제 제도를 이용하여 매사추세츠 주는 한 달 후에 1억 4천만 달러를 판매했다.

제13절 요 약

주 및 지방정부 재무관리자들은 불확실성 흡수 활동을 하는 데 이를 위해 헤지 사업을 이용하게 되며, 이것은 이자율 위험에 직면하는 것을 다루기 위한 것이다. 이자율의 변동에 따라 변화하는 새로운 재정 증권 덕에 필요하다면 증권 보유자들은 증권을 팔 수 있는 기회를 가질 수 있다. 차환사업은 이자율이 하락할 때, 상대적으로 이자율이 높은 채무 원리금 변제액을 낮은 이자율로 전환시킬 수 있다. 끝으로, 각종 차환사업은 수요를 유지하기 위해 시장으로 대규모 투자자 집단을 끌어들일 수 있다.

Chapter

08 투자 관리자와 혁신

정부는 불규칙한 기간에 세입을 징수하고 그 결과로 즉각 사용되지 않는 대규모의 현금이 투자를 위해 축적되기도 한다. 정부 재무관리를 담당하는 어느 부서에도 합리적인 기법을 위한 마땅한 자리는 없다. 그렇지만 가용 자금을 계산할 때에는 유동성을 위한 액수와 투자를 위한 액수를 결정하기 위해 상당히 신뢰성이 있는 기법을 이용하는 등 분석이 필요하다.

필자가 여기서 보고하는 연구에서 현금 잔고를 관리하는 관리자들은 상당히 다양한 현금 관리 방법을 사용하는데 그 방법이 *과학*보다는 문화에 가깝다. 즉 그 방법은 정부조직에서 기대되는 수탁자(受託者)의 역할과 일치하는 일련의 가치를 닮는다.

이 장에서 필자는 현금관리의 지배적인 "과학적" 이론을 실제 방법과 비교한다. 그리고 필자는 정부 재무관리 분야 중 투자 분야 이해를 위한 대안적 방법을 제시한다.[1)]

제 1 절 지배적 이론

현금 및 구매관리에서 관리자들은 각종 비축 물품을 다룬다. 만약 수입이 필요 시 금고(金庫)에 모아진다면, 혹은 만약 페인트에서 컴퓨터 테이프까지 활동을 지원하기 위해 필요한 여러 물품이 필요할 때 믿음직스럽게 한결같이 이용이 가능하다면, 비축

1) 이 장의 내용은 밀러(Miller, 1988)에서 본래 논한 것을 보완한 것이다.

물품을 관리하는 관리자들은 재고자산, 현금잔고, 그리고 페인트와 컴퓨터 테이프와 같은 비축 물품이 필요하지 않을 것이다. 그러나 유휴자금을 투자하면 재정 압박의 시대에 실질적인 부가적 수입을 얻을 수 있다. 또한 재고자산이 매우 많아지면 위험해지고 이로 인해 많은 비용이 드는 고가의 보험이 필요하게 될지도 모른다. 그리고 위험과 비용 때문에 관리자들은 가능하면 적은 현금 잔액과 적은 비축 물품을 가지고 일을 하려는 동기를 가지게 된다. 이로 인해 결국 관리자들은 투자할 수 있는 가용 현금을 더 많이 확보할 수 있고 위험에 덜 노출될 수 있다.

현금과 위험, 두 가지 경우에, 질문은 어느 만큼이 너무 적은 금액인가? 또 어느 만큼이 너무 많은 금액인가가 된다. 두 질문에 대해 재무관리 기법을 이용함으로써 대답을 찾을 수 있다. 현금 잔액이 적정한가 혹은 너무 많은가 하는 질문에 대해 하나 혹은 두 개 모형을 사용함으로써 대답을 찾을 수 있다. 즉, 경제적 재고관리 접근 방법(economic lot size approach) 혹은 현금과 재고 물품에 대한 정기적 수요보다 무작위적 수요를 가정하는 관련 접근 방법을 사용할 수 있다.[2] 현금 부족을 어떻게 피할 수 있느냐, 즉 청구서에 즉각적으로 지불할 수 있을 정도로 충분한 현금을 보유하는 방법은 "안전재고 모형(safety stock model)"을 이용하는 문제다.[3]

적정 공급 현금 잔액

적정 현금 잔액을 계산하려면 두 종류의 자료가 필요하다. 첫 번째 자료는 항목을 보유하는 비용이다. 현금에 관해 보유 비용은 발생할 수 있는 이자 소득으로 보통 생각할 수 있다. 적정 현금을 계산하는 데 필요한 두 번째 자료는 취득 비용이다. 현금에 대한 거래 비용은 현금을 시장에 내다팔 수 있는 유가증권으로 교환하는 데 드는 비용과 유가증권을 현금으로 교환하는 데 드는 비용이다. 적정 잔액을 발견하려면, 보유 비용과 거래 비용 양자가 낮아지는 점을 찾아야 한다. [그림 8-1]은 그래프 형태로 이 관계를 보여 준다. 그러나 방정식은 다소 이해하기 어렵다:

---

2) 경제적 재고관리 모형은 현금관리를 위해 보몰(Baumol, 1951)에 의해 개발되었다. 다른 모형은 무작위 수요 함수를 가정하는데 이것은 밀러와 오(Miller and Orr, 1966)에 의해 개발되었다.

3) 안전재고 모형은 보몰 모형(Baumol model)의 한 파생물이며 동시에 많은 구매관의 집단적인 지혜를 종합한 것이다.

[그림 8-1] 안전재고 모형

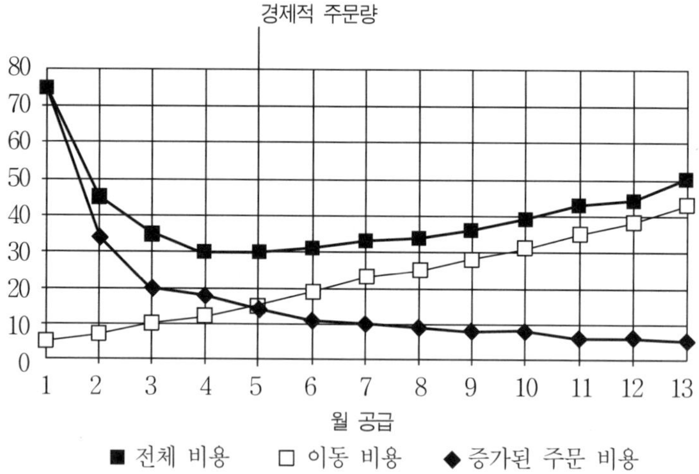

$$\text{적정 잔액} = \sqrt{2bT/i}$$

여기서 b는 거래(유가증권이나 다른 자산 항목 구매)의 고정 비용, T는 일상적인 지출에 충당하는 데 필요한 현금 액수, 그리고 i는 현금 투자로 얻을 수 있는 이자율이다.

예를 들어 보자.[4] 3개월간 총 현금 지출(T)이 6백만 달러로 추정되는 시정부를 생각해 보자. 이 지출은 그 기간 동안 일정률로 지출된다고 가정한다. 거래당 비용(b)은 50달러이고, 시장에 내다팔 수 있는 유가증권에 대한 이자율(i)은 연간 대략 12%이고 또는 분기당 3%다. 그러면,

$$\begin{aligned}\text{적정 잔액} &= \sqrt{2bT/i} \\ &= \sqrt{[2(50)(6,000,000)]/.03} \\ &= \$141,421\end{aligned}$$

따라서 적정 초기 현금 잔액과 이전 규모(transfer size)는 141,421달러이고 평균 현금 잔액은 141,421달러의 반 또는 70,170달러다. 이것은 시정부가 정해진 기간 동안 시장에 내다팔 수 있는 유가증권을 현금으로 대략 42번 이전할 수 있다는 것을 의미한다 (6,000,000/141,421=42+).

4) 슈와르츠(Schwartz, 1981)와 반 혼(Van Horne, 1981)을 참고하시오.

거래의 적정 수는, 거래 비용이 상대적으로 낮다면 그리고 이자율이 상대적으로 높다면 커질 것이다. 한편, 거래당 비용이 높을수록, 그리고 이자율이 낮을수록, 각 기간에 대한 초기 현금 잔액은 더 높아지고 이전 거래의 횟수는 더욱 적어진다.

부족 피하기

재고에 대한 수요가 산만하고 일정한 문양(pattern)이 없을 때에는 누구도 보장할 만큼 확실하게 알 수 없기 때문에, 부족에 대한 대부분의 확실한 해법은 모든 생각할 수 있는 물품을 가능한 대량으로 저장하는 것이다. 그러나 이 단순한 해법은 그러지 않았더라면 단기 투자에 이용했을 현금을 단기 투자에 이용하지 않아서 기회를 상실할 수 있는 경우를 유발할 수 있다. 그래서 문제는 상쇄 관계다: 어떻게 재고 자산을 충분히 보유하여 부족 상태가 일상적이 아니게 할 수 있는가? 이 문제는 과거의 변수를 새 변수로 대체해서 이전에 사용했던 공식을 사용함으로써 해결될 수 있다. 따라서 현금을 투자하지 않은 비용(보유 비용)과 현금이 손에 없을 때 유발되는 비용이 서로 균형을 취해야 한다. 후자의 비용을 "무재고 비용(stockout cost)"이라 말하기도 한다. 현금의 경우에, 무재고 비용은 정해진 지불일이 지났는데도 지불을 하지 않으면 매각자가 벌금을 물리는 액수에 해당됨은 물론 은행이 잔액을 보충하지 않은 것에 대해 벌과금으로 부과하는 액수에도 해당된다.

그러나 달러 가치보다 더 중요한 것은 재무담당관에 의해 이루어지는 주관적인 평가다. 재고자산에 대한 안전 요소의 계산에는 매우 심각하게 필요한 요소, 그렇게 심각하게 필요하지 않은 요소 등 서로 각각 성질이 다른 것들이 포함된다. 매우 심각하게 중요한 것은, 그것을 이용할 수 없으면 정부 운영이 정지될 수도 있기 때문에, 이용률과 대체 가능한 물품의 존재 여부에 대해 검토되어야 한다. 이와같이 매우 긴요한 물품은 특별히 그 가치가 대단히 높고 대체 가능성 혹은 대체할 수 있는 유사한 물품이 적을지라도, 곧바로 사용할 수 있도록 보유하고 있어야 한다.

이들 자료를 가지고, 고객의 주문에 대응할 수 있도록 최소 수준의 재고를 유지하기 위한 재주문 수준(reorder point)을 정해야 한다. 재주문 수준은 월간 사용량에 주문 시간(단위 월)을 곱한 것에 안전 요소를 더한 것이다. 이 재주문 수준에서도 이전에 계산했던 적정 현금 잔고의 문제가 되살아난다(재주문 수준을 과학적 방법으로 계산하는 데는 한계가 있다).[5]

제 2 절 현금관리의 실제

주 및 지방정부의 현금관리자들은 민간 부문의 현금관리자들보다 뒤처져 있다. 정부의 회계관(treasurers)[6]은 지배적 이론으로 기술된 것과 같은 새로운 재무 기술을 사용하고 있지 않다. 더구나 그들은 유휴 현금의 기회 비용을 다루는 새로운 상품, 특히 금융 선물, 옵션, 선물 옵션 등을 받아들이고 있지 않다. 이것이 바로 우리가 공공 부문이 기술·합리적으로 되지 못한 실패보다 공공 부문과 민간 부문의 문화 차이를 더 자세히 논하려는 이유다. 공공 부문에서 혁신이 실패한 이유를 탐구하면 공공 재무관리자들이 이용한 실제적인 기술적 이론을 알게 될 것이다. 그들이 어떻게 생각하는지를 이해함으로써 우리는 공공 재무관리자들의 활동을 뒷받침하고 있는 문양을 정확하게 기술할 수 있을 것이다.

논증의 산출 결과를 생각해 보자. 이 전형적인 공공 부문의 현금관리자가 금융 선물 상품에 대해 고색창연한 회의주의를 보이는 것은 확실히 그 나름의 역할을 했다. 분명히, 추문에 의해 새로운 상품은 불필요하거나 예상할 수 없는 위험이 없다는 주장에 어쩔 수 없는 의문이 제기될 것이다. 그러나 대부분의 경우에, 재무적 혁신에 붙여지는 언어와 상징적 의미는 가장 큰 문제가 된다. 즉, 자기 자신을 수탁자로 생각하는 관리자가 납세자의 돈으로 투기를 할 수 있을까? 아니면 더 나쁜 쪽으로 생각해서 그 관리자가 납세자의 돈으로 도박을 할 수 있을까?

그럼에도 불구하고 유휴자금의 투자로부터 장기적으로는 물론 단기적으로 이윤이 예상되는 경우에는 불확실성이 증가할 것이다. 만약에 이자율이 변화가 심해서 정부의 관리자들을 포함해 모든 투자가를 미치게 한다면 그러면 현금관리자들은 어떻게 해야 하는가?

---

5) [재주문 수준=(사용량/월)×(주문 시간(월))+안전 요소로 계산할 수 있다. 이 공식에 의해 합리적 방법으로 재주문 수준을 계산할 수 있다. 그러나 본문의 설명처럼 재고 부족을 피하기 위해 안전 요소를 어떻게 보느냐에 따라서 재주문 수준이 달라진다. 즉, 관계자의 해석, 조직문화 등이 개재할 수도 있다는 것이다. 앞의 적정 공급 현금 잔액의 내용을 참고하시오.－역자 주].

6) [여기서 회계관(treasurer)은 자금의 징수, 보관, 지출을 담당하는 자를 말한다. 우리나라 국고금관리법시행규칙에 따르면, 수입징수관, 재무관, 지출관 등을 회계 관계 공무원이라 부르는데, 이런 역할을 하는 자를 회계관이라고 볼 수 있다.－역자 주].

현금관리자들은 다른 여타 재무관리 활동에서 사용되는 전략들에 주의해야 하고, 모든 가능한 방법으로 불확실성에 대처해야 한다. 현금관리에서 불확실성에 대처하는 것은 종종 선물시장이나 옵션시장에서 투자를 헤지하는 것(hedging)을 의미한다.

재무 혁신에 따른 불확실성에 대처하기

금융시장 거래자들은 이자율 위험으로부터 유휴자금 투자를 분리해서 정부 현금관리자들을 도와 주려는 새로운 도구와 기법을 창안했다(Powers and Vogel, 1984; Fabrozzi and Zarb, 1981). 새로운 상품은 크게 두 개 집단으로 등장했다. 한 집단은 선물과 옵션 계약이고 다른 집단은 두 개의 조합인 선물에 대한 옵션 혹은 선물 옵션이다. 이러한 계약의 유용성 혹은 비유용성을 논하기 전에 필자는 현금관리자들이 아마 금융시장에서 실제로 볼 것으로 생각되는 것을 간단히 설명하고자 한다.

1) 선물 계약

구매자와 판매자가 정부 유가증권 혹은 다른 재무 증서를 미래의 어떤 시점에 양도하기로 합의한 계약을 *선물*(futures)이라고 한다. 이 계약은 양도의 양, 일자, 장소와 계약의 가격을 명시한다. 미래 시점에 무엇이 발생하는가에 대한 합의, 그리고 그것에 의해 계약 당사자에게 확실성을 부여한다는 것이 선물 계약의 특징이다.

현재 선물 계약에는 세 종류가 있다. 즉 미국 정부 유가증권에 기초한 계약, 주요 은행의 예금 증명서에 기초한 계약, 많이 거래되는 주정부 및 지방정부 채권들의 가격 지수에 기초한 계약이 그것이다.

2) 재무성과 기타 부처 선물

재무성과 기타 부처 선물 계약은 미 정부에 의해 판매되는 다섯 종류의 채무 증서 중 하나다.

1. 3개월 만기 미국 재무성 증권: 각 계약은 3개월(13주) 만기인 미국 재무성 채권의 액면가 1백만 달러를 나타낸다.
2. 1년 만기 미국 재무성 증권: 각 계약은 1년 만기인 미 재무성 채권의 액면가 25만 달러를 나타낸다.

3. 미국 재무성 중기채: 각 계약은 6.5년에서 10년 사이에 만기가 되고 8% 이표(利票, coupon)가 있는 액면가 10만 달러를 나타낸다.
4. 미국 재무성 장기채: 각 계약은 이율이 8%이고 만기가 15년 이상인 채권의 액면가 10만 달러를 나타낸다.
5. 전미 저당 금융금고(일명 지니 매) 증명서(Government National Mortgage Association (Ginnie Mae) Certificates): 각 지니 매 원리금 자동이체증권 증명서 계약은 재향군인청(Veterans Administration)과 연방주택청이 보장하는 주택담보 저당 채권으로 원금 10만 달러를 나타낸다. 정해진 이자율은 8%로 30년 저당을 보장한다.

전미 저당 금융금고가 보증하는 저축 수령 계약의 수익은 전미 저당 금융금고 수익 혹은 원리금 자동이체증권 수익이라고 한다. 더 자세한 논의는 파워스와 보겔(Powers and Vogel, 1984: 166-172)을 참고하기 바란다.

3) 양도성 예금증서 선물

양도성 예금증서(CD) 선물 계약은 선택된 중요 은행들에 의해 90일 만기로 발행되는 양도성 예금증서에 기초를 두고 있다. 액면가 10만 달러이고 가산 수익률로서 여러 가지 이자율로 가격이 매겨진다.

4) 시 선물

시(市) 선물 계약은 채권 구매자 시 채권 지수에 따르며 액면가 10만 달러다.[7)]

---

7) 채권 구매자 시(市) 채권 지수는 장기 시(市) 채권 선물 계약을 거래하기 위한 기초로서 이용하고자 시카고거래위원회(Chicago Board of Trade)에 의해 설계되었다. 이 지수는 40개 채권들에 기초하고 있다. 가격이 책정된 채권은 다음의 기준을 충족하는 가장 최근 기간의 채권(issues)이다: 원금은 5천 달러 이상이어야 한다. 최저 7만 5천 달러가 적용되는 주택채권은 제외한다. 채권은 무디스투자자서비스(Moody's Investors Service) 또는 스탠더드앤드푸어스(Standard & Poor's) 어느 하나에 의해 A 이상으로 평가되어야 한다. 각 채권은 19년이 지나야 만기가 된다. 그리고 적어도 7년이 지나고 19년까지 기간에 첫 콜을 할 수 있고 액면가로 콜할 수 있다. 채권의 처음 재판매 가격은 95에서 105 사이여야 한다. 단일 발행기관으로부터 단지 두 채권만 발행이 허용된다. 미국증권청산위원회(NSCC)에 의해 제공되는 자료는 덜 활발하게 거래되는 채권을 정지시키는 데 사용된다. 채권 구매자 시 채권 지수 가격 명세는 지난 18개월 동안 시장에 나온 인기가 더 높은 채권을 비롯해 대부분의 현행 채권을 포함하고 있다.

전통적으로(또 이론적으로) 현금과 선물 가격은 동일한 방향으로 움직여서 선물 시장에서의 손해와 이익은 현금 시장에서의 손해와 이익에 의해 상쇄될 수 있다. 재무성 증서의 구매자와 판매자를 위한 시장은 현금 시장이다. “기초(basis)”의 개념은 예를 들어, 재무성 증서의 가격과 동일 재무성 증서에 대한 선물 계약 사이의 차이를 측정함으로써,8) 선물 가격과 현금 가격의 차이를 뜻한다. 기초는 완전한 헤지(hedge)다.9)

5) 옵션 계약

옵션은 투자자에게 증권, 혹은 선물 계약과 같은 어떤 것을 특정 시점 혹은 장소에서 팔고사는 의무가 아닌, 권리를 부여한다. 금융 선물에는 두 종류의 옵션 계약이 있다. 미국 재무성 어음과 미국 재무성 채권이 그것이다(Goodman, 1983).

옵션의 경우, 기초 증권의 소유자 혹은 현금의 소유자가 만기일에 그 자산을 매도 혹은 매입할 수 있는 의무가 아닌 권리를 구매한다. 매입자와 매도자는 이자율 변동을 상쇄할 권리를 단지 보유할 뿐이다. 선물과 비교할 때, 옵션은 지불해야 하는 금액에 대한 구매자의 부담을 제한한다. 보험정책 보험료가 그렇듯이, 손실은 결코 발생하지 않는다. 그러나 보험료로 지불한 돈은 절대적 의미에서는 손실이다.

선물 계약에 대한 풋 옵션 혹은 콜 옵션은 좀 더 복잡하다.10) 현금을 소유하고 있는 혹은 기대하는 시 회계관(treasurer)이 구입한 선물 계약(futures contract)에 대한 콜 옵션(매입할 수 있는 권리)은 가격 변동으로 돈을 잃은 손해에 대한 보험이 된다. 만약 선물 계약이 x 가격을 보장하지만 시장 가격이 x-1이라면, 콜 옵션은 선물 계약에 대한 권리를 포기하고 시 재무담당자로 하여금 좀 더 유리한 현금시장 가격에 구입하도록 할 것이다. 동일한 전략이 풋 옵션(매도할 수 있는 권리)에도 적용된다.

---

8) [선물이란 미래의 특정 시점에 특정 상품을 약정한 가격으로 주고받을 것을 약속하는 거래다. 따라서 선물 거래에서는 판매자와 구매자가 미래에 교환하기로 한 가격을 선물 가격이라고 한다. 그러므로, 위 문장에서 “재무성 증서 가격과 그 증서에 대한 선물 계약 사이”에서 ‘선물 계약’은 ‘선물 가격’이다. 선물 거래에서 가격과 거래와 동시에 상품의 교환과 대금 결제가 이루어지는 현물 거래의 가격은 다르다.-역자 주].

9) [기초=(t시점의 현물 가격)-(t시점의 선물 가격). 기초가 0이면 완전한 헤지(hedge)라 한다. 선물 계약을 이용하여 가격 위험을 완전히 헤지한 것이다.-역자 주].

10) [옵션은 어떤 자산을 사거나 팔 수 있는 권리를 말한다. 콜 옵션은 살 수 있는 권리를, 풋 옵션은 팔 수 있는 권리다.-역자 주].

증권을 미래에 현금으로 바꾸어야 하기 때문에, 재무담당자는 시장 움직임이 더욱 분명할 때 선물 계약을 매입(매도)하는 옵션을 행사할 수 있다. 옵션은 이자율 방향이 변하는 경우에 주로 예비책(豫備策)으로서 기능한다.

6) 금융 선물을 이용한 헤지

헤징(hedging)은 이자율의 변동에 대처하고 상쇄하기 위해 선물이나 옵션을 이용하는 활동이다. 헤징은 정부 및 비영리조직의 재무관리(managerial finance)에서 선물과 옵션을 고려하는 주요 이유가 된다(<표 8-1>). 선물과 옵션시장이 새로운 상품을 제공하는 데 따라서 헤징전략이 발전했다(Drabenstott and McDonley, 1984; Koppenhaver, 1984; Dew, 1981). 기본적인 헤징은 어떤 이자율로 대비하거나 "한정(lock in)"하기 위해 선물 계약(혹은 선물 계약에 대한 옵션)을 구매하는 것이다(Kaufman, 1984; Brewer, 1985).

헤저들(hedgers)은 선물 상태(futures position)를 현금시장에서 그들의 상태와 정확히 동일하게 혹은 반대로 둘 수 있다. 예를 들면, 1천만 달러 상당의 미 재무성 증권을 가지고 있는 소지자, 예를 들면 시 회계관들은 양도하기로 약속한 계약을 매도하거나 혹은 1천만 달러 상당의 재무성 증권 선물 계약을 매도할 수 있다. 시 회계관들은, 예를 들어 시 채권을 상환하기 위해 선물 계약의 구매자에게 채권을 양도함으로써 재무성 증권들을 현금화할 수 있다. 이렇게 함으로써 시 회계관은 매도 상태를 말소한다.

〈표 8-1〉 선물 계약을 이용한 헤징 전략

전략	과정	목적
1. 매입 헤지 (long hedge)	- 선물을 매입한다.	- 기존 투자에 수익률이 하락하는 것에 대한 보호를 위해 미래 수익률을 한정한다(lock in).
2. 매도 헤지 (short hedge)	- 선물을 매도한다.	- 나중에 빌려올 자금의 이자율의 상승 가능성에 대비해서 현재 수익률을 한정한다(lock in).
3. 차익 거래 (arbitrage)	- 현금 투자 계약을 매입한다. 선물 계약을 매입 혹은 매도한다.	- 수익률을 증대한다.
4. 스프레드 (spread)[11]	- 하나의 선물 계약을 매입한다. 관련이 있는 다른 계약을 매도한다.	- 수익률을 증대한다.

〈표 8-2〉 옵션 계약을 이용한 헤지 전략

과정	목표
1. 콜을 매입한다.	- 콜의 구매자들은 현금을 소지하고 있고 돈의 가격이 인상되기를 희망한다. 만약 돈의 가격이 상승하면 구매자들은 염가에 채권을 구매할 것이다. 왜냐하면 그들은 동일한 가격으로 더 많은 채권을 살 수 있기 때문이다.
2. 풋을 매입한다.	- 풋의 구매자들은 현금이나 채권을 소지하고 있다. 이들은 가격이 하락하기를 희망한다. 만약 가격이 하락한다면, 이들은 채권을 매도할 것이다. 이들은 현행 시장 혹은 현금 가격보다 더 많은 것을 채권을 매도함으로써 얻을 수 있을 것이다.
3. 콜을 발행한다.	- 콜의 발행자들(매도자들)은 가격 하락을 희망한다. 왜냐하면 이들은 현금 시장보다 더 높은 가격에 매도할 수 있기 때문이다.
4. 풋을 발행한다.	- 풋의 발행자들(매도자들)은 가격 상승을 희망한다. 왜냐하면 이들은 시장보다 더 낮은 가격에 매입할 수 있기 때문이다.

7) 선물 옵션을 이용한 헤징

재무성 채권과 같은 현금 투자에 혹은 선물 계약에 옵션을 이용해 투자에 대한 손해를 제한할 수 있다. 그리고 그것들을 이용함으로써 헤징에 더 많은 통제를 할 수도 있다. 옵션 계약은 투자가에게, 예를 들어 시 회계관에게 선물 계약이 하듯이 수익률을 관리해(lock in) 줄 수 있다. 회계관은 미래 어떤 날짜에 대량의 세입 징수를 예상할 수 있기 때문에, 재무성 채권을 매입하는 옵션을 구매할 수 있다(<표 8-2> 참조). 콜 옵션은 재무성 채권의 가격을 안정시켜 주고, 가격 상승에 대비해서 재무성 채권을 구매하려는 회계관의 계획을 보호해 준다. 만약 가격이 하락하면 회계관은 구매하기로 한 옵션을 행사하지 않기로 결정할 것이다. 그러나 대신에 회계관은 저렴한 채권을 이용할 것이고 단지 콜 옵션의 비용만 상실할 것이다.

풋 옵션 혹은 콜 옵션은 동일한 방법으로 작용한다. 만약 회계관들이 채권을 가지고 있다면, 그들은 옵션을 구매함으로써 그것이 현금화되기 전까지 그 채권의 가격이 하락하지 않도록 보호받고자 할 것이다(<표 8-2> 참조).

---

11) [동일한 기본 증권에 대해 행사 가격이 같고 만기일이 다른 옵션 또는 만기일이 같고 행사 가격이 다른 옵션을 동시에 매입, 매도하는 것을 말한다(한국증권거래소, 1991, 『선물옵션거래제도』. 신신문화인쇄주식회사, 242쪽).—역자 주].

선물과 옵션의 문제

사용되고 있는 기초적인 선물 헤징 전략이 재난에 대해 대비책을 세우는 보수적인 경향이 있기는 하지만, 선물을 사용하는 것은 그 시장 관련자들에 의해 투기의 신호로 받아들여진다. 그럼에도 불구하고, 차익 거래와 스프레드(spread)를 통한 투기 혹은 도박의 개념은, 이 개념은 공인들이 관련된 금융시장에서의 추문에 의해 더욱 강화되었는데, 선물을 정통적인 재무 기법[혹은 금융 기법]으로 쉽게 받아들일 수 있도록 관리적 결정을 하는 데 장애가 되는 상징이 되었다.

1) 투기

선물시장과 관련된 투기는 시장 참여자들에게 그들의 포트폴리오에 수익률을 증대시켜 주는 적합한 방법을 제공해 준다. 그러나 그 투기는 불확실성의 영향을 축소하기 위한 도구로서 선물을 이용한다는 개념과는 반대되는 것이다. 투기는 헤징과 다르다. 투기자들은 실제 상품에서 이익을 상쇄하지 않은 채 선물시장에서 상태(position)을 취한다. 반면 헤저들(hedgers)은 실제 상품에서 그들의 상태와 정확히 동일하면서도 반대되는 상태를 취한다.

투기를 하려면 차익 거래 혹은 스프레딩 혹은 이 두 개 모두가 필요하다. 차익 거래는 단순한 방법인데, 여러 시장 혹은 동일 시장의 부분들 사이에서 발생하는 가격 차이(disparity)를 이용하는 것을 목적으로 한다. 예를 들면 재무성 증권과 전미 저당금융금고(Ginnie Mae) 증권과 같은 동일 수익곡선을 갖는 상이한 증권 사이에서 발생하는 가격 차이를 이용하는 것을 목적으로 한다. 예를 들어, 만약 어떤 차익 거래자가 한 장소에서 어떤 가격에 *팔려고 내놓은*(offered) 미국 재무성 증권 선물과 또 다른 가격에 *구입하려고 찾는*(sought) 양도성 예금(CD) 선물을 본다면, 이 거래에서 (물론 비용을 제한) 수익 혹은 차익을 얻기 위해 매입과 매도활동이 동시적으로 일어날 것이다.

스프레딩은 예를 들면 재무성 증권 선물에 대한 동일 시장 혹은 동일 증권의 상이한 결제 월 사이에서 이루어진다. 선물 가격은 기초 현금 증서의 가격이 미래에 어떻게 될 것인가에 대한 기대를 반영하기 때문에, 발생할 위험은 이러한 기대에 영향을 미칠 수 있다고 생각할 수 있는 여러 사건에 달려 있다. 선물시장은 차익 거래와 스프레드 위험에 극도로 민감하다.

2) 차익 거래 위험

기초적인 차익 거래 위험은 직접적인 혹은 예상하지 못한 손해를 유발할 정도로 시장에서 혹은 증권에서 발생할 수 있는 급격한 변동과 관련이 있다. 다른 시장과 관련한 (증권의) 시장의 움직임은 이런 위험을 유발하는데, 이 위험은 뜻밖의 횡재를 초래하거나 혹은 금융 재앙을 초래하거나 혹은 횡재와 금융 재앙 모두를 초래할 것이다. 또는 이 위험은 전혀 횡재도 금융 재앙도 초래하지 않을 수 있다.

3) 스프레드 위험

기초적인 스프레드 위험은 3월 재무성 장기채 선물 계약과 9월 재무성 장기채 선물 계약과 같이, 동일 시장에 내다팔려는 계약의 상대적 가격에서 일어나는 변동과 관련이 있다. 차익 거래와 스프레드 거래는 거래에 위험이 따른다. 이러한 전략을 사용함으로써, 거래자는 계약에 대해 매입 상태와 매도 상태(long and short position)를 취할 수 있는데 매도 상태와 매입 상태는 *정의상* 불균등하다. 순상태(net position)는 위험하지만 그러나 위험과 동일한 이익을 취하려는 궁극적 목적을 가지고 있다. 한편, 헤징도 차익 거래자에게 이전되는 위험이 있다. 헤지 거래자는 상태를 취하는데 이 상태는 현금 시장에서의 상태와 반대가 되는 상태다. 이전(transfer)의 순상태는 위험의 축소다.

4) 정부와 비영리 손실

최근의 추문은 헤징 전략보다 차익 거래/스프레드 전략이 공공 재무관리자들에게 유용하다는 것을 보여 주었다. 투기적 모험사업은 복지사업 교육위원회(Council of Social Work Education) 외에 캘리포니아 산호세(San Jose), 오하이오 톨레도(Toledo), 텍사스 보몬트(Beaumont) 그리고 웨스트 버지니아의 관리자들과 관련이 있다. 이들 전형적인 전문 관리들이 서로 다르기는 하지만 추문들은 [헤징 등이] 적절하지 않음을 나타내는 중요한 상징으로 묘사된다. 이들이 귀가 따갑도록 들은 교훈은 위험 회피다. 따라서 만약 관리들이 공금을 가지고 카지노 놀이를 함으로써 유휴자금의 투자로부터 수익을 증대시키려고 시도한다면 신탁적 책임에 확실히 위배될 것이다.

그러나 실제 사실은 이런 극단적인 상태까지는 벌어지지 않는다. 산호세와 웨스트 버지니아 경우에는 현금관리자들이 단기 투자로서 장기 채권을 매입했다. 그리고 의회 재무관리자가 (이자율이 아니라) 스톡 옵션으로 헤징을 시도했다. 두 경우 모두에서, 관리자는 운영 규칙의 중요한 기초를 위반했다. 즉 손해에 대비할 수 있는 것 이상으로 위험을 무릅쓰지 말라는 기본을 위반했다. 산호세는 수천만 달러 상당을 손해보았다. 그리고 웨스트 버지니아는 1억 달러 이상의 납세자 자금을 손해보았다. 시 의회의 손해로 인해 조직의 새 관저 구입이 지연되었다. 새 관저는 시 의회에 상징적으로 중요한 실질적인 문제였다.

5) 언어와 상징의 부적합성

투기와 추문에 대한 모든 언급 외에, 실은 투기는 통제될 수도 있으며 추문은 아주 유별난 경우에 드물게 일어나는 것인데, 아무튼 투기와 추문 외에 공공 부문에서는 금융상품을 받아들이는 데 더욱더 중요한 장애가 존재한다. 공공 부문에 종사하는 관리자들은 납세자에게 위임받아 일한다는 수탁자라는 배경은 공공 현금관리자들에게 영향을 미치는데 이것은 금융상품을 유용하게 사용하는 데 지장을 주는 단어 연상을 불러일으키는 경향이 있다. 이러한 재무관리에서의 "이념적" 요소 때문에 많이는 아니지만 일부 전문가 사이에서 유휴자금의 거의 안전한 투자를 "투기"로 보려는 경향이 분명히 있다. 그래서 주 의회와 시 의회 및 위원회는 종종 현금관리자에게 손해를 피할 수 있는 재량을 부여하지 않음으로써 현금관리자로 하여금 실제로 투자 수익 혹은 투자 이익을 볼 수 없도록 한다. 따라서 지방정부 자금 조달에서 금융 선물을 이용하면 현금관리자가 원금의 잠재적 손실을 감소시키는 매우 보수적이고 전통적인 방법을 통해 잠재적 이득을 보증하는 방법을 제때에 적절히 사용할 수도 있지만, 지방정부에서는 거의 금융 선물이 수용되지 않는다. 대중 매체도 도움이 안 된다. 왜냐하면, 금융 선물에 관한 선정적인 이야기가 그런 활동을 도박과 같은 따위로 묘사하기 때문이다(Bianco, 1985).

금융 선물을 수용하는 데 적어도 3개의 언어 및 상징의 문제가 있다: (1) 공공 재무관리가 수익보다 안전을 강조한다. (2) 공공 재무관리의 언어에서 "위험"과 "손해"가 불충분하게 설명되어 있다. (3) 공공 재무관리에서는 부적합하고 한정적인 보호자 상징을 지지하고 있다.

(1) 궁극적 목적의 문제

현금관리자가 무엇을 해야 하는지에 대한 기본 개념에 대해 중요한 개념적 목적 차이 혹은 적어도 모호함(fuzziness)이 있다. 분명히 관리자가 사용하는 목적 정의는 혁신적인 금융상품을 수용하는 데 영향을 미칠 것이다. 두 종류의 기본적인 개념적 견해가 지배하고 있다. 반 혼(Van Horne, 1981: 328)은 정통적인 민간 부문 재무관리의 현금관리 목적을 다음과 같이 정의했다.

> 수많은 연구에서 많은 지방정부가 즉각적인 거래에 필요한 금액을 초과해서 현금 잔고를 유지하고 있음을 보여 주었다. 초과 현금자금을 유지하는 데는 비용이 든다. 즉 시장성 있는 증권에 유휴자금을 투자해서 얻을 수 있는 수익을 손해본 것이다.

따라서 현금관리자는 상실된 기회 혹은 투자 수익에 대한 위협에 대처해야 한다.

이와 대조적으로, 현금관리에 실제로 종사하고 있는 좀 더 보수적이고 신탁자 지향적인 정부 재무담당자들을 변호하면서 볼트(Boldt, 1984: 19)는 "재무담당자들의 의무는, 특히 공공의 돈에 책임을 져야 하는 사람들의 의무는 첫째, 원금을 보호하는 것이고, 둘째, 수입을 극대화하는 것"이다. 볼트에 따르면, 현금관리자는 어떤 경우에도 원금의 안전을 지켜야 한다.

순박하다고만 말할 수 없는 많은 연구자가 "수익이 아니라 안전을 강조하는" 가능한 이유를 솔직히 말했다. 이론가를 포함한 몇몇은 관료제에서는 규칙이 비교 기준으로 이용되기 때문에 "오차"로 측정되는 변이는 처벌된다는 것을 자명한 이치로 받아들인다. 다소 덜 관료제화된 조직에서는 규칙이 성과를 고무하는 기능을 한다(Gouldner, 1954; Golembiewski, 1965). 관료제적 혹은 통제 지향적인 공공 체제의 투자 관리자를 위해, 고도로 구조화된, 재량이 적은 법정 투자기관은 규칙의 구체성을 증대시키고 계산 실수, 변이, 오차 등의 가능성을 축소하고, 따라서 조잡한 성과를 초래하는 정치적 반동의 가능성을 감소시킨다(Bleakney, 1980: 719).

고도로 구조화된 접근 방법을 취하는 경우, 회계관에 의한 단기적 투자 성과가 대단히 높은 평가를 받는다. 블리크니(Bleakney, 1980: 719)에 따르면, 공공 부문 현금관리자들은 다음과 같다.

> 그들은 그들이 관리하고 있는 자금의 가치를 일시적으로 하락시키는 경기 하락에 대해 공중이 말하는 바를 어께 너머로 계속해서 주시해야 한다. …… 민간 부문의 경우에, 공격적인 투자 관리자들은 그들의 투자 결과에 대한 하락과 침체를 설명할 기회를 일반적으로 가진다. 만약 민간 부문의 투자 관리자들이 장기적으로 수익을 남기게 된다면 이들은 단기적 손해에 대해서는 걱정할 필요가 없다.

책임성은 단기 투자가 유리하다는 시간 관념틀(time frame)을 촉진시키지만 그것은 수익에 대한 강조를 약화시킨다. 책임성은 투자에 인위적인 제약을 부여한다. "적대적인 언론과 공중의 비판을 예상하고 그것의 영향을 받는 관리자들은 동일한 길을 선택하는 경향이 있다"(Bleakney, 1980: 720). 관리자들은 더 짧은 기간 동안 극심한 변동을 지향하는 경향이 있는 모험 시도를 무시한다.

(2) 언어문제

재무관리자들과 의사결정자들에 의해 사용되는 전문적 언어는 그 유용성을 진실로 느끼고 생각하는 본래의 태도를 반영한다. 그러나 그 전문 용어에 의해 공공 재무관리에 관련 있는 사람들은 금융상품 혁신을 경계의 눈초리로 보게 된다. 많은 행정 이론가의 노력에도 불구하고(Methe et al., 1983), 공공 부문과 민간 부문은 현금관리에 사용하는 중요한 용어를 각각 다르게 정의한다. 특별히 2개의 단어, 즉 손해(loss)와 위험(risk)이 각각의 맥락에서 상이한 의미를 가질 수 있다.

1. 손해의 정의: 첫째, 손해의 한 견해는, 우리가 공공 부문의 정의로서 그리고 민간 부문 일부에서 사용하는 정의로서 논의할 때, 손해는 더 이상 소유할 수 없거나 포기해야 하는 어떤 것이다. 다른 견해는, 민간 부문에서 더 중요하게 사용하는 정의인데, 손해는 잠재적인 이득 혹은 최적화된 상황을 이용하지 못한 것을 말한다. 상실된 기회라는 개념은 공공 부문 의사결정자들 사이에서는 지지를 받지 못하고 있다.
2. 위험의 정의: 기업 재무이론에서 위험은 그것이 이용될 때 얻을 수 있는 이익을 규정하는 기회로서 이해한다(Opeland and Weston, 1979). 즉, 사람들이 상정하는 위험은 그것에 상응해서 이익이 된다. 민간 부문과 공공 부문 양자를 설명하는 관료제 문헌에서, 위험은 재난 가능성이라고 하며 우선적으로 피하거나 혹은 예방해야 할 것으로 본다(Schwartz, 1981: 401-402). 행정이론에서 위험은 윤리적 내용을 내포하고 있다. 윤리적 내용 가운데 아주 뿌리가 깊은 전통은 위험을 무릅쓰는 것을 국가에 대한 수탁적 관계를 위반하는 것으로 간주하는 것이다(Lovrich, 1981).

공공 부문이라는 것 그리고 관료제적이라는 것의 정의가 현금관리의 범위를 한정한다. 따라서 언어가 가능성과 기회에 대한 수동적인 대응의 원인이 된다. 수동적인 대응이라기보다 오히려 적극적인 대응인 선물로 헤징을 하는 것은 공공 부문 혹은 관료제에 종사하는 재무관리자들에게 결코 합리적으로 보이지 않는다. 왜냐하면 언어가 인지에 장애를 일으키기 때문이다.

(3) 역할과 상징의 상충문제

공공 재무관리자들이 언어 꾸러미를 사용할 때, 그들은 역할 갈등에 빠져 진퇴양난이고 그들의 행동을 제약하는 상징 조작의 일로 시달린다. 역할과 상징이 충돌하는 것 가운데 특히 세 가지가 중요하다.

1. 국고[혹은 금고]의 수호자 대 도박꾼: 가장 명확한 충돌은 현명하고 조심스러운(그리고 보수적인) 정부 재정의 수호자라는 시각과 선물과 옵션 계약과 같은 재무적 혁신은 제도화된 도박에 지나지 않는다는 견해 사이의 충돌이다.
2. 헤지 거래자(hedger) 대 투기자: 헤저의 역할은 대부분의 재무관리자들이 수행하는 "금고의 수호자"라는 전통적 역할과 관계가 있다. 어떤 의미에서, 헤징 전략은 관리자가 재앙으로부터 있을 수 있는 손실을 상쇄하기 위해 일종의 보험 형식을 이용하는 전략이다. 금융상품으로 헤징 서비스가 제공되고 있다. 그러나 금융상품 또한 차익 거래와 스프레딩을 통해 거대한 재무적 횡재의 가능성을 제공한다. 횡재의 가능성이 있다는 것이 좀 더 확실한 정보를 기다리고 있는 보편적인 거래자들의 헤징 심상을 더럽히고 그것을 유람선의 도박꾼 심상으로 바꾸어 버린다. 반어적으로, 재무 혁신 지지자들은 헤지를 하지 않는 공공관리자들을 "투기자들"로 본다. 왜냐하면, 이들 공공관리자들은 [불확실한] 미래와 무모한 도박을 하기 때문이다.
3. 손실의 극소화와 이익의 극대화: 많은 경우 정부 재무관리자와 수탁자의 전통적 역할은 원금을 보호하고 적어도 원금 안전에 지대한 관심을 가지는 것이다. 그러나 또 다른 경우 현대 재무관리자는 재정 압박의 시대에 희소한 세입을 확보하는 역할을 한다. 여러 금융상품 중에 관리자가 선택하면 관리자는 어려운 시험을 보아야 한다. 만약 재무관리자들이 선물이나 옵션을 이용하지 않기로 결정한다면 이들은 이자율의 변화와 시간 때문에 볼 수 있는 피해를 갚기 위해 징세를 통해 추가적인 돈이 확보되어야 한다고 확약한 사람들과 세입 확보를 위해 충돌할 것이다. 좌우간, 관리자들이 선물을 이용하기로 결정한다면 이들은 "도박"을 하는 것으로 스스로 생각하지 대단히 사려깊다고 생각하지 않는다.

제 3 절 연 구

헤징의 한 상태(position)에 있는 재무관리자들은 결정을 통해 그들의 방법을 실제로 어떻게 생각하는가? 그들의 결정은 그들이 채택한 가치와 부합하는가? 그들의 결정은 정말 민간 부문의 재무관리자들의 결정과 다른가?

1987년 후반부터 1989년 초까지 일련의 미국 현금관리 서베이의 일부분으로서, 우리는 현금관리자들의 결정에 대해 그들에게 물었다. 필자는 현금관리자들이 그들이 업무에 유념해야 하는 정책과 가치가 무엇인지 밝히기 위해 이 표본의 일부를 여기서 보고한다(부록 1 참조).

질문

공공 부문은 투자에서 손실을 조심해서 피해야 한다는 독특한 규칙을 가지고 있다. 우리가 질문한 첫 번째 문항들은 손실이 어떻게 측정되는가와 관련이 있었다. 다른 말로, 현금관리자들은 손실이 무엇이어야 한다고 이해했는지? 이 문항은 현금관리자가 혁신을 수락하거나 혹은 거부하는 근거를 만들고 제시하는지에 관한 핵심적인 것으로 보인다.

두 번째 문항들은 현금관리에서 수많은 상이한 그러나 동등한 가치가 있는 목적들의 균형을 다루었다. 예를 들어, 우리는 어떻게 현금관리자가 손실 방지 목적 외에 투자로 수익을 얻고자 하는 목적을 다루었는지 알기를 원했다.

세 번째 문항들은 이른바 전문가로 비유되는 공공 부문 관리자들이 투자에 내재되어 있는 위험을 어떻게 인지하는지 그 인지의 규정과 관계가 있다. 여기서, 이를테면 공공 부문 관리자들은 무엇보다도 결정을 점점 거의 하지 않기 때문에 넓은 의미의 투자와 관련된 지식이 없다는 사실을 포함해서, 독특한 공공 부문 현금관리자의 시각이 많이 드러난다.

방법

미국 현금관리 서베이에서는 시 회계관, 투자관, 감사관, 그리고 현금관리자에게 조직의 정책과 목적에 대한 그들의 견해를 표현하도록 질문했다. 또 이 서베이에서는 시 회계관, 투자관, 감사관 등에게 단기적 이자 수익을 위해 민간 부문에서 사용되는 여러 재무적 수단의 위험성에 대해서도 질문했다. 질문서는 전미 시 연맹(National League of Cities: NCL)의 모든 구성원에게 우송되었다. 전체 모집단의 크기가 2,208개 도시인데, 회수된 응답은 568개 도시이며 회수율은 25.7%다.

그러나 표본은 한 집단의 규모에 지나친 값을 부여했을지도 모를 중요한 편의(偏倚, biases)가 있다. 시카고대학교의 국가여론조사센터(NORC) 방법에 따를 때, 우리는 인구 25만 명 이상의 모든 도시, 즉 100%를 표본으로 확보했고, NORC의 영구적 지역사회 표본(Permanent Community Sample)의 여러 차원에 접근하는 여러 인구 범주 각각으로부터 충분한 규모의 응답을 받았다. 따라서 우리는 고도로 발전된 정책들은 물론 현금관리와 투자정책을 가지고 있을 것으로 예상되는 집단을 과대 대표했다. 이들 도시가 정책 발전에서 다른 도시들을 이끌어 가기 때문에 우리는 다른 작은 도시들이 큰 도시들이 지금 하는 바를 나중에 할 것으로 기대할 수 있다.

논의를 위해, 필자는 투자와 헤지에 대해 알고 있을 표본의 구성원에게 집중했다. 필자는 인구 25만 이상의 미국 시들을 모집단으로 해서 무작위 표본추출을 했다. 모집단은 51개 도시이며 표본은 29 개 시다. 그런데 표본에서 얻은 응답은 모집단의 그것과 대부분 유의 수준 10% 이하에서 다른 것이란 신뢰를 필자는 얻었다. 오차 수준은 합리적이고 현금관리자들은 6점 리커트 유형(Likert-type) 척도에 응답했다.

발견

세 부분으로 구성되어 있는 설문은 주먹구구식 경험 법칙, 목적 간의 상쇄 관계, 그리고 전문적 투자 상담역(민간 부문의 최고 수준)이 갖추고 있는 식견의 유사성을 다루었다. <표 8-3>은 설문지에 보이는 경험 법칙에 관한 발췌된 문항이다. 상대적으로 큰 수치를 보이는 문항이 더 높은 반대를 나타낸다. 그리고 수치가 낮을수록 상

〈표 8-3〉 현금관리자들이 합의를 본 활동

진술a)	평균	이상적인 평균	차이
만기 전 매도는 손실을 초래한다.	5.85	3.00	2.85
환매조건부 채권은 위험하다.	5.46	3.00	2.46
법률은 언제나 무손실을 요구해야 한다.	5.07	3.00	2.07
오로지 지역 금융기관에만 투자해야 한다.	4.78	3.00	1.78
재정 압박의 시기에도 이자 소득을 위해 투자해야 한다.	4.64	3.00	1.64
제일의 목적은 수익을 극대화하는 것이다.	4.53	3.00	1.53
신중하고 근면하게 수탁을 해야 한다.	1.64	3.00	1.35
선출된 공직자는 투자에 관심이 없다.	4.25	3.00	1.25
제일의 목적은 투자 금액을 지키는 것이다.	1.75	3.00	1.25
헤징은 도박이다.	2.21	3.00	0.78
제일의 목적은 현금 필요의 충족이다.	2.42	3.00	0.57
현금관리자는 전문가다.	2.60	3.00	0.39
헤징은 급격한 시장 변화에 대한 대비책으로 도움이 된다.	2.75	3.00	0.25

a): 응답자들은 제시된 문항에 그들이 강하게 찬성하면(1의 값), 찬성하면(2), 반대하면(5) 혹은 강하게 반대하면(6) 등으로 대답할 것을 요청받았다.

대적이지만 합의가 어느 정도 이루어진 것이다.

<표 8-3>의 위에 있는 진술의 대부분이 '반대'로 응답한 것들이기 때문에 그 진술은 응답자들이 논리적으로 생각하는 것을 추적하는 데 도움이 된다. 계획이 보통 손실을 의미할 때조차 많은 계획이 수탁자들에 의해 이용되었다. 예를 들면, "시장(市場)이 보증하면 만기 전에 매도를 한다, 충분히 담보가 되어 있는 환매 조건부 채권을 이용한다, 지금은 손실을 본다." 이런 모든 것이 경험과 전술적인 정교함을 보여 준다.

보통 생각하는 것보다 혁신을 더 외면하고 혁신을 더 수용하는 경향이 있는 것 같다. 관리자들은 위임된 권한으로 대부분 신중하게 부지런히 그리고 조예를 가지고 일하고 있다고 믿고 있다. 많은 현금관리자에게 헤징이 도박의 한 형태로 보일 수 있지만 헤징은 이들 관리자에게 본래 수락 가능한 전략이 될 수 있는 것처럼 보인다.

투자 위험과 관련한 판단과 성찰에 유사점과 차이점을 살펴보고자 한다면 투자가 얼마나 위험해 보이는지에 대한 공공 부문과 민간 부문의 반응을 비교한 <표 8-4>를 참고할 수 있겠다. 가장 위험이 적으면 1점, 가장 위험이 크면 5점인 척도를 가지고 양 부문의 판단을 알아볼 수 있다. 8집단[<표 8-4>의 A~H] 중 2집단에서 공공

〈표 8-4〉 현금관리자와 투자 자문관이 평가한 투자 위험

	투자	공공 부문	민간 부문
A. 채권	1. 재무성 장기채	1.5	1.7
	2. AA평가 등급 시공채	2.2	2.4
	3. AA평가 등급 회사채	2.7	2.6
B. 선물과 옵션	4. 현재 가격보다 5% 낮게 엑슨 사채를 60일 만기 콜 옵션 매도	3.8	3.8
	5 현재 가격보다 5% 높게 엑슨 사채를 60일 만기 콜 옵션 매입	3.8	4.1
	6. 금융 선물, S&P 500(60일 만기)	3.7	4.3
	7. 밀 선물(#2 hard 캔자스시티 60일 인도)[12]	4.1	4.6
C. 뮤츄얼 펀드	8. GNMA 채권 펀드	4.1	4.6
	9. 회사채 펀드	3.3	2.5
	10. 성장과 소득 뮤추얼펀드	3.6	2.5
	11. 국제 뮤츄얼펀드	3.9	3.2
D. 파트너십	12. 원유와 휘발유(소득 지향)	4.8	3.9
	13. 케이블 TV 파트너십	4.4	4.0
E. 개인 부동산	14. 귀하가 살고 있는 집	2.2	1.6
	15. 휴가 별장(휴양지에 있는)	2.9	2.9
F. 단기 투자	16. 재무성 증권(6개월)	1.1	1.1
	17. 은행 양도성 예금증서(만 달러, 6개월)	1.4	1.2
	18. 머니마켓 펀드[초단기 채권형 펀드]	2.2	1.2
	19. 상업 어음(90일)	2.5	1.4
G. 주식	20. 듀크, 아이다호 발전소 같은 공공시설 주식 100주	2.9	2.6
	21. 아비엠, 펩시코 같은 블루칩 주식 100주	2.8	2.7
	22. 필립스와 같은 유럽 주요 회사 주식 100주	3.4	3.2
	23. 도요타 같은 일본 주요 회사 주식 100주	3.4	3.8
	24. 탄돈(Tandon)과 같은 소규모 성장 회사 주식 100주	4.1	4.0
H. 유형적 투자	25. 18세기 미국 탁자	4.1	4.0
	26. 프랑스 인상파 회화	3.1	3.1
	27. 금괴(20온스)	3.2	3.3
	28. 2캐럿 다이아몬드(투자 등급)	3.2	3.3
	29. 은괴(100온스)	3.2	3.5
	30. 1956년 야구 안내장(완전한)	3.7	3.7
	31. 경주말(25% 소유권)	4.4	4.9

[* 1점이 가장 위험이 적고, 5점이 가장 위험한 것으로 본다.－역자 주].

12) [밀러(Gerald J. Miller)에 따르면 "#2 hard"는 밀의 종류 기호라고 한다.－역자 주].

부문 관리자가 민간 전문가보다 덜 위험을 느끼며 이것들의 하나가 선물과 옵션에서의 혁신 분야다. 일반적으로, 나머지 6개 집단은 공공관리자들에게 더 위험한 것으로 나타났다. 그리고 공공 부문 현금관리자(예: 금고와 시정부)에게 가장 친숙한 분야에서 공공관리자는 민간 부문 전문가보다 덜 위험시한다.

끝으로, 우리는 현금관리의 목적을 살펴보았다. 현금관리자들은 그들의 선택을 안내하는 공통적으로 지지하는 목적 구조가 있는가? 이들 목적 구조는 이전에 논의한 믿음을 반영하는가?

<표 8-5>에 표본 응답자의 목적을 순서 정한 것이 묘사되어 있다. 표본의 각 현금관리자는 6개의 목적을 순서지어 보도록 요청받았다. 가장 중요한 목적은 1, 상대적으로 가장 중요하지 않은 목적은 6으로 정했다. 이에 의하면, <표 8-5>는 자본 보존이라는 보수적 전략이 가장 빈번하게 투자에서 우선적으로 고려됨을 보여 준다. 이 표본에 의하면, 현금관리자의 편의에 의한 투자와 이자 수익을 증대하기 위한 투자가 가장 중요하지 않은 목적이다.

그러한 결과는 이 장의 앞 부분에서 발전된 기대와 일치한다. 공공 부문 현금관리자는 수탁 관련 사회화가 많이 이루어지고 이익의 극대화를 덜 선호한다. 또한 수탁 준거틀에 의해 금리 선물과 옵션은 투기로 보이며(선물과 옵션이 이자 수익 극대화 방법인가?) 수탁 준거틀은 자본을 보존하는 투자와는 상당히 거리가 있다.

소표본에 대한 계산 평균인 까닭에 목적의 순위는 이들 평균에 대한 통계적 독립성의 문제를 제기한다. 전체로서 현금관리자 표본은 스스로가 서로서로 독립적이 될 수 있다고, 다시 말해 어떤 순위가 다른 순위들보다 더 중요하다고 믿을 수 있는가? 혹은, 표본의 몇몇 구성 요소가 극단적으로 상이한 순위를 보일 수 있기 때문에, 이

〈표 8-5〉 현금관리자의 목적 순위

목적	평균 순위
자본의 보호(Vault)	1.36
법률 준수(Lcomp)	2.08
유동성(Lqdty)	3.09
투자 수익률(Retrn)	3.44
이자 수익에 대한 예산 기대(Expct)	4.64
편리(Convn)	5.73

[* ( )의 내용은 원문의 표시로 약어다. 수치는 목적의 중요한 순위를 나타내는데 6개 목적 중 1은 가장 중요한 목적으로, 6은 가장 중요하지 않은 목적으로 응답한 것이다.-역자 주].

것에 의해 <표 8-5>에 제시된 평균들이 실제보다 더 적은 차이가 있는 것으로 나타난 것인가?

이 표본과 같은 상황에서 편리하게 *독립성*을 검증할 수 있는 방법은 비모수 통계인 프리드먼(Friedman) 이분산 분산을 사용하는 것이다(Dinham, 1976: 146-148. <표 8-6> 참조). 통계가 독립성을 나타내기 때문에 우리는 6개의 상이한 목적이 중요성에 순서가 있다고 주장할 수 있다.

끝으로, 우리는 응답자들에 대한 서열 순위의 일치도(concordance)를 다루고자 한다. 평균이 서열 순위의 외형을 나타내기는 하지만 상이한 현금관리자의 순위 사이에 (상관계수와 같은) 통계적 관계가 있는지 그 여부를 알 필요가 있다. 만약 이 순위가 통계적으로 불일치한다면 (이 표본에서) 어떤 목적이 더 중요하다는 것에 대한 합의가 존재하지 않는다고 생각할 수 있다. 그러나 만약 통계적 일치도가 있다면, 필자는 상당한 확신을 가지고, 응답자 표본은 현금관리 투자에 대한 선호에 대해 합의가 존재한다고 주장할 수 있다.

현금관리자들 사이의 합의에 대한 통계 검증은 *켄달(Kendall) 일치도 계수(W)*다(Siegel, 1956: 229-238)(<표 8-7> 참조). 일치도의 강도가 주어지면, 표본의 구성요소들이 목적의 서열 순서에 대해 서로서로 견고한 합의가 있는 것으로 주장할 수 있다. 일치도 통계치는 목적 사이의 거리(interval) 또는 거리로서 평균 차이의 강도를 의미하는 것은 아니다.[13]

논의

마지막 비교를 통해 우리가 예상한 바를 확인한 현금관리자의 모습을 알게 되었다. 그들은 상품에 대한 경험이 많을수록 위험 회피가 점점 적어진다. 그러나 이러한 현금관리자들이 위험을 감수하려는 의지는, 법률적 명령이 현금관리자들로 하여금 자본 보호 이외의 다른 것을 하라고 강요할 때도, 자본을 보호하기 위한 행동을 해야 한다는 강한 확신에 기초한다. 투자에 대한 법률적 제약 때문에, 그들은 투자를 해보지 않았고 그래서 그들은 변화무쌍한 경제와 시장에 직면해서 자본을 보호하는데만 전술적으로 능숙하게 되었다.

13) [켄달 일치도 계수는 등간 측정 수준이 아니라 서열 측정 수준에 적용된다는 의미다.—역자 주].

〈표 8-6〉 평균의 통계적 독립성 검증

관찰 대상	자본의 보호	법률의 준수	유동성	투자수익률	예산 기대*	편리
1	1	3	2	4	5	6
2	1	4	4	4	4	4
3	2.5	2.5	2.5	2.5	5	6
4	1	4	2	3	5	6
5	부적합한 응답					
6	3	1	2	4	5	6
7	1	2	4	3	5	6
8	2	1	3	4	5	6
9	4	4	4	1	4	4
10	1	4	2	3	5	6
11	1	2	5	3	4	6
12	2	1	3	4	5	6
13	1	4	3	2	5	6
14	1	3	2	4	6	5
15	1	2	3	4	5	6
16	2	1	3	4	5	6
17	1	2	3	4	5	6
18	1	2	5	4	3	6
19	1	2	3	4	5	6
20	1	2	5	3	4	6
21	1	4	2	3	5	6
22	1	2	4	3	5	6
23	1	4	4	4	4	4
24	2	1	3	4	5	6
25	1	3	2	4	5	6
26	2	1	3	4	5	6
27	2	1	3	5	4	6
28	2	1	4	3	5	6
29	5.5	1	5.5	2	3	4

*: 이자 수익에 대한 예산 기대

연구 가설: 6개 목적은 다르다.

통계적 가설:

H_0: 자본의 보호, 법률의 준수, 유동성, 투자수익률, 이자 수익에 대한 예산 기대, 편리 등의 분포는 동일하다.

H_1: 자본의 보호, 법률의 준수, 유동성, 투자수익률, 이자 수익에 대한 예산 기대, 편리 등의 분포는 동일하지 않다.

검정 통계: Fredman's two-way analysis of variance by ranks(Dinham, 1976)

$$T = \frac{12}{rk(k+1)} \sum^{k} [R - \frac{r(k+1)}{2}]^2$$

이때, r=관찰 개수(도시 수), k=조건의 수(현금 관리의 목적들), $R=k$열[세로단]에 대한 순위의 합계, 그리고 T는 자유도 $df=k-1$인 χ^2분포를 한다.

결정 규칙: $p \leq 0.001$에 대해, $p \geq 20.517(df=5)$이면 H_0는 기각될 것이다.

계산:

$$T = (12/1176)*[(46-98)^2+(64.5-98)^2+(91-98)^2+(96.5-98)^2+(135-99)^2 +(159-98)^2] = 0.0102*[8687] = 88.61$$

결정: H_0은 기각된다.

결론: 현금관리의 6개 목적 사이에 차이가 있다.

〈표 8-7〉 응답자들 사이의 순위 일치 정도

관찰 대상	자본의 보호	법률의 준수	유동성	투자수익률	예산 기대*	편리
1	1	3	2	4	5	6
2	1	4	4	4	4	4
3	2.5	2.5	2.5	2.5	5	6
4	1	4	2	3	5	6
5	부적합한 응답					
6	3	1	2	4	5	6
7	1	2	4	3	5	6
8	2	1	3	4	5	6
9	4	4	4	1	4	4
10	1	4	2	3	5	6
11	1	2	5	3	4	6
12	2	1	3	4	5	6
13	1	4	3	2	5	6
14	1	3	2	4	6	5
15	1	2	3	4	5	6
16	2	1	3	4	5	6
17	1	2	3	4	5	6
18	1	2	5	4	3	6
19	1	2	3	4	5	6
20	1	2	5	3	4	6
21	1	4	2	3	5	6
22	1	2	4	3	5	6
23	1	4	4	4	4	4
24	2	1	3	4	5	6
25	1	3	2	4	5	6
26	2	1	3	4	5	6
27	2	1	3	5	4	6
28	2	1	4	3	5	6
29	5.5	1	5.5	2	3	4

*: 이자 수익에 대한 예산 기대.

연구 가설: 응답자의 목적 순위는 비슷하다.

통계적 가설: H_0: 응답자들이 동의하지 않는다. H_1: 응답자들이 동의한다.

검정 통계: Kendall's coefficient of concordance(Siegel, 1956)

$$W = \frac{s}{\left[\frac{1}{12}k^2(N^3 - N)\right] - \left[k(\sum T)\right]}$$

이때, s = 각 목적의 평균 R_j로부터 떨어진 편차의 제곱의 합계, 즉 $s = \sum(R_j - \frac{\sum R_j}{N})^2$,
k = 판단자의 수(도시의 현금관리자들), N = 순위가 정해진 목적들의 수,
t = 각 목적에 대한 동일 순위의 개수,
$T = k\sum(\frac{\sum(t^3 - t)}{12})$ 그리고 $1/12k^2(N^3 - N)$=편차 제곱의 가능한 최대 합계,
즉 합계 s는 k 순위 사이에 완벽한 합의가 존재할 때 나타난다.

결정 규칙: $p \leq 0.01$에 대해, $s \geq 2148.2$이면 H_0는 기각될 것이다.
계산: $s = 8687.5$
$W = 8687.5/[1/12(28)^2(6^3 - 6) - [3266.67]]$
$= 0.8311$
결정: H_0는 기각된다.

결론: 목적의 순위에 대해 유의한 동의가 존재한다.

제 4 절 요 약

재무적 혁신을 수락할 수 있는지 여부에 대한 논란은 두 가지 수준에서 격론이 계속될 것이다. 이념적 수준에서, 선물과 옵션의 수용 여부는 본질적으로 그 기법들의 잠재적 생산성에 달려 있는 것과 마찬가지로 사회에서 정부의 역할과 규모에 달려 있다. 절대로 필요한 것 외에는 아무것도 하지 않는 정부는 아마 선물과 옵션을 수용하는 혁신을 부적절한 것으로 간주할 것이다. 모든 것을 하는 정부는 선물과 옵션은 고사하고 아마 재무관리를 필요로 하지 않을 것이다. 왜냐하면 정부는 아쉬울 것이 없기 때문이다(Wildavsky, 1975).

Chapter 09

관리정보 체제에서 명령과 통제

이 장에서 필자는 정형적인 정부간 재무관리 정보 체제－보조금 사정과 지위 지정 과정에 대한 연구를 제시한다. 필자는 정부에서 운영하는 모든 재무회계 및 감사 체제에 공통되는 개념적 특성이 사이버네틱(cybernetic)이어야 한다는 것은 설계자들에 의해 의도된 것이라고 주장한다. 그러나 이들 체제의 결과는 물론 여러 이용까지도 사이버네틱스(cybernetics)와 일치하지 않는다. 사실, 이들 체제의 결과와 사용은 어느 정도 폭넓은 틀로 볼 때 더 합당할 것이다(Feldman and March, 1981).

우리는 중심 개념으로서 사이버네틱스를 버리고 그것을 오히려 단지 특별한 경우를 설명하는 지엽적인 개념으로 사용함으로써, 이 장에서는 정부에서 사용하는 재무관리 정보 체제를 위한 좀 더 내구성 있는 개념적 기초를 제공해야 한다. 오히려, 상징과 기호의 의례적인 조작이라는 생각이 좀 더 폭넓고 설명력 있는(revealing) 중심 개념이 될 것이다.

이 장은 입증된 논증으로 구성된다. 첫째, 사이버네틱스 과학의 형식에서 지배적 이론과 그 기초 개념과 요소들이 기술될 것이다. 둘째, 미국 관리예산처(OMB)와 사정기관들에 의해 편성지침서와 회람에 제시된 바의 사정 과정을 검토할 것이다.

이 사례연구를 통해 필자는 기초적인 사이버네틱 요소와 미국 관리예산처 회람 A-95와 A-98에 의해 창안된 체제의 사이버네틱 요소 혹은 그와 유사한 요소를 피상적으로 연계하는 모형을 구성할 것이다. 그 결과로 정부에서 사용되는 의사 전달 및 통제 체제에 대한 시사점이 분석될 것이다. 셋째, 필자는 대안적 패러다임을 제시한다. 그것은 또다시 모호성이론이다. 끝으로, 필자는 두 모형, 즉 지배적 모형과 대안적 모형이 제공하는 접근 방법의 차이가 시사하는 바를 논할 것이다.

제 1 절 사이버네틱스

사이버네틱스(cybernetics)는 이제까지 접근이 쉽지 않은 의사 전달 및 통제 체제를 직접 관찰하고 분석할 수 있도록 해 줌으로써 결정 및 정보 체제를 검토하는 데 유용하다. 사이버네틱 모형을 개념화하는 방법은 많고 그 모형들 자체도 단일 차원이기도 하고 중복되는 다차원이기도 하다. 단일 차원 모형은 단순하지만 여기서 사용될 것이다. 왜냐하면 미국 관리예산처 회람 A-95와 A-98 체제를 좀 더 잘 이해하기 위한 설명력을 가지고 있는 듯 보이기 때문이다.

"새로운 과학"으로서 사이버네틱스의 발전은 그 기원을 초기 철학에까지 당연히 추적할 수 있고 최근에 발전한 정보 처리의 개념과도 긴밀한 관계가 있다. *사이버네틱스*라는 용어의 어원은 그리스어 *kybenetes*에서 찾을 수 있고 이것은 "키잡이(steerman)"를 의미했다. 그리스어에서 연유한 라틴 용어는 "조속기(governor)"를 뜻한다. 영어에서 사이버네틱스의 "거버너(governor)"의 내포적 의미는 (아마 스팀 엔진과 같은) 체제를 유지하는 기제(機制, mechanism)를 뜻한다. 그리고 이 기제는 체제를 유지하는데, 이 체제의 부분들은 수시로 변화하는 상황에서 일정한 상태에 있다. 그러므로 통제의 개념은 종종 거버너가 논의될 때 내포된 의미이고 그것은 궁극적으로 의미하는 바대로 사이버네틱스다.

1940년대에 의사 전달 공학의 새로운 발전에 의해 자기점검(self-monitoring), 자기통제, 그리고 자기조정(self-steering) 속성을 가진 기계의 제작이 가능해졌다. 도이치(Deutsch, 1961: 75)는 "의사 전달, 조직, 통제 등의 기능을 충족하는 장비를 만듦으로써 그런 기능들을 좀 더 명확히 이해하기 위한 중요한 기회를 얻을 수 있는 것"을 알았다. 실험실에 의존해서 이론화할 수 있는 그런 "실험실"이 존재함으로써, 과학자들은 사이버네틱스라 불리는 원리에 따라 통제 및 의사 전달의 기능을 연구하기 시작했다.

주요 정의

사이버네틱스 개념을 최초로 지지한 바이너(Nobert Weiner)는 생물학적, 수학적 혹은 사회적 체제를 통제하기 위해 사용되는 방법을 기호 혹은 메시지로서 개념화했다. 사실 그의 연구로부터 그는 메시지 이론으로서 사이버네틱스를 정의했다(Weiner, 1948).

> 내가 다른 사람의 행동을 통제할 때, 나는 그에게 메시지를 전달한다. 그리고 이 메시지가 명령법으로 되어 있지만 기법은 사실을 표현하는 메시지의 그것과 다르지 않다. (그로부터 온 메시지는) 명령이 이해되고 그리고 명령에 복종한다는 것을 나타낸다(Weiner, 1948: 20).

비어(Stafford Beer)는 "한 체제의 주위를 감싸고 있는 정보들의 흐름과 체제를 통제하는 수단으로서 정보가 체제에 의해 사용되는 방법을 연구하는 과학"으로서 사이버네틱스를 정의했다(Beer, 1959: 5). 비어는 바이너가 연구한 의사 전달과 통제 사이의 실질적인 연계보다는 정보 흐름의 연구를 강조했다. 이 때문에 비어의 정의는 정보 처리 체제의 일반적인 구성 요소들을 기술하기 위한 기초로서 더 알맞은 것 같다.

구성 요소

메시지 혹은 정보 처리 제체의 주요 구성 요소는 다음과 같다: (1) 정보 그 자체, (2) 정보를 전달하는 통로(channels), (3) 원래의 정보 체제가 얼마나 잘 운영되는지에 관한 "진도 보고"의 한 종류로서 되돌려지는 문양(환류, feedback), (4) 저장된 정보가 의사 전달 통로에 주입되거나 혹은 넣어지는 점(points).

1) 정보

정보는 어떤 의사 전달 체제 내에 있는 기초적인 필수품이다. 일반적으로 와이너가 주장했듯이 정보는 "우리가 외부 세계에 적응할 때 그리고 우리의 적응이 외부 세계에 영향을 미칠 때 외부 세계와 교환되는 것의 내용에 대한 하나의 명칭이다" (Weiner, 1948: 21). 모든 의사 전달 체제는 정보를 전달하는 것과 관련이 있다. 그런데 정보는 *물리적 실체*처럼 이름이 붙여질 수 있고 물리적 과정으로 다루는 것처럼 다룰 수 있다. 더 나아가, 정보는 그것이 존재하는 상태의 관점에서 정의될 수 있다. 점과 점 사이를 움직인다면 활동적 정보, 혹은 창고나 기억에 있으면 유휴 정보다.

2) 정보 통로

의사 전달 체제 내 통로는 유용한 어떤 것(정보)이 흐르는 경로로서 개념화될 수 있다. 도이치(Deutsch, 1961)는 정보 통로를 정보가 이전되는 기제(mechanism)라고 했다. 그는 후에 정보 통로는 의사 전달 네트워크의 중요한 부분이라고 주장했다. 왜냐하면 정보가 전혀 변하지 않기 때문이다. 통로가 변할 때, 그것이 라디오 파동이든 혹은 전기적 충격이든, 그 유용성은 왜곡된 혹은 소실된 정보의 양에 의해 측정된다.

3) 환류

자기조정 체제에서 이 자기조정을 가능하게 하는 독특한 특성은 환류를 받는 능력이다. 도이치가 설명했듯이,

> 환류란 의사 전달 네트워크를 의미하는데, 이 네트워크는 정보의 투입에 대한 반응으로 조치를 발생시키고 그리고 그 조치가 자신의 후속 행동을 수정하게 되는데 이때 새로운 정보가 사용되고 이 새로운 정보 형태로 된 자신의 조치의 결과도 포함한다(Deutsch, 1961: 88).

이런 특징-자동조절 장치(servomechanism) 혹은 자기수정 장치는 그것이 전자제어 체제이든 혹은 사회적 조직이든 관계없이 모든 자기점검(monitoring) 체제에 공통적이다. 요약하면, 환류는 체제의 과거 행동 수행(performance)의 결과를 체제에 다시 투입함으로써 체제를 통제하는 방법이다.

더 나아가서, 환류는 부정적 혹은 긍정적 환류로 분류될 수 있다. 부정적 환류는 행동의 수정을 초래하는 반면에 긍정적 환류는 체제의 행동 수준을 강화한다. 현재 행동에 기초한 환류 외에, 체제의 과거로부터 혹은 체제의 기억으로부터 정보를 상기시키는 환류 고리(loops) 혹은 문양이 있다. 이와같이 환류에 의해 체제는 자료의 두 흐름을 공유하게 된다. "하나는 현재의, 현재의 환경의 체제 행동 수행으로부터 온 자료이고, 다른 것은 체제의 과거…… 과거의 기억으로부터 온 자료다"(Deutsch, 1961: 90).

4) 체제에 정보 주입

저장된 정보가 체제로 "다시 보내지는(feed back)" 점들이 환류 고리에 있다. 이 점들은 전략적이고 *결정점*(decision points)이라고 부른다. 이 점은 결정이 실제로 이루어지는 위치다. 비어는 다음과 같이 주장했다: "결정은 (조직구조의) 상층에서 이루어지지 않는다. 오히려, 어느 체제이든 결정은 정보를 가장 많이 가지고 있는 네트

워크의 결절점(node)이나 결절점들의 망에서 이루어진다"(Beer, 1959: 28).

(1) **사이버네틱 체제의 개념화**

하나의 전체 체제에서 상호작용하는 구성 요소들은 의사 전달 체제의 사이버네틱 모형의 기초적 구성 요소들과 일치한다.

사이버네틱 모형들은 어떠한 수준의 복잡성과 차원에서도 형성될 수 있다. 이 모형들은 상호작용하는 수많은 체제 가운데 한 체제로 볼 수도 있고 다차원 틀(scheme)로 이해되는 체제들 내의 체제들로 볼 수도 있다. 그러나 단일 차원 모형([그림 9-1])은 사이버네틱스 개념이 어느 의사 전달 체제와 자기조절 체제에 대해서든 대개 적용하는 방법을 쉽게 설명할 수 있고 여기서 채택될 것이다.

이 모형에서 사이버네틱스의 기본 구성 요소를 볼 수 있다. 첫째, 의사 전달 통로는 내부 별(star)에 의해 표시되어 있다. 이것이 실제 정보가 보내지는 경로다. 고리로 보여지는 환류는 의사 전달 체제가 환경과 상호작용하고, 창고 혹은 기억으로부터 정보를 가져와 체제로 보내는 방법이다. 환류 고리가 의사 전달 통로와 만나는 점이 결정점이다.

따라서 정보는 의사 전달 통로를 따라 흐르고 각각의 환류 고리를 돈다. 환류 고리

[그림 9-1] 단일 차원 사이버네틱 모형

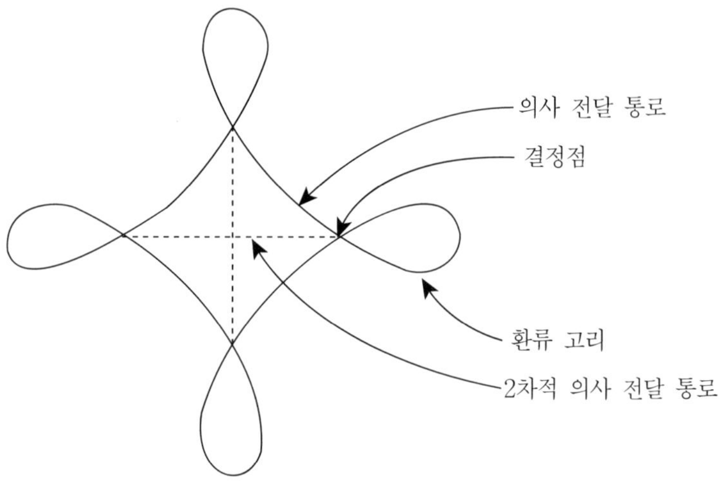

안에서 체제 밖 다른 정보원(sources)으로부터 그리고 체제 자체의 기억으로부터 정보을 더함으로써 정보가 처리되거나 더 정제된다. 이렇게 해서 고리에 들어온 정보는 재형성되고 결정의 형태를 취한다. 이것은 다시 결정점이 있는 의사 전달 통로로 돌아와서 다음 환류 고리로 가게 된다.

(2) 요약

사이버네틱스는 어떤 체제가 의사 전달을 하기 위해 그리고 체제에 정보를 흘러보냄으로써 자신을 통제하기 위해 사용하는 방법을 연구한다. 체제의 사이버네틱 모형은 정보가 흐르는 통로와 자기규제에 도움이 되도록 정보를 되돌려 주는 환류 고리를 포함하고 있다. 단일 차원 모형([그림 9-1])은 이런 구성 요소들의 역동성을 보여주며, 다른 방법으로는 접근이 불가능한 의사 전달 체제(미국 관리예산처 회람 A-95와 A-98)를 좀 더 잘 이해하는 데 도움이 되도록 적용이 가능하다.

제 2 절 지배적 이론을 사용한 사례연구: A-95/A-98 체제

1969년 10월 관리예산처(OMB)는 "회람 A-95: 연방 보조사업(programs and projects)의 평가, 사정 및 조정"이라 명명된 지침서를 발간했다. 본질적으로 이 지침서에 의해 모든 수준의 정부가 제안한 보조사업에 재원이 배분되기 전에 보조사업 사정을 받을 때 적용되는 과정이 창안되었다. 이 사정은 제안된 사업이 기존의 사업과 또 미래를 위해 계획된 사업과 일관성이 있는지에 대한 검토와 논평으로 구성되었다. 더 나아가 회람 A-95는 8개의 각료 부처와 5개의 독립적인 기관의 책임 하에 재원이 운영되는 사업들을 범위로 했다.

그후 1970년 6월, 관리예산처는 A-95를 넘어서는 A-98라는 다른 회람을 발간했다. 그리고 A-98 회람은 재원 배분 결정 시 보조금 신청자들과 주와 지방정부 기관들의 신청서를 본래 사정하는 연방기관들이 이들 기관에게 알려 주도록 처음으로 요청했다.

이와같이 회람 A-95와 A-98은 하나의 완전한 보조금 정보 체제를 설계했다. A-95은 이것이 처방하는 체계적인 사정에 의해, 하위 수준 정부기관으로 하여금 수행했던 바와 계획했던 바에 기초해서 보조금에 대한 요구를 평가하고 조정하도록 했다. 그리고 A-98은 한 단계 더 나아가서 기관들은 그들이 사정한 제안의 상태에 대해 계속 통보해 주도록 요구했다.

회람 흐름 혹은 "메시지" 때문에, A-95/A-98 보조금 정보 체제는 정부에서 운영하는 의사 전달과 통제의 하나의 좋은 예다. 그리고 이것은 사이버네틱스 모형을 이용함으로써 가장 잘 이해될 수 있을 것이다.

A-95/A-98 사정 및 통보 체제의 중심 목적은 연방정부, 주정부, 지방정부 등 모든 정부 수준의 행정기관 사이의 정책결정과 국내 개발사업[1)]을 조정하는 것이었다. 조정 개념은 보조금 결정 주기에 연방기관만이 아니라 주 및 지방 행정기관들을 끌어들이기 위해 보조금 신청을 위한 "의사 전달" 체제의 형식으로, 의회에서 시작되었고 관리예산처에 의해 집행되었다.

의사 전달 체제를 통한 정부간 보조금 조정의 주제는 그 흔적을 법률적 배경에서부터 법률과 규정의 실제적 적용에서까지 찾을 수 있다. 이것에 더해, 이 체제 하의 보조금의 흐름은 A-95/A-98 체제 설계자들의 명확한 의사 전달 및 통제 의도를 보여 준다.

조정의 기초적 개념은 법률로 의회에서 시작되었고 관리예산처 회람으로 관리예산처에 의해 법률과 규정으로 이전되었다. 1966년의 시범 도시 및 대도시 개발법(Demonstration Cities and Metropolitan Development Act of 1966)[2)]은 연방정부가 재정 지원하는 사업을 신청하는 경우 그 신청서를 연방정부 수준이 아닌 다른 정부 수준 즉 신청서를 제출한 주정부나 혹은 지방정부가 사정하도록 규정한 최초의 법률이다. 그 법률은 이렇게 규정되었다.

> 사업을 수행하는 데 도움이 되는 연방정부의 융자나 혹은 보조금을 신청할 때, 모든 신청서는 사정을 위해, 보조금이 사용되는 지역을 위해 대도시 계획 혹은 지역 계획을 수행하도록 지정된 지역 행정기관에게 제출되어야 한다.

법률이 규정한 이 사정기관은 신청서가 현재의 종합 계획과 일관성이 있는지 혹은 신청서가 그 계획의 목적을 충족시키고 있는 범위에 대해 논평하도록 했다. 따라서 처음으로, 개발사업 신청서에는 보조금 신청자의 논평보다 더 많은 것이 포함되도록

---

1) 이 사업(programs)에는 병원, 공항, 도서관, 물 공급 및 배분시설, 하수시설 및 오물처리장, 고속도로, 수송시설, 법 집행시설, 수자원 개발 등을 위한 공한지 사업 혹은 기획 및 건설사업(projects)과 토지보존사업이 포함된다. 주택시설은 1971년에 포함되었다.

2) 80 Stat. 1255, 42 U.S.C. Sect. 3301-314(1966).

했다. 그 결과, 연방 행정기관은 결정의 토대가 되는 정보를 더 많이 가질 수 있었다.

그후에 1968년의 정부간 협력법(Intergovernmental Cooperation Act of 1968)이 개발지원금 혹은 보조금정책을 규정하거나 혹은 기술했다.[3] 토지의 적합한 사용과 현명한 개발에 대한 전국적인 필요성을 자세히 설명한 후, 법률은 다음을 요구했다.

> 연방정부적, 주정부적, 그리고 지방정부적 견해……가능한 한도까지 모든 견해가 연방 개발사업 혹은 연방정부가 재정 지원하는 개발사업(development programs and projects) 기획에서 검토되고 고려된다. 지역 조직의 목적들과 함께 주정부 및 지방정부의 목적들이 연방정부적 목적의 틀 속에서 검토되고 평가되어야 한다.

그리고 다시 의회는 보조금을 주는 연방 정부기관들이 주와 지방정부 목적을 전달받고 그것을 이해할 수 있어야 한다고 요청하면서 국내 계획의 조정을 입법했다.

이 두 종류의 법률의 목적과 요구 사항은 회람 A-95를 통해 집행되었다. 계획의 조정에 대한 요구 사항과 보조금 사용에 대한 요구 사항은 회람이 규정한 사업 통지 및 사정 체제(PNRS)를 통해 실행되었다. 사업 통지 및 사정 체제는 주정부 정보센터, 대도시정부 정보센터, 지역 정보센터(clearinghouse)[4]로 구성되며, 이 체제(PNRS)를 통해 국내 개발보조금 신청자 모두는 신청서에 대한 논평을 얻을 수 있도록 설계되었다.

이들 정보센터에 의해 작성된 논평은 첫째로는 주정부와 지방정부 종합 계획을 집행하기 위해 요약된 목적을 반영했고, 둘째로는 제안된 사업이 종합 계획을 충족시키기 위한 능력을 반영했다. 이렇게 해서 특정 연방 정부기관에 보내진 신청서는 제안된 사업이 주정부 혹은 지방정부의 사업과 얼마나 잘 일치하는지에 대한 주 및 지방정부의 의견과 신청기관의 사업이 포함되었다. 따라서 A-95 예비 사정 체제는 진화론적 입장에서 보면, 지방정부 수준에서 연방정부 수준으로—주정부 지역과 지방정부 지역의 욕구와 제안된 사업이 이들 욕구를 얼마나 잘 충족시키는지에 관한—정보가 흘러가는 것을 도표화하기 위한 청사진 혹은 지도가 되었다.

연방 정부기관 수준에서 어떤 사업에 대한 재원 지원 결정이 이루어졌는가를 정보

---

3) 82 Stat. 1103, 42 U.S.C. Sect. 4201-243(1976).

4) 대도시 정보센터는 최우선 대도시 통계지역(PMSA) 규모 도시지역에 있었다. 반면에 지역정보센터는 대개 농촌지역에서 활동한다. [여기서 정보센터는 clearinghouse를 번역한 것이다. 여러 체제를 연결하거나 여러 서비스를 연결해서 통합 서비스를 제공할 때 clearinghouse가 지원활동을 한다. 이것을 여기서 정보센터라고 번역했다. 주로 정보를 수집, 분류, 보관, 전달하는 역할을 한다.—역자 주].

센터들에 알려 주는 전체 의사 전달 체제의 다른 반(半)을 구성하는 기초도 1968년의 정부간 협력법에 포함되어 있었다. 그리고 이 법은 주정부와 지방정부에게 그 지역에 주어지는 "보조금의 목적과 금액"을 알려 주도록 규정했다. 이 법에 순응해서, 관리예산처는 회람 A-98을 발간했고, 연방 행정기관(offices and agencies)은 주정부, 대도시정부 그리고 지방정부 정보센터에 모든 보조금 조치를 통보하도록 요구했다.

A-98 하에서, 주정부와 지방정부는 그들이 사정한 보조금 제안의 정확한 상태를 알 수 있었을 것이다. 주, 지방, 그리고 시정부 또한 정보를 받아서 보조금 신청 단계(A-95)부터 상태 통고 단계(A-98)에 이르기까지 보조금을 추적할 수 있었다.

처음에는 A-95 사정 체제를 그리고 A-98 통보 체제를 창안한 일련의 사실에서, 이용 가능한 실용 모형(working model)이 지금쯤은 구성될 수 있을 것 같다. 첫째, A-95 사정 체제는 보조금 신청서와 기존의 주정부, 대도시정부, 지역정부 등의 계획을 서로 조정하는 것을 촉진하는 "조기 경보 체제"다. 또한 이 조정 결과 만들어진 최종 신청서와 제안은 주정부와 지방정부 사업 우선순위를 보조금 자금을 관리하는 연방 행정기관에 의사 전달해 준다. 결과적으로, 연방보조금에 대한 요구와 지방정부의 계획 및 지출 우선순위를 서로 조정함으로써 A-95 예비 사정 체제는 기본적으로 주와 지방정부의 관리기구를 보조금 체제와 연계시키는 수단이 된다. 그러므로, 이런 전향적 정보 흐름은 조정하고, 의사 전달하고, 그리고 관리하도록 설계된 것이다.

A-95 체제를 보완해서, A-98 과정은 통보 요건 혹은 정보의 되돌림 흐름(return flow)을 추가한다. 이 되돌림 흐름에 의해 주 및 지방정부는 얼마만큼의 돈이 어디로 가는지 알 수 있다. 그리고 이 되돌림 흐름은 조정, 의사 전달 그리고 관리에 도움이 된다. A-95 체제와 A-98 통보 체제를 연계시킴으로써, 주 및 지방정부는 중요한 관리 도구를 획득한다. 주 및 지방정부가 시기, 금액, 그리고 연방보조금 수령의 영향(point of impact)을 추적할 수 있기 때문에 이들은 자금 수준과 그들 자신의 사업 지출의 지역적 우선순위를 정할 수 있다.

따라서, A-95/A-98 전체 체제라는 실용 모형은 *보조금 정보 순환 흐름*으로서 작동한다. 주 및 지방정부가 그들의 계획과 사업에 포함되어 있는 보조금 신청서의 우선순위를 분류하고, 사정기관의 비평을 통해 연방 재정 지원기관에 그들의 우선순위를 의사 전달할 때는 정보가 전방을 향해 흐른다. 반면에, 연방기관이 보조금 안(案)에 대해 결정하고, 이 결정을 주 및 지방정부에 의사 전달할 때는 정보가 후방으로 흐른다.

이 모형은 정보를 추적함으로써 혹은 주기를 따라 정보의 기초적인 부분들을 추적함으로써 분명히 드러난다. 보조금 신청서는 처음에는 신청기관에서부터 사업이 수행되는 관할구역의 대도시 혹은 지역(도시 혹은 농촌)의 정보센터로 보내진다. 정보센터는 그것을 받아 그 사업으로 영향을 받을 수도 있는 여타 지방정부 수준의 기관들에게 보낸다. 대도시정부와 지역정부의 두 종류의 정보센터는 기획기구이기도 한데, 이들 두 종류의 정보센터와 다른 지방정부 기관에서 신청 사업이 자신들의 사업과 계획에 미치는 영향에 대해 논평할 수 있다. 다음, 주정부 정보센터는 신청서를 받고 그리고, 대도시와 지역의 정보센터가 했듯이, 주정부 수준의 관련 기관으로부터 논평을 수집해서 처리한다. 지방정부 수준과 주정부 수준의 사정 이후에, 사업 신청서는 신청서와 논평을 함께 검토하는 연방정부 자금 지원기관에 송부된다. 어떤 결정이 이루어지고, 보조금을 받는 기관은 물론 주 및 지방 정보센터들은 사업 신청의 상태에 대해 통지를 받는다.

따라서 사정 및 통보 체제는 하나의 완전한 정보의 주기다. 그것의 주요 목적은 주 및 지방정부로 하여금 그들이 제안한 보조사업과 그들 지역에 주어지는 보조금(awards)을 추적할 수 있도록 하는 것이다. 체제가 허용하는 이 추적 능력에 더해, 정보 흐름의 주기에서 볼 수 없는 몇 가지 다른 목적이 있다.

첫째, 지방정부 수준에서 사정의 목적은 신청자와 계획자 사이에 협의를 증진시키는 것이고 제안된 사업이 완화시키고자 설계한 문제에 대해 가장 훌륭한 해결책을 개발하는 것이다. 새로운 착상은 제안된 사업이나 활동이 신청자의 필요라는 측면과 전체로서 해당 지역의 필요라는 측면에서 볼 때 가장 양질의 것이라는 것을 보장하는 것이다. 또한 사정은 가능한 사업 개선을 확인할 수 있고 절약을 확인함으로써 비용 절감을 할 수 있다.

지방과 주정부 수준에서 수행되는 사정의 또 다른 목적은 제안된 사업에 재정 지원을 하기 전에 문제 해결을 위해 사용되는 방법에 대한 갈등을 해결하는 것이다. 지방정부 기관과 주정부 기관이 서로 협의함으로써 보조금 신청기관은 사업과 그것의 장래 영향을 설명할 수 있고 신청서가 연방정부 기관에 보내지기 전에 그리고 사업들이 집행되기 전에, 영향을 받는 기관 사이에 발생할 수 있는 갈등과 오해를 방지할 수 있을 것이다.

그러나 A-95/A-98 체제의 목적 가운데 가장 중요한 것은 이 체제가 촉진시키는 조정이고, 이 체제가 모든 정부 수준 사이의－지방정부와 지역 정보센터 사이, 또 주정부 기관들 사이의 의사 전달을 개방시킨 통로(channels)다. 사실, 이 체제의 이러한 목적이 이 체제의 기본적인 공헌이다.

제 3 절 요 약

A-95/A-98 보조금 정보 체제는 보조금 정보에 관한 순환적 흐름을 개설하는 혹은 설치하는 수단이다. 보조금 정보 체제의 사용은 또한 각 정부 수준에서 이용 가능한 자금을 관리하는 방법이다. 왜냐하면, 주 및 지방정부 기관들이 어떤 연방보조금이 어디로 가는지를 알기 때문이다. 더 나아가, 이 정보 체제를 통해, 의사 전달의 통로가 주정부, 지방정부 등 다른 수준의 정부간 그리고 각 수준의 행정기관들 간에 열린다. 따라서, 기본적으로 A-95/A-98 체제는, 주 및 지방정부의 계획과 사업을 집행하는 데 연방정부 기관들로부터 필요한 보조의 금액과 유형과 함께, 주 및 지방정부의 계획과 사업을 연방정부 기관들에게 *의사전달하는*(communicating) 방법이다. 어떤 보조가 이 계획과 사업의 틀 안에서 어디로 갈 것인가를 안 결과로, 주 및 지방정부는 그들 자신의 자금의 규모와 영향을 관리하고 *통제*(control)할 수 있다.

A-95/A-98 체제는 수많은 접근 방법을 사용함으로써 이해될 수 있다. 여기서 필자는 A-95/A-98 과정을 정보 과정으로 보았고, 이 과정에서 사정 체제 내 의사 전달은 사이버네틱 모형 형성(modeling)의 원리와 개념의 맥락으로 이해될 수도 있을 것이다. 이런 접근 방법은 통찰력을 제공하고 A-95/A-98 사정 및 통보 과정을 이해하는 가장 쉬운 방법일 수도 있다.

제 4 절 사이버네틱 모형으로서 A-95/A-98 체제

A-95/A-98 체제의 구성 요소와 사이버네틱 모형 형성에 필요한 구성 요소 사이에 유사성이 있기 때문에 지금 이 두 구성 요소를 서로 관련시키는 것이 가능하다. 특정한 사이버네틱 모형이 보편적이라고 추론하는 시도가 없고 A-95/A-98 체제에 사이버네틱 모형을 적용하려는 시도 또한 없다. 그러나 이 모형은 A-95/A-98 체제의 이해를 돕기 위해, 그리고 이들 구성 요소와 사이버네틱 모형 형성에 필요한 기본적인 개념과 구성 요소를 관계짓기 위해 구성된 것이다.

[그림 9-2] 의사 전달 체제와 사이버네틱 모형

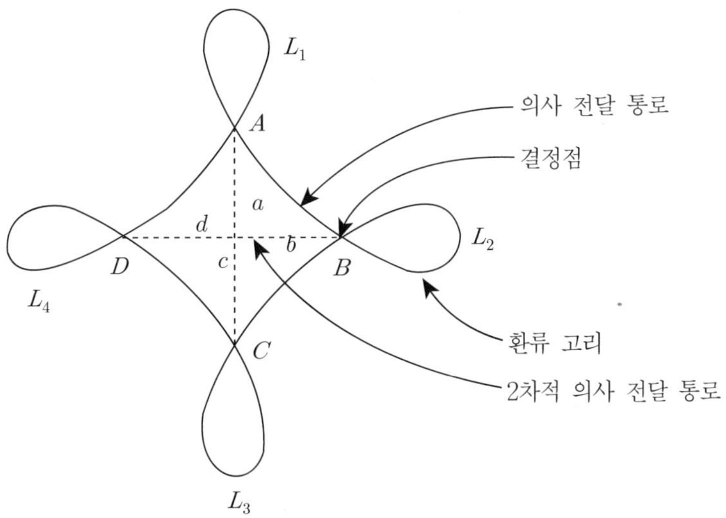

사이버네틱 모형의 구성 요소는 일반적이기 때문에, 이전에 구성된 모형은 A-95/A-98 체제의 구성 요소가 자리잡을 토대로 이용될 수 있을 것이다([그림 9-2] 참조).

기본 모형에서 *ABCD*에 의해 묘사되는 모양은 의사 전달 통로다. L_1에서 L_4는 환류 고리이고 의사 전달 통로 각각의 "구석"(글자 *A, B, C, D*)은 환류 고리와 의사 전달 통로가 합치되는 결정점이다. 의사 전달 통로는 의사 전달의 경직적인 경로가 되는 것은 아니다. 그래서 선 *a*와 *b*가 제2의 혹은 비공식적 의사 전달 통로로서 추가된다.

기본 모형에 A-95/A-98 체제를 겹쳐놓을 수 있다([그림 9-3] 참조). 첫째, 의사 전달 통로는 보조금 신청의 흐름이라고 정의할 수 있다. 각각의 환류 고리는 지방 및 주정부 행정기관, 연방정부 보조금 배정기관, 보조금 신청기관 등을 포함한 보조금 신청서를 사정하는 각 수준의 기관들이다.

정보센터(clearinghouse)의 목적은 특정 정부 수준의 여타 기관들로부터 사정과 논평을 구하는 것이기 때문에, 이런 논평은 다시 의사 전달 통로로 되돌아와야 한다. 이것은 점 B나 점 C 또는 결정점에서 일어난다. 있어야 할 두 종류의 구성 요소를 가지고 보조금이 신청기관에서 연방정부 기관으로 흐를 때 체제가 어떻게 작동하는

[그림 9-3] 사업 통보 및 사정 체제 설명을 위한 사이버네틱 모형

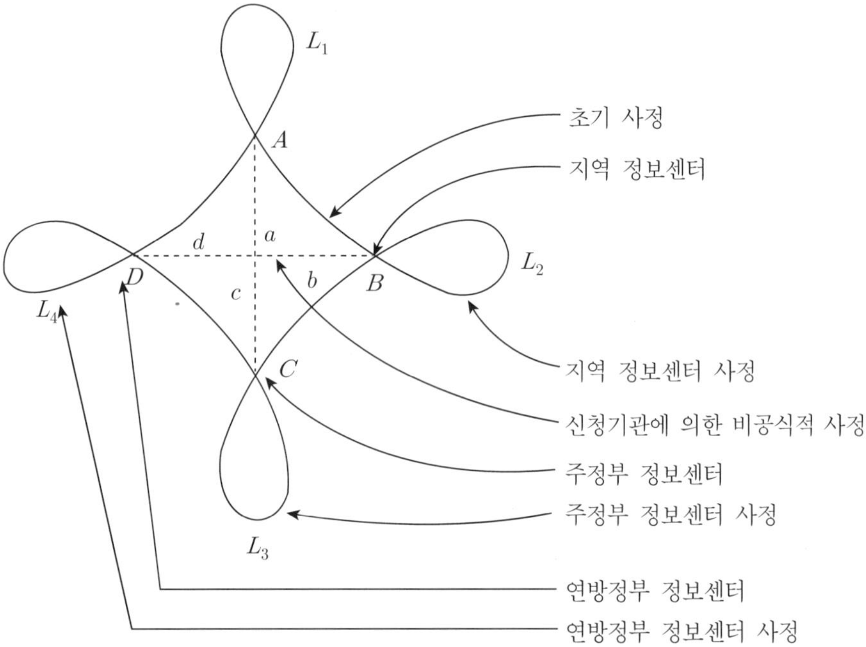

지 볼 수 있다.

첫째, 신청기관은 제안된 사업을 논평을 얻기 위해 지역 정보센터에 보낸다. ([그림 9-3])에서 초기 사정은 AB를 따라서 L_1에서 L_2까지에서 일어난다. 신청서는 첫 번째 환류 고리(사업을 제안하기 위한 결정)에서 두 번째 환류 고리(정보센터와 여타 기관의 사정)까지 의사 전달 통로로 들어간다. 두 번째 환류 고리에서 정보센터는 보조 신청이 그 계획 및 사업과 일관성이 있는지에 대해 다른 기관들로부터 논평을 확보한다. 또한 기획기관(때때로 정보센터)이 현재의 필요 또는 계획을 충족시킬 능력에 대해 신청서를 사정한다.

이와같이 하여, 논평이 기억의 유입(제안된 사업이 얼마나 현재의 필요와 계획을 충족시키나)뿐만 아니라 신청기관의 현재의 성과(현재 성과의 계획과 사업과의 일치 정도)에 대한 환류를 나타낸다. 이 논평은 신청서에 기입되고, 이 신청서는 세 번째 환류 고리로 가는 길인 의사 전달 체제로 되돌려 보내진다.

주정부 정보센터는 이 세 번째 환류 고리일 수도 있다. 지역 혹은 대도시 정보센터에서 사용된 것과 유사한 사정 절차가 여기서도 사용된다. 다만 신청서가 주정부의 계획과 사업에 대해 판단된다는 것만 다르다. 다시 주정부 정보센터는 논평을 구하고 그것을 신청서에 기입하여 논평이 신청서의 일부가 된다. 그러나 L_2 또는 L_3 환류(지방 및 주정부 정보센터) 고리에서 사업에 대한 갈등이 있다고 생각해 보자. 그러면 기존의 사업에 일치시키기 위해 제안된 사업을 명확히 하거나 또는 변경하기 위해 신청기관과 협의를 하는 방법으로서 두 번째 의사 전달 통로(c 혹은 b에서 a로)가 아마 사용될 수도 있을 것이다. 제1 통로를 사용할 수 있다고 해도 그것을 사용할 필요가 없다. 정보센터는 신청기관과 직접적으로 상의할 수 있을 것이다. L_2와 L_3를 연계하는 b가 이 가능한 협의를 보여 준다.

만약 갈등이 해결된다면 신청서는 다시 L_4에 있는 연방정부 재원 배분기관에 이르는 통로로 흘러 들어간다. 다시 사정이 시행되는데 이번에는 연방정부의 목적 범위에서 사정이 된다. 연방정부의 사정이 종결되면 논평(실제적으로는 결정)은 보조금의 상태 통보가 되며, 이것은 다시 L_1의 신청기관과 L_2과 L_3의 정보센터로 되돌려 보내진다.

이렇게 해서, A-95/A-98 과정은 다 끝났다. 회람 A-95에 규정된 사정은 L_1에서 L_4까지 포함해 점 A에서 B, C, D까지 발생한다. 회람 A-98에 규정된 결정의 통보는 점 D에서 시작해 점 A로 B,로 C로 간다.

A-95/A-98 체제는 보조금을 둘러싼 정부간 의사전달, 조정, 그리고 관리를 증진시키기 위해 설계된 것이다. 특히 주 및 지방정부가 그 자신들의 재원을 추가함으로써 더욱더 A-95/A-98 체제의 개념을 발전시키고 집행하고자 할 때, 이 체제 덕분에 주 및 지방정부 의사결정자는 연방정부 자금의 시기와 영향을 알 수 있었다.[5)]

---

5) A-95/A-98 사이버네틱 모형의 이런 개념을 잘 보여 주는 좋은 예는 웨스트 버지니아 정보 체제 개발이다. 이 체제 개발은 연방 보조사업이 확대되는 때에 주(州)의 필요를 충족시키기 위해 설계되었다. 웨스트 버지니아의 FAIR 사업은 보조금사업을 추적 점검하고 사업을 관리하기 위해 설계된 것이다. A-95/A-98 체제를 사용해서, 주는 주정부 안의 모든 보조금 제안을 효과적으로 추적하고 모든 보조금의 상태(사정과 통보)를 추적 점검하는 컴퓨터에 기초한 자체 정보 체제를 설치했다. 언제든지 신청사업의 정확한 위치와 단계를 알 수 있다. 이에 더해, FAIR사업이 추가한 관리 역량 덕분에 주정부는 연방 보조사업의 시기와 영향점을 알 수 있어서 사업 재원 배분을 좀 더 효과적으로 이용할 수 있었다. [여기서 FAIR는 Financial Aid Information and Resource의 약자인 것 같다.-역자 주].

제 5 절 요 약

사이버네틱스는 어느 학문 혹은 어느 분야에서든 의사 전달 및 통제 체제를 이해하기 위한 중요한 방법이다. 사이버네틱스 개념을 이해함으로써 그리고 그 개념을 A-95/A-98 과정에 적용함으로써, A-95/A-98의 역동성은 의사 전달 및 통제의 일반 체제로서 생각할 수도 있을 것이다.

A-95/A-98 체제는 사이버네틱 체제와 유사하다. A-95/A-98 체제는 보조금에 대한 "정보의 흐름"으로서, 즉 보조금 신청을 "통제함"으로써 정부기관들의 계획과 사업이 가장 잘 충족되도록 정부기관들의 계획과 사업을 집행하는 자기규제적 장치로 연구될 수 있다는 점에서 A-95/A-98 체제는 사이버네틱 체제와 유사하다.

A-95/A-98 체제의 구성 요소에 사이버네틱 원리를 적용한 것에 기초할 때, 우리는 다음과 같은 결론에 도달한다.

1. 보조금 신청서는 정보센터들과 연방 재원 배분기관 사이의 의사 전달 통로를 통해 흐른다.
2. 정보센터는 환류 고리로 기능을 하고 그 결과로서 정보센터는 보조금 신청 체제를 강화 혹은 수정한다.

A-95/A-98 체제와 사이버네틱 체제가 유사한 과정과 구성 요소를 가지고 있음을 보임으로써 사이버네틱 모형으로서 A-95/A-98 체제를 개념화할 수 있다. 이렇게 할 때, 보조금 신청의 사정 및 상태 통보 체제의 의도를 분권화된 정부간 관리정보 체제로서 좀 더 잘 이해할 수 있다.

제 6 절 명 제

우리는 진정한 A-95/A-98 체제가 무엇을 생산할 것으로 기대할 수 있는가? 사이버네틱 틀을 이용함으로써 이론적 결과는 연방주의 체제(federalist system)에서일지라도 명령과 통제 개념의 타당성을 "입증"할 것이다.

우리가 사업 통보 및 사정 체제(PNRS)에 대해 사이버네틱스로부터 추론할 수 있는 4개 명제를 검토해 보자. 첫째, 수집된 정보는 결정 결과와 직접적인 관계가 있을 것이다. 사업 통보 및 사정 체제의 경우에, 행정기관들은 지역사회 개발 결정을 형성하기 위해 협상하고, 협상의 소산인 정보는 직접적으로 지역사회 개발에 영향을 미칠 것이다. 둘째, 참여가 많을수록 결정 결과는 더욱더 좋아질 것이다. 사업 통보 및 사정 체제의 경우에, 참여와 결정 결과는 만약 그것들이 우세한 것으로 생각되어야 한다면, 그것들은 의사결정자들로 하여금 자신들과 결정 결과를 연계하도록 확신시켜야 한다. 셋째, 정보가 적기성이 있을수록, 정보는 의사결정에 더욱더 적실성이 있을 것이다. 다시 말해, 개발 결정이 이루어지기 전에 정보와 협상은 발생한다. 넷째, 시간이 경과함에 따라 정보 체제가 안정적일수록, 결정 과정과 결정 결과에서 영향을 받는 당사자들의 참여가 더욱더 많아질 것이다.

제7절 연구 방법과 증거

사업 통보 및 사정 체제(PNRS)의 결과를 증명하기 위한 지속적인 노력이 지난 25년 동안 이루어져 왔다. 4개의 연구가 A-95/A-98 과정의 효과성을 결정하기 위한 종합적인 시도로서 눈에 띈다: 정부간 관계 자문위원회(ACIR, 1973)와 주정부협의회(CSG, 1971)에 의한 연구들은 사업 통보 및 사정 체제 개발 초기에 완수되었다. 그리고 2개의 연구가 조금 늦게 미국 주택 및 도시개발성(DHUD, 1973; 1974)에 의해 그리고 미국 회계검사원(GAO, 1975)에 의해 사업 통보 및 사정 체제의 성숙 단계에서 이루어졌다.

첫 번째 연구는 정부간 관계 자문위원회에 의해 수행된 것인데, 이것은 공식적 A-95 과정이 보조금 신청의 실질적인 변화 혹은 철회 혹은 통합을 가져오지 못했음을 주장했다. 조사가 다음과 같은 여러 변수에 대해 이루어졌다: 제안 사업평가를 위한 지역 수준에 대한 계획, 정책 및 기타 기준의 부재, 행정기관의 직원, 자금, 시간 등이 부족하기 때문에 발생한 형식적인 사업 사정 경향, 사업들이 공식적인 사정 과정에 부의되기 전에 수정되는 경향(ACIR, 1977: 218-219). 보고서에 따르면, "A-95 기관들은 때때로 사정 과정에 전념할 필요한 직원, 시간, 그리고 자금을 확보하려 하지 않았거나 혹은 확보할 수 없었고 신청서에 고무도장을 찍어 주는 것에 지나지 않았다"(ACIR, 1977: 153).

두 번째 연구는 주정부협의회(CSG)에 의해 수행된 것인데, 이것은 사업 통보 및 사정 체제(PNRS)와 정보센터들이 전반적으로 사업별로 기획과 조정을 향상시키는 것을 잘 받아들였고 향상시키기 위해 효과적으로 운영되었다고 주장했다. 조기 경보 특성은 이 체제에서 유일하게 가장 효과적인 요소였다(ACIR, 1977: 219). 주정부협의회는 또한 사업 통보 및 사정 체제가 주 전체와 지역 전체에 적용되는 정책과 우선 순위를 집행하기 위한 중요한 수단으로 사용되는 점에까지는 이르지 못했다고 결론지었다. 이것은 대부분의 정보센터들이 정교한 정책과 조정 과정을 개발하지 못했고, 주정부 수준에서는 필요한 인정과 주지사의 지지를 얻지 못했다는 사실에서 연유했다.

주정부협의회가 사업 통보 및 사정 체제 집행에서 발견한 문제점 가운데 (1) 과정에 대한 신청기관들의 불충분한 이해, (2) 연방기관들이 그 직원들에게 A-95 요건을 알려 주지 않은 것(이것에 대한 비판은 점점 감소하고 있다.) 그리고 (3) 연방기관들이 정보센터들에 사업 신청의 특성, 신청 의도, 통보의 시기, 사정 수행 비용, 사정에 지출될 추가적 자금의 부족 등에 대한 환류를 제공하지 않은 것이 있었다. 주정부협의회는 사업 통보 및 사정 체제의 적용을 받는 사업들이 한정되어 있기 때문에 주공무원 사이에서 가장 공통적인 불평은 사정 과정의 불충분성에 집중되어 있다는 것을 발견했다.

사업 통보 및 사정 체제(PNRS) 효과성에 관한 세 번째 연구는 미국 주택 및 도시 개발성(HUD)에 의한 것이다. 주택 및 도시개발성은 1973년에 사업 통보 및 사정 체제를 연구했고, 1974년에는 A-95의 평가를 포함해서 각각 정부 수준 사이의 조정을 연구했다. 1973년에 이루어진 첫 번째 연구는 A-95에만 집중했는데 다음과 같은 사실을 발견했다.

> 대부분의 관리예산처 노력은 절차를 개발하고 방향을 새로 정하는 데에 집중되어 있어서 체계적인 추적 및 점검이 없었고 연방 행정기관의 참여가 시행되지 못했다. 연방정부기관들은 사업 통보 및 사정 체제의 요구서에 자신의 속도에 따라 반응을 했고 재원 배분 절차에 사업 통보 및 사정 체제의 논평을 이용할 것을 강조하려는 노력을 하지 않았다. 이러한 연방정부의 참여가 제한적임에도 불구하고 사업 통보 및 사정 체제는 주정부, 지역 전체의 시 의회, 그리고 일반 이익집단들로부터 지지를 받았다. 이것은 관리예산처로 하여금 사업 적용 범위를 실질적으로 확대하도록 촉진했다(ACIR, 1977: 221).

이 보고서는 주정부는 흥미를 가지고 신속하게 주 및 지역 정보센터를 설치하는 조치를 취했다고 했다. 그러나 이런 열광은 지방정부 참여를 매우 제한한 채로 사업 통보 및 사정 체제 과정에 활발한 지방정부의 참여를 촉진하는 것과 아무런 관계가 없었다.

이 연구는 좀 더 깊숙이 자리잡은 지방문제를 집어냈다. 이 연구는 지방 공직자들이 그들 정부의 책임에 대한 너무 편협한 관점을 가지고 있다고 말했다. 이에 더해, 주택 및 도시개발성은 지방정부가 단편적이고 조정이 안 된 목적을 가지고 있었고, 직원이 부족했으며, 사정과 정책 영향력을 위한 이미 있는 기존의 기회를 이용하지 못했고, 사업 통보 및 사정 체제 과정에서 이용 가능한 독립적인 지방의 역할을 모르고 있었다고 주장했다(ACIR, 1977: 221).

주택 및 도시개발성이 1974년 연구한 그 두 번째 연구는 사업 통보 및 사정 체제를 포함한 모든 작동 기제들(mechanisms)을 정리했는데, 이 연구에서 주택 및 도시개발성은 A-95가 조정에 기여했다고 결론을 내렸다. 그러나 그 연구도 또한 사업 통보 및 사정 체제가 다음과 같은 이유에서 기대에 부합하는 데 실패한 사례를 제시했다.

> (1) 사정을 위해 지역 정보센터에 제출된 신청서에 논평을 할 수 있는 지방 직원들의 부족, (2) 실질적인 연방정부 관여(commitment)의 부족(연방 지역 심의회의 지지, 연방정부 기관들의 지방에 대한 논평에 대한 책임, 지방 최고책임자와 연방정부 기관들 사이의 직접적인 접촉 등의 부족)(ACIR, 1977: 221).

네 번째 연구는 회계검사원(GAO)에 의해 수행되었는데, 이 연구는 연방 정부기관들과 관련해서 잘못이 있는 것으로 보았다. 왜냐하면, 연방 행정기관들은 지방의 기획과 개발에 지대한 영향을 줄 수 있는데 연방기관들은 사업 통보 및 사정 체제의 대상이 아니었기 때문이다. 관리예산처의 회람은 예산사업을 간과했고 연방정부 사업의 종류와 성격이 자주 바뀌었는데 이것은 많은 연방정부 기관들로 하여금 사정 과정을 무시하도록 했다. 회계검사원은 사업 통보 및 사정 체제에 참여하는 "참여자들"이 어떤 사업에 보조금이 주어져야 하는지에 대해 확신을 가지고 있지 못했고, 정보센터는 제안된 사업이 잠재적 영향이 있는지 그 여부를 결정하는 데 지장을 받고 있었고, 주정부와 지역 수준(areawide)의 기획 활동은 불완전 자료 때문에 지장을 받았다고 결론내렸다"(ACIR, 1977: 223).

회계검사원은 사업 통보 및 사정 체제 과정이 의도했던 명령과 통제는 고사하고 확실성도 발견하지 못했다. 그 연구에서는 다음과 같이 주장했다.

> 사업 통보 및 사정 체제 과정의 몇몇 기관은 그 요건과 절차에 대해 혼동을 일으키고 이해하지 못해 과정을 완전히 따르지 않았다. 신청기관들은 일관성을 가지고 사업을 제안하지 않았으며, 제안한 사업을 사정하는 데 충분한 시간을 정보센터에 주지도 않았고, 신청기관은 지역 수준의 정보센터 혹은 주정부의 정보센터 하나와 접촉을 했으나 그 두 정보센터 모두하고는 접촉을 하지 않았다. 또 신청기관은 신청서와 논평을 보조금을 배분해 주는 기관에 전달하지 않았다. 정보센터는 신청서를 사정하는 시기를 확실히 하지 못했고 갈등을 해결하기 위해 대체적으로 신청기관 및 논평기관과 협력하지 않았다. 한편 연방기관들은 자주 신청기관이 사업 통보 및 사정 체제의 요건에 따라 제출한 증거를 살펴보지도 않은 채 신청서를 사정하고 승인했고, 신청기관에게 그 요건을 충분히 알려 주지도 않았고, 사업 통보 및 사정 체제에 따른 신청서에 대한 처분에 대해 정보센터에 알려 주지도 않았다. 이런 연방기관의 잘못된 결과로 바로 주 및 지방정부가 제안된 사업을 사정하는 기회를 지속적으로 가지지 못했다(GAO, 1975: 12).

회계검사원(GAO)은 다음과 같이 주장했다. 즉 관리예산처(OMB)는 대단히 한정된 직원만을 가지고 회람을 운영해 그 결과 연방기관들 사이에 규정의 집행에 많은 차이가 있었고, 기관들은 사업 통보 및 사정 체제에 순응하는지 여부를 추적 점검하는 것에 대한 긍정적 접근보다 불평에 의존했다. 정책에 대한 해석은 그것과 관계 있는 모든 기관에 송부되기보다는 개별 기관에만 송부되었다.

제 8 절 증거의 요약

위의 3개 연구를 통해 나온 증거는 다음을 보여 주었다. 첫째, 지역 수준 계획은 새로운 사업을 비교하기에는 불충분했다. 오히려 그것은 보조금 신청을 판단하기 위해 혹은 판단하지 않기 위해 무작위적으로 선정한 기준들을 사용하려는 유인을 제공했다. 둘째, 정보센터 활동에 투여된 관심 혹은 자원(시간, 돈, 직원 등)에 대한 직원들의 헌신이 없었다. 이 때문에 신청자들이 사정 과정을 밟게 되느냐 아니냐 여부는 무작위 선정이 되어버렸다. 끝으로, 연방 부처에 속해 있는 직원들은 관심이 부족하기도 했지만, 또 이들 연방 직원의 결정에 사정기관의 논평을 포함시키도록 관리예산처가 강제하지 않음으로써 해결 과정을 무작위적 과정으로 만들었다.

제 9 절 기타 연구와 결론

위의 3개 연구를 통해 얻은 증거는 다음과 같이 요약할 수 있고, 정보 이용에 관한 다른 연구에서 얻은 증거와 연결될 수 있다(Feldman and March, 1981: 174, 각주 1).

(1) 개인과 조직이 수집하고 의사 전달한 많은 정보는 결정 적합성(decision relevance)이 없다. (2) 결정을 정당화하기 위해 사용된 많은 정보는 결정이 이루어진 후 혹은 실질적으로 이루어진 후 수집되고 해석된다. (3) 정보 요구에 대응해서 수집된 많은 정보는 정보가 요구되었던 결정 작성에 고려되지 않는다. (4) 결정이 처음 고려될 때 이용 가능한 정보에 관계없이 더 많은 정보가 요청된다. (5) 이용 가능한 정보는 무시되면서도 한편으로 조직은 결정에 필요한 충분한 정보를 가지고 있지 않다는 불평이 발생한다. (6) 결정이 이루어지는 결정 과정에 제공되는 정보의 적합성은 정보를 강조하는 정보의 강조성보다 그렇게 돋보이는 것은 아니다.

제10절 증거에 대한 설명

무엇보다도 연구를 통해 발견한 것은 사업 통보 및 사정 체제 과정에서 결정 결과는 그 과정에서 수집된 정보와 필수적으로 관련이 없었다는 것이다. 그러면 왜 정보, 참여, 그리고 결정은 그렇게 연결이 안 되었을까? 첫째, 정보센터는 의사결정자가 필요로 하는 것에 따라서 수집하는 정보를 통제하거나 정리할 직접적인 유인을 가지고 있지 않았다. 의사결정자 자신 또는 의사결정자가 장(長)인 정부가 정보센터에 봉급을 주었는데 이들은 자주 정보 이용이 아니라 정보 수집을 위해 봉급을 주었다. 더 나아가, 정보센터에 대한 비판은 사건에 대해 알았던 것을 과소 추정하고 실제로 더 많은 정보를 사용할 수 있었던 사람들보다는, 사건에 대해 그들이 알았던 것을 과대 추정하고(예컨대 그들은 기대하지 않았던 것 때문에 놀랐다) 그들이 이용한 것보다 더 많은 정보를 가진 사람들로부터 나오는 것 같았다.

둘째, 지역 개발이 초래할 정확한 구체적인 형태(shape)를 알지 못한 채, 결정자는 그들을 최고의 대안으로 안내해 줄 정보센터의 절차를 이용할 수 없었다. 한 예로, 의사결정자는 설령 정보센터가 그때 상대적으로 구식인 개발 형태와 목적에 대해 최선의 대안을 제시했다고 하더라도 경제 변동으로 인해 새로운 도시와 농촌 개발 형태와 목적을 눈여겨보지 않을 수 없었다. 종종 대안적 해답이 아니라 물어야 할 질문이 필요했다.

셋째, 정보 유통 과정에 참여한 참여자가 제공하는 정보는 종종 한 가지 이상의 방법에 참여한 한 명 이상의 참여자에게 전략적 중요성을 가졌다. 이해 갈등은 지역사회가 서로 경쟁할 때 종종 명백해졌고 그 결과 다른 기관의 사업에 대한 각각의 견해가 왜곡되어 전략적 거짓(misrepresentation)이 난무할 수밖에 없었다. 신뢰가 없는 정보는 가치가 없었고 결국 모든 정보는 미심쩍었다.

그럼에도 불구하고, 사업 통보 및 사정 체제가 합리적 결정 과정의 내용을 고집하지 않았지만 정보센터의 과정은 특히 합리적 결정 과정에 상징적 관심을 보낸다는 정통성을 가지고 있었다. 정부에서는 표면적으로 합리적으로 작성된 결정, 즉 적절한 절차에 대한 오래된 규범과 일치한 결정에 정통성이 부여되었다(Olsen, 1970; March and Sevon, 1984; March and Weissinger-Baylon, 1986). 정보센터 절차가 실제로 훌륭한 혹은 더욱 훌륭한 결정을 초래했는지, 또 정보센터 절차가 결정과 관계가 있었는지 여부는 알 수 없지만, 정보센터 과정 그 자체가 참여자들로 하여금 보조금 결정의 적절성(appropriateness)을 믿도록 했고, 때때로 보조금 계획의 발전과 계획과 관계 있는 결정을 믿도록 했으며, 이 모든 것은 정보센터와 정보센터와 관련된 발전에 대한 지지를 이끌어내었다.

제11절 대안적 이론: 모호성

사업 통보 및 사정 체제(PNRS)는 "협상의 정치"를 의미하는 노력을 불러일으켰다(ACIR, 1973: 143). 즉, 사업 통보 및 사정 체제는 발전된 통보 및 사정을 통해 여러 당사자를 보조금 지원사업에 대한 협상으로 끌어들였다. 이들 여러 당사자는 지역사회 발전에 영향을 미쳤다. 어느 한 기관에 특정 사업을 결정할 유일한 권한을 부여하지 않았다. 그 때문에 어느 지역사회에 대해서는 한 견해가 영향을 주고 다른 지역사회에 대해서는 다른 견해가 영향을 주었다.

그러나 “협상의 정치”는 아마도 사업 통보 및 사정 체제의 실제 상황을 묘사하기에는 부족할 것이다. 사업 통보 및 사정 체제 과정의 주기에 대해 평가한 12개 정도의 연구[6]가 지역사회 개발문제, 사업 해결 방법, 정보센터와 행정기관 참여, 사업 종료 등이 놀랄 만큼 서로 연계되어 있다고 결론을 내었다(ACRI, 1977). 결정이라는 것이 신중한 것임에도 불구하고, 모든 사람이 자유롭게 참여할 수 있는 결정 과정의 본질은 문제, 해결 방법, 참여, 그리고 결정 기회가 무작위적으로 결합한 것이었다. 그런 무작위적 결합은 코헨과 마치(Cohen and March, 1974, 1986)의 “조직적 무질서(organized anarchy)”의 특성이다. 이런 유형의 구조는 문제, 해결 방법, 참여, 그리고 결정 상황이 서로 독립적으로 흐르는 특성이 있을 것이다. 사업 통보 및 사정 체제 활동에 참여하는 구성원들을 지도하는 어떠한 일관성 있는 공유된 목적도 없었다. 서로 다른 구성원들에게 참여하도록 강요하거나 독려하는 명백한 자극도 없었다. 목적과 자극의 두 경우에, 사이버네틱 체제에 필수적인 통제와 조정이 존재하지 않았다.

사업 통보 및 사정 체제에 존재했던 것은 여러 상이한 참여자가 관련되는 상이한 문제 혹은 목적, 해결 방법으로 제안된 여러 상이한 사업들 그리고 마감 기회(sign-off opportunity)의 흐름이었다. 문제는 개발에 대한 우선순위 의식을 가진 지역 기획기관들에서부터 특정 사업에 대한 시급성을 가지고 있는 개발업자에 이르기까지 다양하다. 연방 행정기관들은 그들이 제공할 수 있는 보조금을 통해 문제들에 대한 해결 방법에 제동을 걸었다. 사정에 부쳐진 수많은 사업에 대해 연방 및 주 행정기관들은 사업 통보 및 사정 체제에 때때로 참여했지만 때때로 참여하지도 않았다. 지방 기획 직원들은 때때로 정보관리 사정을 지원하도록 자원을 배분하는 일에 전적으로 관여하기도 했지만 때때로 관여하지 않았다. 그러나 이런 모든 것을 통해, 즉 A-95 통보 및 사정을 통해 결정 기회가 나타났다.

평가자들에게 사업 통보 및 사정 체제는 사이버네틱 과정은커녕 조직적 혼돈(organized haphazadness)과 매우 유사하게 보였다. 회계 및 감사 절차를 포함하고 있는 관리정보 체제와 같은 전통적인 견해와 달리, 사업 통보 및 사정 체제는 무작위

---

6) Adversory Commission on Intergovernment Relations(1973); the Council of State Governments(1971); Wilson and Watkins(1975); National Service to Regional Councils(1971); Urban Data Service(1972); U.S. Department of Housing and Urban Development(1974); Morris(1974); U.S. House of Representatives(1974); U.S. General Accounting Office(1975); U.S. Office of Management and Budget(1975).

성질을 구현했다. 무엇보다, 규율을 요구하는 명령과 통제 체제 대신, 사업 통보 및 사정 체제는 독립적이고 느슨하게 연계된 조직이 관련되는 정치·행정적 과정을 닮았다. 모든 조직적 무질서가 그러하듯이, 사업 통보 및 사정 체제는 새로운 관리문제를 제기하지만 그러나 *규율*과 같은 끔찍한 것은 그럼에도 불구하고 없었다.

제12절 조직 결정의 쓰레기통 모형으로서 사업 통보 및 사정 체제 해석

사업 통보 및 사정 체제가 실제 존재했는데 그 과정은 하나의 통 속에서 문제, 해결 방법, 참여자, 결정 기회 등의 여러 조합이 서로 연결되는 것과 같이 마치 쓰레기통을 닮았다. 네 요소의 각각의 흐름은 체제에 대해 독립적이고 외생적이었다.

코헨, 마치와 올센(Cohen, March, and Olsen, 1972)에 따르면, 쓰레기통 결정 과정은 결국은 해석적 체제다. 사업 통보 및 사정 체제에서 많은 문제 해결 방법은 문제와 해결 방법이 무작위적으로 연결된 것일 수 있기 때문에 기존의 준거틀(scheme of reference)을 정교화하지 않고서는 결과에 대해 결론은 내릴 수가 없을 것이다. 결정적인 결과가 부족하기 때문에 정부간 관계 자문위원회(ACIR, 1977)와 같은 기관은 더 많은 연방보조금을 요구하고, 관할 정부가 사업 통보 및 사정 체제에 대한 일반적인 만족감을 보고했다.

사이버네틱스에 의존하는 체제와 실제 사람들이 살고 있는 세상 사이의 중요한 차이는 의사결정자가 힘겹게 다루는 모호성의 정도다. 사이버네틱스에서는 문제와 목적은 조직구성원들 사이에 널리 알려지고 공유되어야 한다. 그러나 실제 이런 정도의 확실성 혹은 합의는 거의 존재하기 힘들다. 연방주의 체제에서는 연방보조금 배분기관이 지역 개발에 대해 좀 더 구체적인 생각을 가졌을 것이고, 지방정부는 사이버네틱 체제가 허용하는 것보다 더 약탈적으로 연방보조금을 추구했을 것이므로, 이런 연방주의 체제에서도 확실성 혹은 합의는 거의 존재하기 힘들다. 참여자의 일부 혹은 모두가 문제를 이해했다 하더라도 보조금 배분 해결 방법은 그 문제와 전혀 관계가 없는 결정구조가 있을 수 있고, 이 결정구조에 참여하는 참여자들의 상이한 세 개 조합을 구성하면 우리가 *조직적 무질서*로서 알고 있는 바가 나타난다.

그런 체제는 "진보"를 창조하기 위한 상징적 조치에 의존한다. 따라서 사업 통보 및 사정 체제를 창조하는 것은 의사결정자에게 직접적으로 기술적 적합성이 없을 수 있다. 사업 통보 및 사정 체제 과정이 가지고 있는 기술적 적합성이 무엇이든지 그 적합성은 문제, 해결 방법, 그리고 참여자 이 삼자가 각각 무작위적으로 조합하는 조합에 있다. 무작위적 연계에 의해 몇몇 문제는 해결되고, 몇몇 해결 방법은 사용되고, 몇몇 참여자는 그들이 실제 결과를 창조했다고 느낀다.

그러나, 사업 통보 및 사정 체제는 결정이 이루어진 *후* 결정을 합법화하거나 혹은 심지어 정당화하는 데 매우 중요성을 가진다. 결정이 이루어지는 방법이 어떠하든 간에, 이미 이루어진 결정에 대한 논거를 마련하기 위해 정보가 필요한데 의사결정자는 이에 관한 믿기 어려울 정도로 상당한 정보를 가지고 있다.

더 나아가, 사업 통보 및 사정 체제 과정을 통과함으로써 의사결정자는 그 조치에 대한 정당성을 얻는다. 의사결정자는 경쟁하는 여러 대안 하나하나에 대해 목적에 기여한다는 의미에서 가중치를 주는 의사결정 과정이 훌륭한 것이라고 유권자에 의해 널리 믿어지는 바를 따르지만, 의사결정자는 가능성을 믿고 열심히 노력한 결과와 함께 살 사람들은 물론 가능성을 믿고 그것을 실행할 사람들이 보여 주는 애착과 헌신을 위한 여지를 마련한다.

Chapter 10

정부 세입 예측

최근 『뉴욕 타임스』는 연방정부 수준에서 예산에 대한 때이른 접전은 세입 예측과 관계가 있다고 보도했다. 이 접전이 부가적인 중요성을 가지는 것은 전혀 놀랄 일이 아니다. 왜냐하면, 자동 삭감을 명령하는 법률을 의회가 통과시켰는데 이 법률에 따라 입법부의 조치가 세입과 세출의 예측에 의존하게 되었기 때문이다. 만약 세입과 세출이 일치하지 않는다면 예측에 의해 실제로 자동 삭감의 필요성이 제기될 수 있다. 이래서 의회는 예측이 지출에 대한 입법부의 재량—입법부에 부여된 그야말로 헌법적 그리고 정치적 핵심적인 권한이다—을 제거할 잠재력이 있다는 것을 새삼 깨닫게 되었다.

정책문제와 예측의 결과는 정치적 차이 외에 여러 요인에 따라 달라진다. 세입 예측가는 미래를 모르고, 그래서 여러 다양한 자료를 추적하고 점검하기 때문에, 자세히 추적하기 위해 무엇을 충분히 중요하게 고려해야 할 것인지, 무엇이 새롭고, 무엇이 추세인지에 대해 판단해야만 한다. 정치적 견해를 통해서만이 아니라 조직적·전문가적 노력을 통해 형성된 사람들이 가지고 있는 가정(假定)에 의해 사람들은 [무엇인 중요하고 새롭고 그리고 추세인지 이] 3개 질문 전부에 대한 탐색을 하지 않으면 안 된다(Pierce, 1971: 53). 이렇게 해서 세입관리에서 유일한 중요한 행정적 조치인 예측(단속과 기록 유지 외에)에는 상당히 많은 해석적 여지가 있다. 또한 사람들은 사건의 경로에 영향을 미칠 수 있다. 그러나 만약 사람들의 견해가 실질적으로 영향력이 있다면 이 예측이 제공하는 지침은 사건의 경로에 영향을 미칠 수 있다(Pierce, 1971: 41). 클레이(Klay, 1985)가 지적했듯이, 사람들이 보기 원하는 것이 발생할 수 있다. 전망(views)은 자기충족적 예언이다.

이 장에서 필자는 세입 예측의 기술적 측면을 기술하고 이 책 전체에서 사용된 해석적 접근 방법에서 나온 좀 더 큰 관리 준거틀(management framework)에 과학기술을 두고자 한다. 이 논의를 통해 예측이라는 것이 하나의 방법이라는 사실을 알게 될 것이다. 즉 예측은 적절한 방법이지만 관리 및 목적과 결합될 때까지 제한된 용도를 가진 방법들의 일부로서 생생하게 묘사될 수 있다. 따라서 예측은 정책과 예산을 결정하는 데 도움이 된다. 그러나 예측을 구조화하고 사용하는 데 관리적 접근 방법이 절실히 필요하다는 사실을 알게 될 것이다.

제 1 절 합리적 활동으로서 예측

많은 상이한 분류 체계가 합리적 활동으로서 예측을 이해하기 위해 있다. 계량적인 방법은 경험적 자료에 의존하는 방법이며 그 방법에서는 이론이 중요한 역할을 한다. 종종 세입 예측에도 이론이 중요한 역할을 하는데 그 까닭은 예측자가 취하는 규범적 입장에 계량적 방법의 사용이 달려 있기 때문이다. 예를 들면, 대부분은 아니지만 많은 재산세 예측가들은 주택에 대한 수요가 계속 증가할 것이고, 시장 가치가 증가할 것이며, 재산세율이 수요와 가치의 한계 효과보다는 증가할 것이고, 그래서 세입 또한 증가할 것이란 입장을 취한다.[1] 물론 다른 예측가, 특히 "공급 중시(supply-side)" 시각에서 소득세를 보는 예측가는 어떤 세율에서 노동의 가치가 감소하고 그래서 세입이 감소한다고 볼 수도 있다(Fullerton, 1982),

질적인 방법도 이용된다. 예측가들은 여러 조건 하에서 그들이 만든 이론들을 모호하게 해석할 뿐이다. 끝으로 필자가 트로이카(Troika) 사례(부록 2 참조)에서 설명하듯이 예측가들은 양적 방법과 질적 방법을 결합하기도 할 것인데, 이것은 또한 잠재적으로 조직의 편의(biases)를 반영한 것이다. 혹은 예측가들은 사태의 바람직한 추론 상태로부터 추론을 지지하기 위한 자료와 가정(假定)으로 거꾸로 후방 추론을 하기도 할 것이다(Dunn, 1981: 195 참조).

1) 이것은 귀착과 효과 측정에 대한 *사용료 접근 방법*으로 알려진 것이다. 두 종류의 다른 견해는 전통적인 견해와 새로운 견해다. 전통적인 견해는 지불된 세금만큼 토지 가치가 감소한다는 것이다. 새로운 견해는 세율은 주택 생산에 사용된 자본의 이윤을 저하시키지만 실제로는 희소성에서 초래하는 더 높아진 가치에 기초해서 수익을 증대시키게 될 것이다는 견해다(Aaron, 1975; Mieszkowski, 1972 참조).

뒤의 복잡한 상황을 검토하기 전에 필자는 계량적 방법을 검토하고 평가한다. 그리고 공통적으로 사용되는 질적 방법을 검토한다.

양적 방법

양적 방법은 자료와 수학적 분석이 관련되는 예측 방법이다. 이런 양적 방법은 크게 2개의 기본적 범주로 나뉜다. 즉 *시계열 분석 방법*과 *인과관계 모형*(causal model)이다.

1) 시계열 분석 방법

시계열은 관심을 둔 현상의 관찰치를 순서대로 나열한 것이다. 일반적으로 이런 관찰치는 구체적이고 일정한 간격으로 배치된다. 예를 들면, 주정부의 지출은 이런 지출 혹은 이런 지출의 특정 항이 수년에 걸쳐 측정된다면 하나의 시계열을 형성할 수 있다. 하나의 시계열을 분석하려면 그것을 순차적으로 발생시키는 근원, 즉 시계열을 발생시키는 요인을 기술해야 한다.

예측 전문가들은 시간의 특성 유형을 적어도 여섯 가지로 분류한다([그림 10-1] 참조). 첫째, 어떤 과정은 시간의 흐름에도 항상 일정할 수 있다. 다만 무작위적 영향 때문에 이따금씩 변이가 있을 뿐이다. 둘째 문양은 추세인데 이것은 무작위적 영향에 덧붙여 일정한 변화율을 나타낸다. 셋째 문양은 시간의 흐름에 따라 반복되는 관찰치의 순서, 즉 주기를 보인다.

추가적인 3개 문양은 기본 문양에서 나온다. [넷째] 충동 문양(impulse pattern)은 일시적 영향이 변이를 일으킬 때 나타난다. [다섯째] 일시적인 영향 대신에 항구적인 영향이 나타난다면 도약적 단계 변화(step change)가 초래될 수도 있다. [여섯째] 끝으로 관찰된 변수에서 변화율이 감소하거나 증가하는 계속적으로 변화하는 변화율에서 경사 문양(ramp pattern)을 볼 수 있다.

2) 시계열 예측 방법

시계열을 예측하는 가장 간단한 방법은 현재 추세가 외삽(일정한 영역에서 몇 개 변수들에 대한 함수값이 알려져 있을 때 이 영역 외의 변수들의 함수값이 추정)될 것이라고 가정하는 것이다. 외삽을 위해 사용되는 기초적 방법은 최소자승방법과 회귀

[그림 10-1] 시계열 특성

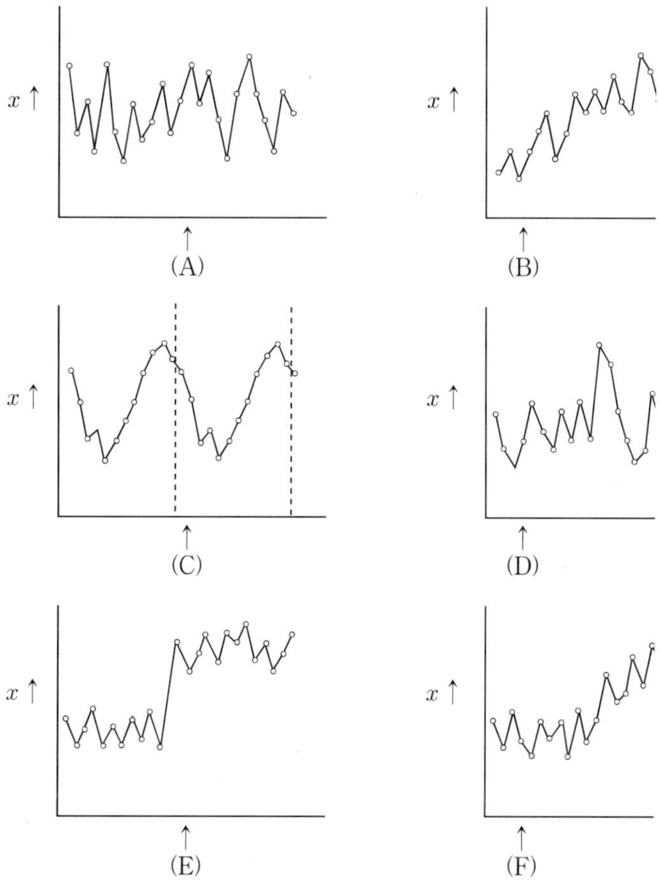

(A) 일정 과정, (B) 선형 추세, (C) 주기적 변이, (D) 충동, (E), 단계 기능 (F) 경사

출처: Montgomery and Johnson(1976: 10).

분석의 여러 형태가 있다.

3) 최소자승과 회귀분석

단순 회귀분석을 하려면 두 변수 간에 관계가 있어야 하고, 한 변수의 움직임에 따라 다른 변수의 움직임이 예측될 수 있을 정도를 계량적으로 결정하기 위해 이 관계를 기술하는 충분한 역사적 자료가 접근 가능해야 한다. 그러나 결정자들은 과거에 반복되었던 것이 미래에도 반복될 것이라는 사실을 의심한다. 많은 사람이 있지도 않은 선형성을 발견하려 노력하는 회귀 기법을 믿지 않는다.

4) 인과 모형

이 모형은 세금과 경제 성장과 같은 여러 현상의 공통된 특성을 추출해 그것들을 묘사하는 변수들 간의 명백히 서술된 관계들로 구성된다. 대부분의 모형은 역사에 토대하지만 그러나 그에 덧붙여 이전에 설명했던 생산성, 세율 그리고 수익 사이의 곡선 관계를 포함한 이론적 관계를 자세히 보여 준다. 예측 모형은 상대적으로 단순한 판단 모형에서 고도로 복잡한 계량경제 모형까지 그 종류가 다양하다.

(1) 판단 모형

판단 모형은 상대적으로 구조화가 덜 되고 형식성이 적은 경제 분석의 한 방법이다. 일반적으로 예측가는 경기(景氣)를 표현하기 위해 수학적 방정식을 이용하지 않고 오히려 유용하게 보이는 정보를 이용한다. 즉 예측가는 장래 투자 의향, 다가올 정치적 사건, 경제적 사건에 정통한 사람들의 판단과 예감, 꼭 국민경제 계정 틀의 일부일 필요는 없는 기타 고려 사항에 대한 정보를 이용한다.

(2) 계량 경제 및 수학적 모형

또 다른 저 끝에 계량경제 모형이 있다. 계량경제 모형은 하나의 분석 체제인데 이것에 의하면 한 단위의 경제 체제가 통계적으로 추정된 수학 방정식의 복잡한 체제에 의해 표현된다. 경제를 충분히 나타내는 데 필요한 방정식의 개수는 고려되어야 하는 행위자들의 수에 따라 다르다. 방정식의 개수가 많으면 많을수록 이 모형에 의해 설명될 수 있는 미묘한 경제적 변화(variations)의 개수가 그만큼 많다.

계량경제 예측 문헌에서 인용한 다음의 방정식으로(Pierce, 1971), 계량경제 모형은 예측과 정책분석을 위해 사용될 수 있다. 이 모형은 다음의 경제적 관계가 국가 경제에 있다는 것을 가정함으로써 시작된다:

$$C=210+0.7(Y-T) \quad (1)$$

$$I=20+0.1(Y_{-1}) \quad (2)$$

$$T=0.2Y \quad (3)$$

$$Y=C+I+G \quad (4)$$

방정식 (1)에 따르면, 소비 C는 가처분 소득 $(Y-T)$에 따라 결정된다. 방정식 (2)의 투자 I는 이전 기간에 받은 소득 Y_{-1}에 달려 있다. 방정식 (3)의 세금 T는 현재 수입 Y에 따라 결정된다. 그리고 마지막 방정식 (4)는 소비, 투자, 그리고 정부 지출 G의 합으로서 현재 소득을 정의한다.

이 방정식들은 소비, 투자, 조세, 국민소득 등 4개의 알려지지 않은 변수로 구성된다. 이 변수의 각각은 예측되어야 하거나 혹은 모형에 의해 어떤 장래 기간에 대해 분석되어야 한다. 이 모형은 알려진 2개 변수, 정부 지출과 이전 기간에 얻은 소득 Y_{-1}을 포함한다.

일단 예측가들이 예측하고자 하는 기간에 정부 지출이 얼마로 기대되는지를 알고, 그리고 이전 기간 소득 수치를 가지고 있다면, 예측가들은 4개 방정식을 풂으로써 알려지지 않은 것이 무엇인지 알 수 있다. 예를 들어, 만약 정부 지출이 20이라고 기대되고, 올해 국가 수입이 100이라면, $G=20$, 그리고 $Y_{-1}=100$을 방정식에 대입해서 풀면 $C=540.9$, $I=30$, $T=118.2$, $Y=590.9$. 물론 이것은 대단히 단순화한 계량경제 모형의 예다. 그렇지만 이것은 예측을 하는 데사용된 계량경제 모형의 절차를 보여는 준다.

5) 모형을 이용한 정책분석

위의 것과 동일한 모형이 예측 외에 정책분석에도 이용될 수 있다. 일련의 구체적인 가능한 정부 조치를 연구하기 위해 정책결정자는 단순하게 모형에 변화를 주고 정부 조치의 영향이 무엇인지 알기 위해 모형을 푼다. 인플레이션 기간에는 조세 금액이 인상될 것이고 세출은 인하될 것이다. 경기 침체 기간에는 반대 조치가 취해질 것이다.

계량경제 모형을 사용함으로써 정부는 정책 조치를 취하기 전에 그것의 효과를 예측할 수 있다. 모형의 질은 모형이 예측할 수 있는 값들의 정확성에 달려 있다. 요약하면, 계량경제 모형의 탁월한 특성은 통계적으로 추정된 수학 방정식으로 경제를 묘사하려는 시도다. 방정식 체제로 설명이 되는 변수를 가능한 많게 하려는 것, 경성경제 자료의 이용, 다른 고려 사항들을 도입하지 않고 모형에 의해 동시적으로 해답 구하기 등을 특히 강조한다.

질적 방법

질적 예측 방법은 주관적인 추정이 지배하는 방법이다. 이 방법은 모호하거나 혼란스러운 활동 분야에 매우 유용성이 높다. 이런 활동 분야는 적합한 변수와 또 이들 변수 간 상호작용 문양에 대한 지식이 제대로 발전하지 않을 수 있는 분야다. 종종 질적 방법을 소리 높여 주장하는 부류는 *선험적(a priori)* 추론 혹은 실증적 이론을 거부하는 사람들이다.

가장 기초적인 질적 예측 기법은 판단 예측이다. 판단을 이용해 개인들은 상대적으로 덜 구조화되고 형식성이 적은(informal) 과정을 창조한다. 고찰하려는 현상에 적합한 정보를 가지고 있는 사람은 근본적으로 그 분야에 대한 지식을 많이 가지고 있고, 미래에 대해 경험에서 우러난 추측을 할 수 있다. 예감과 직관이 판단적 예측 과정의 결과에서 큰 역할을 한다.

1) 델파이 기법

판단적 예측으로 널리 알려진 형태가 *델파이 기법*(Delphi technique)이라는 것이다(Brown and Helmer, 1962). 이 방법을 이용하기 위해 연구자는 일단의 전문가들의 명부를 작성하고 이 전문가들은 일련의 질문에 응답하고, 이들의 응답은 서로 서로에게로 전달된다. 특히 질문서에 대한 전문가들의 응답은 다음 질문서를 만드는 데 이용된다. 일부 전문가에게는 유효한 정보이지만 다른 전문가들에게는 유효하지 않은 정보도 공유 과정을 통해 정보가 유효하지 않은 전문가들에게도 전달된다. 이 방법은 정보가 전문가들 사이의 판단을 예리하게 만들고, 관심을 모으며, 예측을 예시한다고 믿는다.

2) 브레인스토밍

판단과 미래 사건 예측을 돕는 데 유용한 또 다른 정보 수집 기술이 브레인스토밍(brainstorming)이다(Osborn, 1953). 이 방법은 매우 규율을 중시하는 형식을 취한다. 어떤 정보의 원천이나 제공된 정보에 대한 비판이 금지된다. 사실, 역설적인 생각이 수많은 실용적인 생각을 이끌어내는 데 도움이 된다. 자료의 양이 강조된다. 브레인스토밍 과정의 첫째는 개발 단계(generating phase)인데, 이 단계는 창의성에 주로 의존한다. 두 번째 단계는 1단계에서 개발된 생각들을 개인들이 평가하는 솎아내는 단계다. 세 번째 단계는 2단계에서 살아남은 훌륭한 좋은 생각들에 의지하는데 이때는 2단계에서 살아남은 훌륭한 생각들을 종합하는 데 초점을 둔다. 마지막으로, 평가단계는 제일 훌륭한 생각 혹은 예측만을 남겨두고 모두 제거한다.

많은 조직이 미래 사건을 예측하기 위해 *명목집단 기법*(nominal group technique)을 사용한다(Delbecq, Van de Ven, and Gustafson, 1975). 명목집단은 홀로 일하는 개인들을 무작위로 선정해 얻은 결과들을 모은 집단으로 구성된다.

제 2 절 예측에 대한 해석적 접근 방법

정부에서 세입 예측은 어느 한 집단의 특권이 아니다. 사실, 입법부와 집행부 양자가 협력할 때 발생한 바를 집단 간 노력을 이용해 설명할 수 있다(Kamlet, Mowery, and Su, 1987). 그러나 그러한 집단 간 노력은 집행부 내의 상이한 부서 사이에서도 필요하고(Pierce, 1971) 지방정부 수준에서는 재무 담당 부서 내의 상이한 여러 활동 간에도 필요하다(Meltsner, 1971).

예측을 담당하는 사람들 간에 공통적인 것이 모호성이다. 원인과 결과 관계에 대한 명확한 정의가 거의 없다. 사람들이 무엇이 일어나기를 원하는지에 대한 합의가 거의 없다. 그래서 예측은 종종 판단 과정이고 이 과정은 예측가들이 구성하는 현실의 사회적 구성에 의해 특히 영향을 받는다.

예측 과정과 세입 예측을 이해하기 위해, 원인-결과 관계와 바람직한 결과를 구성하기 위해 상호작용하는 요소들을 이해하는 것이 필수적이다. 모든 여타 조직적·판단적 활동에서와 마찬가지로 예측 과정의 행위자들 간의 상호작용은 모두가 안정(stability)을 원한다고 가정한다. 즉 모든 참여자는 행태에 대해 안정적인 기대를 얻는 방향으로 상호작용하고 그런 방향으로 행태를 한정한다고 가정한다.

사회적 상호작용의 경제로만 현실 구성(reality construction)을 설명하는 것은 불완전하다. 마치와 올슨(March and Olsen, 1989: 62)은 시장이 편의(偏倚, bias)를 중심으로 하고 있다고 주장했다.

> 성과가 열망에 부응하지 못할 때 사회단체는 새로운 해결 방법을 탐색한다는 풍부한 증

거가 있는 듯이 보이지만……, 변화는 종종 문제보다 오히려 해결 방법에 의해 추진된다. …… 인과성과 과학기술이 모호할 때 특정 해결 방법을 채택하려는 동기는 특정 문제를 해결하려는 동기만큼이나 강력할 것이고, 그리고 문제에 초점을 두기보다 해결 방법에 초점을 둠으로써 변화가 더 쉽게 도입될 수 있다. 해결 방법과 기회는 이전에는 중요하지 않고 혹은 눈길을 끌지 않은 문제 및 선호를 인식하도록 촉진한다.

판단을 하는 모든 당파는 마음 속으로 해결 방법을 가지고 있다. 집단적 결정 상황에서 판단은 선호하는 해결 방법과 당면하고 있는 문제 사이의 연계를 상대편에게 확신시키는 문제다.

어떤 당파가 순차적 주의(sequential attention)의 중요성을 실감할 때 그 당파가 선호하는 해결 방법에 대한 논증을 아마도 좀 더 수월하게 할 수 있을 것이다. 어떤 판단을 할 때 필요로 하는 공정한 몫의 시간 배분보다 더 많은 시간과 의지를 가져야 하는데 판단을 하는 당파들은 그것보다는 적은 한정된 시간과 한정된 의지를 가지고 있다. 그 한정된 시간 문제를 실감하는 당파는 주어진 해결 방법에 주의를 집중하기로 결정할 수(혹은 결정을 아니할 수) 있다.

어떤 당파는 문제 가운데 어떤 해결 방법을 적용해 가장 잘 해결할 수 있는 것처럼 보이는 문제의 한 측면에 초점을 두는 방법(ploy)을 사용할 수도 있다. 또는 어떤 당파는 그들이 이용하기 위해 항상 선택해 온 인기있는 해결 방법으로서 문제를 특징짓는 데 가장 많은 시간을 쓸 수도 있을 것이다. 사실, 브런슨(Brunsson, 1989)은 순차적인 주의 때문에 전혀 비일관적으로 보이는 목적을 가지고 있는 당파들의 구성원들 사이에서는 연합(coalition)을 구성하는 것이 가능하다고 논증했다.

위와 같은 방법[선호하는 해결 방법에 문제를 연계시키는 방법]을 트로이카(Troika: 부록 2 참조)의 예를 통해 설명할 수 있다. 트로이카는 미국 재무성, 미 대통령 경제자문위원회(CEA), 그리고 관리예산처(OMB)의 대표들로 구성되어 있는 연방정부 집행부 예측 집단이다. 피어스(Pierce, 1971)의 연구에 따르면, 예산과 경제문제에 대한 인기있는 해결 방법이 트로이카 구성원들의 공헌을 후원하고 예측에 영향을 줄 수 있다. 정책분석에 계량경제 모형을 이용함으로써, 트로이카 구성원들은 계량경제 모형을 통해 정책의 해결 방법을 마련할 수 있는데, 이때 구성원들은 모형에 적용하는 가정을 변경한다. 정책의 형식으로 해결 방법이 있을 때 종종 트로이카 예측은 이루어진다.

트로이카 구성원은 또한 그들 나름의 독특한 편의(偏倚)를 가지고 있다. 피어스에 따르면, “재무성 기술자들은 실업이나 성장보다 물가 수준 안정이라는 목적에 높은 우선순위를 두는 경향이 있다”(Pierce, 1971: 49). 반면에 경제자문위원회는 최근 몇몇 예외가 있기는 하지만[2] 일반적으로 완전고용과 경기 확대를 상당히 강조한다.

관리예산처는 대통령의 기준에 대해 책임을 진다. 대통령의 기준은 이런 것을 명령한다. 즉 어떤 조치도 경기 침체나 경기 후퇴를 초래해서는 안 되며 적어도 선거 해에는 안 된다. 그리고 예측이 자기충족적 예언의 조건을 조성해서도 안 된다.

또한 관리예산처는 하원 세입위원회(Committee on Ways and Means) 의장의 정책적 사고도 반영해야 한다. 트로이카에 의해 이루어졌지만 그러나 세입위원회 의장이 좋아하지 않는 예측에 기초한 제안은 예측이 하나의 전제로 취급되듯이 그저 하나의 제안에 불과할 수 있다. 왜냐하면 그 제안은 반대에 직면할 수 있고 궁극적으로 국가경제를 관리하는 대통령의 능력에 대한 공공의 신뢰를 훼손시키기 때문이다.

연구자들에 따르면(Kettle, 1986; Greider, 1987; Pierce, 1971), 트로이카가 사용한 절차는 순차적 주의의 하나다. 첫째, 재무성은 세입을 예측한다. 그러면 관리예산처가 세출을 예측한다. 끝으로 대통령 경제자문위원회가 경제 전망을 예측한다.

이 절차는 “벤치마크 모형(bench-mark model)”과 *확장 모형*(add-ons)이라 불리는 변형을 계산하는 것을 포함하듯이 계속 반복될 수 있다. 더욱 중요한 것은, 경제 전망이 세입과 세출 추정에 계속해서 영향을 준다. 왜냐하면, 경제 전망이 직접적으로 고용과 이자율에 대한 기대에 영향을 주고, 이것이 또 세입과 세출에 영향을 주기 때문이다.

피어스(Lawrence D. Pierce)에 따르면, 트로이카 과정에서 순차적 주의를 조작하는 데 대통령 경제자문위원회는 과학기술과 전문성에서 이점을 가지고 있는 듯 보인다.

> 경제자문위원회 기술자들이 예측 모형에 고려될 것들을 결정하고, 실제 계산을 하고, 그리고 판단적 계산을 이용하기 때문에, 이 기술자들은 트로이카 과정을 통제는 아니지만 그 과정에 영향을 미치기 아주 좋은 위치에 있다. 예측을 수행하는 과학기술면에서 경제자문위원회 위원들은 탁월성을 가지고 있는데 이것으로 인해 그들은 예측 수행에 상당한 무게가 주어진다. 위원회는 또한 경제학자 가운데 상당한 지위를 인정받고 있기 때문에 경제학 전문가들 가운데 가장 탁월한 젊은 예측가들을 끌어모을 수 있다. 매년 예측 분야 전문가인 두세 명의 경제학자가 일 년 과제를 담당할 위원회 위원으로 참여하고 위원회 예측 노

2) 1981년부터 1986년까지, 와이덴바움(Murray Weidenbaum)과 펠드슈타인(Martin Feldstein)이 연속해서 경제자문위원회의 의장이었을 때만, 강조점이 물가 안정으로 변화했다.

력에 새로운 생각과 최근의 기법을 불어넣는다(Pierce, 1971: 50).

과학기술과 전문성을 능숙하게 적용함으로써, 위원회 구성원은 세입 및 세출 예측을 합리적인 방향으로 결합하고 경제적 변화를 예측하기 위해 해야 하는 가정과 판단을 관리할 수 있다.

편의(偏倚)를 이해하는 것, 차이가 유용할 수 있다는 것을 이해하는 것은 판단 연구에서 상당히 강조된다(Wright and Ayton, 1987). 차이는 다른 사람들의 견해와 가정에 대한 건강한 회의(懷疑)를 조성하고 그 회의를 공개한다(Golembiewski and Miller, 1981). 클레이(Klay, 1985, 1983)와 그리고 아서(Asher, 1978)에 의한 연구는 그런 차이를 공개하는 것이 예측에서 시대에 뒤진 핵심 가정에 혹은 "가정의 영향력"에 지나치게 의존하는 것을 축소시켜 예측의 정확성을 증진시킨다고 주장한다.

예측가들의 차이를 이용하기 위해 예측가들을 조직할 때 단순히 다른 사람의 업적을 불신하는 예측가를 더 많이 추가하려고 노력하지 말아야 한다. 다른 방식들로 예측을 능숙하게 촉진하려면 더 많은 관심을 모아야 할 것이나, 실질적으로 더 많은 대가를 치를 수도 있다.

순차적 주의 요인은 예측 수행을 변화시키거나 혹은 개선하는 데 상당한 잠재력을 가지고 있을 것이다. 주의의 순서를 변경시키면 주의를 통제하기를 원하는 사람들로 하여금 중요한 문제에 주의를 집중하도록 할 것이다. 그것이 바로 크레사인(Crecine, 1969)과 멜츠너(Meltsner, 1971) 두 사람이 연구한 경우인 듯하다.

지방정부 예산 운영에 관한 크레사인의 연구는 예산 결정의 순차가 존재하고 각각의 순차가 다음에 영향을 가지며, 각각의 순차는 순서가 되면 전체 예산의 최종 형태와 내용에 영향을 미친다는 생각을 확인했다.

지방정부 세입 체제에 대한 멜츠너의 연구는 의사결정을 위한 동일한 구조, 특히 예측에 적용할 때 동일한 구조를 언급했다. 그의 모형([그림 10-2] 참고)은 업무의 순차(대규모 그리고 소규모 "기타" 세입원 그리고 재산세)와 그 순차 내에서 단계의 계층을 시사한다.

이것으로부터 일련의 잠재적인 역할이 나타나고 개인들은 이 역할을 통해 이상화된 과정의 일부분을 담당하는 책임을 생각한다. 장부기록자/자료운영자는 이전 연도에 대한 평균 변화율을 발견하고, 그리고 다양한 여러 관찰자들은 평균 변화율이 장래에는 왜 다를 것인지를 결정하고 마음속에 품고 있는 잠재적인 사건들에 대해 다른 더 높은 변화율을 제안한다. 또 다른 더욱 신중한 관리는 위의 두 가지 평균 변화

[그림 10-2] 오클랜드 세입 추계 절차

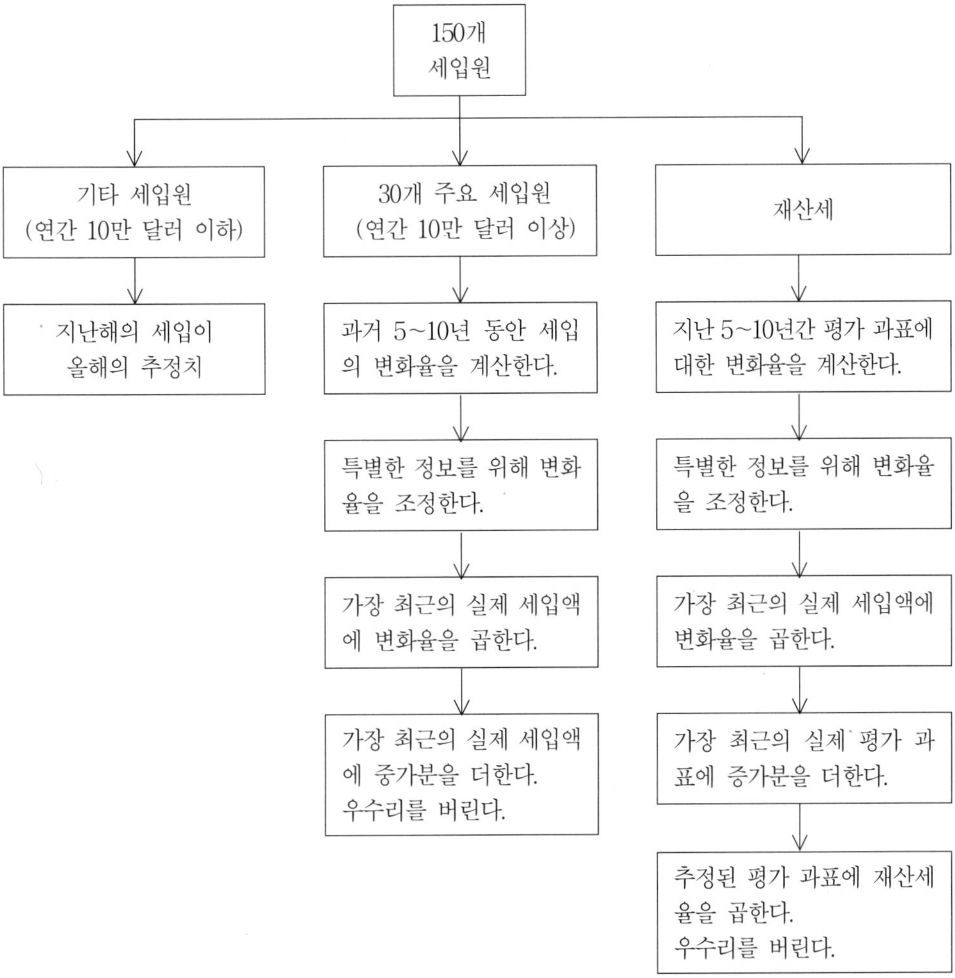

출처: Meltsner(1971).

율의 평균를 내고 그것의 소수점 몇째 자리를 버릴 것을 권할 수도 있다.

이런 견해는 예산 심사(deliberations)에 대한 윌다브스키의 견해와도 일치한다(Wildavsky, 1988; Schick, 1988: 64). 주창자(advocate)는 사업에 대해 더 많은 돈을 추천하고 수호자(guardian)는 적게 추천하지만 이전 연도보다는 많이 추천한다. 결정은 그 2개의 중간 어느 지점에서 이루어질 것이다.

물론 문제는 항상 지난해의 세출액이 무엇이었나다. 사업이 과거와 같이 그대로 남아 있는 경우, 공식이 적용되지 않는 경우, 그리고 시간과 같은 선형적이고 독립적인 일단의 변수들의 경우에는 지난해의 세출액의 계산이 간단하다.

그러나 이렇지 않은 경우에는 윌다브스키와 다른 학자들이 다소 해석하기 어려운 기초(base)를 보여 주었다(Gist, 1982; Wanat, 1974). 그런 경우에는 주창자와 수호자 사이의 "협상"인 기초를 통해 도달한 결과는 예측할 수 있는 것과는 거리가 멀다.

아마 그런 경우가 예측에서는 흔할 것이다. 사람들은 예측이 대부분 계산을 하는 것이라고 생각할 것이다. 만약 예측이 전적으로 계산이 아니라면 우리는 예측을 계산과 해석의 결합일 것으로 기대할 것이고 앞에서 약술한 방법을 이용할 것이다.

만약 이것이 추측으로서 더욱 합리적이라면 정말 흥미진진한 질문이 등장한다. 첫째, 누구의 추측이 예측을 안내하는가? 상이한 해석이 있는 경우에, 예측가 집단은 어떻게 어떤 해석이 사용되어야 한다고 결정하는가?

둘째, 예측 과정에 내재하는 편의가 있나? 그런 편의는 어떤 사람의 정치적 이익을 위해 높은 수를 향하는가 아니면 낮은 수를 향하는가?

이론

모호한 상황에서 누가 가정을 지배하고 예측을 안내할까? 순차와 기관적 편의 등 경쟁하는 두 종류의 설명이 합의를 끌어내는 듯 보인다.

1) 순차

순차적 주의를 지지하는 당파는 구조라는 관점에서 가정 지배를 설명했다(Hammond, 1986; Plott, 1976). 순차적 주의는 입법부에 대한 의제 연구와 관료제에 대한 계층제 연구에서 지지를 받는다. 첫째, 의제는 입법부 운영회의(work session)를 통해 처음 그리고 나중에 고려되어야 할 것을 정한다. 플롯(Plott, 1976)은 결정 과정의 의제에 대해 모형을 작성했고, 의제가 어떻게 특정한 방향으로 결정을 이끌도록 유도할 수 있는지를 보여 주었다([그림 10-3 참조]). 예를 들어, 세 종류의 상이한 선호 순위가 존재했을 때 각각의 가능한 의제들은 상이한 결과를 얻었다. 누가 의제를 통제하든지 간에 의제는 결과를 통제한다.

[그림 10-3] 알려진 선호 순서에 기초한 의제 통제

인물 1의 선호 순위	인물 2의 선호 순위	인물 3의 선호 순위	위원회의 선호
x	y	z	x
y	z	x	y
z	x	y	z
			x

다르게 두 개씩 짝진 세 종류의 의제가 여기서 가능하다.

(1) x와 y를 비교하고 그리고 과반수를 득한 승자를 z와 겨누게 한다.
(2) x와 z를 비교하고 그리고 과반수를 득한 승자를 y와 겨누게 한다.
(3) y와 z를 비교하고 그리고 과반수를 득한 승자를 x와 겨누게 한다.

다이아그램(diagramm)으로 그리면 아래와 같다.

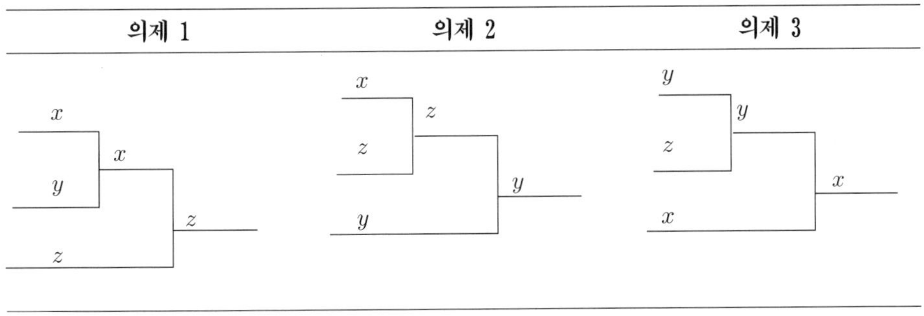

출처: Plott(1976: 513-515).

둘째, 선호가 알려지지 않은 모호한 상황에서, 의제 전략은 여전히 중요성을 가질 수 있다. 예를 들어, 마치와 올슨(March and Olsen, 1986)은 전술적인 의제 상정(tactically loading agendas)에 실용적인 가치가 있다고 논증했다. 다른 의제가 아니라 이 의제를 상정하는 것(투자위원회 회의보다 대학 자치연구와 예산 심사와 같은)이 다른 의제로부터 높은 압력 이슈를 줄였고 일을 잘 처리할 수 있었다. 더군다나, 그들은 논란이 되는 항목의 맨 앞에 의제를 상정하는 것이 더 심각한 다른 의제들의 수락을 얻는 데 그리고 의제들 뒤에 덜 취약한 위치에 있는 다른 의제들의 수락을 얻는 데(혹은 무지를 촉진하는 데) 유리하게 작용할 수 있다고 지적했다. 그렇게 앞에 상정하면 의제 상정은 모든 당파들이 해결 방법, 문제, 기타 등등을 넣을 수 있는 쓰

레기통이 된다.

이런 논증이 파젯(Padgett, 1980)에 의해 관료제 연구에서 더욱 확대되었다. 그는 부하들의 주의 규칙을 변경함으로써－구조적 책략과 같은 의제의 변형을 통해－최고관리자가 요구하는 긴밀한 통제와 감시의 양을 실질적으로 줄일 수 있고, 주의에 순서를 정함으로써 최고관리자가 얻는 명확한 정보의 양이 증대한다는 것을 보여 주었다.

2) 기관적 편의

두 번째 설명으로, 역할 편의(role-bias)를 제시한 학자들은 타협의 필요에 의해 모든 극단적인 입장이 완화됨으로써 본질적으로 보수적이라고 주장했다(Wildavsky, 1988; Schick, 1988). 이들은 다음과 같이 주장했다: 예측의 결과에 대해 이해(利害)를 가지고 있는 기관들은 대표자로 하여금 조직 간 대결 혹은 협력적 모험에서 전략적으로 중요한 방법으로 이 편의를 "이용"하도록 강요한다. 기관들이 극단적으로 초기의 입장을 유지하지 않음으로써 후의 결정 혹은 타협은 이 기관들의 견해를 구현하지 않는다는 사실을 알고 있다.

3) 트로이카: 여러 설명이 경쟁하는 장소

트로이카가 기능하는 방법을 연구하는 사람들로부터 우리는 역할이 기관적 편의(institutional bias)에 대한 순차적 주의를 시험하는 방법을 제공한다는 것을 추론할 수 있다. 대통령 경제자문위원회의 의장이 연방준비제도(Federal Reserve)가 마련한 자료를 직원들이 기술(技術)로서 바람직하다고 생각하는 것이면 무엇이든지 사용하여 직접 조작한 까닭에 자료 운영자는 명확히 경제자문위원회다.

환경적 여과의 두 번째 역할에 관리예산처와 재무성의 기관이 참여한다. 관리예산처의 직원은 과거, 현재, 그리고 미래 정책의 결과와 특정 예산 금액에 대해 나타나는 정치적 협상과 그 결과를 주시했다. 재무성은 항상 그랬듯이 직원들이 예산 가정에 대한 시장의 반응을 추적·점검하는 가운데 추세에 대해서 더욱 신중한 입장을 취했다.

끝으로, 국고의 보호자로서 재무성의 간부들 또한 매우 신중하게 제 역할을 했다. 재무성 간부는 항상 보수적이었는데, "삭감 지향(round down)" 주창자로서 역할을 했다.

더 나아가, 트로이카 문헌은 선호를 설명했다(Pierce, 1971). 즉, 어떤 하나의 선호 조합만을 예측자가 따르는 것이 아니다. 오히려 역할은 다양하고 트로이카의 예측은 이들 역할을 통해 산출된 수치에 의존했다.

둘째, 예측은 계산보다는 협상을 통해 도출된다. 일반적으로 예측 과정의 성질에는 한계와 중간 지대에 대한 협상이 포함된다. 이 협상이 예측 과정의 결과를 안내하고 명령을 내린다. 트로이카의 경우에, 우리는 의제를 통제하는 사람이 누구든 그 사람들이 극단적인 한계에 있는 사람들보다 결과에 대해 더 강한 발언권을 가질 것으로 기대할 수 있고 이것은 순차적 주의라는 주장과 일치한다.

트로이카 연구 문헌의 두 번째 발견에서, 의제 설정의 중립성이 검토되었다. 만약 모든 당파가 대통령 경제자문위원회(CEA)를 상당히 중립적인 것으로 생각하고 중립적인 입장에 대한 논의를 전개하기 위한 단순한 하나의 방법으로서 경제자문위원회가 트로이카의 의장이 되었다고 생각한다면 의제 설정이란 생각을 버려야 할 것이다. 대신에 경제자문위원회 예측이 몇 개 변수들의 무작위적 값들에 의존한다고 가정한다면, 우리는 다른 당파의 예측과는 상당히 멀리 떨어져 있고 경제자문위원회의 예측과는 가까운 예측이 예측 과정에 무작위적 영향을 준다고 결정할 수 있을 것이다. 이런 관점은 여전히 순차적 주의를 지지한다.

트로이카 연구 문헌의 세 번째 발견에서, 극단적 입장의 영향이 설명되어 있고 그것은 기관적 편의 입장과 비슷하다. 초기 입장이 극단적일수록 그만큼 그 입장은 결과에 영향을 더 많이 줄 것이다.

가설

이제 필자는 기관적 편의 견해에 반대해서 의사결정의 순차 입장을 검증하고자 한다. 필자는 두 방향으로 명제를 연구했다. 첫째, 의제 설정의 기능으로서, 의사결정에서 단계가 발생하는 순차는 문헌에서 일반적인 확증을 얻었고, 특히 집단행동의 경제학에서는 그러했다(Plott, 1976). 플롯(Plott, 1976)과 하몬드(Hammond, 1986)를 이어서, 필자가 [그림 10-4]에 제시된 과정을 모형으로 만들었다.

트로이카 구성원의 선호 순위가 알려져 있기 때문에 필자는 그것들을 플롯이 의제 통제를 논할 때 했던 바와 같이 동일한 의제 순서로 놓을 수 있을 것이다. 놀라운 결과는, *의제를 누가 통제하든 상관없이*, 집단의 결정이 매번 동일 장소에서 종결된다는 사실이다. 모두가 무엇이 우선되어야 하는가에 대해 합의할 수 없을 때 현상 유지가 통상적인 차선(second best)이다. 경제자문위원회(CEA)를 제외하고 모든 구성

[그림 10-4] 하몬드/플롯 변이를 따르는 트로이카 의사결정

CEA OMB: 동일하게 ⟶ 더 많이 ⟶ 더 적게

CEA TRS: 동일하게 ⟶ 더 적게 ⟶ 더 많이

TRS: 더 적게 ⟶ 동일하게 ⟶ 더 많이

OMB: 더 많이 ⟶ 동일하게 ⟶ 더 적게

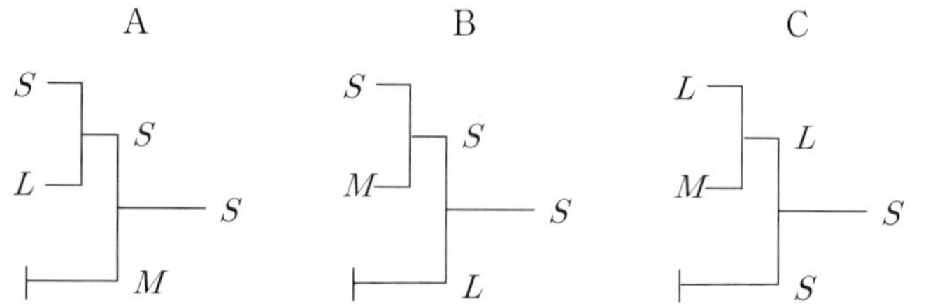

원이 선형적인 선호 순서를 가지고 있기 때문에 경제자문위원회는 현상 유지를 지정함으로써 중간 입장을 통제한다.

우리가 입장[그림 10-5]에 수치를 부여할 때 동일한 결과가 나올까? 후자의 경우에, 중요한 중간 입장 혹은 협상에서 중간 단계를 취하는 사람이 더 극단적인 입장을 취하는 사람들에게 결과를 명령할 수 있다. 의제에 대한 입장은 문제가 아니다. 예를 들어, 10, 20, 그리고 30의 선호를 생각해 보자. 처음 개시 입장이 10이고, 그 다음 입장이 30이면 협상된 입장은 20이다. 만약 타협이 그 입장 즉 20에서 이루어지고 그리고 오직 남아 있는 선호가 또한 20이라면 결과는 의제 입장에 달려 있지 않을 것이다.

모든 경우에, 중간 입장은 여타 2개의 입장보다 집단 결정에 더 가깝게 이루어진다. 왜? 만약 트로이카의 의장(경제자문위원회, CEA)이 첫 번째 예측을 제시함으로써 혹은 CEA가 예측에 사용할 가정을 제시함으로써 첫 조치를 취한다면 의장인 CEA가 결과를 지배하는 경향이 있을 것이다. 왜냐하면, 재무성과 관리예산처는 각각 극단적으로 높은 혹은 낮은 예측가들의 입장을 취할 것이기 때문이다.

이렇게 해서, 기관적 편의 견해로부터 우리의 첫 가설[3]은 다음과 같다:

3) 귀무가설은 다음과 같다: 세 기관으로 이루어지는 집단의 초기 입장의 평균, 추정치들의 중간 추정

[그림 10-5] 하몬드/플롯 변이를 따르는 트로이카 의사결정

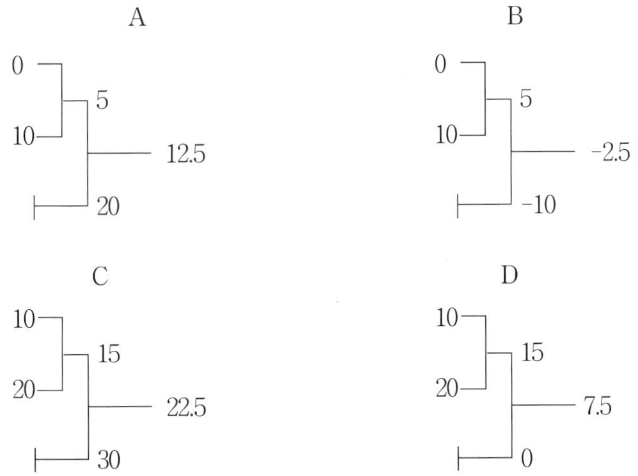

가설 1a: 세 기관으로 이루어진 집단의 초기 입장의 평균은 그 집단의 최종 입장과 관계가 있을 것이다.

이 경우에 극단적 입장은 영향을 미칠 수 있다.

그러나 중간 입장이 우연히 중간점을 칠 수가 있기 때문에 필자는 중간 입장에 대해 검증을 한다. 즉,

가설 1b: 중간 사람의 입장은 집단의 최종 결정과 관계가 있을 것이다.

순차적 주의 견해로부터, 필자는 의사결정에서 입장의 효과를 검증한다. 이러한 견해는 다음의 관련 가설로 표현될 수 있다.

가설 1c: 의장이 초기 입장을 정하면 세 사람으로 구성된 집단 결정은, 나머지 입장의 어느 하나보다도 혹은 3개 입장의 평균보다도, 초기 입장에 더 가까운 결정이 날 것이다.

트로이카는 재정정책 결정에 참여하는 상대적으로 영구적인 기관이므로 트로이카

치, 경제자문위원회의 초기 입장, 그리고 이 집단의 최종 결정 사이에 관계가 없을 것이다. [본문에서는 세 사람으로 이루어진 집단이라는 설명도 나온다. 같은 뜻으로 보아도 무방하리라 생각된다. —역자 주].

과정은 여타 관료제 구조의 여러 특징을 가지고 있을 것이다. 이 가운데 다른 사람들이 원하는 것과 다른 사람들이 하는 것을 기대하는 학습이 있다. 사실, 보복의 두려움은 영구적인 관계에 있는 당파들이 이러한 기대를 위반하지 않아야 한다고 확신시키고, 당파들 간에 이런 견해가 점점 강화되고 있다.

이들 영구적인 정부구조에서 책임성 또한 역할을 한다. 관련 기관들은 지표를 읽고, 해석하고, 그리고 자료에 독창적이고 전문적인 해석을 적용하는 책임을 맡는다. 이것이 이들 기관이 정책결정 과정에 기여하는 것이기도 하다(March and Simon, 1958). 결정의 순차도 역할을 하지만 그러나 사건에 대한 해석이 협상이 일어나는 중심점이 된다.

따라서 필자의 두 번째 가설은 다음의 사실을 인정할 것을 역설한다. 즉 초기 입장으로부터 움직이는 동안 타협이 일련의 무작위적 사건 속에서 일어날 수 있는데, 그 과정은 그 일련의 무작위적 사건을 닮는다(Miller, 1987). 여기서 초기 입장은 모든 타협 참여자의 과거 혹은 현재 정책 입장과 무작위적으로 관계가 있을 것이다. 이러한 조건은 윌슨(Wilson, 1986)이 묘사하고 탐구한 후방 투표 과정(backward voting process)을 부분적으로 닮는다.[4]

> *가설 2*: 무작위적 사건들이 초기 입장을 조성할 때, 집단적 결정은 동일한 문양 그것이 무작위일지라도 그것을 닮는 경향이 있다.

방법

필자는 *트로이카*로 명명된 세 사람으로 구성된 집단들이 관련되는 시뮬레이션을 사용했다. 필자는 피어스(Pierce, 1971)의 연구를 기초로 했다.[5] 행정학개론 수업을 받는 학급의 학부생들은 11개 집단으로 나누었고, 이 각각의 집단이 다음의 3개 역할 중의 하나를 수행했다. 대통령 경제자문위원회의 의장, 관리예산처장, 재무성 장관. 그리고 이들은 다음 회계연도를 위해 미국 정부의 예산 적자를 예측하도록 요청받았다.

4) 귀무가설은 다음과 같다. 무작위적 사건이 초기 입장을 조성할 때, 집단 결정은 무작위 성질을 가지는 경향이 있다.

5) 게임 설명에 대해서는 이 장의 부록을 참고하시오. [부록 2 참조-역자 주].

각 참여자는 예측 결정을 안내하는 역할 지침을 받았다. 이 역할 지침[6]은 각 구성원들이 여타 다른 구성원을 믿도록 그리고 수락하도록 확실하게 설득하는 데 사용되어야 하는 입장을 제시했다. 관리예산처(OMB) 처장 역할은 적자 증대를 명령했고 따라서 적자를 무릅쓰고도 조세 삭감에 초점을 두는 공급 중시 경제학의 초점을 나타냈다. 재무성 장관 역할 점유자(TRS)는 적자를 급격하게 축소하도록 지시받았다. 대통령 경제자문위원회(CEA) 의장의 지침은 다양했다. 어떤 조건에서는 CEA 의장은 중립적이고 계량적 방법(이동평균법, 최소자승법)으로 도출된 예측을 방어하고, 혹은 집단의 다른 구성원을 따라 그 예측을 방어하도록 요청받았다. 또 다른 조건에서는 적자 수치로 변화율을 방어하도록 CEA 의장은 지시를 받았다.

필자가 기술했듯이, 2개 조건이 사용되었다. 각각 주요 가설과 관계가 있다. 첫 번째 조건에서, 필자는 세 구성원 가운데 의장을 체계적으로 변화시켰다. 그리고 필자는 각각의 경우에 의장을 잘 다루기 위한 투표 연합(voting ally)을 지정함으로써 집단에 대한 의장의 초기 입장의 강도를 시험했다. 의장을 변화시킨 덕에 필자는 의장 역할의 강도를 시험할 수 있었다. 그리고 의장을 변화시킴으로써 "의제"가 결정을 명령하는지 그 여부를 결정할 수 있는 조건이 조성되었다.

게임의 의장은 OMB 처장 역할을 한 사람에서 재무장관 역할을 한 사람으로 그리고 CEA 의장 역할을 한 사람으로 변동이 가능하게 했다. 첫째 조건의 여섯 가지 변화의 각각에서 의장은 특별히 임명된 구성원 각각을 잘 다루도록 요청받았다. 각각 변화는 다음과 같다.

집단	1	2	3	4	5	11
의장	TRS	OMB	TRS	CEA	CEA	OMB
동맹	OMB	TRS	CEA	OMB	TRS	CEA
기타	CEA	CEA	OMB	TRS	OMB	TRS

약자 표기: TRS: 재무성 장관, OMB: 관리예산처장, CEA: 경제자문위원회

두 번째 조건에서 CEA 의장은 모든 게임의 변화에도 그대로 의장으로 남았다. 그러나 예산 적자 증가에 대한 가정은 무작위에 접근하도록 변경되었다. 즉 CEA 또는 의장에게 합의를 이끌 수 있는 정도로 가정(-4%, -2%, 0%, +2%, 혹은 +4%)이 주어

6) 역할은 이 장 부록의 시뮬레이션 설명에 포함되어 있다. [부록 2 참조-역자 주].

졌다.[7] 그러나 이 가정은 의장의 예측이 되었고 제안 순서에서 첫 번째로 발표되었다. 다른 구성원들은 그들 자신의 예측을 준비하는 데 가정이 주어지지 않았다. 그래서 OMB는 높은 적자를 그리고 재무성은 낮은 적자를 여전히 예측으로 제시했다.

집단	6	7	8	9	10
가정*	-4%	-2%	0%	+2%	+4%

*: 회계연도 5부터 6까지 적자 변화에 대한 가정

발견

<표 10-1>과 <표 10-2>는 첫 번째와 두 번째 조건의 결과를 보여 준다. 필자의 본래 첫 번째 가설(*가설 1a*)은 집단의 결정은 세 사람의 역할 전부의 초기 입장의 평

〈표 10-1〉 하몬드 이원 선택 조건

집단	1	2	3	4	5	11	
의장	*TRS* 220	*OMB* 352	*TRS* 207	*CEA* 212	*CEA* 206	*OMB* 186	
동맹	300	208	210	212	206	212	
기타	212	212	260	212	206	181	
집단	220	260	281	212	206	183	
집단	1	2	3	4	5	11	강도(R^2)
초기 평균 대 의장	24	-95	19	0	0	7	0.79178
집단 대 의장	0	-92	74	0	0	-3	0.92503*
집단 대 동맹	-80	52	71	0	0	-29	0.03478
집단 대 기타	8	48	21	0	0	2	0.36868
집단 대 초기 평균	-24	3	55	0	0	-10	0.91901**
집단 대 의장 및 동맹 평균	-40	-20	72.5	0	0	-16	0.83848*
집단 대 중간 입장	0	-46	-71	0	0	3	0.2851

* $p<0.05$(단측 검증), ** $p<0.01$(단측검증)

7) 두 번째 변화에 포함된 집단들에게 5년치 예산 수치가 주어졌고 그리고 회계연도 6(FY 6) 미국 정부 예산 적자를 계산하도록 요청을 받았다. CEA 역할을 맡고 예측 집단의 의장으로 역할한 학생은 하나하나 특별한 역할 가정에 기초한 제안인 적자를 계산해야 했다.

〈표 10-2〉 무작위 선정과 의제 설정 조건

집단	10	9	8	7	6	강도(R^2)
%	4	2	0	-2	-4	
CEA	220	230	212	240	205	
OMB	220	212	220	300	225	
TRS	217	210	210	181	181	
집단	220	230	216	240	203	
집단-CEA	0	0	3	0	-2	0.99072**
집단-OMB	0	18	-5	-60	-22	0.63295
집단-TRS	2.8	20	6	59	22	0.00327
집단-초기 평균	0.9	13	1	0	-1	0.9139*

* $p<0.05$, ** $p<0.01$

균 결정에 매우 근접하리라는 것이다. 이것은 집단은 극단적인 입장을 중간 입장으로 끌어내리는 보수적 효과를 가질 것임을 나타낸다. 그러나 자료는 그것을 입증하지 않는다. 4개의 가능성 가운데 집단 결정은 집단의 혹은 다른 입장의 초기 입장의 평균보다 의장의 초기 입장에 더 가깝다.

두 번째 가설(*가설 1b*)은 중간 입장 예측가의 입장은 집단 결정과 관계가 있다는 것을 말한다. 따라서 심사는 중용에 무게를 둘 것이다. 이것 또한 발생하지 않았다. 집단의 초기 입장의 평균은 어떤 구성원의 입장과도 강하게 관계가 없는 반면에 집단 결정은 의장의 결정과 강하게 관계가 있었다.

필자는 이들 가설의 세 번째(*가설 1c*)에서 의장의 영향력을 탐구했다. 왜냐하면 필자는 의장의 영향력이 중간 입장과 독립적으로 존재하는지 그 여부를 알기를 원했기 때문이다. 이미 기술했듯이, 집단 결정은 집단의 초기 입장의 평균 혹은 어느 입장의 초기 입장의 평균보다 의장의 초기 입장에 더 가까웠다.

두 번째 가설(*가설 2*)은 의장/ 순차적 주의 가설을 검증하기 위한 것이었다. CEA/의장의 가정이 (-4%에서 +4%) 변화되었듯이 집단의 가정도 변화했다. 의장의 영향은 심사(審査) 전보다 이후에 더 강했다. 왜냐하면 CEA 집단 관계가 CEA 초기 입장의 평균 관계보다 통계적으로 더 강했기 때문이다.

논의

필자는 세입과 세출 예측을 개선하기 위해 예측 노력에 믿을 수 없는 관리자들을 추가하기보다는 다른 방법을 주창함으로써 논의를 시작하고자 한다. 특히 관련 문헌들은 예측가의 주의를 순서지음으로써 우리가 실질적으로 많은 보상을 받을 수 있을 것으로 주장하는 듯하다. 멜츠너(Meltsner, 1971)의 연구도 이런 견해와 관계가 있는 듯 보인다. 그래서 필자는 두 종류의 경쟁적인 입장을 연구했다. 순차적 주의 요인은 의제를 통제하는 사람이 누구이든 그 사람이 결과를 통제한다는 견해를 대표한다. 기관적 편의 견해는 중요한 편의의 표상은 극단적 예측에 기여하지만 집단 노력에 의해 그 극단적 예측은 극복되지는 않지만 그러나 완화된다는 견해를 지지한다.

입장의 검증을 통해 순차적 주의는 가장 강력하고 대부분 인정되었음을 알 수 있다. 연구설계의 두 종류 조건에서 모두 의장이 결과를 지배했다. 의장과 편의 사이의 관계는 약한 듯 보였다. 왜냐하면 의장은 극단적인 결과를 취하려고 하지 않으려는 경향이 있기 때문이다. 더 나아가, 초기 입장을 제공하는 의장이 결과를 지배한다.

결론

이 연구를 위해 피어스(Pierce, 1971)는 트로이카가 예측에 사용한 가정에 대해 도움이 되는 중요한 관찰을 했다. 그는 연방준비은행이 트로이카 노력에 대한 자료에 대한 가정뿐만 아니라 자료까지도 제공한다고 기술했다. 우리는 발견 사항의 마지막에서 예측 결과를 통제하는 데 경제자문위원회의 힘 이외에 연방준비은행의 힘도 볼 수 있다. 이 발견 사항의 마지막에서 필자는 경제자문위원회/의장의 적자 가정을 변경했다. 트로이카의 결정은 일관성 있게 경제자문위원회/의장의 결정에 매우 근접했다.

이 연구는 연방준비은행에 대해 그리고 그들의 예측에서 사용한 자료에 대해 전망을 밝게 했다. 연방준비은행은 집행부 밖의 다른 예측기관이 그대로 따라할 수 없는 정보의 제공자인가? 의회예산처(CBO)와 같은 집행부 밖의 다른 예측 기관도 동일한 자료에 대해 동일한 반응을 할 것인가?

부록 1 현금관리 서베이

뉴저지 주립대학교
RUTGERS

Graduate Department of Public Administration, Graduate School-Newark Hill Hall, Newark, New Jersey 07102.201/648-5093/5199

1988년 5월 1일

선생님께,

투자정책에 대한 지대한 관심이 1970년대(높은 인플레이션 기간 동안)와 1980년대(아마도 영민하고 지각 능력이 뛰어난 현금관리자들에 기인하는)의 큰 특징입니다. 현금관리의 시대가 오고 있습니다. 특히 정부에 오고 있습니다.

선생님은 정부에서 현금관리를 담당하고 계십니다. 저희는 선생님이 유휴자금을 가장 잘 사용하는 데 이용하는 원리를 알고자 합니다.

잠시 시간을 내시어 동봉한 응답지의 질문에 답해 주시면 저희 연구에 도움이 되겠습니다. 저희는 선생님이 가능한 능률적으로 시간을 사용할 수 있도록 양식을 만들었습니다. 일하시는 중 조금만 시간을 내면 설문에 답하실 수 있습니다.

미국 현금관리 서베이는 힐드레스(W. Bartley Hildreth) 박사(루이지애나 주립대학교)와 제가 하는 것입니다. 저희는 이 서베이 응답을 교육과 연구에 이용할 것이며 그리고 현금관리 수행의 일반적으로 합의된 표준을 개발하는 데 기여할 수 있었으면 합니다. 선생님의 참여는 이런 것을 돕는 것입니다. 그리고 그 과정에서 저희는 상호 관심사를 공유하고자 합니다.

가능하시면 속히 응답지를 반송해 주십시오. 우편요금이 지불된 봉투가 동봉되어 있습니다. 감사합니다.

Sincerely,
Gerald J. Miller
Co-investigator, United States Cash Management Survey
GJM/gd
Attcahments

미국 현금관리 서베이

선생님의 견해를 나타내는 척도상의 번호에 동그라미를 쳐주세요.

	강하게 찬성					**강하게 반대**	
1. 유휴자금을 투자하는 제일의 목적은 수익을 극대화하는 것이다.	1	2	3	4	5	6	?
2. 투자를 하는 의도는 만기까지 그것을 유지하는 것이다.	1	2	3	4	5	6	?
3. 투자정책에는 상당한 권한 위임이 필요하지만 동시에 신중함과 부지런함이 필요하다.	1	2	3	4	5	6	?
4. 선출된 공직자는 투자 결과에 관심이 없다.	1	2	3	4	5	6	?
5. 유휴 공적 자금을 투자하는 제일의 목적은 투자 금액을 보호하는 것이다.	1	2	3	4	5	6	?
6. (선물이나 옵션과 같은) 헤징 기법을 사용하는 것은 공금을 가지고 도박을 하는 것이다.	1	2	3	4	5	6	?
7. 환매 조건부 채권은 본래 위험한 투자다.	1	2	3	4	5	6	?
8. 투자를 법률로 규정할 때에는 투자로 인해 아주 적은 금액의 손실일지라도 손실이 전혀 없도록 규정해야 한다.	1	2	3	4	5	6	?
9. 투자는 지역 금융기관만을 통해 이루어져야 한다.	1	2	3	4	5	6	?
10. 투자는 여러 경쟁적인 이율을 점검한 후에 이루어져야 한다.	1	2	3	4	5	6	?
11. 투자를 하는 경우, 정부가 다른 투자를 통해 이룰 수 있는 것과 동일 혹은 그 이상 얻을 수 있어야 한다.	1	2	3	4	5	6	?
12. 유휴자금이 인플레이션으로 인해 가치가 상실되는 것을 방지하는 것이 중요하다.	1	2	3	4	5	6	?
13. 모든 투자는 보험을 들거나 보증을 받거나 혹은 담보가 있어야 한다.	1	2	3	4	5	6	?
14. 만기 전에 투자 증권을 매도하는 것은 항상 손해일 것이다.	1	2	3	4	5	6	?
15. 훌륭한 투자는 내 경력을 증진시킬 것이다.	1	2	3	4	5	6	?
16. 공적 자금의 투자에 영향을 미치는 법률 조항은 여러 경쟁하는 견해를 균형잡는 데 대개 공정하다.	1	2	3	4	5	6	?
17. 유휴자금을 투자하는 제일의 목적은 현금이 필요할 때 적기에 활용할 수 있도록 보장하는 것이다.	1	2	3	4	5	6	?
18. 투자 결정은 투자 수익에 대한 예산상 기대를 충족시킬 수 있도록 이루어져야 한다.	1	2	3	4	5	6	?
19. 합법적 헤징 기법들은 예산 편성된 수익 추정을 훼손시킬 수 있는 이자율 변동에 대한 대비책으로 도움이 된다.	1	2	3	4	5	6	?
20. 나는 내가 소속된 정부기관에서 현금관리에 대해 가장 잘 알고 있는 인물이다.	1	2	3	4	5	6	?

21. 선생님은 공공 부문 현금관리 경험이 몇 년이 됩니까? ____________년
22. 선생님이 공식적으로 보고하는 분의 직함은 무엇입니까? _____________
    선생님의 직함은 무엇입니까? ________________
23. 선생님이 공식적으로 보고하는 분은 해당 조직의 최고 재무관입니까?
    _____예 ______아니오.
24. 만약 선생님이 23번에 "아니오"에 응답하셨다면 선생님이 최고 재무관입니까?
    _____예 ______아니오.
25. 만약 선생님이 23번과 24번에 "아니오"에 답하셨다면 선생님이 최고 재무관이 보고해야 할 그분입니까?
    _____예 ______아니오.
26. 선생님이 조직에서 일상적인 투자 결정을 하는 데 대한 일차적인 책임을 가지고 있다고 말할 수 있습니까?
    _____예 ______아니오.
27. 선생님이 조직에서 투자정책을 하는데 대한 일차적인 책임을 가지고 있다고 말할 수 있습니까?
    _____예 ______아니오.
28. 선생님의 업무는?(하나만 표해 주십시오)
    ___a. 실적제(정규직)
    ___b. 일시직
    ___c. 정치적 임명직
    ___d. 선거로 임명되지 않지만 실적제로 분류되지 않는다.
    ___e. 선출
    ___f. 기타(간단히 설명해 주십시오.____)

29. 현재 직위 외에
    a. 어느 때든 공개적으로 선출된 선출직을 담당하신 적이 있습니까? ____예 ___아니오.
    b. 어느 때든 정치적으로 임명되는 직책을 맡은 적이 있습니까? ____예 ___아니오.

30. 공공 투자관의 우선적 책임은 무엇이어야 합니까?(하나만 답해 주십시오.)
    ___1. 수익을 극대화할 수 있도록 현금을 투자한다.
    ___2. 투자된 공공자금의 원금이 손실을 보지 않도록 보호한다.
    ___3. 현금 수요를 적기에 충족시킬 수 있도록 보장한다.
    ___4. 투자의 법률적 표준을 충족시킨다.
    ___5. 예산 편성된 이자 수익 추정액을 달성한다.
    ___6. 기타(간단히 기술해 주십시오.____)
    ___7. 아는 바 없다.

31. 가장 중요한 것에 1의 값을 부여해서 다음의 질문에 답을 순서를 부여해 주십시오. 공공 유휴자금의 투자로 달성해야 하는 것은?
    ___예산 예상치
    ___편리함

___법률 준수
___유동성
___자본의 보유
___수익률
___기타(기술해 주십시오.____)

32. 현금관리를 수행하면서 선생님은 이자율 위험을 헤지합니까?
___예(예의 경우 아래에 답해 주십시오.) ___ 아니오.
___이자율 선물 계약
___이자율 옵션
___기타 (____)

33. 금융시장에 대한 지식이 있는 분으로서 선생님은 위험을 평가하실 수 있습니다. 다음의 단기적 혹은 장기적 투자를 각각 평가해 주십시오. 선생님의 평가를 가장 잘 나타내는 척도상의 위치에 투자 뒤에 있는 선에 ×표 해 주십시오.

예: 선생님이 정보과학 기술의 지속적인 발전을 가정한다고 하더라도, 사람들이 공공자금 혹은 개인의 자금을 투자하는 것에 대해서 까다로움을 느끼는 다음의 위험의 문제를 검토해 보십시오.

	매우 안전	상대적 안전	중간 정도 위험	상대적 위험	매우 위험
(예) IBM 개인용 컴퓨터(정품 pc) 수리를 전문으로 하는 30년 만기 회사채				X	

각 위험 수준에 대한 선생님의 평가를 하나의 값에 대응해서 선 위에 X표 해 주십시오.

	매우 안전	상대적 안전	중간 정도 위험	상대적 위험	매우 위험
a. 채권					
1) 미국 재무성 장기채					
2) 시 공채 AA 등급					
3) 사채 AA 등급					
b. 선물과 옵션					
4) 현행 가격보다 5% 낮게 엑슨 사채60일 만기 콜 옵션 매도					
5) 현재 가격보다 5% 높게 엑슨 사채를 60일 만기 콜 옵션 매입					
6) 금융 선물, S&P 500(60일 만기)					
7) 밀 선물(# 2 hard,[1] 캔자스시티 60일 인도)					
c. 뮤츄얼펀드					
8) GNMA 채권 펀드					

9) 회사채 펀드 ______________________
10) 성장과 소득 뮤추얼펀드 ______________________
11) 국제 뮤츄얼펀드 ______________________

d. 파트너십
12) 원유와 휘발유(소득 지향) ______________________
13) 캐이블 TV 파트너십 ______________________

e. 개인 부동산
14) 귀하가 살고 있는 집 ______________________
15) 휴가 별장(휴양지에 있는) ______________________

f. 단기 투자
16) 재무성 증권(6개월) ______________________
17) 은행 양도성 예금(만 달러, 6개월) ______________________
18) 머니 마켓 펀드(초단기 채권형 펀드) ______________________
19) 상업 어음(90일) ______________________

g. 주식
20) 듀크, 아이다호 발전소 같은 공공 시설 주식 100주 ______________________
21) 아비엠, 펩시코 같은 블루칩 주식 100주 ______________________
22) 필립스와 같은 유럽 주요 회사 주식 100주 ______________________
23) 도요타 같은 일본 주요 회사 주식 100주 ______________________
24) 탄돈 또는 터라딘 같은 소규모 성장 회사 주식, 100주 ______________________

H. 유형적 투자
25) 18세기 미국 탁자 ______________________
26) 프랑스 인상파 회화 ______________________
27) 금괴(20온스) ______________________
28) 2캐럿 다이아몬드(투자 등급) ______________________
29) 은괴(100온스) ______________________
30) 1956년 야구 안내장(완전한) ______________________
31) 경주말(25% 소유권) ______________________

미국 공공 현금관리자 서베이에 참여해 주시어 감사합니다. 우표가 붙여져 있고 반송 주소가 적힌 설문서를 반송해 주시든지 아니면 Dr. Gerald J. Miller, Department of Public Administration, Rutgers University, Newark, NJ07102로 응답을 보내 주십시오.

---

1) [밀러(Gerald J. Miller)에 의하면 "# 2 hard"는 밀의 종류라고 한다.—역자 주].

부록 2 트로이카

이 "트로이카" 시뮬레이션은 여러분에게 미국 재무성, 관리예산처, 그리고 대통령 경제자문위원회의 한 구성원으로서 역할을 부여할 것이다. 여러분의 과제는 다음 회계연도 미국 정부의 통합예산을 위한 *세입징수액*(revenue collections)*을 예측하는 것*이다.

작업 일정

1. 주 회의실에 모인다.
2. 시뮬레이션 책임자로부터 일반적인 지침을 받고 또 특별한 역할 지침을 받는다. 필요할 때 지시자와 함께 검토한다. *당신의 특별 역할 지침의 내용을 공개하지 않는다.*
3. 협의를 나누어 하고 협의회실로 이동하여 다음과 같은 일을 한다.
   a. 협의회 의장이 협의회의 업무를 대략적으로 검토한다.
   b. 협의회의 구성원이 첫 번째 전략회의(10분)를 한다. 이때 각각의 협의회 구성원은 나머지 기간 동안 사용하기 위해 각 협의회 구성원에게 주어진 특별한 역할 지침에 따라서 전략을 구상한다.
   c. 구성원들은 제안회의(15분)를 위해 다시 모일 것이다. 이때 각 협의회 구성원은 각각의 제안을 기술한다.
   d. 제안회의의 종결 후, 협의회 구성원은 두 번째 전략회의를 한다. 이때 협의회 구성원들은 투표-심사 회의에 사용될 작업 연합을 형성하기 위해 서로서로 개인적으로 만날 수도 있을 것이다.
   e. 두 번째 전략회의가 끝난 후에, 협의회 구성원은 다시 의장의 지시에 따른다. 의장은 투표-심사 회의(25분)를 하도록 협의회를 이끈다. 그리고 이때 협의회 구성원은 구성원 앞에서 토론을 하고 투표를 한다. 3/4 득표(7명 중 5명, 8명 중 6명 등등)가 제안을 실행하기 위해 필요하다.

f. 협의회가 결정에 도달한 후이거나 혹은 만약 교착 상태에 있다면 의장은 시뮬레이션 책임자에게 알리고 협의회를 주 회의실로 돌려보낸다.

4. 환류 회의

여러분의 트로이카 연습 문제

이 짧은 기간에 여러분은 워싱턴에서 정기적으로 일어나는 대단히 유사한 트로이카 연습 문제의 한 집단으로 일을 할 것이다. 그러나 여러분은 컴퓨터를 사용해서는 안 되고 계량경제학자 혹은 정부 예측 기술자의 도움을 받아서도 안 된다. 여러분은 다음 회계연도 정부 세입을 예측해야 하는 여러분의 작업을 촉진하기 위해 단순화한 가정을 가진다.

자 료

당신의 과제를 기억하라:

다음 회계연도(FY 6) 미국 예산 적자를 예측하기

다음 회계연도 미국 예산 적자를 예측하기 위해 여러분은 여러분이 적합하다고 생각하는 어떤 방법으로든지 이들 자료를 이용해야 한다.

1	1	2	3	4	5	6	7	8	9
2									
3					변수*				
4									
5									
6									
7–8	연도	정부 지출	소비	조세	투자	GNP	잠재적 GNP	GNP와 잠재적 GNP의 차이 %	적자**
9									
10	1	678.20	2,183.48	599.3	329.55	3,191.23	3,183.87	0.2%	78.9
11	2	745.70	2,165.41	617.8	339.12	3,250.23	3,314.41	-1.9%	127.9
12	3	808.30	2,037.35	600.6	345.02	3,190.67	3,450.30	-7.5%	207.7
13	4	851.80	2,319.57	666.5	339.07	3,510.44	3,591.76	-2.3%	185.3
14	5	946.30	2,266.85	734.1	371.04	3,584.19	3,739.02	-4.1%	212.2
15									

20* 연도와 적자를 제외하고 모든 변수는 10억 달러로 표시된다.

21

22** 적자는 정부 세출(2항)에서 조세(4항)를 뺀 것이다.

여러분이 사용할 첫 번째 가정은 자료들인데 이 자료는 여러분이 어떤 조작을 사용하기로 결정하든 간에 그 조작을 뒷받침할 것이다.

여러분이 사용할 두 번째 가정은 여러분이 자료 가정을 선정하는 데 도움이 되는 여러분의 세계관 혹은 정책결정자들과 정책결정 과정에 대한 여러분의 관계와 관련된 것이다. 두 번째 가정은 *행태 가정*이라고 부르는 것인데, 이 책에서 부여한 *특별한 역할 지침*이다. 자료 혹은 기술 가정과 달리 행태 가정은 *비밀*이며 시뮬레이션이 끝나고 진행자가 여러분에게 이 특별한 역할을 공개하라고 요청할 때까지 문자 그대로 공개하지 말아야 한다.

특별한 역할 지침

1. 관리예산처장

당신은 대통령의 가장 신뢰하는 보좌관 중의 한 사람이다. 그리고 당신은 대통령의 가장 신뢰받는 보좌관이어야 한다. 왜냐하면 당신은 동부 공화당 세력가 혹은 이른바 공화당의 록펠러파로 구성된 대통령의 내부 서클의 유일한 구성원이기 때문이다. 당신은 미국기업연구소(AEI)와 주역으로 활동해야 한다. 즉, 당신은 보수적이라고 알려진 싱크탱크(think tank)에서 대통령이 대통령으로 선출되기 전에 대통령의 사업을 열렬히 지지한 열성 지지자로 활동해야 한다.

당신의 배경은 투자 은행이다. 당신의 기업은 Bobbling, Bobeld, Bobert, Bmith 등으로 세계 어느 곳에서든 가장 큰 회사다. 당신은 정부 재정과 시장에 대해 알아야 할 것을 다 알고 있다.

당신은 적자 예측에 정말 당혹하지 않는다. 왜냐하면 당신이 반복해서 강조하는 것은 가처분 소득(세금 후 사람들에게 소비하도록 남겨진 것)이기 때문이다. 만약 조세 후 소득이 크다면 투자가 증대할 것이고 저축도 고무될 수 있을 것이다. 적자가 크면 클수록 사실 가처분 소득도 그만큼 커진다(조세가 감소하고 그리고 정부 지출은 더 많은 가처분 소득을 발생시킨다).

기법에 관한 한, 세련되면 될수록 더 좋다. 그러나 항상 틀릴 가능성이 있다. 왜냐하면 마술사 혹은 의사가 의학에 대해 아는 것보다 경제학자는 경제에 대해 아는 바가 더 없기 때문이다.

2. 재무성 장관

당신은 직업이 대리인이다. 경제학자가 아니다. 예측은 거리의 사람들에 의해 이루어지든 경제학자에 의해 이루어지든 그 정확성이 비슷하고 말도 안 되는 엉터리다.

그러나 이 적자로 인해 당신은 겁을 먹는다. 왜 우리는 규율이 없을까? 왜 큰 소리 칠 수 있는 금본위제도가 아닐까?

연준(여러분들이 연방준비은행 체제라 부르는 것)은 매번 프리드먼(Milton Friedman)이 주장하는 잘못을 범한 것 같다. 어떻게 자신의 잘못을 사랑하는 사람에 대해 신뢰를 가질 수 있을까? 이 예측에 의해 연방준비은행 체제는 결정에서 벗어날 수 있게 된다. 컴퓨터가 화폐 공급을 조절하고 결정 과정에서 화폐 공급을 제외한다고 가정한다.

금융시장이 안절부절 못하고 그 속에서 당신은 정부를 위한 주 채무자로 대리하고 있다. 적자 규모를 크게 예측함으로써 금융시장을 더 시끄럽게 하지 않는 것이 낫다. 사실 2년 전보다 더 규모가 크지 않도록 가능한 적게 추측을 한다. 조세에 대한 예측치를 낮추고, 그것과 의회의 세출 습관이 일치되도록 함으로써 적자가 해소될 수 있을 것이다.

화려한 모형은 옛 싸구려 상점이 계산기를 이용했던 방법만큼 잘 되지 않을 것이다. 단순할수록 더 좋다. 그것은 누구든 예산을 삭감하려는 논리를 더할 수 있다는 것을 보여 줄 것이다.

3. 대통령 경제자문위원회 의장

당신은 이 위원회만 제외하고 모든 위원회에서 가장 탁월한 경제학자다. 아무도 당신의 방법을 존경하지 않는다. 당신은 당신의 모형이 진실을 향해 편의되어 있다는 것을 안다. 당신의 구성원들이 잘해서 정책결정자들은 무엇보다 자료에 대한 걱정 없이 결정을 할 수 있다.

당신의 모형이 대통령의 이익을 위해 어떻게 그리고 왜 작동하는지에 대해 이 집단에게 설명할 이유가 전혀 없다.

어떤 희생을 치르고라도 당신은 예언력을 보호하기 위해 예측을 중립적으로 유지하기를 원한다. 당신은 이 행정부는 예산사업 모두가 실행될 것이라고 생각하면서 예산을 의회에 보낸다는 것을 알고 있다. 당신에게 그것은 의회에 모든 공격 무기를 주어서 예산을 "이미 죽어서 손쓸 수 없는 것(dead on arrival)"으로 치부하는 것이다. 당신의 관점에서 이 예측은 "이미 죽어서 손쓸 수 없는 것"이 아닐 것이다. 당신은 경제적 예측으로부터 정책과 소위 판단(정치적 놀이)를 지키기 위해 누구와도 싸울 수 있다. 만약 당신이 그렇지 않았다면 당신이 돌아갔을 때 하버드대학에서 또는 브루킹스연구소 세미나에서 사람들이 당신에 대해 무엇을 말할 수 있었겠는가?

경제학자는 싸울 수 있다. 당신은 경제학자다. 당신은 무엇을 해야 하는지 알고 있다. 그것은 지난해부터 적자에 변화가 없도록 계획하는 것이다.

4. 대통령 경제자문위원회 의장

당신은 이 위원회만 제외하고 모든 위원회에서 가장 탁월한 경제학자다. 아무도 당신의 방법을 존경하지 않는다. 당신은 당신의 모형이 진실을 향해 편의되어 있다는 것을 안다. 당신의 구성원들이 잘해서 정책결정자들은 무엇보다 자료에 대한 걱정 없이 결정을 할 수 있다.

당신의 모형이 대통령의 이익을 위해 어떻게 그리고 왜 작동하는지에 대해 이 집단에게 설명할 이유가 전혀 없다.

어떤 희생을 치르고라도 당신은 예언력을 보호하기 위해 예측을 중립적으로 유지하기를 원한다. 당신은 이 행정부는 예산사업 모두가 실행될 것이라고 생각하면서 예산을 의회에 보낸다는 것을 알고 있다. 당신에게 그것은 의회에 모든 공격 무기를 주어서 예산을 "이미 죽어서 손쓸 수 없는 것"으로 치부하는 것이다. 당신의 관점에서 이 예측은 "이미 죽어서 손쓸 수 없는 것"이 아닐 것이다. 당신은 경제적 예측을 넘어서 정책과 소위 판단(정치적 놀이)을 지키기 위해 누구와도 싸울 수 있다. 만약 당신이 그렇지 않았다면 당신이 돌아갔을 때 하버드대학에서 또는 브루킹스연구소 세미나에서 무엇을 말할 수 있었겠는가?

경제학자는 싸울 수 있다. 당신은 경제학자다. 당신은 무엇을 해야 하는지 알고 있다. 그것은 지난해부터 적자에 변화가 없도록 계획하는 것이다.

의장으로서 당신의 업무에 대한 추가 글

당신은 업무계획에 정해진 시간 한계를 준수하기 위해 회의를 다잡아 잘 운영해야 한다.

당신의 집단구성원들이 원하는 대로 생각하게 하라. 그것을 고취해라. 그들에게 그것을 할 수 있는 시간을 주라. 논쟁 방법보다 수들을 분석하라.

분명히 공식적이어야 한다. 처음부터 모든 사람이 그 혹은 그녀를 알도록 하라. 각각이 제안을 하도록 하라. 모든 사람이 제한을 가지고 말하도록 하라. 투표를 하는 것에 대해 단호하라. 당신의 업무는 다음 연도 예산 적자의 금액을 예측하는 것이라는 것을 기억하라.

재무성 장관과 돈독한 관계를 유지하라.

5. 워싱턴 포스트에 본부를 두고 있는 신디케이트 칼럼니스트

종종 당신은 조사 특종을 내고 싶고 장막 뒤의 모의, 물론 고위층의 모의를 취재하고 싶어 한다. 당신은 오늘 대통령의 예산 적자를 예측하는 문제를 다루는 트로이카 회의를 취재하기로 결정했다. 이것은 윤전기를 중지하고 끼워넣어야 할 만큼 중요한 그런 기사가 아니다. 그러나 당신이 관심을 가지기에 상당히 충분한 것이고 당신이 그러하듯이 많은 사람이 걱정하기에 충분한 것이다.

당신은 여러 다른 종류의 기사에서 탁월성을 보이지만 그러나 당신은 항상 경제 기사에 당신의 흥미와 시간을 할애했다. 왜냐하면 당신은 경제 기사를 잘 쓰고 혹은 음산한 과학인 경제학을 언론에 말할 수 있을 정도로 충분히 경제학을 잘 이해하고 있는 유일한 사람이기 때문이다. 『뉴욕 타임스(*New York Times*)』에 실크(Leonard Silk)가 있지만 그가 무엇을 아는가?

당신은 유명하기 때문에 자유롭게 누구에게든 질문을 할 수 있다. 특히 그들이 하고 있는 것을 그들이 알고 있는지 그 여부를 자유롭게 물을 수 있다(기억하라. 당신은 이 도시의 작은 간을 가진 심약한 마음의 소유자가 아니다.)

당신이 본 것에 기초해서 틀을 짜보도록 노력하라.

6. 관리예산처장

당신은 대통령의 가장 신뢰하는 보좌관 중의 한 사람이다. 그리고 당신은 대통령의 가장 신뢰받는 보좌관이어야 한다. 왜냐하면 당신은 동부 공화당 세력가 혹은 이른바 공화당의 록펠러파로 구성된 대통령의 내부 서클의 유일한 구성원이기 때문이다. 당신은 미국기업연구소(AEI)와 주역으로 활동해야 한다. 즉, 당신은 보수적이라고 알려진 싱크탱크(think tank)에서 대통령이 대통령으로 선출되기 전에 대통령의 사업을 열렬히 지지한 열성 지지자로 활동해야 한다.

당신의 배경은 투자 은행이다. 당신의 기업은 Bobbling, Bobeld, Bobert, Bmith 등으로 세계 어느 곳에서든 가장 큰 회사다. 당신은 정부 재정과 시장에 대해 알아야 할 것을 다 알고 있다.

당신은 적자 예측에 정말 당혹하지 않는다. 왜냐하면, 당신이 반복해서 강조한 것은 가처분 소득(세금 후 사람들에게 소비하도록 남겨진 것)이기 때문이다. 만약 조세 후 소득이 크다면 투자가 증대할 것이고 저축도 고무될 수 있을 것이다. 적자가 크면 클수록 사실 가처분 소득도 그만큼 커진다(조세가 감소하고 그리고 정부 지출은 더 많은 가처분 소득을 발생시킨다).

기법에 관한 한, 세련되면 될수록 더 좋다. 그러나 항상 틀릴 가능성이 있다. 왜냐하면 마술사 혹은 의사가 의학에 대해 아는 것보다 경제학자는 경제에 대해 아는 바가 더 없기 때문이다.

의장으로서 당신의 업무에 대한 추가 글

당신은 업무 계획 하에 정해진 시간 한계를 준수하기 위해 회의를 다잡아 잘 운영해야 한다.

당신의 집단구성원들이 원하는 대로 생각하게 하라. 그것을 고취해라. 그들에게 그것을 할 수 있는 시간을 주라. 논쟁 방법보다 수들을 분석하라.

분명히 공식적이어야 한다. 처음부터 모든 사람이 그 혹은 그녀를 알도록 하라. 각각이 제안을 하도록 하라. 모든 사람이 제한을 가지고 말하도록 하라. 투표를 하는 것에 대해 단호하라. 당신의 업무는 다음 연도 예산 적자의 금액을 예측하는 것이라는 것을 기억하라.

재무성 장관과 돈독한 관계를 유지하라.

7. 재무성 장관

당신은 직업이 대리인이다. 경제학자가 아니다. 예측은 거리의 사람들에 의해 이루어지든 경제학자에 의해 이루어지든 그 정확성이 비슷하고 말도 안되는 엉터리다.

그러나 이 적자로 인해 당신은 겁을 먹는다. 왜 우리는 규율이 없을까? 왜 큰 소리 칠 수 있는 금본위제도가 아닐까?

연준(여러분들이 연방준비은행 체제라 부르는 것)은 매번 프리드먼(Milton Friedman)이 주장하는 잘못을 범한 것 같다. 어떻게 자신의 잘못을 사랑하는 사람에 대해 신뢰를 가질 수 있을까? 이 예측에 의해 연방준비은행 체제는 결정에서 벗어날 수 있게 된다. 컴퓨터가 화폐공급을 조절하고 결정 과정에서 화폐 공급이 제외된다고 가정한다.

금융시장이 안절부절 못하고 그 속에서 당신은 정부를 위한 주 채무자로 대리하고 있다. 적자 규모를 크게 예측함으로써 금융시장을 더 시끄럽게 하지 않는 것이 낫다. 사실 2년 전보다 더 규모가 크지 않도록 가능한 적게 추측을 한다. 조세에 대한 예측치를 낮게 하고, 그것과 의회의 세출 습관이 일치되도록 함으로써 적자가 해소될 수 있을 것이다.

화려한 모형은 옛 싸구려 상점이 계산기를 이용했던 방법만큼 잘 되지 않을 것이다. 단순할수록 더 좋다. 그것은 누구든 예산을 삭감하려는 논리를 더할 수 있다는 것을 보여 줄 것이다.

화려한 모형을 사용하는 유치찬란한 경제학자를 믿지 말라.

의장으로서 당신의 업무에 대한 추가 글

당신은 업무 계획에 따라 정해진 시간 한계를 준수하기 위해 회의를 다잡아 잘 운영해야 한다.

당신의 집단구성원들이 원하는 대로 생각하게 하라. 그것을 고취해라. 그들에게 그것을 할 수 있는 시간을 주라. 논쟁 방법보다 수들을 분석하라.

분명히 공식적이어야 한다. 처음부터 모든 사람이 그 혹은 그녀를 알도록 하라. 각각이 제안을 하도록 하라. 모든 사람이 제한을 가지고 말하도록 하라. 투표를 하는 것에 대해 단호하라. 당신의 업무는 다음 연도 예산 적자의 금액을 예측하는 것이라는 것을 기억하라.

관리예산처장과과 돈독한 관계를 유지하라.

8. 대통령 경제자문위원회 의장

당신은 이 위원회만 제외하고 모든 위원회에서 가장 탁월한 경제학자다. 아무도 당신의 방법을 존경하지 않는다. 당신은 당신의 모형이 진실을 향해 편의되어 있다는 것을 안다. 당신의 구성원들이 잘해서 정책결정자들은 무엇보다 자료에 대한 걱정 없이 결정을 할 수 있다.

당신의 모형이 대통령의 이익을 위해 어떻게 그리고 왜 작동하는지에 대해 이 집단에게 설명할 이유가 전혀 없다.

어떤 희생을 치르고라도 당신은 예언력을 보호하기 위해 예측을 중립적으로 유지하기를 원한다. 당신은 이 행정부는 예산사업 모두가 실행될 것이라고 생각하면서 예산을 의회에 보낸다는 것을 알고 있다. 당신에게 그것은 의회에 모든 공격 무기를 주어서 예산을 "이미 죽어서 손쓸 수 없는 것(dead on arrival)"으로 치부하는 것이다. 당신의 관점에서 이 예측은 "이미 죽어서 손쓸 수 없는 것"이 아닐 것이다. 당신은 경제적 예측으로부터 정책과 소위 판단(정치적 놀이)을 지키기 위해 누구와도 싸울 수 있다. 만약 당신이 그렇지 않았다면 당신이 돌아갔을 때 하버드대학에서 또는 브루킹스연구소 세미나에서 사람들이 당신에 대해 무엇을 말할 수 있었겠는가?

경제학자는 싸울 수 있다. 당신은 경제학자다. 당신은 무엇을 해야 하는지 알고 있다. 그것은 지난해부터 적자에 변화가 없도록 계획하는 것이다.

의장으로서 당신의 업무에 대한 추가 글

당신은 업무 계획에 따라 정해진 시간 한계를 준수하기 위해 회의를 다잡아 잘 운영해야 한다.

당신의 집단구성원들이 원하는 대로 생각하게 하라. 그것을 고취해라. 그들에게 그것을 할 수 있는 시간을 주라. 논쟁 방법보다 수들을 분석하라.

분명히 공식적이어야 한다. 처음부터 모든 사람이 그 혹은 그녀를 알도록 하라. 각각이 제안을 하도록 하라. 모든 사람이 제한을 가지고 말하도록 하라. 투표를 하는 것에 대해 단호하라. 당신의 업무는 다음 연도 예산 적자의 금액을 예측하는 것이라는 것을 기억하라.

관리예산처장과 돈독한 관계를 유지하라.

9. 재무성 장관

당신은 직업이 대리인이다. 경제학자가 아니다. 예측은 거리의 사람들에 의해 이루어지든 경제학자에 의해 이루어지든 그 정확성이 비슷하고 말도 안 되는 엉터리다.

그러나 이 적자로 인해 당신은 겁을 먹는다. 왜 우리는 규율이 없을까? 왜 큰 소리 칠 수 있는 금본위제도가 아닐까?

연준(여러분들이 연방준비은행 체제라 부르는 것)은 매번 프리드먼(Milton Friedman)이 주장하는 잘못을 범한 것 같다. 어떻게 자신의 잘못을 사랑하는 사람에 대해 신뢰를 가질 수 있을까? 이 예측에 의해 연방준비은행 체제는 결정에서 벗어날 수 있게 된다. 컴퓨터가 화폐 공급을 조절하고 결정 과정에서 화폐 공급이 제외된다고 가정한다.

금융시장이 안절부절 못하고 그 속에서 당신은 정부를 위한 주 채무자로 대리하고 있다. 적자 규모를 크게 예측함으로써 금융시장을 더 시끄럽게 하지 않는 것이 낫다. 사실 2년 전보다 더 규모가 크지 않도록 가능한 적게 추측을 한다. 조세에 대한 예측치를 낮게 하고, 그것과 의회의 세출 습관이 일치되도록 함으로써 적자가 해소될 수 있을 것이다.

화려한 모형은 옛 싸구려 상점이 계산기를 이용했던 방법만큼 잘 되지 않을 것이다. 단순할수록 더 좋다. 그것은 누구든 예산을 삭감하려는 논리를 더할 수 있다는 것을 보여 줄 것이다.

의장으로서 당신의 업무에 대한 추가 글

당신은 업무 계획에 따라 정해진 시간 한계를 준수하기 위해 회의를 다잡아 잘 운영해야 한다.

당신의 집단구성원들이 원하는 대로 생각하게 하라. 그것을 고취해라. 그들에게 그것을 할 수 있는 시간을 주라. 논쟁 방법보다 수들을 분석하라.

분명히 공식적이어야 한다. 처음부터 모든 사람이 그 혹은 그녀를 알도록 하라. 각각이 제안을 하도록 하라. 모든 사람이 제한을 가지고 말하도록 하라. 투표를 하는 것에 대해 단호하라. 당신의 업무는 다음 연도 예산 적자의 금액을 예측하는 것이라는 것을 기억하라.

대통령 경제자문위원회 의장과 돈독한 관계를 유지하라.

10. 관리예산처장

당신은 대통령의 가장 신뢰하는 보좌관 중의 한 사람이다. 그리고 당신은 대통령의 가장 신뢰받는 보좌관이어야 한다. 왜냐하면 당신은 동부 공화당 세력가 혹은 이른바 공화당의 록펠러파로 구성된 대통령의 내부 서클의 유일한 구성원이기 때문이다. 당신은 미국기업연구소(AEI)와 주역으로 활동해야 한다. 즉, 당신은 보수적이라고 알려진 싱크탱크에서 대통령이 대통령으로 선출되기 전에 대통령의 사업을 열렬히 지지한 열성 지지자로 활동해야 한다.

당신의 배경은 투자 은행이다. 당신의 기업은 Bobbling, Bobeld, Bobert, Bmith 등으로 세계 어느 곳에서든 가장 큰 회사다. 당신은 정부 재정과 시장에 대해 알아야 할 것을 다 알고 있다.

당신은 적자 예측에 정말 당혹하지 않는다. 왜냐하면 당신이 반복해서 강조한 것은 가처분 소득(세금 후 사람들에게 소비하도록 남겨진 것)이기 때문이다. 만약 조세 후 소득이 크다면 투자가 증대할 것이고 저축도 고무될 수 있을 것이다. 적자가 크면 클수록 사실 가처분 소득도 그만큼 커진다(조세가 감소하고 그리고 정부 지출은 더 많은 가처분 소득을 발생시킨다).

기법에 관한 한, 세련되면 될수록 더 좋다. 그러나 항상 틀릴 가능성이 있다. 왜냐하면 마술사 혹은 의사가 의학에 대해 아는 것보다 경제학자는 경제에 대해 아는 바가 더 없기 때문이다.

의장으로서 당신의 업무에 대한 추가 글

당신은 업무 계획에 따라 정해진 시간 한계를 준수하기 위해 회의를 다잡아 잘 운영해야 한다.

당신의 집단구성원들이 원하는 대로 생각하게 하라. 그것을 고취해라. 그들에게 그것을 할 수 있는 시간을 주라. 논쟁 방법보다 수들을 분석하라.

분명히 공식적이어야 한다. 처음부터 모든 사람이 그 혹은 그녀를 알도록 하라. 각각이 제안을 하도록 하라. 모든 사람이 제한을 가지고 말하도록 하라. 투표를 하는 것에 대해 단호하라. 당신의 업무는 다음 연도 예산 적자의 금액을 예측하는 것이라는 것을 기억하라.

대통령 경제자문위원회 의장과 돈독한 관계를 유지해라.

11. 대통령 경제자문위원회 의장

당신은 이 위원회만 제외하고 모든 위원회에서 가장 탁월한 경제학자다. 아무도 당신의 방법을 존경하지 않는다. 당신은 당신의 모형이 진실을 향해 편의되어 있다는 것을 안다. 당신의 구성원들이 잘해서 정책결정자들은 무엇보다 자료에 대한 걱정 없이 결정을 할 수 있다.

당신의 모형이 대통령의 이익을 위해 어떻게 그리고 왜 작동하는지에 대해 이 집단에게 설명할 이유가 전혀 없다.

어떤 희생을 치르고라도 당신은 예언력을 보호하기 위해 예측을 중립적으로 유지하기를 원한다. 당신은 이 행정부는 예산사업 모두가 실행될 것이라고 생각하면서 예산을 의회에 보낸다는 것을 알고 있다. 당신에게 그것은 의회에 모든 공격 무기를 주어서 예산을 "손쓸 수 없는 것"으로 치부하는 것이다. 당신의 관점에서 이 예측은 "손쓸 수 없는 것"이 아닐 것이다. 당신은 경제적 예측으로부터 정책과 소위 판단(정치적 놀이)을 지키기 위해 누구와도 싸울 수 있다. 만약 당신이 그렇지 않았다면 당신이 돌아갔을 때 하버드대학에서 또는 브루킹스연구소 세미나에서 사람들이 당신에 대해 무엇을 말할 수 있었겠는가?

경제학자는 싸울 수 있다. 당신은 경제학자다. 당신은 무엇을 해야 하는지 알고 있다.

의장으로서 당신의 업무에 대한 추가 글

당신은 업무 계획에 따라 정해진 시간 한계를 준수하기 위해 회의를 다잡아 잘 운영해야 한다.

당신의 집단구성원들이 원하는 대로 생각하게 하라. 그것을 고취해라. 그들에게 그것을 할 수 있는 시간을 주라. 논쟁 방법보다 수들을 분석하라.

분명히 공식적이어야 한다. 처음부터 모든 사람이 그 혹은 그녀를 알도록 하라. 각각이 제안을 하도록 하라. 모든 사람이 제한을 가지고 말하도록 하라. 투표를 하는 것에 대해 단호하라. 당신의 업무는 다음 연도 예산 적자의 금액을 예측하는 것이라는 것을 기억하라.

그럼에도 불구하고, 당신의 모형이 포함한 요인들이 주어진 경우에, 적자가 지난해에 대해 -2%가 되게 추정하라.

12. 대통령 경제자문위원회 의장

당신은 이 위원회만 제외하고 모든 위원회에서 가장 탁월한 경제학자다. 아무도 당신의 방법을 존경하지 않는다. 당신은 당신의 모형이 진실을 향해 편의되어 있다는 것을 안다. 당신의 구성원들이 잘해서 정책결정자들은 무엇보다 자료에 대한 걱정 없이 결정을 할 수 있다.

당신의 모형이 대통령의 이익을 위해 어떻게 그리고 왜 작동하는지에 대해 이 집단에게 설명할 이유가 전혀 없다.

어떤 희생을 치르고라도 당신은 예언력을 보호하기 위해 예측을 중립적으로 유지하기를 원한다. 당신은 이 행정부는 예산사업 모두가 실행될 것이라고 생각하면서 예산을 의회에 보낸다는 것을 알고 있다. 당신에게 그것은 의회에 모든 공격 무기를 주어서 예산을 "손쓸 수 없는 것"으로 치부하는 것이다. 당신의 관점에서 이 예측은 "손쓸 수 없는 것"이 아닐 것이다. 당신은 경제적 예측으로부터 정책과 소위 판단(정치적 놀이)을 지키기 위해 누구와도 싸울 수 있다. 만약 당신이 그렇지 않았다면 당신이 돌아갔을 때 하버드대학에서 또는 브루킹스연구소 세미나에서 사람들이 당신에 대해 무엇을 말할 수 있었겠는가?

경제학자는 싸울 수 있다. 당신은 경제학자다. 당신은 무엇을 해야 하는지 알고 있다.

의장으로서 당신의 업무에 대한 추가 글

당신은 업무 계획에 따라 정해진 시간 한계를 준수하기 위해 회의를 다잡아 잘 운영해야 한다.

당신의 집단구성원들이 원하는 대로 생각하게 하라. 그것을 고취해라. 그들에게 그것을 할 수 있는 시간을 주라. 논쟁 방법보다 수들을 분석하라.

분명히 공식적이어야 한다. 처음부터 모든 사람이 그 혹은 그녀를 알도록 하라. 각각이 제안을 하도록 하라. 모든 사람이 제한을 가지고 말하도록 하라. 투표를 하는 것에 대해 단호하라. 당신의 업무는 다음 연도 예산 적자의 금액을 예측하는 것이라는 것을 기억하라.

그럼에도 불구하고, 당신의 모형이 포함한 요인들이 주어진 경우에, 적자가 지난해에 대해 -4%가 되게 추정하라.

13. 대통령 경제자문위원회 의장

당신은 이 위원회만 제외하고 모든 위원회에서 가장 탁월한 경제학자다. 아무도 당신의 방법을 존경하지 않는다. 당신은 당신의 모형이 진실을 향해 편의되어 있다는 것을 안다. 당신의 구성원들이 잘해서 정책결정자들은 무엇보다 자료에 대한 걱정 없이 결정을 할 수 있다.

당신의 모형이 대통령의 이익을 위해 어떻게 그리고 왜 작동하는지에 대해 이 집단에게 설명할 이유가 전혀 없다.

어떤 희생을 치르고라도 당신은 예언력을 보호하기 위해 예측을 중립적으로 유지하기를 원한다. 당신은 이 행정부는 예산사업 모두가 실행될 것이라고 생각하면서 예산을 의회에 보낸다는 것을 알고 있다. 당신에게 그것은 의회에 모든 공격 무기를 주어서 예산을 "손쓸 수 없는 것"으로 치부하는 것이다. 당신의 관점에서 이 예측은 "손쓸 수 없는 것"이 아닐 것이다. 당신은 경제적 예측으로부터 정책과 소위 판단(정치적 놀이)을 지키기 위해 누구와도 싸울 수 있다. 만약 당신이 그렇지 않았다면 당신이 돌아갔을 때 하버드대학에서 또는 브루킹스연구소 세미나에서 사람들이 당신에 대해 무엇을 말할 수 있었겠는가?

경제학자는 싸울 수 있다. 당신은 경제학자다. 당신은 무엇을 해야 하는지 알고 있다.

의장으로서 당신의 업무에 대한 추가 글

당신은 업무 계획에 따라 정해진 시간 한계를 준수하기 위해 회의를 다잡아 잘 운영해야 한다.

당신의 집단구성원들이 원하는 대로 생각하게 하라. 그것을 고취해라. 그들에게 그것을 할 수 있는 시간을 주라. 논쟁 방법보다 수들을 분석하라.

분명히 공식적이어야 한다. 처음부터 모든 사람이 그 혹은 그녀를 알도록 하라. 각각이 제안을 하도록 하라. 모든 사람이 제한을 가지고 말하도록 하라. 투표를 하는 것에 대해 단호하라. 당신의 업무는 다음 연도 예산 적자의 금액을 예측하는 것이라는 것을 기억하라.

그럼에도 불구하고, 당신의 모형이 포함한 요인들이 주어진 경우에, 적자가 (지난해와 같게) 0%가 되게 추정하라.

14. 대통령 경제자문위원회 의장

당신은 이 위원회만 제외하고 모든 위원회에서 가장 탁월한 경제학자다. 아무도 당신의 방법을 존경하지 않는다. 당신은 당신의 모형이 진실을 향해 편의되어 있다는 것을 안다. 당신의 구성원들이 잘해서 정책결정자들은 무엇보다 자료에 대한 걱정 없이 결정을 할 수 있다.

당신의 모형이 대통령의 이익을 위해 어떻게 그리고 왜 작동하는지에 대해 이 집단에게 설명할 이유가 전혀 없다.

어떤 희생을 치르고라도 당신은 예언력을 보호하기 위해 예측을 중립적으로 유지하기를 원한다. 당신은 이 행정부는 예산사업 모두가 실행될 것이라고 생각하면서 예산을 의회에 보낸다는 것을 알고 있다. 당신에게 그것은 의회에 모든 공격 무기를 주어서 예산을 "이미 죽어서 손쓸 수 없는 것"으로 치부하는 것이다. 당신의 관점에서 이 예측은 "이미 죽어서 손쓸 수 없는 것"이 아닐 것이다. 당신은 경제적 예측으로부터 정책과 소위 판단(정치적 놀이)을 지키기 위해 누구와도 싸울 수 있다. 만약 당신이 그렇지 않았다면 당신이 돌아갔을 때 하버드대학에서 또는 브루킹스연구소 세미나에서 사람들이 당신에 대해 무엇을 말할 수 있었겠는가?

경제학자는 싸울 수 있다. 당신은 경제학자다. 당신은 무엇을 해야 하는지 알고 있다.

의장으로서 당신의 업무에 대한 추가 글

당신은 업무 계획에 따라 정해진 시간 한계를 준수하기 위해 회의를 다잡아 잘 운영해야 한다.

당신의 집단구성원들이 원하는 대로 생각하게 하라. 그것을 고취해라. 그들에게 그것을 할 수 있는 시간을 주라. 논쟁 방법보다 수들을 분석하라.

분명히 공식적이어야 한다. 처음부터 모든 사람이 그 혹은 그녀를 알도록 하라. 각각이 제안을 하도록 하라. 모든 사람이 제한을 가지고 말하도록 하라. 투표를 하는 것에 대해 단호하라. 당신의 업무는 다음 연도 예산 적자의 금액을 예측하는 것이라는 것을 기억하라.

그럼에도 불구하고, 당신의 모형이 포함한 요인들이 주어진 경우에, 적자가 지난해에 대해 +2%가 되게 추정하라.

15. 대통령 경제자문위원회 의장

당신은 이 위원회만 제외하고 모든 위원회에서 가장 탁월한 경제학자다. 아무도 당신의 방법을 존경하지 않는다. 당신은 당신의 모형이 진실을 향해 편의되어 있다는 것을 안다. 당신의 구성원들이 잘해서 정책결정자들은 무엇보다 자료에 대한 걱정 없이 결정을 할 수 있다.

당신의 모형이 대통령의 이익을 위해 어떻게 그리고 왜 작동하는지에 대해 이 집단에게 설명할 이유가 전혀 없다.

어떤 희생을 치르고라도 당신은 예언력을 보호하기 위해 예측을 중립적으로 유지하기를 원한다. 당신은 이 행정부는 예산사업 모두가 실행될 것이라고 생각하면서 예산을 의회에 보낸다는 것을 알고 있다. 당신에게 그것은 의회에 모든 공격 무기를 주어서 예산을 "손쓸 수 없는 것"으로 치부하는 것이다. 당신의 관점에서 이 예측은 "손쓸 수 없는 것"이 아닐 것이다. 당신은 경제적 예측으로부터 정책과 소위 판단(정치적 놀이)을 지키기 위해 누구와도 싸울 수 있다. 만약 당신이 그렇지 않았다면 당신이 돌아갔을 때 하버드대학에서 또는 브루킹스연구소 세미나에서 사람들이 당신에 대해 무엇을 말할 수 있었겠는가?

경제학자는 싸울 수 있다. 당신은 경제학자다. 당신은 무엇을 해야 하는지 알고 있다.

의장으로서 당신의 업무에 대한 추가 글

당신은 업무 계획에 따라 정해진 시간 한계를 준수하기 위해 회의를 다잡아 잘 운영해야 한다.

당신의 집단구성원들이 원하는 대로 생각하게 하라. 그것을 고취해라. 그들에게 그것을 할 수 있는 시간을 주라. 논쟁 방법보다 수들을 분석하라.

분명히 공식적이어야 한다. 처음부터 모든 사람이 그 혹은 그녀를 알도록 하라. 각각이 제안을 하도록 하라. 모든 사람이 제한을 가지고 말하도록 하라. 투표를 하는 것에 대해 단호하라. 당신의 업무는 다음 연도 예산 적자의 금액을 예측하는 것이라는 것을 기억하라.

그럼에도 불구하고, 당신의 모형이 포함한 요인들이 주어진 경우에, 적자가 지난해에 대해 +4%가 되게 추정하라.

참고 문헌

Aaron, Henry(1975). *Who Pays the Property Tax? A New View*. Washington, D. C.: Brookings Institution.

Academy of State and Local Government(1984). "Local Alternatives to the Property Tax: User Charges and Nonproperty Taxes," in Becker, Stephanie, "Local Finance: A Bootstraps Operation." *Intergovernmental Perspective*. 10(2) (Spring): 20.

Adams, Carolyn Teich(1988). *The Politics of Capital Investment: The Case of Philadelphia*. Albany, N.Y.: State University of New York Press.

Adrian, Charles R.(1987). A *History of American City Government: The Emergence of the Metropolis, 1920-1945*. New York: Lanham.

Adrian, Charles R. and Ernest S. Griffith(1976). *A History of American City Government: The Formation of Tradition, 1775-1870*. New York: Praeger.

Advisory Commission on Intergovernmental Relations(ACIR)(1961). *Investment of Idle Cash Balances by State and Local Government*. Washington, D.C.: U.S. Government Printing Office.

———(1973). *Regional Decision-Making: New Strategies for Substate Districts*(A-43). Washington, D.C.: Superintendent of Documents.

———(1977). *Improving Federal Grants Management: The Intergovernmental Grant System: An Assessment and Proposed Policies*. Washington, D. C.: U. S. Government Printing Office.

Aldrich, Howard E.(1979). *Organizations and Environments*. Englewood Cliffs, N. J.: Prentice-Hall.

Aldrich, Howard E. and David A. Whetten(1981). "Organization-Sets, Action-Sets, and Networks: Making the Most of Simplicity," in *Handbook of Organizational Design Vol.* 1. Nystrom, Paul C. and William H.

Starbuck(eds.), New York: Oxford University Press.

Ansoff, Igor(1965). *Corporate Strategy.* New York: McGraw-Hill.

Anthony, Robert N.(1965). *Planning and Control Systems.* Cambridge: Harvard University Press.

Anton, Thomas J.(1967). "Roles and Symbols in the Determination of State Expenditures." *Midwest Journal of Political Science.* 11: 27-43.

Archer, Stephen H.(1964). "The Structure of Management Decision Theory." *Academy of Management Review.* 7: 269-287.

Aronson, J. Richard(1968). "The Idle Balances of State and Local Governments: An Economic Analysis of National Concern." *Journal of Finance. 23*(June): 499-508.

Aronson, J. Richard and Eli Schwartz(1987). *Management Policies in Local Government Finance* (3rd ed.), Washington, D. C.: International City Management Association.

Ascher, William(1978). *Forecasting: An Appraisal for Policy-Makers and Planners.* Baltimore, Md.: Johns Hopkins University Press.

Astley, W. Graham(1985). "Administrative Science as Socially Constructed truth." *Administrative Science Quarterly.* 30: 497-513.

Bachrach, Samuel B. and Edward J. Lawler(1980). *Power and Politics in Organizations.* San Francisco: Jossey-Bass.

Barber, James David(1966). *Power in Committees.* Chicago: Rand-McNally.

Barker, Lucius J. and Donald Jansiewicz(1970). "Coalitions in the Civil Rights Movement," in *The Study of Coalition Behavior*, Groennings, Sven, E. W. Kelly, and Michael Leiserson(eds.), New York: Holt, Rinehart & Winston.

Barnard, Chester I.(1968). *The Functions of the Executive*, 30th Anniversary Edition. Cambridge, Mass.: Harvard University Press.

Baumol, William J.(1951). "The Transactions Demand for Cash: An Inventory Theoretic Approach." *Quarterly Journal of Economics.* 66 (November): 543.

Bayless, Pamela(1985). "A Fast-Lane Financing." *Institutional Investor.* 19: 1(January): 253-254.

Bear, Robert M.(1981). "Futures Contracts," in *Handbook of Financial Markets: Securities, Options, Futures.* Fabozzi, Frank 1. and Frank G. Zarb (eds.), Homewood, Ill., Dow Jones-Irwin.

Beer, Stafford(1959). *Cybernetics and Management.* New York: John Wiley & Sons.

Bennett, James T. and Thomas J. DiLorenzo (1983). *Underground Government: The Off-Budget Public Sector.* Washington, D.C.: Cato Institute.

Berelson, Bernard R., Paul F. Lazarsfeld, and William N. McPhee(1954). *Voting.* Chicago: University of Chicago Press.

Berger, Peter L. and Thomas Luckmann(1966). *The Social Construction of Reality: A Treatise in the Sociology of Knowledge.* New York: Doubleday.

Bermany, Larry(1979). *The Office of Management and Budget and the Presidency 1921-1979.* Princeton, N. J.: Princeton University Press.

Berne, Robert and Richard Schramm(1986). *The Financial Analysis of Governments.* Englewood Cliffs, N. J.: Prentice-Hall.

Bettis, Richard(1983). "Modern Financial Theory, Corporate Strategy and Public Policy: Three Conundrums." *Academy of Management Review.* 8(3): 406-415.

Bianco, Anthony(1985). "Playing with Fire." *Business Week.* (September 16): 78-90.

Bibb, James W.(1984). "A Retrospective Look at State Budgeting." *State and Local Government Review.* 16(3): 123-129.

Black, Fischer and Myron Scholes (1973). "The Pricing of Options and Corporate Liabilities." *Journal of Political Economy.* 81: 637-654.

Bland, Robert L.(1985), "The Interest Cost Savings from Experience in the Municipal Bond Market." *Public Administration Review.* 45: 233-237.

Bleakney, Thomas P.(1980). "Municipal and State Pension Plans," in Levine, Sumner N.(ed.), *Investment Manager's Handbook.* Homewood, Ill.: Dow Jones-Irwin, 709-724.

Blinder, A. S. and R. M. Solow(1973). "Does Fiscal Policy Matter?" *Journal of Public Economics.* (November): 319-337.

Boldt, Harold E.(1984). "Do You Know the Way to San Jose? Or Would You Like to Invest City Funds in Long Term Government Bonds?" *Missouri Municipal League Journal.* (September): 17-19.

Bolles, Albert S.(1869). *The Financial History of the United States*, 3 vols. New York: D. Appleton & Company.

Borcherding Thomas E.(ed.)(1977). *Budgets and Bureaucrats: The Sources of*

Government Growth. Durham, N.C.: Duke University Press.

Boss, R. Wayne(1976). "Decision Making: Theories and Applications to the Budgetary Process," in Golembiewski, Robert T., Frank K. Gibson, and Geoffrey Y. Cornog (eds.), *Public Administration.* Chicago: Rand McNally.

Bozeman, Barry and Jeffrey D. Straussman(1982). "Shrinking Budgets and the Shrinkage of Budget Theory." *Public Administration Review.* 42 (November/December): 509-515.

Braybrooke, David and Charles E. Lindblom(1963). A *Strategy of Decision: Policy Evaluation as a Social Process.* Glencoe, Il.: Free Press of Glencoe.

Break, George F.(1967). *Intergovernmental Fiscal Relations in the United States.* Washington, D.C., Brookings Institution.

Brewer, Elijah(1985). "Bank Gap Management and the Use of Financial Futures." *Federal Reserve Bank of Chicago: Economic Perspectives.* 9(2) (March/April): 12-22.

Brown, B. and O. Helmer(1962). *Improving the Reliability of Estimates Obtained from a Consensus of Experts.* Santa Monica, Calif.: Rand Corporation.

Brown, Richard E.(1985). "On the State of State Auditing: Analysis, Reflections." *Public Budgeting and Finance.* 4: 85-86.

Brunsson, N.(1989). *The Organization of Hypocrisy.* Chichester, England: John Wiley.

Buchanan, James M.(1987). *Public Finance in Democratic Process: Fiscal Institutions and Individual Choice.* Chapel Hill: University of North Carolina Press.

Buchanan, James M. and Gordon Tullock(1962). *The Calculus of Consent: Logical Foundations of Constitutional Democracy.* Ann Arbor: University of Michigan Press.

Burchell, Stuart, C. Clubb, A. G. Hopwood, J. Hughes and J. Nahapiet(1980). "The Roles of Accounting in Organizations and Society." *Accounting, Organizations and Society.* 5 (June): 14.

Burgelman, R. A.(1983). "A Model of the Interaction of Strategic Behavior, Corporate Context, and the Concept of Strategy." *Academy of Management Review.* 8: 61-70.

Burkhead, Jesse(1956). *Government Budgeting*. New York: John Wiley & Sons.

Caiden, Naomi(1983). "The Politics of Subtraction," in Schick, Allen, (ed.), *Making Economic Policy in Congress*. Washington, D.C., American Enterprise Institute.

———(1988). "Shaping Things to Come: Super-Budgeters as Heroes (and Heroines) in the Late-Twentieth Century," in Rubin, I.(ed.), *New Directions in Budget Theory*. Albany: State University of New York Press.

Caplan, Edwin H.(1966). "Behavioral Assumptions of Management Accounting." *The Accounting Review*. 16(July): 496-509.

Carter, Lief H.(1985). *Contempory Constitutional Lawmaking: The Supreme Court and the Art of Politics*. New York: Pergamon.

Cartwright, Dorwin(1959). *Studies in Social Power*. Institute for Social Research, Ann Arbor: University of Michigan.

Cater, Douglass(1964). *Power in Washington*. New York: Vintage.

Chandler, Jr., Alfred D.(1962). *Strategy and Structure: Chapters in the History of the American Industrial Enterprise*. Cambridge, MIT Press.

Churchman, C. West(1968). *The Systems Approach*. New York: Dell.

Clark, Terry Nichols and Lorna Crowley Ferguson(1983). *City Money*. New York: Columbia University Press.

Clayton, Ross, Patrick Conklin and Raymond Shapek(eds.)(1975). "Symposium: Policy Management Assistance—A Developing Dialogue." *Public Administration Review*. 35: 693-818.

Cleveland, Frederick, A.(1915). "Evolution of the Budget Idea in the United States." *Annals of the American Academy of Political and Social Science*. 62: 1-23.

Coe, Charles K.(1982). "Structuring the Finance Department in a Time of Uncertainty." *Government Finance*. 11(4): 7-9.

Cohen, Michael D. and James G. March(1974). *Leadership and Ambiguity*. New York: McGraw-Hill.

———(1986). *Leadership and Ambiguity*: The *American College President* (2nd ed.), Cambridge, Harvard Business School Press.

Cohen, Michael, James G. March and Johan P. Olsen(1972). "A Garbage Can Model of Organizational Choice." *Administrative Science Quarterly*. 17:

1-25.

Collins, Randall(1981). "On the Microfoundations of Microsociology." *American Journal of Sociology*. 86: 984-1014.

Comptroller General of the Unite States(1985). *Managing the Cost of Government: Building an Effective Financial Management Structure*. Vol. 2, Conceptual Framework(GAO/AFMC_85_35_A). Washington, D.C.: U.S. General Accounting Office.

Cope, Glen Hahn(1987). "Local Government Budgeting and Productivity: Friends or Foes?" *Public Productivity Review*. 41: 45-57.

Copeland, Thomas E. and J. Fred Weston(1979). *Financial Theory and Corporate Policy*. Reading, Mass.: Addison-Wesley Publishing Company.

Crecine, John P.(1967). "A Computer Simulation Model of Municipal Budgeting." *Management Science*. 13: 786-815.

―――(1969). *Government Problem Solving*. Chicago: Rand McNally.

Cummings, Larry L.(1982). "Organizational Behavior." *Annual Review of Psychology*. 33: 541-579.

Cyert, Richard M. and James G. March (1963). A *Behavioral Theory of the Firm.* Englewood Cliffs, N.J.: Prentice-Hall.

Daft, R. L. and Karl E. Weick(1984). "Toward a Model of Organizations as Interpretation Systems." *Academy of Management Review*. 9(2): 284-295.

Dale, Betsy(1988). "The Grass May Not be Greener: Commercial Banks and Investment Banking." *Economic Perspectives*. 12(6): 3-15.

Dandrige, Thomas C., Ian Mitroff, and William F. Joyce(1980). "Organizational Symbolism: A Topic to Expand Organizational Analysis." *Academy of Management Review*. 5: 77-82.

Davis, Otto A., Michael A. H. Dempster, and Aaron Wildavsky(1966). "A Theory of the Budgetary Process." *American Political Science Review*. 60(3): 529-547.

Delbecq, Andre L., Andrew H. Van de Ven, and David H. Gustafson(1975). *Group Techniques for Program Planning: A Guide to Nominal Group and Delphi Processes.* Glenview, Ill.: Scott, Foresman.

Deutsch, Karl W.(1961). *The Nerves of Government: Models of Political Communication and Control.* New York: Free Press.

Dew, James Kurt(1981). "Financial Futures for State and Local Governments."

Government Finance. 10 (December): 29-34.

Dewey, Davis Rich(1930). *Financial History of the United States* (12th ed.), New York: Longmans, Green & Co.

Dinham, Sarah M.(1976). *Exploring Statistics*. Monterey, Calif.: Brooks/Cole.

Downs, Anthony(1957). *An Economic Theory of Democracy*. New York: Harper & Bros.

———(1967). *Inside Bureaucracy*. Boston: Little, Brown.

Drabenstott, Mark and Anne O'Mara McDonley (1984). "Futures Markets: A Primer for Financial Institutions." *Federal Reserve Bank of Kansas City: Economic Review*. 69(9) (November): 17-33.

Dror, Yehezkel(1964). "Muddling Through-"Science" or Inertia?" *Public Administration Review*. 24: 153-157.

Duncan, Harley T.(1980). *Local Government Idle Funds Management in Texas*. Austin, Tex.: Lyndon B. Johnson School of Public Affairs, University of Texas at Austin.

Dunn, William N.(1981). *Public Policy Analysis*. Englewood Cliffs, N. J.: Prentice-Hall.

Edelman, Murray(1964). *The Symbolic Uses of Politics*. Urbana, Ill.: University of Illinois Press.

———(1977). *Political Language: Words that Succeed and Policies That Fail*. New York: Academic Press.

———(1988). *Constructing the Political Spectacle*. Chicago: University of Chicago Press.

Eghtedari, Ali and Frank Sherwood(1960). "Performance Budgeting in Los Angeles." *Public Administration Review*. 20: 25-33.

Eisner, Robert and Paul J. Pieper(1984). "A New View of the Federal Debt and Budget Deficits." *American Economic Review*. 74: 11-29.

Elder, Charles D. and Roger W. Cobb(1983). *The Political Uses of Symbols*. New York: Longman.

Elkin, Stephen L.(1987). *City and Regime in the American Republic*. Chicago: University of Chicago Press.

Enke, Stephen(1967). *Defense Management*. Englewood Cliffs, N. J.: Prentice-Hall.

Epstein, Paul(1984). "The Value of Measuring and Improving Performance," in Bozeman, Barry and Jeffrey Straussman(eds.), *Directions in Public*

Administration. Monterey, Calif.: Brooks/Cole.

Ernst & Whinney(1979). *How Cities Can Improve Their Financial Reporting*. New York: Ernst & Whinney.

Evan, William M.(1966). "The Organization-Set: Toward a Theory of Inter-organizational Relations," in Thompson, James D. (ed.), *Approaches to Organizational Design*. Pittsburgh: University of Pittsburgh Press.

Executive Summary of Volume II of the Study Committee on Policy Management Assistance reports, "Strengthening Public Management in the Intergovernmental System"(1975), *Public Administration Review*. Special Issue.

Fabozzi, Frank J., Sylvan G. Feldstein, Irving M. Pollack and Frank G. Zarb (eds.). (1983). *The Municipal Bond Handbook*, 2 vols. Homewood, Ill.: Dow Jones-Irwin.

Fabozzi, Frank J. and Frank G. Zarb(1981). *Handbook of Financial Markets*. Homewood, Ill.: Dow Jones-Irwin.

Fama, Eugene F. and Merton H. Miller(1972). *The Theory of Finance*. New York: Holt.

Federalist #51(n.d.) Modern Library Edition, New York: Random House.

Feldman, Martha S. and James G. March(1981). "Information as Signal and Symbol," *Administrative Science Quarterly*. 26: 171-186.

Fenno, Richard(1966). *The Power of the Purse*. Boston, Mass.: Little, Brown.

Ferguson, Thomas and Joel Rogers(1986). *Right Turn*. New York: Hill & Wang.

Fischer, Frank(1980). *Politics, Values and Public Policy: The Problem of Methodology*. Boulder, Co.: Westview.

Fischer, Gregory W. and Mark S. Kamlet(1984). "Explaining Presidential Priorities: The Competing Aspiration Levels Model of Macro-budgetary Decision Making." *American Political Science Review*. 78: 356-371.

Forbes, Ronald W. and John E. Petersen(1983). "State Credit Assistance to Local Governments," in Petersen, John E. and Wesley C. Hough(eds.), *Creative Capital Financing for State and Local Governments*. Chicago: Municipal Finance Officers Association.

Fox, Kenneth(1977). *Better City Government: Innovation in American Urban Politics, 1850-1937*. Philadelphia, Penn.: Temple University Press.

———(1986). *Metropolitan America: Urban Life and Urban Policy in the United States 1940-1980*. Jackson: University Press of Mississippi.

Freeman, J. H.(1978). "The Unit of Analysis in Organizational Research," in Meyer, Marshall W., John H. Freeman, Michael T. Hannan, John W. Meyer, William G. Ouchi, Jeffrey Pfeffer and W. Richard Scott (eds.), *Environments and Organizations*. San Francisco: Jossey-Bass.

Freeman, J. Leiper(1965). *The Political Process*. New York: Random House.

Freeman, Robert J., Craig D. Shoulders and Edward S. Lynn(1988). *Governmental and Nonprofit Accounting: Theory and Practice*(3rd ed.), Englewood Cliffs, N.J.: Prentice-Hall.

French, John R. P., Jr. and Bertram Raven(1959). "The Bases of Social Power," in Cartwright, Dorwin(ed.), *Studies in Social Power*. Ann Arbor: Institute for Social Research, University of Michigan.

Friedman, Lewis B.(1975). *Budgeting Municipal Expenditures: A Study in Comparative Policy Making*. New York: Praeger.

Friedman, Milton(1953). "The Methodology of Positive Economics," Friedman, Milton(ed.), *Essays in Positive Economics*. Chicago: University of Chicago Press.

———(1956). *Studies in the Quantity Theory of Money*. Chicago: University of Chicago Press.

Fullerton, Don(1982). "On the Possibility of an Inverse Relationship between Tax Rates and Government Revenues." *Journal of Public Economics*. 19(1): 3-22.

Gergen, K. J.(1978). "Toward Generative Theory." *Journal of Personality and Social Psychology*. 36: 1344-1360.

Gerwin, D.(1969). "A Process Model of Budgeting in a Public School System." *Management Science*. 15: 338-361.

Gist, John R.(1982). "Stability and 'Competition' in Budgetary Theory." *American Political Science Review*. 76: 859-872.

———(1989). "Decision Making in Public Administration," in Rabin, Jack, Gerald J. Miller, and W. Bartley Hildreth(eds.), *Handbook of Public Administration*. New York: Marcel Dekker.

Glassman, R. B.(1973). "Persistence and Loose Coupling in Living Systems." *Behavioral Science*. 18: 83-98.

Goffman, Erving(1961). *Asylums*. Garden City, N.Y.: Doubleday.

———(1974). *Frame Analysis: An Essay on the Organization of Experience*. New York: Harper & Row.

Golembiewski, Robert T.(1964). "Accountancy as a Function of Organization Theory." *Accounting Review*. 39 (April): 333-341.

———(1965). *Men, Management and Morality: Toward a New Organizational Ethic*. New York: McGraw-Hill.

———(1969). "The Wages of Methodological Inelegance Is Circularity, Ill: Simon's 'Decision-Making' as Intent and Content," in Golembiewski, Robert T., William A. Welsh, and William J. Crotty (eds.), *A Methodological Primer for Political Scientists. Chicago*: Rand-McNally.

———(1977). *Public Administration as a Developing Discipline, Part 1: Perspectives on Past and Present*. New York: Marcel Dekker.

———(1980). "The Near-Future of Graduate Public Administration Programs in the U. S." *Southern Review of Public Administration*. 3: 337-353.

———(1989). *Men, Management, and Morality: Toward a New Organizational Ethicl Piscataway*, N.J.: Transaction Books.

Golembiewski, Robert T. and Jack Rabin(1975). *Public Budgeting and Finance*. Itasca, Ill.: Peacock.

Golembiewski, Robert T. and Gerald J. Miller(1981). "Small Groups in Political Science." in Long, Samuel(ed.), *Handbook of Political Behavior*, Vol. 2: 1-71. New York: Plenum Press.

Goodman, Laurie S.(1983). "New Options Markets." Federal Reserve Bank of New York: *Quarterly Review*. 8(3) (Autumn): 35-47.

Gouldner, Alvin W.(1954). *Patterns of Industrial Bureaucracy*. New York: Free Press of Glencoe.

Graen, Georage Bearnard and Terri A. Scandura(1987). "Toward a Psychology of Dyadic Organizing." *Research in Organizational Behavior*. 9: 175-208.

Gregory, K. L.(1983). "Naive-View Paradigms: Multiple Cultures and Culture Conflicts in Organizations." *Administrative Science Quarterly*. 28: 359-376.

Greider, William(1987). *Secrets of the Temple: How the Federal Reserve RUNS the Country*. New York: Simon & Schuster.

Greiner, L. E.(1983). "Senior Executives as Strategic Actors." *New Management*. 1(2): 11-15.

Grizzle, Gloria(1986). "Does Budget Format Govern Actions of Budgetmakers?" *Public Budgeting and Finance*. 6(Spring): 60-70.

Gross, Bertram M.(1969). "The New Systems Budgeting." *Public Administration Review*. 29: 113-137.

Grossman, David A. and Frederick O'R. Hayes(1981). "Moving Toward Integrated Fiscal Management." *Public Budgeting and Finance*. 1(2): 41-46.

Groves, Sanford and Maureen Godsey(1980). *Evaluating Financial Condition*, 5 vols. Washington, D.C.: International City Management Association.

Groves, Sanford, Maureen Godsey, and Martha Shulman(1981). "Financial Indicators." *Public Budgeting and Finance*. 1(2): 5-19.

Gulick, Luther and L. Urwick(1937). *Papers on the Science of Administration.* New York: Institute of Public Administration.

Hammond, Bray(1970). *Soverignty and an Empty Purse: Banks and Politics in the Civil War*. Princeton: Princeton University Press.

Hanushek, Eric A.(1986). "Formula Budgeting: The Economics and Analytics of Fiscal Policy Under Rules." *Journal of Policy Analysis and Management*. 6(1): 3-19.

Harman, B. Douglas(1972). "Areawide Review of Federal Land Grant Applications: Implications for Urban Management." *Urban Data Service*. 4(2): 1-8.

Harmon, Michael M. and Richard T. Meyer(1986). *Organization Theory for Public Administration.* Boston: Little, Brown.

Harriman, Linda and Jeffrey D. Straussman(1983). "Do Judges Determine Budget Decisions? Federal Court Decisions in Prison Reform and State Spending for Corrections." *Public Administration Review*. 43: 343-351.

Hayek, Friedrich(1944). *The Road to Serfdom.* Chicago: University of Chicago Press.

Heclo, Hugh(1978). "Issue Networks and the Executive Establishment," in King, Anthony(ed.), *The New American Political System.* Washington, D. C.: American Enterprise Institute.

Heilbroner, Robert L. and Lester C. Thurow(1984). *Understanding Microeconomics*(6th ed.), Englewood Cliffs, N. J.: Prentice-Hall.

Hershey, Robert D., Jr.(1989). "New Market is Seen for 'Pollution Rights'." *New York Times*. national ed. (June 14): 29, 32.

Herson, Lawrence(1957). "The Lost World of Municipal Government." *American Political Science Review*. 51: 330-345.

Hicks, J. R.(1940). "The Valuation of the Social Income." *Economica* (May): 105-124.

Hickson, D. J., C. R. Hinings, C. A. Lee, R. E. Schneck, and J. M. Pennings (1971). "A Strategic Contingencies Theory of Intraorganizational Power." *Administrative Science Quarterly*. 16: 215-229.

Hildreth, W. Bartley(1986). "Strategies of Municipal Debt Issuers." Paper presented at the National Conference of the American Society for Public Administration, Anaheim, California (April).

———(1987). "The Changing Roles of Municipal Market Participant." *Public Administration Quaterly*. 11(3): 314-341.

———(1989). "Financing Strategy," in Rabin, Jack, Gerald J. Miller, and W. Bartley Hildreth (eds.), *Handbook of Strategic Management*. New York: Marcel Dekker.

Hildreth, W. Bartley and Gerald J. Miller(1983). "Risk Management and Pension Systems," in Rabin, Jack and Thomas D. Lynch(eds.), *Handbook of Public Budgeting and Financial Management*. New York: Marcel Dekker.

———(1985). "State and Local Officials and Their Personal Liability," in Robin, J. and D. Dodd(eds.), *State and Local Government Administration*. New York: Marcel Dekker.

Hinings, C. R., D. J. Hickson, J. M. Pennings and R. E. Schneck(1974). "Structural Conditions of Interorganizational Power." *Administrative Science Quarterly*. 19(Winter): 22-44.

Hirschman, A. O.(1967). *Development Projects Observed*. Washington, D. C.: Brookings Institution.

Hirshleifer, J.(1964). "Efficient Allocation of Capital in an Uncertain World." *American Economic Review*. 54: 77-85.

———(1965). "Investment Decision Under Uncertainty: Choice-Theoretic Approaches." *Quarterly Journal of Economics*. 65: 509-536.

———(1970a). "Investment Decision Under Uncertainty: Application of the State-Preference Approach," *Quarterly Journal of Economics*. 66: 252-277.

———(1970b). *Investment, Interest and Capital*. Englewood Cliffs, N. J.:

Prentice-Hall.

Hitch, Charles J.(1960). *On The Choice of Objectives in Systems Studies.* RAND Corporation, Santa Monica, Ca. Quoted in Wildavsky, Aaron (1966), "The Political Economy of Efficiency: Cost Benefit Analysis Systems Analysis, and Program Budgeting." *Public Administration Review.* 26(292): 310.

Hofstadter, Richard(1955). *The Age of Reform.* New York: Vintage Books.

Horvitz, Paul M.(1981). "Commercial Banks," in Fabozzi, Frank J. and Frank G. Zarb(eds.), *Handbook of Financial Markets.* Homewood, Ill.: Dow Jones-Irwin.

Hyde, Albert C.(1978). "A Review of the Theory of Budget Reform, in Hyde, Albert C. and Jay M. Shafritz(eds.), *Government Budgeting.* Oak Park, Ill.: Moore Publishing Co.

Hyneman, Charles S.(1950). *Bureaucracy in a Democracy.* New York: Harper & Bros.

Ippolito, Dennis S.(1984). *Hidden Spending: The Politics of Federal Credit Programs.* Chapel Hill, N. C.: University of North Carolina Press.

Jay, Edward J.(1964). "The Concepts of 'Field' and 'Network' in Anthropological Research." *Man.* 64: 137-139.

Jernberg, James(1969). "Information Exchange and Congressional Behavior: A Caveat for PPB Reformers." *Journal of Politics.* 33(August): 722-740.

Johnson, Richard A., Fremont E. Kast, and James E. Rosenzweig(1953). *Organization and Management: A Systems and Contingency Approach.* New York: McGraw-Hill.

Joint Financial Management Improvement Program(1988). *Federal Financial Management Systems: Core Financial System Requirements.* Washington, D. C.: Joint Financial Management Improvement Program.

Jones, William A. and C. Bradley Doss(1978). "Local Officials' Reaction to Federal 'Capacity'-Building." *Public Administration Review,* 38: 64-69.

Jump, William(1946). "Testimony." *Hearings Before the Subcommittee of the Committee of Appropriations,* 2nd session on the Agriculture Department Appropriation Bill for 1947. Washington: U.S. Government Printing Office; 69-81; cited in Robert T. Golembiewski and Jack Rabin (1975). *Public Budgeting and Finance.* Itasca, Ill.: Peacock, p. 6.

Kaldor, N.(1939). "Welfare Propositions of Economists and Interpersonal

Comparisons of Utility." *Economic Journal*. (September): 549-552.

Kamlet, Mark S., David C. Mowery, and Tsai-Tsu Su(1987). "Whom Do You Trust? An Analysis of Executive and Congressional Economic Forecasts." *Journal of Policy Analysis and Management*. 6(3): 365-384.

Kaplan, Abrham(1964). *The Conduct of Inquiry*. Scranton, Penn.: Chandler.

Kaufman, George G.(1984). "Measuring and Managing Interest Rate Risk: A Primer." *Federal Reserve Bank of Chicago: Economic Perspectives*. 8(1) (January-February): 16-29.

Kaufman, Herbert(1956). "Emerging Conflicts in the Doctrines of Public Administration." *American Political Science Review*. 50: 1057-1073.

———(1960). *The Forest Ranger: A Study in Administrative Behavior*. Baltimore, Md.: Johns Hopkins University Press.

Kelley, Joseph T.(1984). *Costing Government Services: A Guide for Decision Making*. Washington, D.C.: Government Finance Research Center, Government Finance Officers Association.

Kettl, Donald F.(1986). *Leadership at the Fed*. New Haven, Conn.: Yale University Press.

Key, V. O.(1940). "The Lack of a Budgetary Theory." *American Political Science Review*. 34(6): 1137-1144.

King, John Leslie and Kenneth L. Kraemer(1985). *The Dynamics of Computing*. New York: Columbia University Press.

Kingdon, John W.(1984). *Agendas, Alternatives, and Public Policies*. Boston: Little, Brown.

Klapper, Byron(1980). "Municipal Commercial Paper." *Standard & Poor's Perspective*. (September 17): 1.

Klay, William Earle(1983). "Revenue Forecasting: An Administrative Perspective," in Rabin, Jack and Thomas D. Lynch(eds.), *Handbook of Public Budgeting and Financial Management*. New York: Marcel Dekker.

———(1985). "The Organizational Dimension of Budgetary Forecasting: Suggestions from Revenue Forecasting in the States." *International Journal of Public Administration*. 7(3): 241-265.

Klein, Lawrence R.(1978). "The Supply Side." *American Economic Review*. (March): 1-7.

Koppenhaver, G. D.(1984). "Trimming the Hedges: Regulators, Bank, and

Financial Futures." *Federal Reserve Bank of Chicago: Economic Perspective.* 8(6) (November/December): 3-12.

Kraemer, Kenneth L.(1969). "The Evolution of Information Systems for Unban Administration." *Public Administration Review.* 29(4): 389-402.

Kraemer, Kenneth L., William H. Dutton, and Alana Northrop(1981). *The Management of Information Systems.* New York: Columbia University Press.

Kuhn, Thomas S.(1970). *The Structure of Scientific Revolutions*(2nd ed.), Chicago: University of Chicago Press.

Lamb, Robert and Stephen P. Rappaport(1980). *Municipal Bonds: The Comprehensive Review of Tax-Exempt Securities and Public Finance.* New York: McGraw-Hill.

Landau, Martin(1969). "Redundancy, Rationality, and the Problem of Duplication and Overlap." *Public Administration Review.* 29: 346-358.

Lauth, Thomas(1985). "Performance Evaluation in the Georgia Budgetary Process." *Public Budgeting and Finance.* 5(Spring): 2.

Lauth, Thomas and Glen Abney(1986). *The Politics of Administration.* Albany, N.Y.: State University of New York Press.

Lawler, Edward E. and John Grant Rhode(1976). *Information and Control in Organizations.* Pacific Palisades, Calif.: Goodyear Publishing Co.

Leiserson, Avery and Fritz Morstein-Marx(1959). "The Study of Public Administration," in Morstein-Marx, Fritz(ed.), *Elements of Public Administration*(2nd ed.). Englewood Cliffs, N.J.: Prentice-Hall, 23-48.

LeLoup, Lance T.(1980). *The Fiscal Congress: Legislative Control of the Budget.* Westport, Conn.: Greenwood Press.

———(1988), "From Microbudgeting to Macrobudgeting: Evolution in Theory and Practice," in Rubin, I. (ed.), *New Directions in Budget Theory.* Albany: State University of New York.

Levine, Charles H.(1980). *Managing Fiscal Stress.* Chatham, N.J.: Chatham House.

Lewis, Verne(1952). "Toward a Theory of Budgeting." *Public Administration Review.* 12(1): 43-54.

Lindblom, Charles E.(1959). "The Science of Muddling Through," *Public Administration Review.* 19: 79-88.

———(1965). *The Intelligence of Democracy.* New York: Free Press.

Lineberry, Robert L. and Edmund P. Fowler(1967). "Reformism and Public Policies in American Cities." *American Political Science Review*. 61: 701-716.

Lineberry, Robert L. and Ira Sharkansky(1971). *Urban Politics and Public Policy*. New York: Harper & Row.

Linowes, David F.(1988). *Privatization: Toward More Effective Government*. Urbana, Ill.: University of Illinois Press.

Lintner, John(1964). "The Valuation of Risk Assets and the Selection of Risky Investments in Stock Portfolios and Capital Budgets." *Review of Economics and Statistics*. 47: 13-37.

Long, Norton(1958). "The Local Community as an Ecology of Games." *American Political Science Review*. 64: 251-261.

Lovrich, Nicholas P.(1981). "Professional Ethics and the Public Interest: Sources of Judgment." *Public Personnel Management*. 10(1): 87-92.

Lowenthal, M.(1950). *The Federal Bureau of Investigation*. New York: Shane.

Lyden, Fremont J. and Ernest G. Miller(1978). "Introduction," in Lyden, Fremont J. and Ernest G. Miller(eds.), *Public Budgeting*. Chicago: Rand McNally.

MacDonald, T. J.(1988). "A History of Urban Fiscal Politics in America, 1830-1930: What Was Supposed To Be Versus What Was and the Difference It Makes," in Rabin, Jack, W. Bartley Hildreth, and Gereld J. Miller(eds.), *Review of Public Budgeting and Financial Management, International Journal of Public Administraion*. 11: 679-712.

McCaffery, Jerry(1981). "The Impact of Resource Scarcity on Urban Public Finance: A Special Issue." *Public Administration Review*. 41: 105-202.

———(1983). "Analyzing The Pedagogic Deficit in Budgetin," in Rabin, J. and T. D. Lynch(eds.), *Handbook of Public Budgeting and Financial Management*. New York: Marcel Dekker.

———(1987). "The Development of Public Budgeting in the United States," in Chandler, Ralph Clark(ed.), *A Centennial History of the American Administrative State*. New York: Free Press.

MacManus, Susan A.(1984). "Budgetary Skills Needs of Different Types of Local Governments: A Market Survey." Unpublished paper prepared for presentation to the National Task Force on Curriculum Reform, College of Urban Affairs, Cleveland State University.

McSwain, Cynthia J.(1987). "A Structuralist Perspective on Organizational Ethos." *Dialogue*. 9(4): 35-58.

Mair, John(1765). *Book-Keeping Methodozied: Or a Methodological Treatise of Merchant-Accounts According to the Italian Form*(8th ed.), Edinburgh: Publisher unknown.

March, James G.(1978). "Bounded Rationality, Ambiguity, and the Engineering of Choice." *The Bell Journal of Economics*. 9: 587-608.

———(1981). "Decision Making Perspective: Decisions in Organizations and Theories of Choice," in Van De Ven, Andrew H. and William F. Joyce (eds.), *Perspectives on Organization Design and Behavior*. New York: John Wiley & Sons.

March, James G. and Johan P. Olsen(1976). *Ambiguity and Choice in Organizations*. Bergen, Norway: Universitetsforlaget.

———(1986). "Garbage Can Models of Decision Making in Organizations," in March, James G. and Roger Weissinger-Baylon(eds.), *Ambiguity and Command: Organizational Perspectives on Military Decision Making*. Marshfield, Mass.: Pitman.

———(1989). *Rediscovering Institutions: The Organizational Basis of Politics*. New York: Basic Books.

March, James G. and Guje Sevon(1984). "Gossip, Information and Decision Making, in Sproull, L. S. and P. D. Larkey(eds.), *Advances in Information Processing in Organizations*. Greenwich, Conn." JAL Press.

March, James G. and Herbert A. Simon(1958). *Organizations*. New York: Wiley.

March, James G. and Roger Weissinger-Baylon(1986). *Ambiguity and Command: Organizational Perspectives on Military Decision Making*. Marshfield, Mass.: Pitman.

Margolis, Julius(1975). "Comments [on William A. Niskanen, 'Bureaucrats and Politicians']. *Journal of Law and Economics*. 18: 645-659.

Markowitz, H. M.(1952). *Portfolio Selection: Efficient Diversification of Investments*. New York: John Wiley.

———(1959). *Portfolio Selection: Efficient Diversification of Investment*. Cowles Foundation Monograph 16. New Haven: Yale University Press.

Maynard-Moody, Steven, Donald D. Stull, and Jerry Mitchell(1986). "Reorganization as Status Drama: Building, Maintaining and Displacing Dominant Subcultures." *Public Administration Review*. 46(4): 301-310.

Maynard-Moody, Stephen and Charles McClintock(1987). "Weeding an Old Garden: Toward a New Understanding of Organization Goals, *Administration and Society*. 19(1): 125-142.

McCloskey, Donald N.(1985). *The Rhetoric of Economics*. Madison: University of Wisconsin Press.

Mead, George Herbert(1934). *Mind, Self and Society*. Chicago: University of Chicago Press.

Meier, Kenneth(1986). "Political Economy and Cost-Benefit Analysis: Problems of Bias," in Stone, Alan and Edward J. Harpham(eds.), *Political Economy of Public Policy*. Beverly Hills, Calif.: Sage Publications.

Meltsner, Arnold J.(1971). *The Politics of City Revenue*. Berkeley, University of California Press.

Merton, R. K.(1940). "Bureaucratic Structure and Personality." *Social Forces*. 23: 405-415.

Methe, David, Jerome Baesel, and David Shulman(1983). "Applying Principles of Corporate Finance in the Public Sector," in Perry, James L. and Kenneth L. Kraemer(eds.), *Public Management: Public and Private Perspectives*. Palo Alto, Calif.: Mayfield Publishing Company.

Meyer, Marshall W.(1971a). "Some Constraints in Analyzing Data on Organizational Structures." *American Sociological Review*. 36: 294-297.

——(1971b). *Bureaucratic Structure and Authority*. New York: Harper & Row.

——(1985). The Limits to *Bureaucratic Growth*. New York: Walter de Gruyter.

Mieszkowski, Peter M.(1972). "The Property Tax: An Excise Tax or a Profits Tax?" *Journal of Public Economics*. 1: 73-96.

Milgram, Stanley(1964). *Obedience to Authority: An Experimental View*. New York: Harper & Row.

Miller, Merton, H. and Daniel Orr(1966). "Model of the Demand for Money by Firm." *Quarterly Journal of Economics* 80(August): 413-435.

Miller, Gerald J.(1980). "Overseas Applications of Behavioral Science Technology," *Southern Review of Public Administraton*. 4: 229-252.

——(1980-1981). "The Liability of Federal Officials: Administrative Malpractice Policy Before and After Butz v. Economou." *The Bureaucrat*. 9(4): 25-32.

———(1983). "Organizational Environments," in Golembiewski, Robert T. and Frank K. Gibson(eds.), *Readings in Public Administration: Institutions, Processes, Behavior, Policy*(4th ed). Boston: Houghton Mifflin.

———(1984a). "Decision Making," in Rabin, J., S. Humes, and B. S. Morgan (eds.), *Managing Administration*. New York: Marcel Dekker.

———(1984b). "Organizational Budgeting," in Rabin, J., S. Humes, B. S. Morgan(eds.), *Managing Administration*. New York: Marcel Dekker.

———(1985). "Coping with Uncertainty," in Rabin, Jack, Gerald J. Miller, and W. Bartley Hildreth(eds.), *Annual Review of Public Budgeting and Finance*. New York: Marcel Dekker.

———(1987). "The Timid Manager: A Slow-Moving Target for Civil Suits." *Public Administration Quarterly*. 10(4).

———(1988). "Will Governments Hedge Interest Rate Risks?" *Public Administration Quarterly*. 11(3).

Miller, Gerald J. and Robert Klein(1987). *The County Executive Form of Government in New Jersey: Unique Routines and Problems Related to Spending and Taxing*. Unpublished study. Newark, N. J.: Essex County Charter Study Commission.

Miller, Gerald J. and Kenneth Olson(1983). *Preliminary Assessment of Specific Dimensions of Balanced Base Budgeting, State of Kansas*. Topeka: State of Kansas, Division of the Budget.

Miller, Girard(1982a). *A Public Investor's Guide to Money Market Instruments*. Chicago: Government Finance Officers Association.

———(1982b). "The Investment of Public Funds: A Research Agenda." *Public Budgeting and Finance*. 7: 47-56.

Moak, Lennox, L.(1982). *Municipal Bonds: Planning, Sale and Administration*. Chicago, Ill.: Government Finance Officers Association.

Modligliani, Franco and Merton H. Miller(1958). "The Cost of Capital, Corporation Finance and the Theory of Investment." *American Economic Review*. 48: 261-297.

———(1967). "Dividend Policy, Growth and the Valuation of Shares." *Journal of Business*. 34: 411-433.

Montgomery, Douglas C. and Lynwood A. Johnson(1976). *Forecasting and Time Series Analysis*. New York: McGraw-Hill.

Morris, Charles William(1946). *Signs, Language, and Behavior*. New York:

George Braziller.

Morris, Milton D.(1974). *The A-95 Review Process: Its Implications for Civil Rights*. Washington, D.C.: Joint Center for Political Studies.

Morstein-Marx, Fritz(1957). *The Administrative State*. Chicago: University of Chicago Press.

Moscovici, S.(1976). *Social Influence and Social Change*. New York: Academic Press.

Mosher, Frederick C.(1979). *The GAO: The Quest for Accountability in American Government*. Boulder, Co.: Westview Press.

———(1984). *A Tale of Two Agencies: A Comparative Analysis of the General Accounting Office and the Office of Management and Budget*. Baton Rouge: Louisiana State University Press.

Moulton, Harold G.(1938). *Financial Organization and the Economic System*. New York: McGraw-Hill.

Mowery, David C., Mark S. Kamlet, and John P. Crecine(1980). "Presidential Management of Budgetary and Fiscal Policy Making." *Political Science Quarterly*. 95: 395-425.

Muchmore, Lynn and Harley Duncan(1982). *The Kansas Budget Process: Concept and Practice*. Topeka, Kan.: Capital Complex Center, Unicersity of Kansas.

Murin, William and Judith Pryor(1988). *Delivering Government Services: An Annotated Bibliography*. New York: Garland.

Musgrave, R. A.(1959). *The Theory of Public Finance*. New York: McGraw-Hill.

Myers, Margaret G.(1970). *A Financial History of the United States*. New York: Columbia University Press.

Nash, Gary B.(1979). *The Urban Crucible: Social Change, Political Consciousness, and the Origins of the American Revolution*. Cambridge: Harvard University Press.

National Service to Regional Councils(1971). "Coordination Eliminates Conflicting Efforts." *Regional Review*. 4(1): 18-22.

National Task Force on Curriculum Reform, Section on Public Budgeting and Financial Management, American Society for Public Administration (1985). *Graduate Curricula in Budgeting and Financial Management: Recommendation for Reform*. Washingon, D.C.: American Society for

Public Administration.

Nehrbass, Richard G.(1979). "Ideology and the Decline of Management Theory." *Academy of Management Review*. 4: 427-431.

Netzer, Dick(1974). "State-Local Finance and Intergovernmental Fiscal Relations," in Blinder, A. S. (ed.), *The Economics of Public Finance*. Washington, D.C.: Brookings Institution.

Novick, David(1968). "The Origin and History of Program Budgeting," *California Management Review*. 11(1): 7-12.

Oates, Wallace E.(1968). "The Theory of Public Finance in a Federal System." *Canadian Journal of Economics*. 1: 37-54.

———(1972). *Fiscal Federalism*. New York: Harcourt Brace Jovanovich.

Olsen, Johan P.(1970). "Local Budgeting: Decision-making or a Ritual Act?" *Scandinavian Political Studies*. 5: 85-118.

Olson, Mancur(1969). "The Principle of Fiscal Equivalence: The Division of Responsibilities Among Different Levels of Government." *American Economic Review*. 59: 479-487.

Osborn, Alex(1953). *Applied Imagination: Principles and Procedures of Creative Thinking*. New York: Scribner.

O'Toole, Laurence J., Jr.(1986). "Harry F. Byrd, Sr. and the New York Bureau of Municipal Research: Lessons from an Ironic Alliance." *Public Administration Review*. 46(2): 113-123.

Padgett, John F.(1980). "Managing Garbage Can Hierarchies." *Administaratine Science Quarterly*. 25: 583-604.

Pagano, Michael A.(1982). "The Urban Public Sector as Lagging or Leading Sector in Economic Development." *Urban Interest*. 4: 131-140.

Pagano, Michael A. and Richard J. T. Moore(1985). *Cities and Fiscal Choices: A New Model of Urban Public Investment*. Durham, N.C.: Duke University Press.

Parsons, Talcott(1960). *Structure and Process in Modern Societies*. Glencoe, Ill.: Free Press of Glencoe.

Patton, James N. and George H. Hempel(1975). *Understanding the Market for State and Local Debt*. Washington, D.C.: Advisory Commission on Intergovernmental Relations.

Perrow, Charles(1970). *Organizational Analysis: A Sociological View*. Belmont, Calif.: Wadsworth.

Petersen, John E.(1981). "The Municipal Bond Market: Recent Changes and Future Prospects," in Walzer, Norman and David L. Chicoine(eds.), *Financing State and Local Governments in the 1980s*. Cambridge, Mass.: Oelgeschlager, Gunn & Hain, Publishers.

———(1988). "Information Flows in the Municipal Securities Market: A Preliminary Analysis." Unpublished manuscript, Government Finance Research Center. Washington, D.C.: Government Finance Officers Association.

Petersen, John E. and Michael P. Buckley(1983). *A Guide to Registered Municipal Securities*. Washington, D. C.: Municipal Finance Officers Association.

Petersen, John E., Lisa A. Cole, and Maria L. Petrillo(1977). *Watching and Counting: A Survey of State Assistance to and Supervision of Local Government Debt and Financial Administration.* Chicago: Municipal Finance Officers Association and National Conference of State Legislatures.

Petersen, John E., Pat Watt and Paul Zorn(1986). *Organization and Compensation in Local Government Finance*. Washington, D.C.: Government Finance Research Center, Government Finance Officers Association.

Pfeffer, Jerry(1981). *Power in Organizations*. Marshfield, Mass.: Pitman.

———(1982). *Organizations and Organization Theory*. Boston: Pitman.

Phillips, A. W.(1958). "The Relation Between Unemployment and the Rate of Change of Money Wage Rates in the United Kingdom, 1861-1957." *Economia*. (November): 283-299.

Phelps, Edmund(1970). *Microeconomic Foundations of Employment and Inflation Theory.* New York: W. W. Norton.

Pilegge, Jr., Joseph C.(1988). "The Line-Item Budget: Ubiquitous and Indestructible." *Discussion Pieces for The Barnard Society*, U.S.A. 2: entire issue.

Pierce, Lawrence D.(1971). *The Politics of Fiscal Policy Formation.* Pacific Palisades, Clif.: Goodyear.

Plott, Charles R.(1976). "Axiomatic Social Choice Theory: An Overview and Interpretation." *American Journal of Political Science*. 22(3): 511-596.

Pomper, Gerald M.(1968). *Elections in America: Control and Influence in*

Democratic Ploitics. New York: Dood, Mead.

Pondy, Louis R.(1978). "Leadership Is a Language Game," in McCall, Jr., M. W. and M. M. Lombardo(eds.), *Leadership: Where Else Can We Go?* Durham, N. C.: Duke University Press.

Power, Mark J. and David Vogel(1984). *Inside the Financial Futures Market*, (2nd ed.), New York: John Wiley & Sons.

President's Committee on Administrative Management(1937). *Report*. Washington, D.C.: U.S. Government Printing Office.

Price Waterhouse & Co.(1979). *Enhancing Government Accountability*. New York: Price Waterhouse.

Pyhrr, Peter A.(1977). "The Zero-Base Approach to Government Budgeting." *Public Administration Reciew*. 37: 1-8.

Quade, E. S.(1975). *Analysis for Public Decisions*. New York: Elsevier.

Quint, Michael(1988). "New York Weighs Shift in Setting Bond Rates." *New York Times*. (August 28): A48.

Rabin, Jack(1975). "State and Local PPBS," in Golembiewski, Robert T. and Jack Rabin(eds.), *Public Budgeting and Finance*(2nd ed.), Itasca, Ill.: F. E. Peacock Publishers.

Rabin, Jack, W. B. Hildreth and Gerald J. Miller(1979). "Suing Federal Executives for Damages," *The Bureaucrat*. 8(1): 54-56.

Rabin, Jack, Gerald J. Miller, and W. B. Hildreth(1980). "The Liability of Public Executives: Implications for Practice in Public Personnel Administration." *Review of Public Personnel Administration*. 1(1): 45-56.

———(1981). "Administrative Malpractice Suits: Tort Liability of Public Officials." *Public Personnel Management*. 10(1): 119-125.

———(1989). *Handbook of Strategic Management*. New York: Marcel Dekker.

Reich, Charles(1964a). "The New Property." *Yale Law Journal* (April): 120-155.

———(1964b). "Individual Rights and Social Welfare: The Emerging Legal Issues." *Yale Law Journal*. (June): 1-55.

———(1966). "The Law of the Planned Society." *Yale Law Journal*. (July): 1255-1280.

Rein, Marlin and Sherry Brown(1982). *The Appropriations Process in the Kansas Legislature*. Topeka: University of Kansas, Capitol Complex Center.

Rifkin, Jeremy(1980). *Entropy*. New York: Viking.

Roberts, Paul Craig(1984). *The Supply-Side Revolution: An Insider's Account of Policy Making in Washington*. Cambridge: Harvard University Press.

Ross, Stephen A.(1976). "The Arbitrage Theory of Capital Asset Pricing." *Journal of Economic Theory*. 13: 341-360.

Rubin, Irene S.(1982). *Running in the Red: The Political Dynamics of Urban Fiscal Press*. Albany: State University of New York Press.

——(1985). *Shrinking the Federal Government: The Effect of Cutbacks on Five Federal Agencies*. New York: Longman.

——(1988). *New Directions in Budget Theory*. Albany: State University of New York Press.

Samuelson, Paul A.(1948). *Income, Employment and Public Policy*. New York: W. W. Norton.

Savage, James D.(1988). *Balanced Budgets and American Politics*. Ithaca, N.Y.: Cornell University Press.

Savas, E. S.(1982). *Privatizing the Public Sector: How to Shrink Government*. Chatham, N.J.: Chatham House Publishers.

Sbragia, Alberta M.(1983). "Politics, Local Government, and the Municipal Bond Market," in Sbragia, Alberta M. (ed.), *The Municipal Money Chase: The Politics of Local Government Finance*. Boulder, Col.: Westview Press.

Schick, Allen(1966). "The Road to PPB: The Stages of Budget Reform." *Public Administration Review*. 26(December): 243-258.

——(1971). *Budget Innovation in the States*. Washington, D.C.: Brookings Institution.

——(1973). "A Death in the Bureaucracy: The Demise of Federal PPB." *Public Administration Review*. 33: 146-156.

——(1980). *Congress and Money: Budgeting, Spending, and Taxing*. Washington, D.C.: Urban Institute Press.

——(1986). "Macrobudgetary Adaptations to Fiscal Stress in Industrialized Democracies." *Public Administration Review*. 46(2): 124-134.

——(1988). "An Inquiry into the Possibility of a Budgetary Theory," in Rubin, I. (ed.), *New Directions in Budget Theory*. Albany: State University of New York Press.

Schiesl, Martin 1.(1977). *The Politcs of Efficiency: Municipal Administration and Reform in America, 1800-1920.* Berkeley: University of California Press.

Schlesinger, Arthur(1986). *The Cycles of History*. Boston: Houghton-Mifflin.

Schumpeter, Joseph A.(1942). *Capitalism, Socialism, and Democracy*. New York: Harper & Bros.

Schwartz, Eli(1981). "Inventory, Purchasing and Risk Management," in Aronson, J. Richard and Eli Schwartz(eds.), *Management Policies in Local Government Finance*. Washington D. C.: International City Management Association.

Selznick, Philip(1949). *TVA and the Grass Roots*. Berkeley, Calif.: University of California Press.

———(1957). *Leadership in Administration*. Evanston, lll.: Row, Peterson.

Shapiro, Harvey D.(1985). "The Securization of Practically Everything." *Institutional Investor*. 19(5) (May): 197-202.

Sharkansky, Ira(1968). "Agency Requests, Gubernatorial Support and Budget Success in State Legislatures." *American Political Science Review*. 62: 1223.

Sharp, Elaine(1986). "The Politics and Economics of New City Debt." *American Political Science Review*. 80: 1271-1288.

Sharpe, William F.(1963). "A Simplified Model for Portfolio Analysis." *Management Science*. 9: 277-293.

———(1964). "Capital Asset Prices: A Theory of Market Equilibrium Under Conditions of Risk." *Journal of Finance*. 19: 425-442.

Shultz, William J.(1934). *American Public Finance and Taxation* (rev. ed.), New York: Prentice-Hall.

Siegel, Sidney(1956). *Nonparametric Statistics for the Social Sciences*. New York: McGraw-Hill.

Simon, Herbert A.(1962). "The Architecture of Complexity." *Proceedings of the American Philosophical Society*. 102(6): 467-482.

———(1976). *Administrative Behavior*(3rd ed.). New York: Free Press.

Simon, Herbert A., George Kozmetsky, Harold Guetzkow, and Gordon Tyndall (1954). *Centralization vs. Decentralization in Organizing the Controller's Department*. New York: Controllership Foundation.

Sinding, Rick(1986). "The Unmaking of a County Executive." *New Jersey*

Reporter. 16: 15-21.

Sloane, Leonard(1985). "New Securities Tied to Assets." *New York Times*. (July 20): 32.

Smithies, Arthur(1955). *The Budgetary Process in the United States*. Committee for Economic Development. New York: McGraw-Hill.

Snider, H. Wayne(1964). "Tle Management of Risk," in Dennenberg, Herbert S., Robert D. Eilers, G. Wright Hoffman, Chester A. Kline, Joseph J. Melone and H. Wayne Snider(eds.), *Risk and Insurance*. Englewood Cliffs, N.J.: Prentice-Hall.

Solomons, Ann(1983). *Legislators Attitudes toward the Balanced Base Budgeting System after Two Fiscal Years*. Unpublished Masters of Public Administration Policy Paper. Lawrence: University of Kansas.

Starling, Jay D.(1986). *Municipal Coping Strategies*. Beverly Hills, Calif.: Sage.

Stedry, Andrew C.(1960). *Budget Control and Cost Behavior*. Englewood Cliffs, N.J.: Prentice-Hall.

Stigler, George J.(1961). "The Economics of Information." *Journal of Political Economy*. (July/August): 706-738.

Stockman, David A.(1986). *The Triumph of Politics: Why the Reagan Revolution Failed*. New York: Harper & Row.

Storing, Herbert J.(1962). "The Science of Administration: Herbert A. Simon," in Storing, Herbert J.(ed.), *Essays on the Scientific Study of Politics*. New York: Holt, Rinehart & Winston.

Stourm, Rene(1917). *The Budget*, T. Plazinski, trans. New York: Appleton.

Straussman, Jeffrey D.(1988). "Rights-Based Budgeting," in Rubin, I. (ed.), *New Directions in Budget Theory*. Albany: State University of New York Press.

Sundquist, James L.(1981). *The Decline and Resurgence of Congress*. Washington, D.C.: Brookings Institution.

Taylor, Paul W.(1973). *Normative Discourse*. Westport, Conn.: Greenwood Press.

Thai, Khi V.(1985). "Public Budgeting and Financial Management Curriculum Reform: A Conceptual Framework." Unpublished paper presented at the 79th Government Finance Officers Association annual conference, May.

Thompson, James D.(1967). *Organizations in Action.* New York: McGraw-Hill.

Thompson, James D. and Arthur Tuden(1959). "Strategies, Structures, and Processes of Organizational Decision," in Thompson, James D., Peter B. Hammond, Robert W. Hawkes, Buford H. Junker, and Arthur Tuden(eds.), *Comparative Studies in Administration.* Pittsburgh: University of Pittsburgh Press.

Thompson, Joel A.(1987). "Agency Requests, Gubernatorial Support and Budget Success in State Legislatures Revisited." *Journal of Politics.* 49: 756-779.

Thurow, Lester(1975). *Generating Inequality.* New York: Basic Books.

Tichy, Noel M., Michael L. Tushman, and Charles Fombrun(1979). "Social Network Analysis for Organizations." *Academy of Management Review.* 4: 507-519.

Tierney, John T.(1988). *The U.S. Postal Service: State and Prospects of a Public Enterprise.* Dover, Mass.: Auburn House.

Tinkum, Marsha Williams(1982). *Legislators' Attitudes about the Balanced Base Budget System of the State of Kansas.* Unpublished Masters of Public Administaration Policy Paper. Lawrence: University of Kansas.

Tobin, James(1956). "The Interest-Elasticity of the Transaction Demand for Cash." *Review of Economics and Statistics.* (September): 241-247.

Trice, Harrison M., James Belasco, and Joseph A. Alutto(1969). "The Role of Ceremonials in Organization Behavior." *Industrial and Labor Relations Review.* 23: 40-51.

Tufte, Edward R.(1978). *Political Control of the Economy.* Princeton: Princeton University Press.

U. S. Bureau of the Census(1980). *Number of Inhabitants,* PC80-1-A, Chapter A, Superintendent of Documents. Washington, D.C.: U. S. Government Printing Office.

———(1982). *Governmental Finances in 1981-1982.* Superintendent of Documents. Washington, D. C.: U. S. Government Printing Office.

———(1989). *Governmental Finances in 1986-1987.* Superintendent of Documents. Washington, D.C.: U. S. Government Printing Office.

U. S. Department of Housing and Urban Development(1973). *Local Government Participation in A-95, Project Notification and Review System,* Community Development Evaluation Series No. 11. Washington,

D.C.: Superintendent of Documents.

———(1974). *The Chief Executive Review and Comment (CERC) Procedure and Other Local Coordinating Mechanisms: A Reconnaissance Evaluation in Two Cities*. (January 2), department mimeograph.

U. S. General Accounting Office(1975). *Improved Cooperation and Coordination Need Among All Levels of Government-Office of Management and Budget Circular A-95*. (GGD-75-52), February 11. Washington, D.C.: Superintendent of Documents.

———(1983). *Trends and Changes in the Municipal Bond Market as They Relate to Financing State and Local Public Infrastructure*. Report to the Chairman, Subcommittee on Economic Stabilization, Committee on Banking, Finance and Urban Affairs, House of Representatives, GAOIPAD-83-46, September 12. Washington, D.C.: U. S. Government Printing Office.

———(1985). *Managing the Cost of Government: Building an Effective Financial Management Structure*, GAO/AFMD-85-35, February. Washington, D. C.: U. S. Government Printing Office.

U. S. House of Representatives, Subcommittee on Intergovernmental Relations (1974). *Hearings* 93d Congress, 2d Session, January-February. Washington, D. C.: U. S. Government Printing Office.

U. S. Senate Committee Investigating Executive Agencies, 75th Congress, 1st Session(1937). Senate Report No. 1275. Washington, D.C.: U. S. Government Printing Office.

Van Horne, James C.(1981). "Cash Management," in Aronson, J. Richard and EliSchwartz(eds.), *Management Policies in Local Government Finance*. Washington, D.C.: International City Management Association.

———(1986). *Financial Management and Policy*. Englewood Cliffs. N.J.: Prentice-Hall.

Vartan, Vartanig, G.(1985). "Tax-Exempt Trusts Flourish." *New York Times*. (August 22): 31.

Vogt, A. John and Lisa A. Cole(1983). *A Guide to Munucipal Leasing*. Washington, D.C.: Municipal Finance Officers Association.

von Neumann, John and Oskar Morgenstern(1955). *Theory of Games and Economic Behavior*(rev. ed.). Princeton: Princeton Universitiy Press.

Waldo, Dwight(1948). *The Administrative State: A Study of the Political*

Theory of American Public Administration. New York: Ronald Press
Walker, Wallace Earl(1986). *Changing Organizational Culture: Strategy, Structure, and Professionalism in the U. S. General Accounting Office.* Knoxville: University of Tennessee Press.

Wall Street Journal(1982). "Cities Getting Part of Profits for Giving Aid to Developers." *Wall StreetJournal.* (September 29): 27.

Wanat, John(1973). "Budget Format and Budget Behavior." *Experimental Study of Politics.* 2(October): 58-69.

——(1974). "Bases of Budgetary Incrementalism." *American Political Science Review.* 68(September): 1221-1228.

——(1978). "Personnel Measures of Budetary Interaction." *Western Political Quarterly.* 29(June): 295-297.

Waterman, R. H.(1987). "In Search of Renaissance." *New York Times,* March 31: D2.

Webber, Carolyn and Aaron Wildavsky(1986). *A History of Taxation and Expenditure in the Western World.* New York: Simon & Schuster.

Weber, Max(1946). *From Max Weber: Essays in Sociology,* trans. H. H. Gerth and C. Wright Mills. New York: Oxford.

Weick, Karl E.(1969). *Social Psychology of Organizing.* Reading, Mass.: Addison-Wesley.

——(1976). "Educational Organizations as Loosely-Coupled Systems." *Administrative Science Quarterly.* 21: 1-19.

——(1979). "Cognitive Processes in Organizations," in Staw, B. M. (ed.), *Research in Organizational Behavior,* vol. 1. Greenwich, Conn.: JAI Press.

——(1980). "The Management of Eloquence." *Executive.* 6(Summer): 18-21.

——(1985). "The Significance of Corporate Culture," in Frost, P. J., L. F. Moore, M. R. Louis, C. C. Lundberg, and 1. Martin(eds.), *Organizational Culture.* Beverly Hills, Calif.: Sage.

Weiner, Norbert(1948). *Cybernetics.* New York: Wiley.

Wetzler, J. W., and J. E. Petersen(1985). "The Finance Officer as Public Strategist." *Government Finance Review,* April: 7.

White, Leonard D.(1933). *Trends in Public Administration.* New York: McGraw-Hill.

——(1955). *Introduction to the Study of Public Administration* (4th ed.).

New York: Macmillan Co.

White, Orion F. Jr., and Cynthia J. McSwain(1983). "Transformational Theory and Organizational Analysis," in Morgan, Gareth(ed.), *Beyond Method: Strategies for Social Research*. Newbury Park, Calif.: Sage.

Wildavsky, Aaron(1961). "Political Implications of Budgetary Reform." *Public Administration Review*. 21: 183-190.

———(1964). *The Politics of the Budgetary Process*. Boston: Little, Brown.

———(1966) "The Political Economy of Efficiency: Cost-Benefit Analysis, Systems Analysis, and Program Budgeting." *Public Administration Review*. 26: 292-310.

———(1975). *Budgeting: A Comparative Theory*. Boston: Little, Brown.

———(1978). "A Budget for All Seasons? Why the Traditional Budget Lasts." *Public Administration Review*. 38: 501-509.

———(1986). *Budgeting: A Comparative Theory of Budgetary Processes* (2nd rev. ed.), Piscataway, N. J.: Transaction Books.

———(1987). *Speaking Truth to Power: The Art and Craft of Policy Analysis*. Piscataway, N. J.: Transaction Books.

———(1988). *The New Politics of the Budgetary Process*. Boston: Little, Brown.

Wildavsky, Aaron and Arthur Hammond(1965). "Comprehensive Versus Incremental Budgeting in the Department of Agriculture." *Administrative Science Quarter* 10(3): 321-346.

Williams, John Burr(1964). *The Theory of Investment Value*. Amsterdam: North-Holland.

Wilson, Leonard U. and L. V. Watkins(1975). *State Planning*. Lexington, Ky.: Council of State Governments.

Wolf, Jr. Charles(1988). *Markets or Governments: Choosing between Imperfect Alternatives*. Cambridge: MIT Press.

Wright, Deil(1989). "The Origins, Emergence and Maturity of Federalism and Intergovernmental Relations: Two Centuries of Territory and Power," in J. Rabin, W. B. Hildreth, and G. J. Miller(eds.), *Handbook of Public Administration*. New York: Marcel Dekker.

Wright, George and Peter Ayton(1987). *Judgmental Forecasting*. Chichester, England: Wiley.

Yacik, George(1985). "A New Use for an Old Bond." *Bond Buyer*. 272(27139) (May 28): 10.

Yearley, C. K.(1970). *The Money Machines: The Breakdown and Reform of Governmental and Party Finance in the North, 1860–1920*. Albany, N. Y.: State University of New York Press.

찾아보기

ㅈ

ㅊ

ㅋ

ㅌ

ㅍ

ㅎ

저자 및 역자 소개

제럴드 J. 밀러(Jerald J. Miller)

- 미국 앨라배마 어번대학교(Auburn University) 경제학학사
- 미국 앨라배마 어번대학교(Auburn University at Montgomery) 행정학석사(M. P. A.)
- 미국 조지아대학교(University of Georgia) 정치학박사(Ph. D.)
- 현재 애리조나주립대학교 교수(School of Pubic Affairs, Arizona State University)

〈주요 저서〉
- 『행정학 연구방법 핸드북』(Kaifeng Yang 공편)
- 『정책분석 핸드북』(Frank Fischer와 Mara Sidney 공편)
- 『행정학 핸드북』(Jack Rabin 과 W. Bartley Hildreth 공편)
- 『책임성과 채무관리: 뉴욕 대도시 수송공사의 사례』(Jonathan Justice 공저)
- 『채무관리네트워크』 등

신무섭(申武燮)

- 연세대학교 수학과 졸
- 서울대학교 행정대학원(행정학석사)
- 서울대학교 대학원(행정학박사)
- 현 전북대학교 행정학과 교수

〈주요 논문 및 저서〉
- 『지방세출 배분의 지역적 형평성에 관한 연구』
- 『지방자치 부활이 예산집행에 미친 영향에 관한 연구』
- 『한국 지방자치단체 지출 수준의 결정 요인』
- 『지방자치단체의 국가예산 증대 노력과 그 결과』
- 『재무행정학』, 개정6판. 서울: 대영문화사.

정부 재무관리 이론

펴낸날 / 제1판 제1쇄 2011년 8월 20일
지은이 / 제럴드 J. 밀러
옮긴이 / 신무섭
펴낸이 / 임춘환
펴낸곳 / 도서출판 대영문화사
주소 / 서울 용산구 청파동 1가 178-2 ㊙ 140-869
등록 / 1975년 12월 26일 제3-16호
전화 / (02)716-3883, (02)714-3062
팩시밀리 / (02)703-3839
우체국 온라인 / 011353-02-009106

ISBN 978-89-7644-365-6

〔값 18,000원〕